D1722728

Geschichten zum
Muttertag

Geschichten zum
Muttertag

Auf Umwegen
zum Familienglück

6 ROMANE IN EINEM BAND

Weltbild

Besuchen Sie uns im Internet:
www.weltbild.de

Genehmigte Lizenzausgabe für Verlagsgruppe Weltbild GmbH,
Steinerne Furt, 86167 Augsburg
Copyright © by
Martin Kelter Verlag GmbH & Co. KG, Hamburg
Umschlaggestaltung: Atelier Seidel, Neuötting
Umschlagmotiv: ZEFA Visual Media (© Raoul Minsart), Düsseldorf
Gesamtherstellung: Oldenbourg Taschenbuch GmbH,
Hürderstraße 4, 85551 Kirchheim
ISBN 3-8289-8286-7

2009 2008 2007 2006
Die letzte Jahreszahl gibt die aktuelle Lizenzausgabe an.

INHALTSVERZEICHNIS

BAND 1 • Seite 7
TONI WAIDACHER
Kleine Ausreißerin

BAND 2 • Seite 95
TONI WAIDACHER
Heimkehr ins Wachnertal –
Kathie erobert die Herzen im Sturm

BAND 3 • Seite 183
ROSEMARIE FORSTMAIER
Eine Heimat für mich und mein Kind –
Welche Träume werden wahr?

BAND 4 • Seite 269
CHRISTL BRUNNER
Der Junge aus dem Armenhaus

BAND 5 • Seite 365
KATHRIN SINGER
Heiraten, wie geht denn das?

BAND 6 • Seite 447
KATHRIN SINGER
Zwei, die sich nach Liebe sehnen

TONI WAIDACHER
Kleine Ausreißerin

ROMAN

Weltbild

Sandra Hofmayr lenkte ihren Wagen durch die Toreinfahrt des Grundstückes und hielt vor der Garage an. Als sie den Motor ausschaltete, wurde die Haustür geöffnet, und Frau Unterleitner, Sandras Zugehfrau, trat heraus. Sie winkte, als die junge Antiquitätenhändlerin aus dem Wagen stieg.

»Grüß Gott, Frau Hofmayr«, rief sie. »Schön, daß Sie wieder da sind.«

»Ja, Gott sei Dank ist es wieder Wochenende. Seien Sie gegrüßt, Frau Unterleitner. Ist alles in Ordnung?«

Die Frau an der Tür winkte ab.

»Alles bestens«, antwortete sie. »Ich bin gerade fertig geworden. Mein Mann hat eben noch den Rasen gemäht.«

»Ach, das ist schön.«

Sandra nahm die Reisetasche aus dem Wagen und ging ins Haus. Drinnen roch es angenehm frisch und sauber, und aus der Küche kam der Duft von frisch gebrühtem Kaffee. Auf den hatte die junge Frau sich schon die ganze Fahrt über gefreut.

Sandra betrieb in der Kreisstadt ein kleines Antiquitätengeschäft. Da sie nebenbei viel unterwegs war, um alte Sachen aufzustöbern, mit Restauratoren zu verhandeln oder Expertisen abzugeben, schlief sie die Woche über in einem möblierten Zimmer über ihrem Laden. Nur an den Wochenenden kam sie nach St. Johann in ihr kleines Haus, das von Hertha Unterleitner, die in der Nachbarschaft wohnte, behütet wurde.

»Ach, herrlich, frischer Kaffee«, rief sie aus.

»Einen Kirschkuchen hab' ich auch gebacken«, sagte ihre Zugehfrau. »Auf der Terrasse ist alles gedeckt.«

Die junge Frau betrachtete sich kritisch im Spiegel der Garderobe.

»Na, ich weiß ja net«, meinte sie skeptisch. »Kaffee ja, aber Kuchen …«

Hertha Unterleitner lachte.

»Also, Frau Hofmayr, bei Ihrer Figur – da brauchen S' sich wirklich keine Gedanken zu machen.«

»Recht haben S'«, stimmte Sandra in das Lachen ein. »Die ganze Woch' über gibt's Salat und Knäckebrot, da darf ich mich am Wochenend' schon mal verwöhnen.«

Die beiden Frauen gingen durch das geschmackvoll eingerichtete Wohnzimmer hinaus auf die Terrasse, auf der bequeme Korbmöbel zum Sitzen einluden. Karl Unterleitner, Herthas Mann, kam eben aus dem kleinen Haus, in dem die Gartengeräte untergebracht waren. Er wischte sich die Hände an der braunen Cordhose ab, bevor er Sandra begrüßte. Seine Frau holte den Kaffee aus der Küche. Als sie an den Tisch trat, fiel ihr Blick auf den Kuchenteller. Sie erstarrte, schaute noch einmal und sah dann mit einem sehr strengen Blick ihren Mann an.

»Sag a'mal, was hast du dir dabei gedacht?«

Karl war erstaunt, er wußte gar nicht, wovon die Rede war.

»Was meinst du denn? Was soll ich mir wobei gedacht haben?«

»Dabei, als du dir einfach den Kuchen genommen hast.«

Ihr Mann hatte keinen blassen Schimmer.

»Kuchen? Von welchem Kuchen redest du?«

Hertha Unterleitner hatte die Kaffeekanne auf dem Tisch abgestellt und stemmte nun ihre Hände in die Hüfte. Karl kannte diesen Anblick. So stand sie nur, wenn ein Donnerwetter in der Luft lag. Aber er wußte immer noch nicht, welchen Verbrechens er sich schuldig gemacht hatte.

»Auf dieser Platte lagen acht Stücke Kirschkuchen«, klärte seine Frau ihn auf. »Und wenn ich richtig zähle, dann sind es nur noch sechs. Also fehlen zwei. Wer, frage ich, hat sie genommen?«

Karl Unterleitner hob die Arme.

»Ja, ich net«, antwortete er. »Was schaust' mich so an?«

»Ach geh, ich kenn dich doch. Wenn du irgendwo auch nur einen Keks liegen siehst, ist der doch net vor dir sicher.«

»Aber wenn ich's doch sage«, beharrte ihr Mann. »Ich hab' den Kuchen net genommen.«

Sandra hatte dem Disput zwischen den Eheleuten schmunzelnd zugesehen. Jetzt wurde es Zeit, einzugreifen.

»Es ist ja net weiter schlimm«, wagte sie zu vermitteln. »Der Kuchen reicht doch immer noch. Mehr als ein Stück eß' ich sowieso net.«

Mit grimmiger Miene schenkte Hertha Kaffee ein, und ihr Mann nahm vorsichtshalber nur ein Stück von dem herrlichen, saftigen Kirschstreusel, der wie immer eine Meisterleistung seiner Frau war. Sandra lenkte geschickt das Gespräch in eine andere Bahn, so daß Hertha und ihr Mann wieder versöhnt waren, als sie sich verabschiedeten.

*

Pfarrer Trenker und Alois Kammeier, der Küster von Sankt Johann, nutzten den schönen Sommernachmittag, um die Wege rund um die Kirche zu harken, die Rasenflächen zu mähen und die ersten Sträucher zu beschneiden. Dabei sah der Geistliche in seinem blauen Arbeitsanzug mit der grünen Schürze drüber keineswegs wie ein Pfarrer aus. Wer ihn nicht kannte, würde ihn wahrscheinlich für den Gärtner gehalten haben.

Die beiden Männer hatten gerade ihre Arbeit beendet. Sophie Tappert wartete schon mit Kaffee und Kuchen auf sie, als sich auch Max Trenker, Sebastians Bruder, einfand. Der Polizeibeamte von St. Johann trug bereits Zivil, wenngleich es nicht ausblieb, daß Max unter Umständen Tag und Nacht im Dienst war, wenn es erforderlich wurde. Schließlich war er nicht nur Polizist, sondern auch der Dienststellenleiter dazu.

»Kommst' gerade recht«, sagte sein Bruder. »Frau Tappert hat den Kaffee schon fertig.«

»Das hab' ich mir gedacht«, grinste Max Trenker, der ein untrügliches Gefühl dafür hatte, wann im Pfarrhaus gegessen wurde.

Den Kochkünsten der Haushälterin seines Bruders verfallen, ließ der junge Beamte keine Mahlzeit aus – wenn er es verhindern konnte. Dabei entwickelte er einen enormen Appetit und wirkte jedoch keineswegs dick. Sebastian fragte sich so manches Mal, wo Max das alles ließ, was er essen konnte.

»Und gibt's was Neues?« erkundigte sich der Pfarrer, als sie hinter'm Pfarrhaus im Garten saßen.

Max schüttelte den Kopf.

»Alles bestens«, meinte er gutgelaunt. »Die Kriminalitätsrate in Sankt Johann ist weiter im Sinken begriffen.«

»Na, das ist ja erfreulich.«

Der Geistliche wandte sich an seine Haushälterin.

»Der Zuckerkuchen ist wieder einmal ausgezeichnet«, lobte er.

»Stimmt«, nickte Max und griff erneut zu. »Aber das wissen S' ja ohnehin.«

Sophie Tappert lächelte nur. Sie redete überhaupt wenig, und wenn sie mal etwas zu sagen hatte, dann hatte es auch Gewicht. Meistens bezog es sich auf den Lebenswandel von Maximilian Trenker, der der Perle des Pfarrhaushalts ein Dorn im Auge war. Sophie hatte den Bruder des Pfarrers wie einen Sohn in ihr Herz geschlossen, und es gefiel ihr überhaupt nicht, daß er mit seinen beinahe dreißig Jahren noch immer nicht unter der Haube war.

Max indes dachte überhaupt nicht daran, in den Stand der Ehe zu treten. Dazu liebte er seine Unabhängigkeit viel zu sehr. Er war jung und lebenslustig und für jeden Spaß zu haben. Wenn irgendwo eine Gaudi war, dann war Max Trenker meist nicht weit.

Und er war ein Herzensbrecher, und nicht wenige der Madeln weinten sich hinterher bei Sophie Tappert aus. Was dann erneuter Anlaß für die Haushälterin war, Max ins Gewissen zu reden. Im Moment allerdings hatte sie keinen Grund zur Klage, denn der Gendarm von St. Johann hielt sich sehr zurück, was die Frauen betraf. Sein Bruder argwöhnte, der gute Maxl könne in die Jahre gekommen und weiser geworden sein, aber eigentlich wußte der Pfarrer genau, daß es net so war. Dazu machten die Madeln es dem gutaussehenden Mann viel zu leicht.

»Ich pack' Ihnen nachher noch ein paar Stückl ein«, versprach Sophie Tappert und räumte den Kaffeetisch ab.

»Für mich wird's Zeit, die Predigt für die Sonntagsmesse zu überarbeiten«, sagte Sebastian und stand auf.

Auch der Kammeier verabschiedete sich mit dem Hinweis, die Kirche für die Abendmesse vorbereiten zu müssen, so daß Max schließlich alleine im Garten saß. Er stand von seinem Platz auf und legte sich in den Liegestuhl, den er zuvor in die Sonne rückte. Genüßlich schloß er die Augen und blieb bis zum Abendessen liegen.

Später, als er schon tief und fest schlief, kam Sophie aus dem Haus und breitete eine Decke über ihn aus.

*

Sandra Hofmayr brachte das Ehepaar Unterleitner zur Tür und kehrte dann auf die Terrasse zurück. Dort genoß sie die wärmenden Strahlen der Sonne. Ausgiebig reckte und streckte sie sich – es war einfach herrlich, endlich Wochenende, und damit zwei freie Tage zu haben.

Das Geschäft in der Kreisstadt lief so erfolgreich, daß sie es sich leisten konnte, am Samstag nicht zu öffnen. Viele ihrer Kunden wußten das und kamen an den anderen Tagen. Sandra hatte sogar eine Verkäuferin eingestellt, die sie zu den Zeiten, in denen die Antiquitätenhändlerin unterwegs war, im Geschäft vertrat.

Alles in allem konnte sie zufrieden sein. Der geschäftliche Erfolg hatte ihr zudem ermöglicht, dieses Haus zu kaufen, das sie auf einer ihrer Touren entdeckt hatte. Es war vor einem guten Jahr, als sie in dieser Gegend unterwegs war. Bei einem Bauern kaufte sie damals einen alten Schrank, der ihr, nachdem er restauriert worden war, einen guten Gewinn einbrachte.

Sandra griff nach der Kaffeekanne auf dem Tisch – und erstarrte. Der Kuchenteller war leer! Dabei hätte sie schwören können, daß eben, bevor sie die Eheleute zur Tür gebracht hatte, noch zwei Stücke darauf lagen.

Sie überlegte – sechs Stücke waren es, nachdem zwei auf mysteriöse Weise verschwunden waren. Von diesen sechs hatte sie selber eines gegessen, Karl Unterleitner ebenfalls, machte mit den zweien, die seine Frau aß, vier Stücke. Natürlich, sie hatte sich nicht getäuscht. Zwei Stücke Kirschkuchen hätten noch auf dem Teller liegen müssen, doch der war leer!

Das konnte doch nur bedeuten, daß – Sandra spürte ihr Herz heftig klopfen – daß sie nicht alleine war. Irgend jemand trieb sich in ihrem Garten umher …

Sandras Augen suchten alles ab, die Büsche, Bäume, die mannshohe Hecke, die das Grundstück zum rechten Nachbarn begrenzte.

Da! War da nicht etwas? Ein bunter, blitzender Fleck?

Sie tat zunächst, als wäre nichts gewesen und schenkte sich eine Tasse Kaffee ein, die sie langsam und bedächtig leerte. Der bunte Fleck bewegte sich unterdessen zwischen den Büschen hin und her, wanderte von hier nach da. Schließlich stand die junge Frau auf und ging langsam durch den Garten, wobei sie die Blumen und Sträucher begutachtete, hier den Reifestand der Äpfel prüfte oder dort eine Kirsche pflückte und in den Mund steckte.

Schließlich stand sie vor dem Busch, hinter dem sie die Person in dem bunten Hemd vermutete. Es war ein riesiger Rhododendron, mit dunklem, dichtem Laub. Es war wirklich nicht leicht, jemanden darin auszumachen, doch Sandra war sicher, sich nicht getäuscht zu haben.

»Komm nur heraus«, sagte sie im strengen Ton. »Ich hab' dich längst gesehen.«

Es geschah nichts.

»Was ist?« fragte die Frau nach einer Weile. »Soll ich erst den Gendarm rufen?«

»Nein«, antwortete ein dünnes Stimmchen. »Ich komm ja schon.«

Sandra war gespannt. Es raschelte vor ihr, und Zweige knackten, und schließlich kroch ein kleines Mädchen unter dem Busch hervor. Es mochte vielleicht acht Jahre alt sein.

Die Antiquitätenhändlerin riß die Augen auf.

Die Kleine war schmutzig von Kopf bis Fuß. Die blonden Haare waren zerzaust, das bunte T-Shirt und die Jeans fleckig. In den Mundwinkeln klebten rote Flecken – die Überreste vom Kirschkuchen.

Als sie so vor ihr stand und dazu noch eine Arme-Sünder-Miene machte, konnte Sandra nicht an sich halten. Sie lachte laut los.

»Ja, sag mal, wer bist du denn?« fragte sie.

Die Kleine schaute sie von unten her an.

»Ich … ich bin die Nikki«, sagte sie schließlich.

»So, Nikki. Und wie weiter?«

Das Mädchen zögerte.

»Nun, ich höre.«

»Behringer. Ich heiße Nikki Behringer.«

»So, Nikki Behringer, und was machst du in fremder Leute Garten, hm?« fragte Sandra weiter. »Kuchen stehlen? Du warst es doch, die den Kirschkuchen vom Teller genommen hat. Man kann's ja noch an deinem Mund sehen.«

Die Kleine wischte sich schnell mit der Hand über die Lippen.

»Das nützt dir jetzt auch nix mehr«, meinte die junge Frau weiter. »Du bist überführt.«

»Wenn ich doch solchen Hunger hatte«, erklärte Nikki kleinlaut.

»Ja, bekommst du denn zu Hause net genug zu essen?«

Das Madel hielt den Kopf gesenkt.

»Ich hab' kein Zuhause«, sagte es mit leiser Stimme.

»Kein Zuhause? Aber wo wohnst du denn? Wo sind denn deine Eltern?«

Nikki schniefte.

»Ich … ich wohn' im Waisenhaus«, gestand sie. »Und meine Eltern sind schon lange tot.«

»Was? Im Waisenhaus?«

Sandra spürte einen tiefen Stich, den ihr dieser Satz versetzte. Sie legte ihren Arm um die Kleine, die einen ängstlichen Eindruck machte.

»Nun komm erst einmal mit«, sagte sie beruhigend. »Du brauchst keine Angst haben. Das mit dem Gendarm war net so gemeint. Hast du denn immer noch Hunger?«

Sie zog das Kind mit auf die Terrasse. Nikki beantwortete die Frage mit einem Kopfnicken.

»Na, dann wollen wir mal sehen, was wir noch für dich zu essen finden. Wie wär's mit einem Eis? Und vielleicht einen Kakao dazu?«

»O ja.«

Nikki war begeistert. Gehorsam setzte sie sich in einen Sessel, während Sandra Hofmayr in die Küche ging. In der Gefriertruhe fand sie eine Packung Vanilleeiscreme. Sie füllte eine nicht zu kleine Portion in ein Glasschälchen und stellte ein Glas mit kaltem Kakao dazu. Nikki bekam große Augen, als sie das Eis sah.

»Schmeckt's?« fragte die junge Frau, die mit Vergnügen zusah, wie das Kind das Eis in sich hineinschlang.

»Super«, antwortete Nikki zwischen zwei Löffeln.

»Sag' mal, mußt du denn net ins Heim zurück?« fragte Sandra. »Wieso bist du überhaupt alleine unterwegs?«

Die Kleine antwortete nicht, sondern schaute nur sonderbar auf die Frau. Die Antiquitätenhändlerin sah das Kind forschend an und eine merkwürdige Ahnung stieg in ihr auf.

»Sag', bist' gar ausgerissen?«

Nikki druckste eine Weile herum und nickte.

»Ich geh' aber net zurück«, sagte sie trotzig. »Die anderen Kinder sind doof, und die Tanten im Waisenhaus sind überhaupt net lieb zu mir. Und wenn ich doch zurück muß, dann lauf' ich wieder weg!«

Dabei schluchzte sie heftig. Unwillkürlich nahm Sandra sie in den Arm.

»Beruhig' dich doch«, sagte sie sanft. »Du mußt ja net zurück. Zumindest net sofort. Paß auf, wir zwei spielen erst einmal was Schönes, Mensch-ärgere-dich-nicht vielleicht, oder Schwarzer Peter, und nachher darfst du baden, und deine Sachen stecken wir in die Waschmaschine. Oben ist ein Gästezimmer, in dem kannst du schlafen, während deine Sachen trocknen. Was hältst du davon?«

»Au ja«, rief Nikki begeistert. »Mensch-ärgere-dich-nicht spiel' ich am liebsten.«

»Na prima. Dann fangen wir doch gleich an. Noch haben wir herrliches Wetter, so daß wir auf der Terrasse spielen können.«

*

Sie spielten vier Runden, und es stellte sich heraus, daß Nikki eine wahre Meisterin in dem Spiel war. Gnadenlos warf sie Sandras Steine vom Spielbrett und gewann jedesmal.

»Also, jetzt geb' ich auf«, sagte die junge Frau. »Du bist mir einfach über.«

Nikki lachte herzerfrischend und kuschelte sich in Sandras Arm, so daß ihr ganz warm ums Herz wurde.

»Gleich sieben Uhr«, stellte Sandra fest. »Zeit für's Abendessen. Worauf hast du denn Appetit?«

»Was gibt's denn?« fragte das Mädchen zurück.

»Eine Wurstsemmel könnt' ich dir anbieten, oder eine Hühnersuppe. Aber die müßt ich erst auftauen.«

»Ich nehm' die Semmel«, meinte Nikki. »Am liebsten mit Leberwurst.«

»Die eß' ich auch am liebsten«, sagte Sandra und eilte in die Küche. »Noch einen Kakao dazu?«

»Ja«, rief das Madel und legte unterdessen das Spiel zusammen.

Wenig später saßen sie im Schein der langsam untergehenden Sonne und verzehrten ihr Abendbrot. Sandra schaute verträumt auf die Kleine, die ihre Semmel mit sichtlichem Vergnügen aß. Sie hatte sich immer ein Kind gewünscht, ein Madel, so wie Nikki, dem der Schalk aus den Augen blitzte. Aber dazu war es nicht gekommen. Ihre Ausbildung zur Antiquitätenhändlerin hatte ihr keine Zeit gelassen, den richtigen Mann kennenzulernen. Und jetzt war sie so sehr in ihren Beruf eingespannt, daß sie froh war, wenn sie Wochenende hatte, da sie die Feierabende nutzte, um die Buchführung auf den neuesten Stand zu bringen.

Ja, wenn sie es recht bedachte, dann war die Liebe in ihrem Leben bisher zu kurz gekommen, dabei waren Mann und Kind doch das, was sie sich wünschte. Aber mit Anfang dreißig war es ja auch noch nicht zu spät dafür.

Und jetzt setzte ihr das Schicksal dieses Kind praktisch in den Garten. Sollte es vielleicht ein Wink sein? Nikki lebte in einem Waisenhaus, in dem sie sich offensichtlich nicht wohl fühlte. Was wäre, wenn sie die Kleine zu sich nahm? Natürlich würde sie dann beruflich kürzer treten müssen, schließlich wollte so ein Kind auch betreut werden. Aber das würde sich schon finden.

Je länger sie Nikki anschaute, um so mehr freundete sie sich mit diesem Gedanken an. Gut, wahrscheinlich würde sie für's erste wieder zurück ins Heim müssen. Doch wenn ihr in Aussicht gestellt würde, in absehbarer Zeit für immer bei Sandra zu bleiben, konnte das ihr die Rückkehr ein wenig leichter machen. Sandra dachte an eine frühere Klassenkameradin, die jetzt als Rechtsanwältin in der Kreisstadt praktizierte. Gleich am Montag wollte sie die Anwältin aufsuchen und sich beraten lassen.

Nikki hatte ihre Semmel verdrückt und den Kakao ausgetrunken. Jetzt gähnte sie müde.

»Ich geh' schnell nach oben ins Bad und laß' dir Wasser für ein Bad ein«, sagte Sandra. »Dann kannst' schnell ins Bett gehen. Es dauert nur ein paar Minuten.«

Oben ließ sie warmes Wasser in die Wanne laufen, gab etwas Badeschaum dazu und legte zwei Handtücher zurecht. Fünf Minuten später ging sie an die Treppe.

»Das Bad ist fertig, Nikki. Kannst kommen«, rief sie hinunter.

Unten rührte sich nichts.

»Nikki!« rief sie noch einmal.

Das Kind gab keine Antwort. Stirnrunzelnd ging Sandra nach unten und durchquerte das Wohnzimmer.

»Nikki …?«

Ratlos stand die junge Frau in der Terrassentür. Der Sessel, in dem das Kind gesessen hatte, war leer. Sandra schaute sich um. Nirgendwo war etwas von der Kleinen zu sehen. Sie ging hinunter in den Garten und rief immer wieder nach dem Mädchen, doch es kam keine Antwort. Schließlich suchte sie Haus und Garten systematisch ab, doch Nikki war unauffindbar.

Ratlos setzte Sandra sich schließlich in einen Sessel. Es gab nur eine Erklärung – Nikki war wieder fortgelaufen. Aber warum?

Ein trauriger Zug stahl sich in das schöne Gesicht der jungen Frau. Sie hatte die Kleine in der kurzen Zeit ihres Kennenlernens so liebgewonnen, daß sie bereit gewesen war, Nikki aus dem Waisenhaus zu holen und für immer bei sich aufzunehmen. Sie konnte nicht fassen, daß dieser schöne Traum so plötzlich wieder vorbei sein sollte.

Und sie vermißte den kleinen Dreckspatz schrecklich.

*

Conny Beerlach zügelte den Hengst und stieg ab. Sie führte Fender in den Stall und rieb ihn mit Stroh trocken, nachdem sie ihn abgesattelt hatte. Dann füllte sie die Tröge in der Box mit Wasser und Hafer und schaute zu, wie Fender sich daran gütlich tat.

Die angehende Pferdewirtin machte ihre Ausbildung auf dem Reiterhof Vilsharder, einem ehemaligen Bauernhof, der von seinem jetzigen Besitzer, Michael Vilsharder, nach und nach zu einem ›Ferienhotel auf dem Lande‹ umgebaut worden war. Neben anderen Attraktivitäten, die ein Bauernhof für einen Städter zu bieten hatte, waren die Reiterferien ein besonderes Angebot. Vierzig Tiere standen zur Verfügung, wer wollte, konnte sogar sein eigenes Pferd mitbringen und unterstellen. Für diesen Fall gab es eine Reihe von Gastboxen.

Der fünfzigjährige Vilsharder hatte schon vor Jahren den Trend erkannt, Ferien auf dem Bauernhof wurden immer beliebter. Zwar wurde noch einiges an Land- und Viehwirtschaft betrieben, doch das eigentliche Geschäft war der Hotelbetrieb. Dabei standen die Pferde unter der Obhut von Florian Vilsharder, der auf Anraten des Vaters gleich nach der Schule eine Ausbildung zum Pferdewirt absolvierte. Inzwischen durfte er selber ausbilden. Conny Beerlach war zur Zeit als einziger Lehrling auf dem Hof.

Sie hatte den Hengst nur mäßig bewegt. Eine Entzündung am rechten vorderen Sprunggelenk, war noch rechtzeitig erkannt worden. Mit Salbe und einem festen Verband hoffte der Tierarzt, die Entzündung stoppen zu können. Conny kümmerte sich seitdem besonders intensiv um Fender. Zwar war sie schon von Kindheit an eine Pferdenärrin, die alle Tiere auf dem Hof liebte, doch der fuchsrote Hengst hatte es ihr besonders angetan.

Und Fender schien diese Liebe zu erwidern. Wenn Conny morgens in den Stall kam, begrüßte er sie mit einem freudigen Schnauben und scharrte ungeduldig mit den Hufen, weil er wußte, daß es gleich hinausgehen würde. Im wilden Galopp fegten sie durch das Tal, die Almwiesen hinauf, und erst in den höheren Lagen wurde es langsamer. Aber Conny spürte förmlich, wieviel Freude der Hengst daran hatte. Im Moment jedoch mußten sie auf diese ungestümen Ausritte verzichten. Nur im leichten Gang ging es über den Hof auf die angrenzende Weide, auf der die anderen Pferde standen, sofern sie nicht an Reiter vermietet waren.

»Na, wie geht's unserem Sorgenkind?« erkundigte sich Florian Vilsharder, der eben in den Stall gekommen war.

»Ich glaub' schon viel besser«, sagte Conny. »Wir sind jeden Tag ein bissel länger draußen.«

»Gut so«, nickte Florian und schaute auf die Uhr. »Dann mach mal Schluß für heute. Du hast in den letzten Tagen sowieso zuviel gerackert. Ich wett', da ist jemand anderer zu kurz gekommen.«

Er zwinkerte ihr zu, und Conny spürte, wie sie errötete. Mit diesem Jemand war Rob gemeint, Connys neuer Freund Robert Wilke.

Auf der Kirmes in Engelsbach hatten sie sich kennengelernt. Rob hatte das Madel auf seinem Motorrad zurück zum Vilsharderhof gebracht, nachdem sie ausgiebig Karussell gefahren waren und Bratwurst und Zuckerwatte gegessen hatten. Zum Schluß hatte Rob dem Madel ein riesiges Lebkuchenherz gekauft. Darauf stand mit Zuckerguß geschrieben: *Für immer dein.*

Als er Conny dann an der Einfahrt zum Reiterhof absetzte, war es ganz selbstverständlich, daß sie sich wiedersehen würden, und das Madel erlebte zum ersten Mal in seinem jungen Leben die große Liebe.

Tatsächlich war Rob Wilke Fender gegenüber im Nachteil – zumindest in den letzten Tagen, das hatte Florian Vilsharder ganz richtig erkannt. Die Sorge um den Hengst ließ Conny alles andere um sich herum vergessen. Wenn man nicht aufgepaßt hätte, würde das Madel wahrscheinlich noch im Stall übernachtet haben, um dem geliebten Tier nahe zu sein. Sie kümmerte sich wirklich Tag und Nacht um Fender. Und so hatte Florian sich überlegt, seiner jungen Auszubildenden den Rest des Tages freizugeben. Trotzdem ging sie erst, nachdem das Pferd zu Ende gefressen hatte und der Verband gewechselt war.

Rob erwartete seine Freundin schon ungeduldig.

»Was machen wir mit dem geschenkten halben Tag?« wollte das Madel nach der Begrüßung wissen.

Rob reichte ihr den zweiten Helm und half, den Kinn-riemen zu befestigen.

»Du hast die freie Auswahl«, sagte er. »Zuerst ins Kino und dann zum Italiener, Pizza essen – oder umgekehrt.«

»Schöne Auswahl«, lachte Conny und stieg auf. »Aber du hast dir schon das richtige ausgedacht. Ich habe großen Hunger. Also erst die Pizza und hinterher ins Kino.«

*

Es war schon spät am Abend, als Rob Conny zum Hof zurückbrachte. Zwar stammte das Madel aus St. Johann, und die Eltern wohnten dort, doch für die Zeit ihrer Ausbildung hatte Conny ein Zimmer auf dem Reiterhof, der knapp zehn Kilometer von dem kleinen Bergdorf entfernt war.

Vor der Einfahrt verabschiedeten sie sich.

»Du brauchst net warten«, sagte sie nach dem Abschiedskuß. »Ich seh' noch mal schnell nach Fender, und hier auf dem Hof wird mir schon nichts passieren.«

Rob winkte ihr noch einmal zu, bevor er seine Maschine startete. Conny stapfte schon über den Hof.

Merkwürdig, dachte sie kurz, als alles dunkel blieb. Eigentlich hätte ein Bewegungsmelder die große Lampe vor den Pferdeställen einschalten müssen. Die flammte immer auf, sobald jemand im Finstern über den Hof ging.

Das Madel schenkte dem Umstand allerdings keine volle Aufmerksamkeit. Sie wollte so schnell wie möglich nach dem Hengst sehen. Unruhig wurde sie dann aber doch, als sie den Lichtschalter gleich neben der Stalltür betätigte, das Licht aber nicht anging. Sie blieb einen Moment stehen, um sich an die Dunkelheit zu gewöhnen. Die Pferde in ihren Boxen hatten die Witterung des Madels aufgenommen. Sie schnaubten.

Und dann geschah es ganz überraschend. Aus dem Dunkel des Stalls sprang eine Gestalt hervor, stürzte sich auf Conny und riß sie zu Boden. Das Madel, vor Schreck wie gelähmt, war unfähig zu schreien. Die Gestalt drückte sie fest an den Boden.

»Laß die Hände von Rob«, zischte eine Stimme. »Sonst passiert hier wirklich was. Das war jetzt eine Warnung. Das nächste Mal ist der Hengst dran.«

Die Gestalt ließ sie los, sprang auf und verschwand durch die Stalltür.

Langsam richtete sich die angehende Pferdewirtin auf. Sie zitterte am ganzen Körper, als sie sich vorsichtig durch den Stall tastete und den Sicherungskasten suchte. Schließlich fühlten ihre Hände ihn. Auf dem Kasten lag eine Taschenlampe. Conny schaltete sie ein und sah, daß die Sicherungen für den Stall und die Hofbeleuchtung ausgeschaltet waren. Sie legte die beiden Schalter um, und schlagartig wurde es hell.

Das Madel rannte zu Fenders Box. Es atmete erleichtert auf, als es sah, daß der Hengst wohlauf war. Das Madel legte seinen Kopf an den Hals des Tieres und streichelte ihm sanft über den Rücken.

»Gott sei Dank«, flüsterte sie.

So blieb sie eine ganze Weile stehen, bis sie sich endlich losriß und schlafen ging. Um fünf würde schon wieder der Wekker klingeln. Da blieben nur noch ein paar Stunden Schlaf.

Der aber wollte sich gar nicht einstellen. Ruhelos wälzte sich das Madel in seinem Bett. Immer wieder hörte sie die Warnung, die die Unbekannte – es konnte sich nur um eine Frau handeln – ihr ins Ohr gezischt hatte.

»Laß die Hände von Rob!«

*

Es war noch früh am Samstag morgen, als Pfarrer Trenker zu einer Bergwanderung aufbrach. Diese Morgenstunden waren ihm die liebsten. Ganz alleine wanderte er die Pfade hinauf und labte sich an der Schönheit der Gebirgswelt. Wie altvertraute Freunde grüßten die Zwillingsgipfel, der Himmelsspitz und die Wintermaid, und von der Hohen Riest, einer breiten Felsformation, die über dem Höllenbruch lag, hatte er einen herrlichen Rundblick auf das Tal und das Dorf.

Dort oben machte er eine erste Rast, bevor er weiterging. Ein Besuch auf der Korber-Alm war schon lange mal wieder fällig. Zum einen freute sich die Sennerfamilie, wenn der Seelsorger sie besuchte, zum anderen freute Sebastian sich auf die leckere Mittagsmahlzeit, die es auf der Hütte gab.

Heute war es ein Schwammerl-Ragout mit Semmelknödeln. Die Pilze dazu hatten der Senner und seine Frau selbst gesucht. Die Portion war so reichlich bemessen, daß Sebastian seinen restlichen Proviant, der für den Rückweg gedacht war, wahrscheinlich gar nicht mehr essen konnte.

Ausgeruht und gesättigt machte er sich gegen Nachmittag an den Abstieg. Noch eine Rast wollte er einlegen. Bevor er den Höllenbruch, ein unwegsames Waldgebiet, durchquerte, würde er auf eine Hütte stoßen. Dort legte er immer eine Pause ein.

Nicht, daß er sie gebraucht hätte. Sebastian Trenker war sportlich durchtrainiert und kam nicht so schnell aus der Puste. Wer es nicht wußte, hätte in diesem agilen Wandersmann kaum den Geistlichen vermutet. Eher schon einen überdurchschnittlichen Sportler. Allerdings hatte man ihn auch schon für einen Schauspieler gehalten, was Pfarrer Trenker mit einem Lächeln quittierte. Die Menschen waren immer wieder verblüfft, wenn sie feststellten, daß er einen Beruf hatte, dem sie ihm überhaupt nicht zuordneten.

Sebastian schaute zum Himmel, an dem sich ein paar graue Wolken zusammenschoben. Wenn er sich beeilte, erreichte er die Hütte gerade noch, bevor der Regen einsetzte. Gerade als er die Tür aufstieß, platschten die ersten Tropfen herunter.

Pfarrer Trenker schloß die Tür hinter sich und sah erstaunt, daß er nicht der einzige Wanderer war, der in der Hütte Schutz gesucht hatte. An dem groben Holztisch saß ein kleines, ziemlich schmutziges Madel und schaute den Mann mit großen Augen an.

»Ja, grüß dich«, sagte Sebastian freundlich. »Wer bist du denn?«

»Ich heiße Nikki«, antwortete die Kleine. »Und wie heißt du?«

»Ich bin der Sebastian«, antwortete der Geistliche. »Hast auch Schutz vor dem Regen gesucht, was?«

Sie nickte. Sebastian schnallte seinen Rucksack ab und stellte ihn auf den Tisch. Ihm fiel auf, daß die Kleine gar keine Jakke anhatte.

»Sag' mal, frierst du gar net?« fragte er. »So warm ist es doch gar net hier oben.«

Überhaupt kam ihm die Sache merkwürdig vor. Was machte das Kind eigentlich ganz alleine hier oben? Gut, bis ins Tal war es von hier aus nur noch eine knappe Stunde zu laufen, aber dennoch ...

»Bist du etwa allein hier?«

Nikki zuckte mit der Schulter. Na und, sollte es wohl heißen. Draußen regnete es inzwischen heftig. Wahrscheinlich würde es aber nicht lange dauern.

»Also, Nikki, raus können wir im Moment net«, sagte Pfarrer Trenker. »Also machen wir's uns hier drinnen gemütlich. Weißt, ich hab' da noch ein paar Brote und etwas Saft in meinem Rucksack. Wenn du magst, geb ich dir gern etwas davon ab.«

Die Kleine nickte und biß herzhaft in das angebotene Brot. Sie aß mit solch einem Appetit, daß Sebastian nur staunen konnte.

»Nun erzähl doch mal«, forderte der Geistliche das Kind auf. »Wo wohnst du denn eigentlich? Suchen deine Eltern dich net? Sie machen sich doch bestimmt Sorgen, wenn du bei solch einem Wetter net nach Hause kommst.«

Nikki schniefte ein wenig und schaute bekümmert drein.

»Ich hab' keine Eltern mehr«, sagte sie. »Eigentlich wohn ich im Heim, aber da bin ich fortgelaufen.«

Sebastian war fassungslos.

»Fortgelaufen? Aber warum denn?«

Nikki erklärte, daß die anderen Kinder doof und die Tanten nicht nett seien.

»Hm, was mach ich denn jetzt mit dir?«

Nach und nach erfuhr der Seelsorger noch ein paar Einzelheiten. Das Waisenhaus sei in Engelsbach, und Birte Obermooser das doofste Mädchen überhaupt.

»Tja, dann nehm ich dich wohl am besten erstmal mit zu mir nach Hause«, schlug Sebastian vor. »Was meinst du?«

Das Mädchen schielte nach dem letzten Brotpäckchen. Der Pfarrer schob es ihr hin. Nikki wickelte es aus und biß hinein.

»Gibt's noch mehr Brot bei dir?« fragte sie.

»Bestimmt«, meinte der Geistliche. »Meine Haushälterin backt selbst. Es ist immer genug Brot im Haus.«

»Und gibt es was zum Spielen?«

Sebastian hatte etliche Spiele, darunter auch einige für Kinder in Nikkis Alter, die er auf sieben oder acht Jahre schätzte.

*

»Acht bin ich«, erklärte die Kleine, als sie später ins Tal hinuntergingen.

Der Regen hatte nach einer Weile wieder aufgehört. Es war eine erfrischende Sommerdusche gewesen, jetzt roch das Gras danach.

»So, acht Jahre alt. Da bist eigentlich noch zu jung für ein solches Abenteuer. Meinst net auch? Schließlich ist es net ganz ungefährlich in den Bergen.«

»Ich hab' einen Schutzengel«, erklärte das Madel mit einem überzeugten Ton, der den Pfarrer unwillkürlich schmunzeln ließ.

Sie erreichten St. Johann, und Nikki staunte nicht schlecht, als die Leute, die ihnen begegneten, den Mann an ihrer Seite mit »Grüß Gott, Herr Pfarrer« begrüßten.

»Bist du wirklich der Pfarrer?« fragte sie neugierig.

Sebastian nickte.

»Ja, gleich wirst' sehen, daß es stimmt. Da drüben ist die Kirche, und gleich daneben steht das Pfarrhaus, in dem ich wohne. Wenn du magst, kannst vielleicht eine Weile dableiben, bis ich das mit dem Waisenhaus geregelt hab'.«

Sebastian Trenker ging über den Kiesweg voran zum Pfarrhaus, deshalb konnte er den merkwürdigen Blick nicht sehen, mit dem die Kleine ihn bedachte. Als er gerade die Tür öffnen wollte, kam Sophie Tappert heraus. Zuerst sah sie nur den Geistlichen, als sie dann das Kind bemerkte, blieb ihr Mund vor Überraschung offen.

»Du lieber Himmel, wer ist das denn?« fragte sie völlig entgeistert.

»Das ist die Nikki …«

Sebastian drehte sich zu der Kleinen um.

»Wie heißt du eigentlich mit Nachnamen?«

»Behringer.«

»Aha. Das ist also Nikki Behringer«, sagte der Pfarrer zu seiner Haushälterin. »Und das ist Frau Tappert, die gute Seele unseres Pfarrhaushalts.«

»Wo haben S' die denn her?« wollte Sophie wissen und schüttelte innerlich den Kopf.

Was Hochwürden hier so alles anbrachte!

Und wie das Kind ausschaute – schmutzig von Kopf bis Fuß! Der Geistliche ahnte, was seine Haushälterin dachte. Er legte seine Hand auf Nikkis Kopf und schaute Sophie bittend an.

»Gell, Frau Tappert, Sie haben doch bestimmt noch etwas von dem Eintopf übrig, den S' heut mittag für sich und den Max gekocht haben?« fragte er. »Die Nikki hat einen ziemlich großen Hunger, und ich könnt' auch einen Teller vertragen.«

»Ja, natürlich ist noch was da.«

Sophie sah Nikki stirnrunzelnd an.

»Aber zuerst gehst' dir die Hände waschen und das Gesicht«, ordnete sie an. »Komm, ich zeig' dir, wo's Bad ist.«

In der Zwischenzeit wärmte sie den Eintopf vom Mittag wieder auf.

»Woher kommt denn das Madel?« fragte sie Sebastian, der auf der Eckbank Platz genommen hatte.

Der Geistliche erzählte, unter welchen Umständen er Nikki kennengelernt hatte. Sophie Tappert hörte ihm ungläubig zu.

»Fortgelaufen? Aus dem Waisenhaus? Das ist ja unglaublich. Was machen wir denn jetzt mit dem Kind? Wir können's doch net behalten.«

»Natürlich net. Aber zurück ins Waisenhaus kann's auch net. Wenn die Kleine fortgelaufen ist, dann wird es dafür schon einen Grund geben.«

»Wahrscheinlich hat sie was angestellt und hat jetzt Angst vor der Strafe«, argwöhnte die Haushälterin.

»Ich werd' jedenfalls gleich nach der Abendmesse das Waisenhaus in Waldeck anrufen und mich erkundigen, ob dort ein Kind vermißt wird. Sollte es der Fall sein, werd' ich zunächst alleine dorthin fahren und mit der Heimleiterin sprechen.«

Auf dem Flur war ein Geräusch zu hören.

»Aber jetzt kein Wort mehr von dem Waisenhaus«, ordnete der Pfarrer an.

Nikki kam herein. Sebastian rückte auf der Bank weiter und forderte sie auf, sich zu setzen. Sophie Tappert hatte tiefe Teller auf den Tisch gestellt und füllte von der Suppe auf. Ganz viele verschiedene Gemüse waren darin, die alle aus dem Pfarrgarten stammten, außerdem Hackfleischklößchen und Kräuterspätzle.

»Schmeckt's dir?« erkundigte sich Sebastian bei der Kleinen.

»Super!« erklärte Nikki und strahlte Sophie Tappert so freudig an, daß die Frau ganz versöhnlich wurde und über die schmutzigen Sachen, die das Kind trug, hinwegsah.

»Ich muß mich jetzt leider von dir verabschieden, Nikki«, sagte Pfarrer Trenker. »Weißt', ich muß mich für die Abendmesse vorbereiten. Frau Tappert wird ein wenig mit dir spielen, und wenn du nachher magst, dann kommst' zur Messe in die Kirche hinüber.«

Er wandte sich an seine Haushälterin.

»Sie kümmern sich ein bissel um sie, net wahr?«

Sophie nickte. Irgendwie hatte sie die Kleine in der kurzen Zeit schon sehr in ihr Herz geschlossen, und das Schicksal des Kindes ging ihr nahe.

»Aber natürlich«, antwortete sie. »Was magst denn am liebsten spielen?«

»Mensch-ärgere-dich-nicht, oder vielleicht Spitz-paß-auf«, erklärte Nikki, während sie noch ihren Teller leerputzte.

»Na, ich werd' mal schauen, welche Spiele wir haben. Ich glaub', in dem Regal neben dem Pfarrbüro sind einige.«

*

Ilona Gruber ging unruhig in dem großen Wohnzimmer auf und ab. Es gehörte zu einer riesigen Villa am Rande von Waldeck. Die Villa stand auf einem zweitausend Quadratmeter großem Grundstück, versteckt hinter hohen Tannen und von einer Hecke zur Straße hin abgeschirmt. Auf der Rückseite, gleich an der Terrasse, gab es einen Swimmingpool, dahinter lag der parkähnliche Garten. Über der Doppelgarage war eine Wohnung gebaut, die der Hausmeister mit seiner Frau bewohnte. Beide waren im Moment ebensowenig zu Hause, wie der Besitzer des Anwesens oder dessen Tochter. Einzig Ilona, die sechsundzwanzigjährige Kinderfrau, hielt sich in der Villa auf. Ihre unwillige Miene deutete darauf hin, daß etwas geschehen war, das ihren Mißmut hervorgerufen hatte.

Die junge Frau hob die Hände empor.

»Himmel, wo bleibt sie denn nur?« rief sie aus, obgleich sie wußte, daß niemand sie hören konnte.

Lange mache ich es nicht mehr mit! Wie oft hatte sie sich diesen Satz schon gesagt. Und wäre da nicht ihr Chef gewesen

– sie hätte ihr Vorhaben längst in die Tat umgesetzt. Denn was dieses kleine Biest sich leistete, war schier unglaublich. Nichts, was Ilona anordnete, wurde befolgt, weder das Zimmer aufgeräumt noch die Hausaufgaben vorgelegt. Nikki machte einfach, was sie wollte. Und wenn Ilona Gruber aus der Haut fuhr und sie anschrie, dann drehte das Mädchen sich einfach um und ging hinaus.

»Sag's doch meinem Papi«, hatte es einmal gesagt und frech dabei gegrinst. »Dann erzähl ich, daß du immer telefonierst, wenn niemand im Haus ist.«

Ilona hatte vor Wut nach Luft geschnappt, aber nichts weiter unternommen, denn sie liebte Oliver Behringer, den reichen Im- und Exportkaufmann, der eine große Firma mit zahlreichen Filialen leitete. Und auch wenn es bisher nicht den Anschein hatte, als würde Nikkis Vater auf Ilonas kleine Liebesbezeugungen reagieren, ja, sie überhaupt wahrnehmen, gab die junge Frau nicht die Hoffnung auf, eines Tages Frau Behringer zu sein.

Dennoch – so konnte es mit Nikki nicht weitergehen. Die Kleine nutzte es schamlos aus, daß ihr Vater viel zu wenig Zeit hatte, sich um sie zu kümmern. Wenn sie wußte, daß Oliver Behringer für ein paar Tage nicht zu Hause sein würde, gab es für Nikki kein Halten mehr. Schon von der Schule kam sie nicht mehr heim. Sie versteckte irgendwo ihren Ranzen und stromerte bis zum Anbruch der Dunkelheit umher. Wenn sie dann endlich nach Hause kam, von oben bis unten schmutzig, gab sie auf Ilonas Fragen keine Antwort. Meistens ging sie unter die Dusche und verschwand dann wortlos in ihrem Zimmer.

Das war der Moment, den Ilona Gruber am meisten herbeisehnte.

Die Kinderfrau bewohnte zwei großzügige Zimmer im ersten Stock der Villa, zu denen auch ein eigenes Bad gehörte. Wenn Nikki endlich schlief, hatte Ilona Zeit für sich. War sie alleine mit dem schlafenden Kind, ging sie durch alle Räume. Dabei malte sie sich ihre Zukunft an der Seite von Oliver Behringer in den schönsten Farben aus. In ihrer Phantasie sah sie sich als Gastgeberin glanzvoller Empfänge und Gesellschaften. Die gab es jetzt zwar hin und wieder auch – in seiner Stellung war Oliver ganz einfach dazu verpflichtet –, doch da war Ilona nur die Erzieherin der Tochter des Hauses, nicht die Hausherrin selbst.

Aber das sollte sich nach ihren Vorstellungen schon noch ändern. Sie mußte nur Geduld haben. Und vor allem Nikki auf ihre Seite bringen. Darum ließ sie der Kleinen auch alle erdenklichen Freiheiten – jetzt noch. Würde sie erst einmal Frau Behringer und damit Nikkis Stiefmutter sein, dann würde sie andere Saiten aufziehen. Am besten steckte sie die Göre in ein Internat. Möglichst weit fort.

Aber bis dahin war es noch ein langer Weg. Zunächst galt es, Oliver Behringer zu umgarnen. Ilona gab sich redliche Mühe dabei. Sie tat alles, was eine liebende Ehefrau tat, wenn ihr Mann abends von der Arbeit nach Hause kam. Ein tolles Essen wartete auf ihn, sein Lieblingswein war geöffnet, und Abendzeitung und Zigarre warteten schon auf dem kleinen Tisch im Erker des Hauses, wo Oliver gerne saß und aus dem Fenster schaute.

Doch bisher war er für ihre Bemühungen noch nicht so recht empfänglich gewesen. Ob er die glühenden Blicke wahrnahm, die sie ihm zuwarf, ließ er sich jedenfalls nicht anmerken.

Ein Geräusch an der Haustür deutete an, daß Nikki endlich nach Hause gekommen war. Ilona lief über den Flur in die Eingangshalle und nahm das Kind in Empfang.

»Wo kommst du denn jetzt her?« fragte sie in einem ängstlichen Ton, der allerdings nur gespielt war. »Ich habe mir große Sorgen gemacht.«

»Ich hab' gespielt«, gab die Kleine zur Antwort.

»Ach, Nikki«, sagte die Kinderfrau und versuchte, sie in ihre Arme zu ziehen. »Warum bist du denn immer so schnippisch zu mir? Magst' mich denn überhaupt nicht?«

Mit einer entwaffnenden Ehrlichkeit schüttelte das Kind den Kopf. Eine Geste, die Ilona Gruber beinahe schon wieder aus der Haut fahren ließ. Doch sie beherrschte sich und machte gute Miene zum bösen Spiel. Dabei war sie schon in Wut geraten, als sie das Kind nur gesehen hatte, schmutzig, wie ein Straßenjunge, die Hose und das T-Shirt sahen aus, als wären sie aus dem Müll.

»Komm, geh schnell duschen«, sagte sie. »Ich back dir unterdessen eine Pizza auf. Die magst du doch.«

»Ich hab' schon gegessen«, gab Nikki zur Antwort und verschwand die Treppe hinauf.

Ihr Zimmer lag neben denen, die Ilona bewohnte. Nikki huschte unter die Dusche, zog dann ihren Schlafanzug an und hockte sich anschließend unten im Salon vor den Fernseher. Am liebsten hätte Ilona ihr die Fernbedienung weggenommen, doch sie fürchtete, Nikki würde dann ihre Drohung wahrmachen, dem Vater etwas zu erzählen. Selbst wenn es nicht stimmte, Oliver Behringer liebte seine Tochter abgöttisch und würde ihr alles glauben. Also setzte sich Ilona Gruber in einen Sessel und blätterte gelangweilt in einer Zeitschrift. Dabei hoffte sie, daß Nikki endlich müde wurde und schlafen ging.

*

Sebastian verließ gerade die Kirche, als seine Haushälterin auf ihn zustürzte.

»Die Nikki ist fort«, rief sie, noch bevor sie den Pfarrer erreicht hatte.

»Wie fort?« fragte der Geistliche.

Sophie Tappert rang verzweifelt die Hände.

»Ich weiß net warum, aber sie ist fortgelaufen. Drei Runden Mensch-ärgere-dich-nicht haben wir gespielt, dann hab' ich ein Bad für sie eingelassen. Als ich die Nikki rufen wollte, war sie weg. Im ganzen Haus net eine Spur von ihr.«

»Das ist ja merkwürdig«, sagte Pfarrer Trenker stirnrunzelnd. »Ich werd' gleich mal mit dem Augustinerinnenheim in Waldeck telefonieren.«

Im Pfarrbüro fand sich eine Liste mit den wichtigsten Telefonnummern, darunter auch die des Waisenhauses. Sebastian wählte und wartete ab. Das Heim, das früher ein Augustinerinnenkloster gewesen war, stand heute unter staatlicher Leitung. Nach mehrfachem Klingeln meldete sich am anderen Ende eine weibliche Stimme.

»Grüß Gott, Frau Rhönthal, hier ist Pfarrer Trenker aus Sankt Johann«, sagte Sebastian.

Er kannte die Heimleiterin von gelegentlichen Besuchen.

»Guten Abend, Hochwürden, was kann ich für Sie tun?«

»Ich weiß net, ob nicht viel eher ich etwas für Sie tun kann«, antwortete er.

Erstauntes Schweigen am anderen Ende der Leitung.

»Es geht um eines Ihrer Kinder«, erklärte der Geistliche. »Das kleine Madel, das Ihnen fortgelaufen ist.«

»Also, das muß ein Irrtum sein, Hochwürden«, erwiderte die Heimleiterin. »Wir haben gerade unser Abendessen beendet. Alle Kinder sind vollzählig und auf dem Weg in die Betten.«

»Ach, dann ist die Nikki doch noch rechtzeitig wieder zurückgekommen?« fragte Sebastian erleichtert.

Erika Rhönthal gab ein merkwürdiges Geräusch von sich.

»Nikki?« fragte sie. »Wer soll das sein? Ich kenn kein Kind, das so heißt.«

Der Seelsorger war ratlos.

»Soll das heißen, Sie haben den Tag über gar kein Kind vermißt? Und in Ihrer Obhut ist auch keines, das Nikki Behringer heißt? Ein kleiner Blondschopf, acht Jahre alt?«

»Aber nein, Hochwürden, ich höre diesen Namen zum ersten Mal. Und ein Kind wird bei uns auch net vermißt.«

Pfarrer Trenker wußte nicht, was er von der Sache halten sollte. Es gab eigentlich nur eine Erklärung – die Kleine hatte ihn angeschwindelt. Die Geschichte mit dem Waisenhaus mußte sie sich ausgedacht haben. Vermutlich hieß sie auch nicht einmal Nikki Behringer.

»Dann ist das ganze wohl ein Irrtum«, sagte er zu der Heimleiterin. »Bitte entschuldigen Sie die Störung.«

»Warum, Hochwürden? Da gibt es nichts zu entschuldigen«, antwortete die Frau. »Aber wollen Sie mir nicht erklären, was hinter dieser Sache steckt?«

Sebastian Trenker lachte.

»Bei meinem nächsten Besuch, Frau Rhönthal, erzähl ich Ihnen alles«, erwiderte er. »Ich glaub', ich bin heut' ganz schön reingelegt worden.«

Damit legte er auf. Nachdenklich ging er zu seiner Haushälterin und berichtete, was das Telefonat ergeben hatte.

»Das ist ja merkwürdig«, war Sophies Kommentar. »Dabei hat die Kleine doch einen so netten Eindruck gemacht. Was werden S' denn jetzt unternehmen?«

Der Geistliche hob die Arme.

»Ich weiß net, was ich von der Geschichte halten soll. Aber so einfach im Sande verlaufen lassen, kann ich sie auch net«, meinte er. »Wissen S', wo der Max steckt? Am besten wird's sein, wenn er sich darum kümmert.«

Die Haushälterin sah auf die Uhr.

»Wenn S' Glück haben, erwischen S' ihn noch bei sich zu Hause. Am Samstag abend geht er doch meistens zum Tanz in den Löwen.«

»Dann werd' ich es gleich versuchen.«

Sebastian eilte in das Pfarrbüro zurück und wählte Max' Telefonnummer. Der Gendarm nahm gleich nach dem zweiten Klingeln ab.

»Gut, daß ich dich noch erreiche«, sagte sein Bruder. »Mir ist da heut' eine merkwürdige Sache passiert. Ich würd' gern wissen, was du davon hältst.«

Er berichtete, wie und wo er auf das Kind getroffen war, das sich Nikki Behringer nannte, und unter welchen Umständen die Kleine wieder verschwand.

»Das ist wirklich sonderbar«, meinte Max. »Das einzige, was ich da machen könnt', wäre bei den Kollegen in der Kreisstadt nachzufragen. Bei denen gehen alle Anzeigen und Meldungen ein, wenn in der Gegend jemand vermißt wird. Bei mir hat sich jedenfalls niemand gemeldet, der ein Kind vermißt.«

»Gut, mach das. Ich wart' so lange.«

Der Rückruf des Polizeibeamten kam schon nach wenigen Minuten.

»Nix«, sagte er. »Absolute Fehlanzeige. Die letzte Vermißtenmeldung liegt acht Wochen zurück, und das war ein Mann, von dem man vermutet, daß er seiner Frau fortgelaufen ist.«

»Na, da kann man nix machen. Trotzdem danke, daß du noch mal nachgefragt hast.«

»Na, da net für«, meinte Max. »Aber merkwürdig ist die Sache schon.«

»In der Tat«, gab sein Bruder zurück. »Und ich bin sicher, daß sie mich noch eine ganze Weile beschäftigen wird.«

*

»Conny, was ist denn los mit dir? Du hast doch was.«

Rob Wilke sah seine Freundin eindringlich an. Daß sie seit ein paar Tagen nur noch wenig Zeit für ihn hatte, nahm er ja noch hin. Er konnte durchaus Verständnis dafür aufbringen, daß die Pferdenärrin sich um den Hengst sorgte und so oft wie möglich bei ihm sein wollte. Daß sie jetzt aber, kaum daß sie sich eine Stunde gesehen hatten, darauf drängte, zum Ferienhotel Reiterhof zurückgebracht zu werden, gefiel dem jungen Mann überhaupt nicht.

»Bitte, Rob, es ist wirklich nichts«, wich das Madel aus. »Du weißt doch ... und morgen nachmittag sehen wir uns auch.«

»Ja, ja, Fender! Ich frag' mich nur, was der Kerl hat, das ich net habe.«

Er sagte es mit einem Augenzwinkern.

»Dummkopf«, antwortete Conny und gab ihm einen Kuß. »Du wirst doch net auf ein Pferd eifersüchtig sein?«

»Also, wenn du mit ihm mehr Zeit verbringst als mit mir – dann schon!«

Er seufzte ergeben.

»Also schön, dann fahr ich dich jetzt wieder zurück.«

Sie verabschiedete sich vor der Einfahrt zum Reiterhof.

»Sei net traurig«, tröstete Conny den Freund. »Am Mittwoch hab' ich frei. Da können wir uns den ganzen Tag sehen.«

»Mittwoch, ja – aber heut' ist erst Samstag. Kannst du mir sagen, wie ich es bis dahin aushalten soll? Außerdem gehen verliebte Paare am Samstag abend immer aus und net in den Pferdestall.«

Conny lachte.

»Wenn du immer an mich denkst und mir treu bist, dann sollst mal sehen, wie schnell die Zeit vergeht.«

Sie winkte ihm nach, bis er nicht mehr zu sehen war, dann ging sie zu den Pferdeställen.

Sie sah nicht die Gestalt, die ihr aus einem Gebüsch finster hinterherblickte.

Fender schnaubte, als sie den Stall betrat. Sie ging in seine Box und strich liebevoll über seine Mähne.

»Na, mein Guter, wie geht's dir heut?« fragte sie.

Der Hengst rieb seine Nüster an ihrer Schulter, als wolle er sich für die Nachfrage bedanken. Conny Beerlach wechselte noch einmal den Verband, nachdem sie neue Salbe aufgestrichen hatte. Schließlich verabschiedete sie sich von dem Tier und suchte ihr Zimmer auf.

Sie hatte gerade die Tür des Gebäudes, in dem die Angestellten des Reiterhofes wohnten, hinter sich geschlossen, als sich die vermummte Gestalt aus dem Schatten des Busches löste, hinter dem sie sich versteckt gehalten hatte, und eiligst über den leeren Hof lief. Ohne von jemandem gesehen worden zu sein, verschwand sie hinter der Tür des Pferdestalls.

Conny wußte später nicht mehr zu sagen, was es gewesen war, das sie aus dem Schlaf riß. Verwirrt schaute sie auf den Wecker. Kurz vor elf Uhr abends. Das Madel schien irgendeiner Eingebung zu folgen, als es aus dem Bett sprang und in ihre Sachen schlüpfte. Sie lief über den Flur zur Tür hinaus und über den Hof. Schon vor dem Stall hörte sie laute Geräusche.

Sie riß die Tür auf. Ihre Hand tastete automatisch nach dem Lichtschalter. Gleißende Helligkeit blendete sie für einen Moment. Aus der Box, in der Fender untergebracht war, ertönte ein Durcheinander aus Schnauben und Wiehern. Dabei schlug das Pferd mit den Hufen gegen die Holzwand. Conny stürzte zu ihm.

»Fender, was ist mit dir?« rief sie angstvoll.

Der Hengst lag am Boden, krampfhafte Zuckungen gingen durch seinen Körper. Vor dem Maul stand weißer Schaum.

Das Madel zögerte. Es war nicht ungefährlich, in die Box zu gehen. Die wild um sich schlagenden Hufe konnten sie treffen und schwer verletzen.

Der Tierarzt! schoß es ihr durch den Kopf. Sie mußte sofort Dr. Hardlinger benachrichtigen. Und natürlich Florian Vilsharder.

Das Telefon befand sich in einem kleinen Raum, der innerhalb des Stalles abgetrennt worden war. Hier saßen die Reiter, Pferdeknechte und alle die, die etwas mit dem Stall zu tun hatten. Conny Beerlach wollte gerade dorthin eilen, als es schlagartig dunkel wurde. Die angehende Pferdewirtin blieb wie gelähmt stehen. Jemand hatte das Licht ausgemacht.

Wieder die Unbekannte, die sie schon einmal überfallen hatte?

Das Madel kam nicht mehr dazu, weiter darüber nachzudenken. Es wurde zu Boden gerissen.

»Ich hatte dich gewarnt«, zischte dieselbe Stimme, die sie schon einmal vernommen hatte. »Was jetzt kommt, hast du dir selber zuzuschreiben.«

Verzweifelt rang Conny mit der Unbekannten, die sie an den Boden preßte und dabei den Mund zuhielt. Sie tastete nach der Hand auf ihrem Gesicht und bekam den Unterarm zu fassen. Es gab ein Geräusch, als sie den Arm wegstieß und dabei ein Kettchen zerriß, das die andere am Handgelenk getragen hatte. Conny gelang es, sich herumzuwälzen und die schwere Last abzuwerfen.

Plötzlich war der Spuk vorbei.

Das Madel hörte Schritte, die sich rasch entfernten. Wie betäubt blieb es liegen, erst Fenders Wiehern rief Conny in die Wirklichkeit zurück. Das Armband hatte sie immer noch in der Hand. Automatisch steckte sie es in die Hosentasche und beeilte sich, Licht zu machen. Dann lief sie zum Telefon. Hastig wählte sie die Nummer des Tierarztes. Trotz der späten Stunde war Dr. Hardlinger bereit, sofort zu kommen. Dann benachrichtigte Conny über die hauseigene Leitung Michael und Florian Vilsharder. Die beiden Männer kamen umgehend in den Stall. Sie beruhigten das Madel, das unter einem Schock stand. Conny zitterte am ganzen Körper. Hatte sie bisher auch einen kühlen Kopf bewahrt und die richtigen Schritte unternommen, so löste sich jetzt doch allmählich die ganze innere Anspannung und ließ sie im Nachhinein über das Geschehene schaudern. Erst als der Tierarzt auf den Hof fuhr, beruhigte sie sich etwas.

Dr. Hardlinger handelte sofort. In einem günstigen Moment sprangen Vater und Sohn Vilsharder in die Box. Fender hatte sich etwas beruhigt, so daß die beiden Männer die Beine des Hengstes halten konnten. Der Tierarzt gab ihm eine Spritze, die die Krämpfe lockern sollte. Conny kletterte ebenfalls in die Box und hockte sich neben Fenders Kopf. Unter ihren beruhigenden Worten schien es ihm nach kurzer Zeit besserzugehen.

»Was kann es denn gewesen sein, das diese fürchterlichen Krämpfe ausgelöst hat?« fragte Michael Vilsharder den Tierarzt.

»Da kann alles Mögliche in Frage kommen«, entgegnete Dr. Hardlinger. »Angefangen beim falschen Futter bis hin zu einem Gift, das Fender gefressen haben könnte.«

Gift!

Dieses Wort brannte sich in Conny ein. Jemand hatte versucht, Fender zu vergiften. Durfte sie da noch länger schweigen? Bisher war sie versucht gewesen, die Sache alleine durchzustehen. Sie war sogar bereit, mit Rob Schluß zu machen, um den Hengst zu schützen. Doch jetzt sah es aus, als würde die Unbekannte, die sie mit ihrem Haß verfolgte, jederzeit und noch härter zuschlagen. Dieser Haß mußte so groß sein, daß sie auch nicht davor zurückschreckte, sich an einem wehrlosen Tier zu vergreifen. Conny Beerlach ahnte, daß sie es nicht alleine schaffen konnte. Sie mußte sich offenbaren. Zumindest teilweise. Von Rob würde sie vorerst noch nichts erzählen.

*

»Das ist ja ein dolles Ding! Mensch, Madel, warum hast' net gleich gesagt, daß dich eine Unbekannte bedroht?«

Michael Vilsharder schüttelte den Kopf. Sie saßen in dem Raum hinter dem Stall, und der Chef des Reiterhofes hatte auf den Schrecken hin erst einmal eine Runde Enzian ausgegeben.

»Du weißt, daß du durch dein Schweigen net nur dich, sondern auch Fender in Gefahr gebracht hast«, sagte Florian.

»Ich weiß«, nickte Conny. »Und es tut mir auch leid.«

»Schon gut«, wiegelte Florians Vater ab. »Der Hengst wird's überstehen. Aber mit der Unbekannten, die dich überfallen hat, da müssen wir uns was einfallen lassen.«

»Am besten wird's sein, wenn wir abwechselnd Wache halten. Wenn sie wieder zuschlägt, schnappen wir sie uns«, sagte der junge Pferdewirt.

»Schauen S' mal, was ich gefunden hab'«, unterbrach der Tierarzt ihn.

Dr. Hardlinger hatte noch einmal nach Fender gesehen und

kam jetzt zurück. In der Hand hielt er eine Pralinenschachtel.

»Likörpralinen. Die Attentäterin hat den Hengst die ganze Schachtel leerfressen lassen. Kein Wunder, daß es ihm so schlecht ging. Die Schachtel lag unter dem Stroh in Fenders Box.«

»Na, ich werd' gleich am Morgen Max Trenker anrufen«, sagte Michael Vilsharder. »Vielleicht sind ja Fingerabdrücke auf der Schachtel.«

Er gähnte und schaute auf die Uhr.

»Schon drei. Es wird Zeit, daß wir noch eine Mütze Schlaf bekommen«, meinte er.

»Ich bleib bei Fender«, sagte Conny in einem Ton, der keinen Widerspruch duldete.

»Na schön«, willigte ihr Chef ein. »Ich glaub net, daß die Unbekannte heut' nacht noch einmal zurückkommt. Und der Hengst wird auch ruhiger sein, wenn du bei ihm bist.«

Das Pferd stand ruhig in seiner Box, als Conny mit einer Decke unter dem Arm hineinging. Sie schüttete etwas von dem Stroh auf dem Boden zurecht und baute damit ein Bett. Sie legte sich hin und zog die Decke über sich. Das große Licht im Stall hatte sie ausgeschaltet, aber neben ihrem Strohbett stand ein Handscheinwerfer.

In Gedanken ließ sie noch einmal alles Revue passieren, und plötzlich fiel ihr etwas ein, das sie in der ganzen Aufregung vergessen hatte. In ihrer Hosentasche steckte immer noch das Armband, das die Attentäterin während des Zweikampfes verloren hatte.

Conny holte es hervor und schaltete den Handscheinwerfer ein. In seinem Licht betrachtete sie das Kettchen genauer. Es war aus Gold und hatte in der Mitte eine schmale Platte mit einer Gravur darauf.

Das Madel bekam einen trockenen Hals, und ihr Herz klopfte rasend schnell, als sie die Widmung las.

In Liebe, Rob! stand darauf.

Als Nikki die Augen aufschlug, schien die Sonne in ihr Zimmer. Das Madel sprang aus dem Bett. Endlich Sonntag, dachte sie, der einzige Tag, an dem sie mit dem Papi frühstücken konnte. Sie freute sich die ganze Woche darauf. Natürlich kam es manchmal auch vor, daß ihr Vater auch an Sonntagen gar nicht daheim war. Aber das kam meist nur vor, wenn er auf Geschäftsreise war und nicht am Abend vorher zurückkommen konnte.

Doch gestern abend war er zurückgekommen. Nikki hatte bis spät in die Nacht darauf gewartet und war erst eingeschlafen, als sie Papas Stimme gehört hatte. Als Oliver Behringer so wie immer in das Kinderzimmer kam und ihr einen Kuß auf die Wange hauchte, schlief Nikki schon längst.

Das Madel beeilte sich mit dem Waschen, Zähneputzen und Anziehen. Als sie die Treppe herunterkam, hörte sie Erna, die Frau des Hausmeisters, in der Küche rumoren. Erna Karber war die Köchin in der Villa Behringer.

»Guten Morgen, Erna«, grüßte Nikki artig. Sie mochte die rundliche, stets freundliche Frau.

»Grüß dich, Nikki. Bist schon auf den Beinen?«

»Ist der Papi noch net auf?« stellte die Kleine eine Gegenfrage. »Dann geh' ich ihn gleich mal wecken.«

»Bloß net«, sagte Erna Karber. »Du weißt doch, daß dein Vater immer so spät von der Arbeit heimkommt. Laß ihn doch wenigstens am Sonntag ausschlafen. In der Woche kann er's ja net.«

»Na gut«, stimmte Nikki zu. »Aber dann helf ich dir beim Tischdecken.«

»Das kannst' gerne machen. Wo die Servietten sind, weißt' ja. Eierbecher fehlen auch noch.«

Nikki holte zwei Stoffservietten aus dem Fach im Küchenschrank, dazu zwei Eierbecher, und stellte sie auf den Tisch im Eßzimmer. Weil es draußen schon angenehm warm war, hatte

41

Erna die Gardine zurückgezogen und die Terrassentür weit geöffnet. Auf den Tisch hatte sie eine Vase mit bunten Blumen gestellt, die sie aus dem Garten geholt hatte. Nikki rückte hier und da noch etwas zurecht und betrachtete dann zufrieden ihr Werk. Ein leises Räuspern veranlaßte sie, sich umzudrehen. Erna Karber stand hinter ihr und schüttelte mißbilligend den Kopf.

»Was soll denn das, Kind?« fragte sie und deutete auf den Tisch.

Nikki hatte den dritten Platzteller und das Besteck wieder abgeräumt.

»Du weißt doch, daß die Ilona am Sonntag mit euch zusammen frühstückt. Es ist jedesmal das gleiche.«

Die Köchin stellte alles wieder auf den Tisch zurück und holte eine zusätzliche Serviette und einen Eierbecher. Den Protest der Kleinen beachtete sie nicht. Erna kannte dieses Spielchen. Sie wußte, daß Nikki die Kinderfrau nicht leiden mochte.

Eigentlich mochte sie gar keine. Vier waren es bisher gewesen, die die Köchin hatte kommen und gehen sehen. Keine von ihnen hatte Gnade vor Nikkis Augen gefunden, und auch Ilona Gruber erging es nicht anders. Allerdings schien die Frau nicht so leicht die Flinte ins Korn zu schmeißen. Bis jetzt hatte sie es am längsten ausgehalten. Dabei hätte Erna am Anfang gewettet, daß sie keine vier Wochen bleiben würde – allerdings hätte sie diese Wette verloren.

Dennoch, auch sie mußte sich eingestehen, daß sie Nikkis Erzieherin nicht besonders schätzte. Ilona Gruber schien zu meinen, ihre Aufgabe als Erzieherin würde auch die Aufsicht über alle anderen Angestellten bedeuten. Es gab noch zwei Hausmädchen, die sie herumkommandierte, als wäre sie die Herrin in der Villa. Auch bei Erna hatte sie es versucht, aber auf Granit gebissen. Nach einem heftigen Streit, bei dem die Köchin vehement ihre Position verteidigt hatte, mußte Ilona klein beigeben. Erna Karber war niemandem anderen als Oliver Behringer verpflichtet, und von keinem anderen ließ sie sich etwas sagen.

Nachdem die Fronten geklärt waren, kamen die beiden Frauen leidlich miteinander aus. Erna kümmerte sich recht wenig um Nikkis Kinderfrau, die sie, im Gegenzug, ebenfalls zufrieden ließ.

Dennoch – Oliver Behringer bestand darauf, daß Ilona am Sonntag mit ihm und Nikki frühstückte. Danach hatte sie sowieso ihren freien Tag, denn in der Regel kümmerte sich der Vater selbst um seine Tochter. Oliver hatte um das gemeinsame Frühstück gebeten, damit Nikki zumindest an diesen Tagen ein wenig das Gefühl vermittelt wurde, eine ganze Familie zu haben. Aus diesem Grund nannten er und Ilona sich auch bei den Vornamen und sagten du zueinander. Manchmal wurde Erna das Gefühl nicht los, Ilona Gruber könne es auf ihren Arbeitgeber abgesehen haben. Sie hoffte inständig, daß es nie zu solch einer Verbindung käme. Für das Kind wäre es eine große Katastrophe.

*

Nikki hatte sich geschlagen gegeben, als Erna den Platz für ihre Erzieherin eindeckte. Sie schaute auf die Uhr, die auf dem Kaminsims stand. Halb zehn, da durfte sie den Papi wecken. Sie rannte zum Schlafzimmer ihres Vaters, das im Erdgeschoß war, und lauschte an der Tür. Ein leises Schnarchen verriet, daß Oliver Behringer noch schlief. Die Kleine öffnete die Tür und schlich auf Zehenspitzen an das Bett. Ihr Vater lag auf dem Rücken und hielt die Augen geschlossen, doch in den Mundwinkeln zuckte es verräterisch. Ein sicheres Zeichen, daß er nur so tat, als schliefe er noch.

Mit einem Indianergeheul stürzte sich Nikki auf ihn. Oliver Behringer schreckte hoch, als würde er eben erst erwachen. Dabei rief er laut um Hilfe und machte solche Faxen, daß Nikki laut losprustete.

»Guten Morgen, Papi«, sagte sie und gab ihm einen dicken Kuß. Dann kuschelte sie sich bei ihm ein.

»Morgen, Spatz«, erwiderte Oliver und drückte sie ganz fest an sich.

Es war ein festes Ritual, das zum Sonntagmorgen gehörte wie das Frühstücksei. Mindestens eine halbe Stunde lagen Vater und Tochter noch im Bett und erzählten sich, was sie die Woche über erlebt hatten. Meistens hatte Nikki mehr zu erzählen, denn Papis Geschichten über die Firma waren langweilig.

Oliver hörte geduldig zu, während seine Augen liebevoll auf ihr ruhten. Nikki, die eigentlich Nicole hieß, sah ihrer toten Mutter immer ähnlicher. Er bewahrte eine Schachtel mit Bildern in seinem Arbeitszimmer auf, in der auch Fotografien lagen, die Andrea Behringer als kleines Madel zeigten. Die Ähnlichkeit mit der Tochter war unverkennbar.

Nikki plapperte von der Schule und den anderen Kindern.

»Hast du denn inzwischen eine Freundin gefunden?« erkundigte sich ihr Vater.

Die Kleine schüttelte den Kopf.

»Die sind doch alle doof«, antwortete sie.

»Na, na, alle doch bestimmt net«, meinte Oliver. »Was ist denn mit der Birte Obermooser? Die war doch ganz nett, als sie mal hier zu Besuch war.«

»Ach die«, winkte Nikki ab. »Die gibt immer mit ihren Puppen an. Wie teuer die waren und so.«

»Hätt'st du denn auch gerne solch eine Puppe?«

»Ach nö. Ich spiel lieber mit anderen Sachen, so toll sind die nicht, für das, was sie kosten.«

Vor einem Jahr hatte es einmal einen Disput zwischen Vater und Tochter gegeben, weil Nikki unbedingt ein sehr teures Spielzeug haben wollte. Oliver hatte abgelehnt, es zu kaufen, weil er keinen Bezug zwischen Wert und Nutzen sah. Zwar hatte Nikki einen mittleren Aufstand gemacht, dennoch ließ ihr Vater sich nicht erweichen. Er liebte seine Tochter über alles und erfüllte ihr jeden Wunsch, wenn er denn vernünftig war. Nikki hatte es schließlich eingesehen und wußte seither genau zu unterscheiden, ob eine Sache ihr Geld wert war.

»So, nun wird's aber Zeit«, sagte Oliver Behringer. »Ich hab' Hunger, und Ilona wartet bestimmt auch schon.«

Er hob tadelnd den Finger, als er das Gesicht sah, das seine Tochter zog.

»Du sollst nett zu Ilona sein«, ermahnte er. »Sie gibt sich wirklich Mühe, mit dir auszukommen. Das mußt du zugeben. So, ich geh schnell duschen und zieh mich an.«

Nikki schwieg und wartete, bis ihr Vater aus dem Badezimmer zurückkam. Bis auf die Krawatte war er bereits angezogen. Auch am Sonntag verzichtete er nicht darauf. Nikki reichte ihm den Schlips, der über einem Stuhl hing. Oliver hatte ihn sich am Abend zuvor noch rausgelegt.

Als sie das Eßzimmer betraten, erhob sich Ilona Gruber aus einem Sessel, in dem sie gesessen hatte.

»Guten Morgen, Ilona«, grüßte Oliver und lächelte ihr zu.

Nikkis Kinderfrau spürte wieder diesen heißen Blutstrom, der sie immer durchfuhr, wenn sie den Mann sah. Oliver Behringer war groß gewachsen und schlank. Auch wenn er nicht oft Zeit hatte, so versuchte er doch, sich fit zu halten. Man sah es ihm an. Das markante Gesicht unterstrich sein männlich attraktives Aussehen. Ilona Gruber war sicher, daß sie ihn auch ohne das viele Geld heiraten würde, das er besaß.

Aber natürlich war es nicht unwillkommen …

»Guten Morgen, Oliver«, antwortete sie. »Guten Morgen, Nikki.«

»Morgen«, nickte die Kleine und setzte sich.

Sie war froh, wenn das Frühstück vorüber war und sie endlich mit dem Papi allein war. Doch heute sollte sie enttäuscht werden.

Oliver Behringer räusperte sich und sah seine Tochter schuldbewußt an.

»Hör mal, Spatz, da gibt's noch etwas, das wir besprechen

müssen«, sagte er, während er sein Frühstücksei köpfte. »Aus unserem Ausflug zum Achsteinsee wird nichts. Ich hab' heut' mittag einen Termin mit einem wichtigen Kunden. Er kommt extra aus Japan, um mit mir zu verhandeln und hat nur heute Zeit dazu. Noch am Abend fliegt er weiter nach England.«

Nikki machte ein enttäuschtes Gesicht.

»Ich hoff', du verstehst das«, fuhr ihr Vater fort. »Es ist wirklich ein wichtiger Kunde, sonst würd' ich auch den Herrn Haller, meinen Prokuristen, schicken. Ich kann verstehen, daß du enttäuscht bist. Aber ich versprech' dir, daß wir den Ausflug am übernächsten Sonntag nachholen. Heut' bleibt die Ilona bei dir. Ihr könnt doch was Schönes unternehmen.«

Nikki legte ihr Messer beiseite. Das Frühstücksei, der Kakao und das Toastbrot interessierten sie nicht mehr.

»Ich hab' keinen Hunger«, sagte sie und rutschte von ihrem Stuhl.

Ohne ein weiteres Wort ging sie durch die Terrassentür hinaus in den Garten. Oliver sah Ilona betreten an.

»Es tut mir wirklich leid«, sagte er. »Ich weiß, wie sehr Nikki sich darauf gefreut hat. Aber der Herr Fujikara ist wirklich sehr wichtig. Du kümmerst dich heut' besonders um Nikki, net wahr?«

»Aber natürlich«, antwortete Ilona Gruber. »Ich mag sie doch sehr.«

Wie mein eigenes Kind – hätte sie beinahe gesagt, doch dieser Satz schien ihr unpassend. Zumindest jetzt noch.

*

Conny Beerlach stand ungeduldig in der Einfahrt zum Reiterhof und wartete auf Rob. In ihrer Hosentasche steckte das Kettchen mit der Widmung. Das Madel war sich unschlüssig, ob es die Sprache darauf bringen sollte und – ob sie wirklich mit dem Freund Schluß machen würde.

Sie hatte ihn nicht nur gerne, nein, sie liebte ihn wirklich, und immer, wenn sie nicht zusammensein konnten, träumte sie von einer gemeinsamen Zukunft. Wenn sie ihre Ausbildung zur Pferdewirtin abgeschlossen hatte, standen ihr viele Möglichkeiten offen. Rob, der in St. Johann als Automechaniker arbeitete, würde überall eine Arbeitsstelle finden.

Doch die Frage einer gemeinsamen Zukunft stellte sich, im Moment zumindest, nicht.

Endlich kam er. Conny hörte schon von weitem sein Motorrad. Wenig später fuhr er die Straße zum Reiterhof hinauf.

»Hallo, mein Schatz«, sagte er und wollte ihr einen Kuß geben, nachdem er seine Maschine abgestellt und aufgebockt hatte.

Das Madel zog seinen Kopf zur Seite, so daß Robs Mund nur die Wange streifte.

»Was ist los?« fragte er ahnungslos.

Conny nahm den zweiten Helm, der hinten auf dem Motorrad geklemmt war und setzte ihn auf.

»Laß uns irgendwohin fahren, wo wir ungestört sind«, sagte sie. »Ich muß mit dir reden.«

»Dein Wunsch ist mir Befehl«, antwortete er.

Es sollte heiter klingen, doch irgendwie gelang es ihm nicht so recht. Was mag sie nur haben, dachte er, als er die Maschine wieder anwarf. War etwas mit Fender?

Sie fuhren bis unterhalb des Höllenbruchs. Von dort aus ging es nur noch zu Fuß weiter.

»Laß uns bis zur Hütte gehen«, schlug Robert Wilke vor. »Unterwegs können wir über alles reden.«

Sie hatten sich seit dem gestrigen Abend noch nicht gesehen, und Rob hatte sich darauf gefreut, Conny zu treffen. Doch ihr sonderbares Verhalten trübte diese Freude.

Das Madel nickte und hakte sich bei ihm ein. Dann wanderten sie den Weg entlang.

Es war früher Nachmittag, und es war kaum etwas los. Die Urlaubssaison neigte sich ihrem Ende entgegen, und die meisten Touristen waren wohl schon wieder zu Hause. Nur ab und an begegneten ihnen ein paar Wanderer, als sie den schmalen Pfad zur Hohen Riest hinaufstiegen.

Nach einer Stunde hatten sie es geschafft. Unter ihnen reichte der Blick vom Zwillingsgipfel auf der anderen Seite bis hinüber zum Ainringer Forst. Rob setzte sich auf einen kleinen Felsbrocken und schaute Conny neugierig an.

»Also, was ist los?« fragte er.

Das Madel zog wortlos das Kettchen aus der Hosentasche und ließ es vor seinem Gesicht baumeln. Rob sah zuerst das Schmuckstück verständnislos an, dann, als er es erkannte, rötete sich sein Gesicht.

»Wo … woher hast du das?« fragte er mit belegter Stimme, die deutlich machte, wie unangenehm es war, mit dem Kettchen konfrontiert zu werden.

Conny erzählte es ihm. Auch, daß es der zweite Überfall war, und von dem Anschlag auf Fender.

Robert Wilke war bestürzt.

»Dieses Biest«, zischte er.

»Wer ist sie?« wollte Conny Beerlach wissen.

Rob zog hörbar die Luft durch die Nase ein, bevor er antwortete.

»Marlis Angerer.«

Rob legte seine Hände auf ihre Schulter und sah sie eindringlich an.

»Bitte, Conny, du mußt mir glauben, es ist schon lang' vorbei«, sagte er beschwörend. »Mein Gott, warum hast' net gleich was gesagt, als das erste Mal was passiert ist?«

»Das ist doch jetzt auch egal«, antwortete sie. »Und ich will dir auch gern glauben, daß es vorbei ist. Für dich. Für diese Marlis scheint's noch lang' net vorbei zu sein.«

*

Rob nahm sie in die Arme.

»Bitte, du mußt mir glauben, da ist nix mehr zwischen ihr

und mir«, beteuerte er. »Ich hab' die Marlis schon seit Wochen net mehr gesehen. Weißt', anfangs hab' ich geglaubt, sie wäre die ideale Frau für mich. Wir hatten wirklich eine schöne Zeit. Aber dann kam ich dahinter, wie berechnend und oberflächlich sie ist. Dieses Armband hab' ich ihr zu ihrem neunzehnten Geburtstag geschenkt. Damals, da war noch alles in Ordnung zwischen ihr und mir. Ich hab' dann für ein paar Wochen zu einem Lehrgang fahren müssen. Als ich zurückkam, erfuhr ich, daß sie sich über meine Abwesenheit hinweggetröstet hatte. Mit Tobias Terzing, dem Sohn vom Bäckermeister.

Ich hab' Marlis zur Rede gestellt, und sie hat alles abgestritten. Als ich ihr dann aber die Namen sagte von den Leuten, die sie und Tobias gesehen hatten, mußte sie es doch zugeben. Na ja, sie beschwor mich unter Tränen, bei ihr zu bleiben, das mit dem anderen sei nichts Ernstes gewesen. Doch ich wußte, was ich vielleicht schon immer geahnt hatte, aber nie wahrhaben wollt'. Mit ihr wär' ich nie und nimmer glücklich geworden.« Er schaute sie bittend an. »Glaubst du mir?«

Conny spürte, wie ihr eine Zentnerlast vom Herzen fiel. Sie nickte glücklich und ließ es geschehen, daß Rob sie noch enger an sich zog und leidenschaftlich küßte.

»Sie scheint dich aber immer noch zu lieben«, sagte sie. »Wie sonst ist ihr Handeln zu erklären?«

»Wahrscheinlich hast du recht. Wenn ich mich noch an die Szene an jenem Abend erinnere, an dem ich mit ihr Schluß gemacht habe – eigentlich war es nur noch quälend und peinlich. Für mich genauso wie für sie. Ich hatte gehofft, sie würd' sich damit abgefunden haben. Leider scheint es net so zu sein. Was wollen wir jetzt machen? Willst' sie zur Rede stellen? Sie darf ja net ungeschoren davonkommen.«

Conny Beerlach stand auf.

»Komm, laß uns nach Engelsbach rüberfahren«, schlug sie vor. »Ich hätt' Lust auf ein Eis bei Gino.«

Damit meinte sie den Italiener, der in Engelsbach eine Eisdiele betrieb. Seine original italienischen Spezialitäten waren weit über das Dorf hinaus bekannt, und sein Lokal zum beliebten Treffpunkt junger Leute geworden.

»Da könnten wir aber auch auf Marlis treffen«, gab Rob Wilke zu bedenken.

»Eben d'rum«, antwortete das Madel und zog ihn zu sich heran.

Unterwegs erzählte sie ihm, was sie sich ausgedacht hatte.

*

In dem parkähnlichen Garten der Villa hatte Nikki in der hintersten Ecke ein Versteck, in das sie sich immer dann zurückzog, wenn etwas ihr kleines Herz bedrückte. Hubert Karber, Ernas Mann und Gärtner, hatte ihr aus Brettern eine Hütte gebaut, sehr klein, daß gerade mal Platz war für das Madel und ein paar Spielsachen.

Nikki hatte sich dort hineingeflüchtet, nachdem ihr der Papa beim Frühstück gestanden hatte, daß aus dem gemeinsamen Ausflug nichts werden würde. Mit Tränen in den Augen hatte sie sich hingesetzt und geschmollt.

Immer dasselbe, hatte sie dabei gedacht, da freut man sich auf etwas, und dann kommt wieder was dazwischen.

Neben der Kleinen stand ein kleines Zigarrenkistchen, in dem Nikki ihre ganz besonderen Schätze aufbewahrte: eine große, bunte Murmel, einen kleinen silbernen Elefanten, den der Papi ihr aus Indien mitgebracht hatte, und als Allerwertvollstes: eine Fotografie ihrer Mama.

Es war schon ein paar Jahre her, daß Oliver Behringer seiner Tochter erzählt hatte, daß die Mutter bei Nikkis Geburt gestorben war. Die Bilder waren die einzige Erinnerung. Nikki nahm das Foto, welches der Vater ihr geschenkt hatte, in die Hand und schaute es an. Ihre Mutter lachte auf dem postkartengroßen Foto den Betrachter an.

»Gell, Mami, du würd'st mich doch net immer allein lassen, net wahr?« sagte Nikki leise.

Sie wußte, daß die Mama im Himmel sie sah und auf sie aufpaßte, auch wenn Nikki sie nicht sehen konnte. Ihr Vater hatte es ja gesagt.

»Ich weiß ja, daß der Papi so schrecklich viel arbeiten muß, aber trotzdem ist es schad'. Ach, ich wünsch' mir so sehr eine neue Mutti, die immer für mich da ist.«

Sie gab der Fotografie einen Kuß.

»Natürlich würd' ich dich dann auch noch liebhaben, wenn der Papi eine neue Frau heiratet«, beteuerte sie. »Aber bloß net die Ilona. Weißt du, Mami, so eine wie die Sandra – du weißt schon, bei der ich den Kirschkuchen stibitzt hab', also, die tät mir schon gefallen. Aber der Papi kennt sie ja net, und wie soll er sie auch kennenlernen, wenn er immer unterwegs ist?«

Sorgfältig legte sie das Foto in die Zigarrenkiste zurück und versteckte sie unter allerlei Krimskrams. Sie hoffte, daß der Sonntag bald vorüber war. In der Woche war sie in der Schule, und nachmittags stromerte sie umher. Aber am Sonntag war's nur langweilig – besonders wenn sie den Tag mit Ilona verbringen mußte.

Zum Mittagessen gab es Rindsrouladen mit Bohnen. Eigentlich mochte Nikki Rouladen sehr gern, aber heut' wollten sie ihr gar nicht schmecken. Den Vorschlag der Kinderfrau, ein wenig zu spielen oder mit dem Auto hinauszufahren, lehnte Nikki rundweg ab. Weder mit Kuchen noch mit Eis war sie zu locken.

»Ja, was willst du denn?« fragte Ilona Gruber, sichtlich verärgert. »Man kann dir aber auch gar nichts recht machen.«

»Ich will nur mei' Ruh'«, antwortete das Kind und verkroch sich in sein Zimmer.

Kopfschüttelnd nahm Ilona im Wohnzimmer Platz. Diese verzogene Göre kostete sie noch den letzten Nerv. Kein Wunder, daß sie sich so aufführte, ließ ihr Vater ihr doch alles durchgehen. Aber das würde sich schon noch ändern!

»Na, das schaut doch prächtig aus.«

Dr. Hardlinger nickte zufrieden und strich dem Hengst über den Hals.

»Die Magenverstimmung hat er überstanden, und die Entzündung ist deutlich zurückgegangen«, sagte er. »Das hat er dir zu verdanken, Conny. Du hast ihn wirklich sehr gut gepflegt.«

Das Madel lächelte stolz.

»Die unbekannte Attentäterin hat sich aber net wieder sehen lassen?« erkundigte der Tierarzt sich.

»Nein«, entgegnete Conny. »Wir halten aber trotzdem weiter jede Nacht Wache. Der Herr Trenker hat die Schachtel untersuchen lassen, aber die Täterin hat wohl Handschuhe getragen.«

»Ich weiß net, auf was für Ideen die Leut' manchmal kommen«, schüttelte der Arzt den Kopf. »Wer mag wohl dahinterstecken?«

Conny Beerlach wußte es inzwischen, aber sie schwieg. Seit sie mit Rob darüber gesprochen hatte, fieberte sie dem Moment entgegen, in dem Marlis Angerer ihr gegenüberstand – nachts allein im Stall und vermummt …

Der Tierarzt verabschiedete sich, und das Madel führte den Hengst hinaus auf die Koppel. Dort durfte er für ein Weilchen herumlaufen, und vielleicht würde sie später noch ausreiten.

Das Madel erinnerte sich noch gut, wie sie und Rob auf Marlis getroffen waren. In der Eisdiele hatte wie immer Hochbetrieb geherrscht. Marlis Angerer saß zusammen mit anderen Freunden an einem der Tische. Der Blick, mit dem sie Conny bedachte, sprach Bände. Die angehende Pferdewirtin tat, als bemerke sie ihn überhaupt nicht, aber sie war erschrocken über den Haß, der in diesem Blick lag. Am liebsten wäre sie sofort hinübergegangen und hätte Marlis zur Rede gestellt. Doch sie riß sich zusammen. Eine Anschuldigung in dem Lokal hätte wahrscheinlich nichts gebracht, und für das zerrissene Kettchen hätte Marlis Angerer bestimmt eine Ausrede gefunden.

Nein, das mußte anders angefangen werden. Conny hatte sich einen Plan zurechtgelegt, und dazu gehörte, daß Marlis sie und Rob recht oft zusammen sah. Sie sollte ruhig wissen, daß Conny sich durch die beiden Überfälle und den heimtückischen Anschlag auf Fender nicht einschüchtern ließ. Und sie sollte dazu verleitet werden, erneut heimlich auf den Reiterhof zu kommen.

Conny würde bereit sein. Sie hoffte, daß Marlis nicht zu lange warten würde, um ihre Drohung wahrzumachen. Denn dann würde sie Conny kennenlernen.

*

Das sonntägliche Mittagessen stand im Pfarrhaus auf dem Tisch. Dort wurde immer etwas später gegessen, weil Sophie Tappert natürlich erst die Messe besuchte. Zwar hatte sie schon am Morgen alles soweit vorbereitet, trotzdem war es meistens schon nach ein Uhr, wenn Sebastian und sein Bruder sich zu Tisch setzten.

Pfarrer Trenker hatte ein untrügliches Gespür dafür, wenn den Max etwas beschäftigte. Meistens rückte der Gendarm von selber mit der Sprache heraus, doch manchmal mußte man ihm jedes einzelne Wort förmlich abringen. So auch heute. Maximilian Trenker saß nachdenklich am Tisch und spielte dabei mit dem Suppenlöffel. Sophie hatte als Vorsuppe eine herrliche Hühnerbouillon gekocht, in der neben Eierstich und kleinen Geflügelklößchen auch Spargelspitzen und frisch ausgepahlte Erbsen schwammen. Die Suppe stand in einer weißen Porzellanterrine auf dem Tisch, und jeder nahm sich davon, soviel er wollte.

»Nun, Max, was ist los? Dich beschäftigt doch irgendwas«, stellte der Geistliche fest.

Der Polizeibeamte nickte.

»Ich hab' gerade darüber nachgedacht, was ich dir neulich erzählt hab', daß die Kriminalitätsrate rückläufig ist«, antwortete er. »Ich war ziemlich stolz darauf, und nun so etwas!«

»Du meinst den geheimnisvollen Anschlag auf das Pferd vom Vilsharder?«

»Ja. Wer tut nur so etwas? Ich mein', ein Tier kann doch nix dafür, wenn es Streit zwischen den Menschen gibt. Warum muß es denn darunter leiden?«

»Eine gute Frage. Hat denn die Untersuchung der Pralinenschachtel etwas ergeben?«

»Leider net. Die unbekannte Frau – wir gehen davon aus, daß es sich um eine Frau handelt – wird wohl Handschuh' getragen haben.«

»Bitt'schön, nehmen S' doch von der Suppe«, warf die Haushälterin ein. »Sie wird ja ganz kalt.«

Sebastian füllte den Teller seines Bruders und bediente sich dann selbst.

»Und die Conny hat keine Vermutung, um wen es sich bei der Frau handeln könnte?« fragte er Max.

Der schüttelte den Kopf.

»Jedenfalls behauptet sie, weder die Stimme erkannt zu haben noch einen Grund zu wissen, warum man sie überfallen hat.«

»Ja, aber irgend etwas muß sie doch erzählt haben«, wandte Pfarrer Trenker ein. »Nur, daß sie überfallen wurde von einer Person, die der Stimme nach eine Frau sein muß – also, ich find' das ein bissel dürftig.«

»Und genau das ist mein Problem, über das ich nachdenke, seit ich von der Geschichte weiß. Sie muß mehr wissen.«

»Na, da haben wir beide ja ein Problem«, gab Sebastian zu. »Du das mit der unbekannten Attentäterin, und mir geht das Kind net aus dem Sinn.«

Die Haushälterin hatte inzwischen die Suppenteller und Terrine abgeräumt. Als Hauptgang gab es eine gefüllte Kalbsbrust mit Gemüse und einer samtigen Rahmsauce. Max' trübe Gedanken wurden für eine Weile verscheucht, als er die appetitlich angerichtete Fleischplatte sah.

»Ja, die kleine Nikki – ich muß auch immerzu an sie denken«, sagte Sophie Tappert.

Dieser Satz zeigte, wieviel ihr das Madel bedeutete. Von Natur aus war die Haushälterin eher schweigsam, doch wenn sie einmal etwas sagte, dann steckte auch etwas dahinter. So wie jetzt die Sympathie für das Kind.

»Der Fall ist genauso merkwürdig und geheimnisvoll«, bemerkte der Polizeibeamte. »Ich hab' noch einmal bei den Kollegen nachgefragt. Eine solche Vermißtenanzeige ist auch heut' net bei ihnen eingegangen.«

»Es ist wirklich sonderbar«, bestätigte der Geistliche. »Aber wer weiß, vielleicht läuft sie uns doch noch einmal über den Weg.«

Das Essen war wie immer vorzüglich, und der Nachtisch – eine süße Weinschaumcreme – krönte das Menu. Sophie Tappert hatte sich wieder einmal übertroffen. Die beiden Männer gingen hinaus in den Garten, während die Perle des Pfarrhaushaltes sich daran machte, alles wieder in Ordnung zu bringen.

Sebastian und sein Bruder setzten sich in den Schatten einer uralten Linde und sprachen darüber, was sie in den beiden Angelegenheiten unternehmen konnten. Allerdings gab es da so viele Möglichkeiten nicht.

»Können wir nur hoffen, daß uns der Zufall weiterhilft«, meinte der Gendarm.

Der Pfarrer hob die Hand.

»Du weißt, ich glaube net an Zufälle«, widersprach er. »Es hat alles seinen Grund. Nichts geschieht zufällig, auch wenn es manchmal so aussieht.«

*

Conny Beerlach und Florian Vilsharder hatten es sich im Stall bequem gemacht. Seit beinahe einer Woche hielten sie hier Wache, und der Sohn des Hofbesitzers glaubte schon nicht mehr daran, daß die unheimliche Attentäterin sich noch einmal sehen lassen würde.

Nicht so Conny. Das Madel war überzeugt davon, daß Marlis Angerer nicht aufgab. Sie hätte Florian und den anderen sagen können, wer hinter dem Anschlag auf Fender steckte, und auch, daß sie den Grund dafür wußte. Bisher hatte sie nur erwähnt, daß sie die Unbekannte zweimal zufällig im Stall überrascht hatte. Aber sie wollte Marlis in flagranti erwischen, denn ohne einen wirklichen Beweis würde das Madel alles abstreiten.

Florian gähnte verhalten. Es war erst kurz vor zwölf. Da die Überfälle vor dieser Zeit stattgefunden hatten, nahm er an, daß die Frau jetzt nicht mehr käme. Dennoch wollte er wenigstens noch eine Stunde warten. Seit einigen Monaten gab es immer wieder Meldungen in den Zeitungen, nach denen irgendwelche bösen Menschen sich einen Spaß daraus machten, nächtens Pferde in ihren Ställen oder auf Weiden regelrecht zu überfallen und zu quälen. Ganz ausschließen wollte Florian Vilsharder diese Möglichkeit nicht, obwohl er einfach nicht glauben konnte, daß hier ein potentieller Pferdemörder sein Unwesen trieb.

Also, eine Stunde noch, dann wollten sie schlafengehen.

Um sich nicht zu verraten, unterhielten die beiden sich nur im Flüsterton. Doch allmählich schlief die Unterhaltung ein, und sie hatten Mühe, sich wachzuhalten. Lediglich der Gedanke, Marlis könne jeden Moment hier auftauchen, hinderte Conny daran, die Augen zu schließen. Und sie war davon überzeugt, daß dies über kurz oder lang geschehen würde.

Conny hatte es immer öfter darauf angelegt, der anderen zu zeigen, daß sie sich nicht von deren Drohungen einschüchtern ließ. Sie war so oft wie möglich mit Rob im Dorf gewesen und hatte sich zusammen mit ihm sehen lassen.

Jetzt mußte sie nur noch Geduld haben.

Die wurde zwar auf eine harte Probe gestellt, aber auch belohnt. Conny schreckte hoch, als sie das Knarren der Stalltür vernahm. Sie warf einen Blick auf Florian, der das Geräusch ebenfalls gehört haben mußte, denn er legte seinen Zeigefinger auf die Lippen und bedeutete ihr so, leise zu sein. Mit einer schnellen Bewegung schaltete er den Handscheinwerfer aus, der zwischen ihnen auf dem Boden stand.

Irgendwo vor ihnen war ein schmaler Lichtstreifen, der sich geisterhaft durch den Pferdestall bewegte. In Richtung auf Fenders Box.

Conny hielt gespannt den Atem an. Ihr Herz klopfte wie wild. Florian legte seine Hand auf ihren Arm, um zu verhindern, daß sie schon losstürmte. Erst auf sein Zeichen hin sprangen sie aus ihrem Versteck. Gleichzeitig blendete der Pferdewirt den Scheinwerfer auf.

*

Der Lichtkegel traf auf eine Gestalt in einem dunklen Anorak. Die Kapuze verdeckte den Kopf darunter. Die Gestalt stand vor Fenders Box, mit dem Rücken zu Conny und Florian. Als sie ein Geräusch hinter sich vernahm, fuhr sie herum. Sie erkannte die Gefahr und wandte sich zur Flucht.

Zu spät.

Vier Hände griffen nach ihr und hielten sie fest, auch wenn sie sich mit Händen und Füßen wehrte. Schließlich gab sie auf und blieb reglos am Boden liegen.

»Na, dann wollen wir mal sehen, wer das ist«, sagte Florian Vilsharder und griff nach der Kapuze.

Marlis Angerers Gesicht lief vor Scham rot an.

»Sie ist es«, rief Conny. »Genau, wie ich es mir gedacht hab'.«

Florian sah sie erstaunt an.

»Du wußtest, wer dahintersteckt?« fragte er.

»Ja. Aber das erklär' ich Ihnen später«, antwortete das Madel und zog eine Schachtel Likörpralinen hervor, die aus Marlis' Manteltasche schaute. »Jetzt sollten wir erst mal die Polizei rufen.«

Marlis Angerer zitterte am ganzen Körper. Tränen stiegen ihr in die Augen.

»Net die Polizei«, flüsterte sie. »Bitte net.«

Conny Beerlach blickte sie geringschätzig an.

»Was glaubst denn sonst?« fuhr sie die junge Angerer an. »Für dieses Verbrechen kommst hinter Gitter. Das versprech ich dir!«

Marlis heulte ungehemmt los. Sie warf einen hilflosen Blick auf Florian.

Der Pferdewirt wußte zwar nicht, was zwischen den beiden Madeln war, aber er machte sich so seine Gedanken.

»Na, na«, wiegelte er ab, »jetzt woll'n wir net gleich das Schlimmste annehmen. Ich denk', das beste wird sein, wenn wir meinen Vater wecken. Der kann dann entscheiden, was weiter geschieht.«

Conny warf der anderen einen bösen Blick zu, fügte sich aber.

»Passen S' nur auf, daß sie net doch noch entwischt«, sagte sie, bevor sie zum Telefon hinüberging. »Der trau' ich alles zu.«

Marlis duckte sich unter diesen Worten, und der Tränenstrom wollte überhaupt nicht versiegen.

*

Sandra Hofmayr war nicht mehr dieselbe. Seit dem Tag, an dem sie die Bekanntschaft der kleinen Nikki gemacht hatte, ging ihr das Kind nicht mehr aus dem Sinn. Überall, wo sie auf ihren Touren vorbeikam, hielt sie mehr nach der Kleinen Ausschau als nach Antiquitäten.

Gleich am Montag hatte sie die alte Schulfreundin aufgesucht und von Nikki erzählt. Sie bat die Anwältin in den Waisenhäusern, auch der ferneren Umgebung, nachzuforschen, ob man dort ein Kind kannte, auf das die Beschreibung paßte, und das vielleicht sogar wirklich Nikki Behringer hieß. Wobei Sandra nicht sicher war, ob das Madel da nicht geschwindelt hatte. Auch der Vorname mußte nicht der richtige sein, eher die Koseform eines anderen. Nikki war jedenfalls kein amtlicher Name.

Die Nachforschungen von Sandras Bekannten förderten jedoch nichts zutage. Nikki war und blieb verschwunden, als wäre sie nur ein Traum gewesen. So schwer es ihr auch fiel, Sandra Hofmayr würde die Kleine wohl vergessen müssen.

Aber das wollte ihr gar nicht gelingen. Immer wieder ertappte sie sich dabei, daß sie an das Madel dachte, sich sorgte, wie es Nikki wohl erging, wo sie schlief und ob sie genug zu essen hatte.

Ununterbrochen ging es so, auch jetzt, wo sie in der Kirche saß. Von den Worten des Geistlichen bekam sie kaum etwas mit. Plötzlich hatte sie eine Idee. Vielleicht konnte ein Gespräch mit Pfarrer Trenker ihr weiterhelfen. Bestimmt kannte er die Heime und Waisenhäuser. Als Seelsorger war er ja nicht nur für seine Gemeinde in St. Johann zuständig, sein Aufgabengebiet war viel größer.

Je mehr sie darüber nachdachte, um so fester wurde ihr Entschluß, gleich nach der Abendmesse Pfarrer Trenker um ein Gespräch zu bitten.

»Aber sehr gerne«, nickte Sebastian, als die Antiquitätenhändlerin ihn ansprach.

Die anderen Gläubigen hatten die Kirche bereits verlassen, und Alois Kammeier, der Mesner von St. Johann, war damit beschäftigt, die Gesangbücher wieder einzusammeln und die abgebrannten Kerzen zu ersetzen.

»Kommen S', Frau Hofmayr, setzen wir uns doch gleich hierher«, deutete der Geistliche auf die erste Bankreihe.

»Ich weiß gar net, wo ich beginnen soll«, sagte Sandra. »Also, mir ist da in der vorigen Woche etwas sehr Merkwürdiges passiert.«

Sie schilderte, unter welchen Umständen sie die Bekanntschaft des kleinen Madels gemacht hatte, das dann so plötzlich wieder verschwunden war. Schon bei der Beschreibung des Kindes wurde Pfarrer Trenker hellhörig. Als er schließlich den Namen hörte, mußte er laut lachen. Sandra sah ihn verständnislos an.

»Entschuldigen S', Frau Hofmayr, das Lachen galt natürlich net Ihnen«, erklärte Sebastian. »Es ist nur so, daß ich eine ganz ähnliche Geschichte erlebt hab'.«

»Was? Wie meinen Sie das, Hochwürden, eine ähnliche Geschichte?«

»Liebe Frau Hofmayr, Sie werden's net glauben, aber ich kenn' die Nikki wirklich.«

Jetzt war Sebastian an der Reihe zu erzählen. Sandra sah ihn sprachlos an und schüttelte immer wieder den Kopf.

»Was soll man denn davon halten?« fragte sie schließlich.

Pfarrer Trenker hob die Arme.

»Bitte fragen S' mich net. Ich weiß wirklich net, was dahintersteckt. Jedenfalls hat mein Bruder zweimal bei den Kollegen nachgefragt. Ein Kind, das Nikki heißt und auf das die Beschreibung paßt, wird jedenfalls nirgendwo vermißt.«

»Schade«, sagte Sandra. »Wirklich schade.«

Der Geistliche sah den traurigen Zug in ihrem Gesicht.

»Sie haben die Kleine wohl liebgewonnen, net wahr?«

»Sehr«, nickte die Frau. »Ich hatte sogar schon mit dem Gedanken gespielt, sie zu mir zu nehmen, weil ich ja zunächst geglaubt habe, daß sie in einem Waisenhaus lebt.«

Sie erhob sich und reichte dem Pfarrer die Hand.

»Aber da kann man wohl nichts machen. Vielen Dank, Hochwürden, daß Sie sich die Zeit genommen haben.«

»Aber ich bitt' Sie, Frau Hofmayr, dazu bin ich doch da. Ich hätt' Ihnen wirklich gern weitergeholfen. Meiner Haushälterin und mir ist das Schicksal der Kleinen auch nahegegangen, und bei Ihnen wär' sie bestimmt in guten Händen gewesen.«

Sebastian begleitete die Frau vor die Tür.

»Aber wer weiß«, meinte er zum Abschied, »vielleicht begegnet Nikki Behringer uns noch einmal und es klärt sich alles auf.«

*

Es war fürchterlich heiß im Stall und es roch unangenehm. Marlis schwitzte, und ständig surrten Fliegen um sie herum. Trotzdem schwang sie tapfer die Forke, warf das alte Stroh auf eine Karre, die sie nach draußen fuhr und auf dem Mistberg entlud. Anschließend brachte sie frisches Stroh in den Stall und verteilte es in den Boxen.

»Ich beeil' mich ja«, murmelte sie und warf einen scheuen Blick auf Conny.

Die angehende Pferdewirtin wandte sich um und verließ den Stall. Marlis Angerer setzte die Forke ab und stützte sich darauf. Sie schluchzte und konnte nicht verhindern, daß dicke Tränen über ihr Gesicht huschten. Erst als sie ein Geräusch hinter sich hörte, riß sie sich zusammen und arbeitete weiter.

Florian Vilsharder kam aus der hinteren Kammer. Er nickte Marlis zu.

»Na, geht's voran?« fragte er.

Das Madel nickte tapfer.

»Das hast schon ganz toll gemacht«, zeigte er anerkennend auf ihre Arbeit. »Aber zwischendurch mußt' auch mal a' Pause machen.«

Pause? Marlis wußte nicht, wann sie zuletzt eine gemacht hatte.

»Das geht net. Ich muß ja noch die Pferde striegeln«, sagte sie.

»Schon, aber das hat doch noch Zeit. Wenn du hier fertig bist, gehst ins Angestelltenhaus rüber und ruhst dich ein bissel aus.«

Er sah das Madel fragend an, als er das ratlose Gesicht bemerkte, das Marlis zeigte.

»Ist was?«

Sie druckste herum.

»Nun komm, Marlis, heraus mit der Sprache«, forderte Florian sie auf.

»Es … es ist so – die Conny hat gesagt, ich müsse mich beeilen. Aber wenn ich jetzt Pause mach'…«

»Du meinst, Conny hätt' was dagegen?«

Florian Vilsharder schüttelte den Kopf.

»Also, zunächst einmal, die Pause hab' ich angeordnet, und zum zweiten werd' ich wohl mal mit der Conny reden müssen. Ich hab' schon lang' gemerkt, daß sie dich hier herumkommandiert, und ein bissel kann ich's ja auch verstehen. Aber was immer das gewesen ist, es berechtigt sie noch lange net, dich wie eine Sklavin zu behandeln. Also tu, was ich dir gesagt hab'.«

Marlis nickte dankbar und verteilte das letzte Stroh in der Box.

Florian hatte den Stall verlassen und ging hinüber zu der Koppel, in der Conny Beerlach mit Fender arbeitete. Er beobachtete sie eine ganze Weile, und was er sah, begeisterte ihn. Das Madel hatte ein natürliches Geschick im Umgang mit Pferden und es machte Freude, dabei zuzusehen. Aber Florian wußte auch, daß er ein ernsthaftes Wort mit Conny reden mußte. So, wie sie Marlis behandelte, ging es wirklich nicht. Er konnte seinen Lehrling verstehen. Was Marlis sich geleistet hatte, grenzte an den Rand eines Verbrechens, aber sie hatte ihr Handeln bitter bereut und sich bereit gezeigt, dafür zu büßen. Das mußte ihr zugute gehalten werden.

In der Nacht, als Florian und Conny sie im Stall gestellt hatten, erfuhren Michael Vilsharder und sein Sohn die ganze Wahrheit. Sie wußten, daß Rob der Grund für Marlis' Anschläge war. Sie hatte Conny eine ganze Weile beobachtet und an dem liebevollen Umgang, den das Madel dem Hengst gegenüber zeigte, gemerkt, wieviel das Tier Conny bedeutete. Marlis hatte sich überlegt, die Rivalin am meisten einschüchtern zu können, wenn sie dafür sorgte, daß es Fender schlecht ging.

»Ich war ja so dumm«, sagte sie unter Tränen. »Und es tut mir unendlich leid, daß ich dem armen Tier die Pralinen gegeben hab'. Wenn ich's nur wieder gutmachen könnt'.«

»Das kannst du«, hatte Michael Vilsharder geantwortet.

Sie hatten sich in der Sattelkammer versammelt und führten ein langes Gespräch. Der Schaden, den Marlis angerichtet hatte, war relativ gering, dennoch sollte sie ihn ersetzen. Das Madel machte eine Ausbildung zur Zahnarzthelferin in der Kreisstadt. Marlis erklärte sich bereit, ihren Urlaub sofort zu nehmen und unentgeltlich, nur gegen Kost und Logis, auf dem Reiterhof zu arbeiten. Immerhin waren es drei Wochen, in denen eine zusätzliche Hilfskraft vorhanden war.

Im Gegenzug versprach der Besitzer des Reiterhofes, daß außer ihm, seinem Sohn und Conny Beerlach kein Mensch etwas von dem erfahren würde, was vorgefallen war. Für alle anderen, die auf dem Hof wohnten und arbeiteten, war Marlis Angerer ein junges Madel, das seinen Urlaub damit verbrachte, sich ein wenig Geld zu verdienen.

*

Nach einer knappen Woche hatte sich das Verhältnis zwischen Conny und Marlis nicht wesentlich gebessert. Wann immer es möglich war, versuchten sie sich aus dem Weg zu gehen. Leider war das nicht immer möglich. Conny suchte gewiß nicht den direkten Kontakt, aber sie mußte die Anweisungen, die sie von Florian bekam, weitergeben. Ansonsten behandelte sie Marlis wie Luft.

Das Madel hatte gerade die Futtertröge gereinigt, als Conny in den Pferdestall kam. Marlis faßte sich ein Herz.

»Kann ich dich mal sprechen?« fragte sie.

Conny sah sie finster an.

»Was gibt's?« fragte sie kurz angebunden.

»Conny... ich, also... ich wollt' dir sagen, daß es mir leid tut, was ich getan hab'. Ich wollt' mich dafür bei dir persönlich entschuldigen.«

»Und du glaubst, damit wär' die Sach' erledigt?« brauste Conny auf. »Nein, so einfach geht's net. Du hast dich net nur an mir rächen wollen, du hast dich an Fender vergriffen. Wenn's nach mir gegangen wär', dann hätt' man dich vor Gericht gestellt. Und jetzt laß mir mei' Ruh'. Ich hab' Besseres zu tun, als meine Zeit mit dir zu vertrödeln.«

Sie ging aus dem Stall.

Marlis schaute ihr hinterher. Draußen schlug eine Glocke an, es war achtzehn Uhr. Zeit zum Abendessen. Im Angestelltentrakt versammelten sich jetzt alle um die große Tafel.

Alle, außer Marlis. Sie hatte überhaupt keinen Hunger. Wenn sie daran dachte, daß sie während des Essens auch noch neben Conny sitzen sollte, verging ihr der Appetit.

Sie war verzweifelt. Es war ihr erster Versuch, sich mit Conny auszusprechen. Doch ihr guter Wille war schon im Ansatz abgeschmettert worden.

Dabei hatte sie verblüfft festgestellt, wie schön es hier auf dem Reiterhof war. Die Arbeit war gewiß nicht leicht, doch wenn sie in den blitzblanken Stall kam, freute sie sich über das, was sie geschafft hatte. Und außer Conny waren alle Leute wirklich nett zu ihr. Florian hatte ihr sogar erlaubt, auf einem der Pferde zu reiten, wenn sie Lust dazu hatte.

Und die hatte sie jetzt.

Sie sattelte eine Stute, von der sie wußte, daß sie lammfromm war. Marlis hatte keine großen Erfahrungen im Reiten, doch mit Riesa traute sie sich schon ein wenig ins Gelände. Weit würde sie ohnehin nicht ausreiten.

Drüben waren sie jetzt alle beim Essen. Daß sie nicht dabei war, würde kaum auffallen. Sie hatte schon mehr als einmal darauf verzichtet.

Langsam ritt sie vom Hof. Während Riesa beinahe alleine ihren Weg fand, dachte Marlis darüber nach, wie sie sich mit

Conny wieder aussöhnen konnte. Ja, sie war eifersüchtig gewesen – Rob Wilke war einmal ihre große Liebe gewesen, und der Haß auf die Rivalin hatte sie blind gemacht. Aber sie wollte ihren Fehler ja wiedergutmachen. Wenn Conny doch nur net so stur wär'.

Marlis zügelte die Stute und stieg ab. Ohne es zu bemerken, hatte sie fast die Straße nach St. Johann erreicht. Viel Verkehr gab es zwar nicht, sie wollte aber dennoch kein Risiko eingehen. Außerdem lockte rechts eine Wiese zum Verweilen. Sie band Riesa an und hockte sich ins Gras. Im Schein der untergehenden Sonne überlegte das Madel, wie es weitergehen sollte. Die Spannung zwischen ihr und Conny war einfach unerträglich.

*

Sebastian war auf dem Heimweg von einem Krankenbesuch, als er auf Marlis Angerer traf. Wann immer es möglich war, ließ der Geistliche sein Auto stehen und ging zu Fuß. Doch der Berghof vom Wirkner-Bauern lag zu weit von St. Johann entfernt. Ohne den Wagen würde Sebastian nicht mehr rechtzeitig zur Abendmesse zurückgekommen sein.

Das Madel war gerade wieder aufgestanden. Sie hatte die Stute an der Leine und wollte sie über die Straße führen, als Pfarrer Trenker vorüberfuhr. Sebastian sah das Pferd und bremste vorsichtshalber. Als er dann Marlis erkannte, hielt er an und stieg aus.

»Grüß dich, Marlis«, sagte er. »Ich hab' dich ja lang' net mehr gesehen. Wie geht's denn mit der Lehre? Hast du frei heut'?«

»Grüß Gott, Hochwürden«, antwortete das Madel. »Nein, ich hab' Urlaub.«

»Ach so. Und da nutzt du die Zeit, um ein bissel auszureiten. Ich hab' gar net gewußt, daß du so eine gute Reiterin bist.«

»Bin ich auch net. Ich fang ja erst an.«

Sie tätschelte den Hals der Stute.

»Aber Riesa ist ganz lieb.«

Trotz intensiven Nachdenkens war ihr keine Lösung des Problems eingefallen. Jetzt, wo der Geistliche vor ihr stand, hatte Marlis eine Idee. Pfarrer Trenker hatte sie getauft und ihr die heilige Kommunion erteilt, sie kannte ihn also von Kindesbeinen an und wußte, daß sie sich ihm anvertrauen konnte, wenn sie etwas bedrückte.

»Wo ich Sie jetzt hier treffe, Hochwürden ...«, sagte sie.

Sebastian sah sie interessiert an.

»Ja?«

»Also, da gibt's was, das tät' ich gern mit Ihnen bereden.«

Die Art, wie sie es sagte, ließ den Seelsorger erahnen, daß es sich um eine größere Sache handelte.

»Laß uns doch drüben auf der Wiese darüber sprechen«, schlug er vor.

Sie setzten sich dorthin, wo zuvor Marlis alleine gesessen hatte. Das Madel deutete auf die Stute.

»Die Riesa ist vom Ferienhotel Reiterhof«, begann sie. »Aber es ist net so, daß ich da Urlaub mach'. Ganz im Gegenteil ...«

Sebastian hörte aufmerksam zu, als Marlis Angerer beichtete, was sie in ihrer blinden Eifersucht angestellt hatte. Es gelang ihr nicht, die Tränen zurückzuhalten.

»Du warst also die Unbekannte«, nickte er. »Es ist richtig, daß du etwas dafür tust, den Schaden wiedergutzumachen.«

Der Geistliche war weit davon entfernt, dem Madel Vorwürfe zu machen.

»Und es freut mich, daß du dich auch mir anvertraut hast.«

Sebastian lehnte sich ein wenig zurück.

»Tja, weißt du, die Conny ist natürlich mächtig wütend auf dich. Sie hängt sehr an dem Hengst. Aber trotzdem ist es net recht, wie sie dich behandelt.«

»Können S' net bei ihr ein gutes Wort für mich einlegen, Hochwürden?«

Der Pfarrer sah, daß die Tränen, die das Madel weinte, keine falschen Tränen waren. Marlis Angerer bereute aufrichtig. Sebastian blickte auf die Uhr und erhob sich.

»Ich werd' mit der Conny reden«, sagte er. »Gleich jetzt. Sie ist doch auf dem Hof?«

»Ja, Hochwürden. Und Sie würden's wirklich tun?«

»Aber natürlich«, nickte er zuversichtlich. »Ich bin sicher, daß ihr noch gute Freundinnen werdet.«

»Es würd' mir ja schon reichen, wenn sie net immer so grob zu mir wär'«, meinte sie.

Sie eine Freundin von Conny? Das konnte sich Marlis überhaupt nicht vorstellen. Obwohl – an ihr sollte es nicht liegen, sie wäre sofort zur Versöhnung bereit.

Mit klopfendem Herzen schaute sie dem Wagen des Pfarrers hinterher. Dann schwang sie sich wieder in den Sattel. Als sie die Straße verließ und über eine Wiese abkürzte, wurde Marlis mutiger. Sie ließ die Stute schneller traben und verfiel dann in einen leichten Galopp.

Immer schneller ging es über die Bergwiese. Riesa schien es zu gefallen, fast war es, als würde sie übermütig. Marlis bekam doch etwas Angst und riß an den Zügeln.

»Net so schnell, Riesa«, rief sie dem Tier zu.

Die Stute wieherte auf, als die Trense schmerzhaft in die Winkel ihres Mauls schnitt.

»Halt!« schrie das Madel noch einmal.

Sie riß und zerrte, und die Stute bäumte sich auf. Marlis verlor den Halt und rutschte aus dem Sattel. Sie schlug auf dem Boden auf und verlor die Besinnung.

*

Florian Vilsharder schaute erstaunt, als er erkannte, wer da aus dem Auto stieg, das gerade auf den Reiterhof gefahren war. Er stand mit einigen Pferdeburschen draußen.

»Hochwürden, das ist aber ein seltener Besuch.«

»Pfüat dich, Florian, net seltener als deiner bei mir«, erwiderte Sebastian, wobei er auf die Tatsache anspielte, daß der junge Vilsharder nicht eben ein eifriger Kirchgänger war.

Der Bursche grinste.

»Recht haben S', Herr Pfarrer. Sie sehen einen reuigen Sünder vor sich stehen.«

Der Geistliche hob drohend den Zeigefinger.

»Na, na, mein Lieber, ich erkenne den wirklichen Reuigen auf den ersten Blick. Bei dir reichen net einmal zwei.«

Er nahm den Pferdewirt beiseite.

»Im Ernst, Florian, ich hatte gerade ein Gespräch mit einem reuigen Sünder, oder ich sollt' besser sagen, Sünderin. Marlis Angerer hat sich mir eben anvertraut.«

Der Sohn des Hofbesitzers war erstaunt.

»Wirklich?«

»Ja, sie hat mir von der Regelung erzählt, die dein Vater mit ihr getroffen hat. Ich find's schön, daß ihr euch so geeinigt habt.«

Florian hob die Schultern.

»Na ja, was hätt's denn auch gebracht, wenn wir die Sache weiter von der Polizei hätten verfolgen lassen. Es war zwar mehr als ein dummer Streich, aber eine Anzeige, vielleicht sogar ein Prozeß, hätt' dem Madel doch die ganze Zukunft verbaut.«

»Der Meinung bin ich auch. Respekt also für euch. Allerdings hat Marlis mir auch etwas weniger Schönes berichtet.«

Der Pferdewirt nickte.

»Ich kann's mir denken«, sagte er. »Bestimmt von dem Verhältnis zwischen ihr und der Conny Beerlach.«

»Genau. Und deswegen bin ich eigentlich hier. Ich würd' gern mit dem Madel reden.«

»Himmel, da fällt mir ein Stein vom Herzen, Hochwürden. Ich hab' schon alles versucht, zwischen den beiden zu vermitteln, wobei es an der Marlis gewiß net liegt. Natürlich, ein bissel kann ich die Conny versteh'n. Fender ist ihr ein und alles.

Trotzdem kann es so net weitergehen. Ich bin froh, daß Sie sich der Sache annehmen.«

»Ist Conny denn hier?«

»Ja, ich glaub', auf ihrem Zimmer. Warten S' einen Moment, ich laß sie gleich holen.«

Florian beauftragte einen der Pferdeburschen, Conny herzubitten und deutete auf eine Bank, die unter einer Buche stand.

»Nehmen S' doch einstweilen Platz, Hochwürden, ich sorg' dafür, daß Sie und das Madel net gestört werden.«

Sebastian bedankte sich und ging zu der Bank hinüber. Schon wenig später kam Conny Beerlach aus dem Haus gesprungen. Florian sprach mit ihr und deutete auf den Geistlichen. Das Gesicht des Madels drückte aus, wie erstaunt es darüber war, daß Pfarrer Trenker mit ihm sprechen wollte.

»Grüß dich, Conny«, sagte Sebastian und reichte ihr die Hand.

»Guten Abend, Hochwürden«, antwortete Conny. »Sie wollten mich sprechen?«

Der Pfarrer nickte und bedeutete ihr, sich zu setzen. Er kam ohne Umschweife zum Thema.

»Ich will net lang' herumreden«, begann er. »Marlis Angerer hat sich mir anvertraut. Sie bereut bitter, was sie dir und dem Hengst angetan hat, und ich find's toll, daß sie bereit ist, dafür Buße zu tun. Aber sag' mal ehrlich, Conny, übertreibst du net ein wenig? Du behandelst sie ja schlimmer als einen wirklichen Verbrecher.«

Das Madel stampfte mit dem Fuß auf. Ihr Gesicht war vor Ärger rot angelaufen.

»Die hat's nötig, sich zu beschweren«, fauchte sie. »Sie hat doch angefangen, net ich.«

»Ich weiß. Dennoch solltest du versuchen, ihr zu vergeben. Marlis bereut aufrichtig, was sie getan hat, das darfst du mir glauben. Ich hab' schon ein bissel Menschenkenntnis, und ich merk' sehr schnell, wenn es jemand ehrlich meint.«

»Aber … aber wie kann jemand so gemein sein und sich an einem wehrlosen Tier vergreifen?« begehrte Conny auf.

»Ich kann deine Empörung gut verstehen«, sagte Sebastian. »Vielleicht hätte ich net anders gehandelt, als ich so alt war wie du jetzt bist. Aber ich hab' gelernt, daß es sehr schön und befriedigend ist, wenn man es geschafft hat, über seinen eigenen Schatten zu springen.

Versuch's doch einmal. Du wirst sehen, es geht dir viel besser, wenn du net mehr haßt, wenn du keine Wut mehr auf jemanden verspürst. Jeder Tag beginnt gleich viel schöner.«

Conny war sichtlich nachdenklich geworden. Eine ganze Weile schwieg sie, bis sie endlich antwortete.

»Na ja, vielleicht haben S' recht, Hochwürden. Ich hab' selbst schon gemerkt, daß sich meine schlechte Laune abends net einfach ablegen läßt. Außerdem – ich muß zugeben, arbeiten kann die Marlis, alle Achtung. So sauber war der Pferdestall noch nie.«

»Na, siehst du. Aber sag's net mir, sag's der Marlis. Was glaubst wohl, wie sie sich über so ein Lob aus deinem Munde freuen wird.«

Conny schaute verlegen.

»Meinen S' wirklich?«

»Aber ganz bestimmt. So, und nun wird's Zeit, daß ich nach Hause komme. In einer Stunde beginnt die Abendmesse.«

Sie erhoben sich, und Conny ging bis zum Wagen des Pfarrers mit. Sie wollte sich gerade verabschieden, als sie durch einen lauten Ruf auf Florian Vilsharder aufmerksam wurde. Ihr Ausbilder lief, die Arme ausgebreitet, auf ein gesatteltes Pferd zu, das reiterlos durch die Einfahrt galoppierte.

*

»Das ist doch die Riesa«, entfuhr es ihr. »Die reitet die Marlis immer.«

»Stimmt«, bestätigte Sebastian Trenker. »Ich erkenn' es wieder.«

»Da ist was passiert!«

Conny und Sebastian liefen zu Florian, der die Stute am Zügel hielt und beruhigte.

»Marlis ist mit Riesa ausgeritten«, rief das Madel. »Die Stute muß sie abgeworfen haben. Hoffentlich ist nichts Schlimmes passiert.«

Florian Vilsharder übergab das Pferd einem der Burschen und wandte sich an Pfarrer Trenker.

»Wir müssen sie suchen«, sagte er zu dem Geistlichen. »Wo ist denn die Stelle, an der Sie mit ihr gesprochen haben? Ich denk, daß sie dort irgendwo sein muß.«

»An der Landstraße, kurz vor der Kreuzung. Kommt, wir nehmen meinen Wagen.«

Michael Vilsharder kam gerade hinzu. Florian informierte seinen Vater.

»Dann sollten wir keine Zeit verlieren«, rief der Seniorchef und wollte mit in den Wagen steigen.

Conny sah, daß für sie dann kein Platz mehr sein würde.

»Lassen S' mich mitfahren«, bat sie und fügte dann leise hinzu: »Ich glaub', ich hab' da was gutzumachen.«

Michael Vilsharder sah sie erstaunt an. Er verstand aber, als sein Sohn ihm zunickte und auf Sebastian deutete.

»Gut, ich bleib' hier«, sagte er. »Ruft aber sofort an, wenn ihr sie gefunden habt.«

»Natürlich.«

»Eine Bitte hab' ich«, wandte sich Sebastian Trenker an den alten Vilsharder. »Rufen S' bitte im Pfarrhaus an und sagen S', was passiert ist. Vikar Mooser soll die Abendmesse alleine lesen.«

So schnell es möglich war, fuhr Pfarrer Trenker zu der Stelle, an der er das Madel zuletzt gesehen hatte. Ein wenig ratlos stiegen die drei aus.

»Wo kann sie nur sein?« sagte Florian und suchte mit den Augen die Umgebung ab.

»Vielleicht hat sie versucht, über die Wiese dort abzukürzen«, mutmaßte Conny. »Da geht's schneller zum Hof zurück, als die Straße entlang.«

»Versuchen wir's einfach«, bestimmte Sebastian und holte den Erste-Hilfe-Kasten aus dem Auto.

Sie marschierten in einer Reihe los. Dabei ließen sie einen Abstand von ungefähr fünfzig Metern zwischen sich. Zwar stand das Gras nicht sehr hoch, aber die Wiese war leicht hügelig, und hier und da standen ein paar Sträucher, oder kleinere Felssteine lagen herum, so daß leicht jemand übersehen werden konnte, wenn er am Boden lag.

Conny fühlte sich überhaupt nicht wohl in ihrer Haut. Bestimmt war Marlis ausgeritten, um ein wenig Ruhe vor ihr zu haben. Die angehende Pferdewirtin hatte sehr wohl bemerkt, daß Marlis die eine oder andere Mahlzeit ausfallen ließ, besonders dann, wenn sie mal wieder sehr unfreundlich zu ihr gewesen war.

So wie heut' am frühen Abend. Natürlich hatte sie Marlis wieder einmal angefahren und sie spüren lassen, wie sehr sie das Madel verachtete. Daraufhin war die andere ausgeritten.

Conny grübelte, während sie voranschritt und hinter jeden Stein und unter jeden Strauch schaute. War sie da nicht mitschuldig, wenn ihr etwas zugestoßen war?

In Gedanken bat sie Marlis Angerer um Vergebung.

»Hier ist sie!« rief Florian Vilsharder und winkte den beiden anderen zu.

Conny und Sebastian eilten zu ihm. Er beugte sich über Marlis, die am Boden lag. Sie blutete aus einer Wunde am Kopf und hatte die Augen geschlossen.

Sebastian Trenker hockte sich neben sie. Mit leichten Schlägen auf die Wange versuchte er, das Madel in die Wirklichkeit zurückzuholen.

»Ruf den Notarzt!« sagte er zu Florian, der schon sein Handy gezückt hatte.

Endlich hatten seine Bemühungen Erfolg. Marlis blinzelte

mit den Augen. Als sie wieder bei Besinnung war, wollte sie sich aufrichten. Der Geistliche drückte sie sanft zurück.

»Bleib liegen«, befahl er. »Du hast bestimmt eine Gehirnerschütterung bei dem Sturz erlitten. Tut dir etwas weh?«

»Nur der Kopf«, antwortete Marlis.

Sebastian sah zu Conny hoch, die dabeistand und fassungslos auf Marlis schaute.

»Lauf zum Wagen«, sagte er zu ihr. »Hinten drin liegt eine Decke.«

Marlis sah Conny erstaunt an. Diesen Gesichtsausdruck kannte sie gar nicht bei ihr. Verständnislos schaute sie hinterher, als das Madel die Beine in die Hand nahm und zum Wagen des Geistlichen lief.

»Der Notarzt ist unterwegs«, rief Florian. »Ich ruf jetzt meinen Vater an. Wie geht's ihr?«

»Bis auf den Kopf ganz gut.«

Michael Vilsharder war froh zu hören, daß sie Marlis einigermaßen heil gefunden hatten.

»Du mußt ihren Vater verständigen«, sagte Florian. »Du weißt schon ...«

Der Seniorchef vom Reiterhof hatte verstanden. Marlis' Vater war sehr erstaunt gewesen, als seine Tochter ihm mitteilte, daß sie in ihrem Urlaub in dem Ferienhotel arbeiten wolle. Nun sollte natürlich nicht herauskommen, was wirklich dahintersteckte.

Conny hatte die Decke gebracht. Sie kniete sich neben die Verletzte und deckte sie zu. Marlis beobachtete jeden ihrer Handgriffe. Sie wußte nicht, was sie von der Sache halten sollte. Noch erstaunter war sie, als sie bemerkte, daß dicke Tränen über Connys Wangen rannen. Hilflos sah sie von Sebastian zu Florian und wieder zurück. Der Pfarrer versorgte die Wunde und zwinkerte ihr aufmunternd zu.

In der Ferne war die Sirene des Notarztwagens zu hören. Conny nahm ihre Hand.

»Ich fahr' mit ins Krankenhaus«, bestimmte sie entschieden.

Sie schaute Marlis an.

»Ich hab' mich dir gegenüber scheußlich benommen«, sagte sie. »Was immer war – ich möcht' mich bei dir entschuldigen.«

»Du? Du willst dich bei mir entschuldigen?« fragte Marlis ungläubig.

Conny drückte ihre Hand.

»Ja, und wenn du's willst, dann bring' ich dir das Reiten bei.«

Marlis strahlte sie an. Sie strahlte immer noch, als sie auf der Trage im Notarztwagen lag und Conny neben ihr saß.

*

»Schön, daß die Geschichte noch so ein gutes Ende genommen hat«, sagte Pfarrer Trenker, als er mit seinem Bruder darüber sprach.

»Jetzt kann ich auch verstehen, warum der alte Vilsharder die Anzeige zurückgezogen hat«, meinte Max.

»Wirst denn noch was unternehmen in der Angelegenheit?«

Der Gendarm schüttelte den Kopf.

»Dazu gibt's keine Veranlassung«, erklärte er. »Außerdem ist das Madel gestraft genug.«

»Aber die Marlis hat auch Glück gehabt. Außer der kleinen Platzwunde und einer Gehirnerschütterung hat sie den Reitunfall überstanden. Es hätt' schlimmer kommen können.«

Sophie Tappert steckte ihren Kopf durch die Tür.

»Ich geh' dann jetzt, Hochwürden. Bis heut' abend.«

»Viel Spaß, und grüßen S' die Frau Breitlanger.«

Sophies Freundin, Hertha Breitlanger, wartete schon an der Bushaltestelle. Die beiden Damen hatten sich diesen Sonntag nachmittag ausgesucht, um an den Achsteinsee zu fahren. Zum einen, weil man dort schön spazierengehen konnte, zum anderen war für heute ein Kurkonzert im Seepark vorgesehen.

Außerdem gab es eine ganze Auswahl von Cafés und Eisdielen, in denen man köstliche Torten und leckere Eisbecher bekam.

Die Haushälterin aus dem Pfarrhaus schaute ein wenig spöttisch, als sie den Regenschirm bemerkte, den ihre Freundin mit einem Lederriemen am Handgelenk trug.

»Bei dem Wetter?« fragte sie. »Bist du so pessimistisch?«

»Nur vorsichtig«, gab Hertha zurück. »Schließlich war ich erst gestern zur Dauerwelle. Die will ich mir net gleich durch einen Regenguß ruinieren lassen.«

Mit dem Bus fuhren sie fast bis an den See heran. Die Haltestelle war in der Nähe eines großen Parkplatzes, auf den kaum noch ein Auto paßte, so groß war der Andrang.

Sophie Tappert warf einen Blick auf die Uhr.

»Noch eine Viertelstunde bis zum Konzertbeginn«, sagte sie. »Wir haben noch reichlich Zeit.«

Pünktlich erreichten sie den Park. Ein breiter Weg führte zu der Freilichtbühne mit der Konzertmuschel. Die Musiker hatten schon die Plätze eingenommen und machten ihre Tonproben. Auch Sophie Tappert und ihre Freundin fanden zwei leere Stühle, nicht ganz vorn, aber das war den Damen auch ganz recht. Von ihren Plätzen aus hatten sie einen guten Blick auf die Bühne und das Geschehen dort.

Bei strahlendem Sonnenschein legte das Orchester mit einer furiosen Polka von Johann Strauß los. Das Publikum ging begeistert mit, und es gab frenetischen Applaus. Ein bunter Reigen bekannter und beliebter Melodien wurde gespielt, die die Zuhörer mitsummten oder durch Klatschen begleiteten.

Sophie Tappert schaute auf Herthas Regenschirm, während über ihnen ein strahlend blauer Himmel stand.

»Hast ihn doch umsonst mitgeschleppt«, neckte sie die Freundin.

»Wart's ab«, gab Hertha Breitlanger zurück. »Du wirst froh sein, falls es doch ein Wetter gibt.«

Sebastians Haushälterin schaute noch einmal zum Himmel

hinauf und schüttelte den Kopf. Völlig unmöglich, dachte sie und genoß weiterhin die musikalische Darbietung.

Allerdings sollte sich Herthas dunkle Ahnung noch vor dem Ende des Konzerts als wahr herausstellen. Das Orchester hatte gerade den Radetzky-Marsch intoniert, als es zwischen den Tönen verdächtig grummelte. Die Zuschauer bemerkten, daß es zunehmend dunkler und kühler wurde. Vor die Sonne hatte sich ein breites Band dunkler Wolken geschoben. Sophies Freundin spannte ihren Schirm auf.

»Laß uns schnell in ein Café gehen«, rief sie. »Das Konzert ist eh gleich aus.«

Sophie nickte und sprang ebenfalls auf. Im selben Moment klatschten die ersten Tropfen auf den Boden. Die Zuhörer hatten es plötzlich sehr eilig. Sie liefen durcheinander und suchten die umliegenden Cafés und Lokale auf, um sich vor dem Regen in Sicherheit zu bringen.

*

Nikki war seelig. Seit langer Zeit war es wieder einmal ein Sonntag, an dem sie ihren Papi ganz für sich alleine hatte. Sogar das Frühstück hatten sie ohne Ilona eingenommen, weil die gestern abend schon zu einer Freundin gefahren war, die in der Kreisstadt wohnte. Sie war erkrankt und hatte Nikkis Kinderfrau gebeten, sie zu besuchen.

Der Kleinen konnte es nur recht sein, und als ihr Vater fragte, ob sie immer noch zum See hinauswolle, hatte Nikki begeistert zugestimmt.

Zum Mittagessen waren sie in ein Lokal eingekehrt und hatten es sich dort schmecken lassen. Danach wollte Olivers Tochter unbedingt Tretboot fahren. Über eine Stunde fuhren sie auf dem Achsteinsee herum, zwischen anderen Booten, an Surfern vorbei und bis an den Rand, wo der See zum Schwimmen freigegeben war. Vom Seepark her vernahm man Bruchstücke des Konzerts, wenn der Wind gerade richtig stand. Es herrschte ein reger Betrieb an diesem herrlichen Sonnentag.

Allerdings verdunkelte sich der Himmel am frühen Nachmittag. Oliver und Nikki hatten es gerade eben noch geschafft, wieder am Bootsverleih anzulegen, als die ersten Tropfen fielen.

»Dort drüben ist ein Café«, rief Oliver Behringer. »Schnell, laß uns dorthin laufen.«

Mit ihnen drängte sich eine ganze Anzahl anderer Leute in das Café, das zu einem Bäckergeschäft gehörte.

»Oje«, sagte Nikkis Vater, der seine Tochter an der Hand hielt, damit sie im Gewühl nicht verlorenging. »Wenn wir Pech haben, gibt's für uns keinen Platz mehr.«

Die Menschen drängten und schoben sich. Tische und Stühle wurden gerückt und Plätze freigemacht oder getauscht.

»Da hinten in der Ecke.«

Oliver deutete auf einen Tisch, an dem zwei ältere Damen saßen. Dort waren noch zwei Stühle unbesetzt. Er ging auf den Tisch zu, gefolgt von Nikki.

»Sind die Plätze noch frei?« fragte er.

Die beiden Damen nickten.

»Aber ja«, sagte eine von ihnen. »Setzen Sie sich ruhig.«

Oliver Behringer deutete eine Verbeugung an.

»Vielen Dank. Komm, Nikki!«

Sophie Tappert horchte auf. Nikki? Sie hatte das Kind nicht sehen können, weil es hinter dem Mann stand, jetzt weiteten sich ihre Augen, als sie die Kleine erkannte. Das Madel war auf einen der Stühle geklettert. Es hatte noch gar nicht bemerkt, wer da noch am Tisch saß. Erst als Sophie sie ansprach, riß sie die Augen auf.

»Grüß Gott, Nikki. Schön, daß ich dich endlich einmal wiedersehe.«

Oliver hatte sich ebenfalls gesetzt. Er sah die unbekannte Frau befremdet an.

»Sie kennen meine Tochter?«

Jetzt war es Sebastians Haushälterin, die staunte.

»Nikki ist Ihre Tochter?«

Der Ton in der Stimme der Frau ließ ihn aufhorchen.

»Ja. Was erstaunt Sie so daran?«

»Entschuldigen S', aber ich dachte … Sie wären tot …«

Oliver Behringer sah von der Frau zu seiner Tochter und wieder zurück.

»Nun, wie Sie sehen, bin ich höchst lebendig. Wollen S' mir net sagen, was es zu bedeuten hat, daß Sie vermuten, ich sei tot?«

Sophie Tapperts Gesicht hatte sich leicht gerötet. Hertha Breitlanger schaute verständnislos, und Nikki war auf ihrem Stuhl immer weiter nach unten gerutscht. Die Haushälterin erzählte, wie sie Nikki kennengelernt hatte. Oliver glaubte seinen Ohren nicht zu trauen. Er schaute seine Tochter an und schüttelte den Kopf.

»Also, an der Geschichte stimmt nur, daß sie wirklich Behringer mit Nachnamen heißt«, sagte er schließlich. »Ich bin Oliver Behringer.«

Er winkte nach der Kellnerin und bestellte einen Enzian.

»Eigentlich hättest du kein Eis mehr verdient«, wandte er sich an seine Tochter. »Aber nun such' dir schnell einen Becher aus.«

Der Kaufmann konnte immer noch nicht glauben, was er da gehört hatte.

»Was hast du dir nur dabei gedacht?« fragte er, nachdem die Bestellung aufgenommen war.

Nikki machte ein betretenes Gesicht.

»Wenn ich doch immer so allein war«, beschwerte sie sich.

Oliver ahnte es. Er wußte ja von den Schwierigkeiten, die das Madel mit Ilona Gruber hatte.

»Sie müssen das verstehen«, sagte er zu Sophie. »Meine Frau starb bei Nikkis Geburt. Da ich beruflich sehr eingespannt bin, war ich immer gezwungen, meine Tochter von Kinderfrauen betreuen zu lassen. Natürlich konnten sie eine

Mutter nie ersetzen. Nikki muß sich wirklich sehr einsam fühlen. Ich kann mir die Sache nur so erklären, daß sie in ihrer Einsamkeit die Nähe von Menschen suchte, die ihr etwas Geborgenheit geben konnten. Etwas Glück, das sie sich borgte. Ich mache mir Vorwürfe, daß ich es selber nicht bemerkt habe.«

Sie sprachen eine ganze Weile darüber, aber eine wirkliche Lösung wollte ihnen nicht einfallen. Vielleicht wäre es ganz gut, einmal mit dem Pfarrer zu reden, meinte dessen Haushälterin.

»Ich würde mich über ein Gespräch sehr freuen«, sagte Oliver zum Abschied. »Richten Sie Pfarrer Trenker doch bitte Grüße aus.«

Sophie versprach es und strich Nikki über den Kopf. Die Kleine hatte die ganze Zeit stumm auf ihrem Platz gesessen und den Erwachsenen gelauscht. Nun, beim Abschied, bedeutete sie der Haushälterin, sich zu ihr hinabzubeugen. Sie legte ihre Ärmchen um Sophies Hals.

»Die Ilona mag ich net«, flüsterte sie ihr ins Ohr. »Aber die Sandra, die tät mir schon gefallen.«

*

»Die Sandra also«, sinnierte Sebastian Trenker, nachdem Sophie Tappert ihm die Geschichte beim Abendessen erzählte. »Und die Frau ist in die Kleine ganz vernarrt …«

Er sah Max und Sophie schmunzelnd an.

»Da ist man doch geradezu gezwungen, dem Schicksal ein bissel auf die Sprünge zu helfen«, meinte er.

Die beiden schauten ihn verständnislos an.

»Ich denk', ich werd' gleich morgen nach Waldeck fahren und Herrn Behringer und Tochter einen Besuch abstatten.«

Gleich am nächsten Morgen rief er Oliver Behringer in dessen Firma an und verabredete einen Termin für den Nachmittag. Einem anderen wäre es schwergefallen, so etwas innerhalb weniger Stunden zu erreichen, doch da es um seine Tochter ging, verlegte der Kaufmann eine bereits geplante Verabredung mit einem Kunden auf einen anderen Tag. Er empfing den Geistlichen in der Villa. Ilona Gruber schaute neugierig, als sie Oliver mit dem Priester alleine ließ. Nikkis Vater hatte darum gebeten, nicht gestört zu werden.

Beinahe zwei Stunden saßen die beiden Männer zusammen und erörterten das Problem.

»Ich hab' eingesehen, daß es so net weitergehen kann«, erklärte Oliver. »Die Begegnung mit Ihrer Haushälterin hat mir die Augen geöffnet. Ich muß und werde mir einfach mehr Zeit für Nikki nehmen. Aus diesem Grund hab' ich beschlossen, einem meiner Mitarbeiter, er ist ein tüchtiger Mann, Prokura zu übertragen. Dann hab' ich ein bissel mehr Luft.«

Pfarrer Trenker freute sich, das zu hören.

»Schön, Herr Behringer, daß Sie sich so schnell dazu entschließen konnten.«

Der Mann lächelte.

»Es ist ja für meine Tochter«, sagte er mit Stolz in der Stimme. »Mag sie auch noch soviel dummes Zeug angestellt haben, ich kann ihr einfach net bös' sein, dazu lieb' ich sie viel zu sehr.«

»Wissen S' was, Herr Behringer«, sagte Sebastian im Aufstehen, »machen S' sich und der Nikki eine Freude und kommen S' am Sonntag zur Kirchweih nach Sankt Johann. Meine Frau Tappert würd' sich ebenso darüber freuen wie ich.«

»Das will ich gerne tun«, nickte Oliver. »Aber der Nikki werd' ich noch nix verraten. Das soll eine Überraschung für sie sein.«

*

Ilona Gruber wußte nicht, was sie mit der neuen Situation anfangen sollte. Seit dem merkwürdigen Besuch des Geistlichen am letzten Montag war Nikkis Vater nicht mehr wiederzuerkennen. Beinahe jeden Tag kam er früher aus der Firma zurück, und Termine, von denen Ilona wußte, wie wichtig sie waren, weil ihr Chef zuvor noch mit ihr darüber gesprochen hatte, nahm jetzt offenbar jemand anderer wahr.

Überhaupt hatte sie den Eindruck, daß Oliver sich auch ihr gegenüber distanzierter benahm, und dieser Eindruck täuschte nicht. Nikki hatte ihrem Vater gestanden, immer wieder die Nachmittage woanders, aber nie hier im Haus verbracht zu haben. Oliver war sehr ärgerlich gewesen, als er dies hörte. Weniger über seine Tochter als über Ilona Gruber, weil er feststellen mußte, wie sehr sie ihre Pflichten vernachlässigte. Für ihn stand fest, daß er sich früher oder später nach einer anderen Betreuung für Nikki umsehen mußte.

Doch heute war kein Platz für solche Gedanken, heute war Kirchweih und Nikki freute sich narrisch, seitdem ihr Papi am Morgen von der Überraschung erzählt hatte.

Zusammen mit Pfarrer Trenker und dessen Haushälterin ging's zum Festplatz hinüber, auf dem schon eine Menge Leute versammelt waren. Außer einigen Karussells und Schießbuden gab es ein Festzelt, in dem der Bieranstich erfolgen sollte. Dies war wie in jedem Jahr die Aufgabe des Bürgermeisters von St. Johann, Markus Bruckner. Gleich neben der Tanzfläche hatte die Musi' ihren Platz. Zahlreiche Leute drängten sich bereits in dem Zelt, aber in der vorderen Reihe waren Plätze für den Geistlichen und seine Gäste. Allerdings saß auch dort schon jemand auf der Bank.

Sandra Hofmayr schaute ungläubig auf das Kind, als Nikki so unerwartet vor ihr stand.

»Nikki, wo kommst du denn her?« rief sie.

Sie sah den fremden Mann, der das Madel an der Hand hielt, dann Pfarrer Trenker, und eine leise Ahnung stieg in ihr auf, warum Hochwürden so darauf gedrängt hatte, daß sie heute herkommen müsse.

»Es schaut so aus, als seien Sie auch von meiner Tochter hinters Licht geführt worden«, sagte Oliver Behringer, nachdem der Pfarrer ihn mit der Frau bekannt gemacht hatte. »Ich bitte Sie natürlich dafür um Entschuldigung.«

»Aber das müssen S' net«, antwortete Sandra lächelnd. »Die Nikki ist so ein lieber Fratz, der kann man gar net bös' sein.«

»Net wahr?« strahlte Oliver.

Die Frau, die so lieb von seiner Tochter sprach, war ihm sofort sympathisch. Natürlich hatte er nichts dagegen, als Sandra Nikki zum Karussellfahren einlud. Die beiden blieben eine ganze Stunde verschwunden, und als sie wieder im Festzelt erschienen, waren sie außer Atem und freudig erregt. Oliver bot Sandra von seiner Maß an, und die junge Frau fand nichts dabei.

»Ah, das tut gut«, sagte sie und wischte sich den Schaum von den Lippen.

Oliver, der das sah, spürte auf einmal ein wehes Gefühl in seiner Brust. Nie wieder hatte er eine andere Frau so angesehen wie Nikkis Mutter. Nach all den Jahren liebte er sie immer noch. Doch Sandra Hofmayr schien sein Herz im Sturm zu erobern, und hatte er sich anfangs auch dagegen gewehrt, so bröckelte diese Abwehr unter Sandras strahlendem Lächeln zusammen wie eine Mauer unter stetigem Beschuß. Und Nikkis Herz hatte diese Frau ja schon längst erobert.

»Ihr müßt mal tanzen«, forderte die Kleine.

Sandra und Oliver sahen sich schmunzelnd an und sprangen auf. Sebastian, der die Szene beobachtet hatte, zwinkerte Nikki verschwörerisch zu, und als ob das Madel wüßte, worum es ging, zwinkerte es zurück.

Beschwingt glitten sie über den Tanzboden, jeder Schritt saß perfekt, als hätten sie jahrelange Übung, dabei kannten sie sich doch erst ein paar Stunden. Dem ersten Tanz folgte ein zweiter und ein dritter. Dabei vergaßen sie sogar die Zeit.

»Himmel, ist es schon spät geworden«, sagte Oliver. »Wir müssen ja längst nach Hause.«

»Och, schade. Ich möcht' noch bleiben«, erwiderte Nikki und sah ihren Vater bittend an.

Der schüttelte energisch den Kopf.

»Dann möcht' ich aber noch die Sandra nach Hause bringen«, schlug sie vor.

»Du weißt ja net, ob sie überhaupt schon nach Hause will.« Die junge Frau nahm das Madel in den Arm.

»Doch, ich will und ich würd' mich sehr darüber freuen, wenn du mich bis zum Haus bringst.«

Wie eine kleine Familie gingen sie vom Festplatz fort. Sebastian, der sie einen Moment beobachtete, schickte einen stummen, dankbaren Blick zum Himmel.

*

»Und wann kommst du uns besuchen?« wollte Nikki wissen, als sie sich vor dem Haus verabschiedeten, das der Antiquitätenhändlerin gehörte. »Morgen?«

Sandra schüttelte bedauernd den Kopf.

»Das wird net gehen«, antwortete sie. »Ich arbeite die ganze Woch' über in der Stadt und bin nur am Samstag und am Sonntag hier.«

Nikki schaute ihren Vater an.

»Kann sie dann net am Samstag kommen?«

Oliver Behringer sah in Sandras Augen.

»Wir würden uns sehr freuen«, sagte er.

Die junge Frau spürte ihr Herz bei diesen Worten schneller pochen. Genauso war es gewesen, als sie in seinen Armen über die Tanzfläche schwebte. Sie reichte ihm die Hand.

»Dann komm' ich sehr gern.«

Nikki sprang in ihre Arme und drückte sich fest an. Sandra hätte sie am liebsten gar nicht mehr losgelassen.

»Du bist aber die ganze Woche über brav und erzählst keine Geschichten mehr, die net stimmen«, ermahnte sie die Kleine.

»Bestimmt net«, versprach Nikki. »Jetzt kann ich mich doch die ganze Woche auf dich freuen.«

Diese Worte hallten noch nach, als Sandra längst schlafen gegangen war. Allerdings erfolglos. Das unerwartete Wiedersehen mit dem Kind, die Bekanntschaft mit dem Vater – Sandra konnte einfach keinen Schlaf finden, und immer wieder sah sie in der Dunkelheit Oliver Behringers Gesicht. Er war ihr sofort sympathisch gewesen, und der liebevolle Umgang, den er mit seiner Tochter pflegte, hatte ihr Herz sofort für ihn eingenommen. Sie war voller Erwartung auf das Wiedersehen am nächsten Wochenende.

*

Ilona Gruber ahnte instinktiv, daß etwas vorging, von dem sie ausgeschlossen war. Nicht nur, daß Oliver ihr merklich kühler begegnete, auch Nikki hatte sich verändert. Allein die Tatsache, daß die Kleine brav jeden Nachmittag zu Hause verbrachte und ihre anderen Eskapaden unterließ, versetzte die Kinderfrau in Erstaunen. Aber so sehr sie auch versuchte, Nikki auszufragen, die Mühe war umsonst. Ihr gegenüber gab sie sich schweigsam wie sonst auch.

Ilonas Erstaunen wuchs sich aus, als Oliver ihr am Freitag abend mitteilte, daß sie bereits am nächsten Tag freinehmen könne. Es war gerade so, als wolle er sie aus dem Haus haben. Mit dem untrüglichen Instinkt einer Frau, deren Liebe nicht erwidert wird, argwöhnte Ilona, daß nur eine andere Frau dahinterstecken könne.

Zwar tat sie am Samstag morgen, als wäre alles so wie immer, aber nach dem Frühstück ging sie auf ihr Zimmer und ließ sich nicht mehr sehen. Vater und Tochter vergaßen ganz, daß sie überhaupt noch im Haus war, als Sandra Hofmayr zu Besuch kam. Auf ihrer Suche nach immer neuen Schätzen hatte die Antiquitätenhändlerin schon viele Villen gesehen, doch im Hause der Behringers blieb selbst ihr noch der Mund offen stehen. Allerdings blieb ihr nicht viel Zeit zum Staunen, denn Nikki nahm sie sofort in Beschlag.

»Ich hab' dir ein Geschenk mitgebracht«, sagte Sandra und reichte der Kleinen ein Päckchen, das mit einer Schleife zusammengebunden war.

Es war ein wunderhübsches Halstuch mit niedlichen Motiven aus bekannten Märchen darauf. Nikki bedankte sich und band es sogleich um.

»Komm, ich zeig dir mein Zimmer«, sagte das Madel.

»Gehen S' nur«, nickte Oliver, dem man ansah, wie sehr er sich über den Besuch freute. »Ich mach' inzwischen Kaffee.«

Der Tisch war draußen unter den Bäumen gedeckt. Ein leckerer Kirschkuchen stand darauf, den Erna Karber am Morgen auf Nikkis Wunsch hin gebacken hatte. Die Köchin hatte eigentlich einen Apfelkuchen machen wollen, doch das Madel bestand auf einen Kirschkuchen.

Ihr Zimmer hatte Nikki am Morgen eigenhändig aufgeräumt und präsentierte es voller Stolz. Sandra lobte sie tüchtig.

»Und das ist meine Mami«, sagte die Kleine und nahm ein gerahmtes Bild in die Hand, das auf dem Nachtkästchen stand.

Sandra betrachtete es. Andrea Behringer war eine wunderschöne Frau gewesen, die Ähnlichkeit mit ihrer Tochter war unverkennbar.

»Du bist deiner Mami sehr ähnlich«, sagte sie. »Eines Tages wirst du genauso hübsch aussehen wie sie hier auf dem Foto.«

»Das meint Papi auch immer«, antwortete Nikki und zog sie mit sich. »Jetzt komm, es gibt Kaffee und eine Überraschung.«

»Na, da bin ich aber gespannt.«

Oliver erwartete sie schon am Kaffeetisch, und Nikki freute sich diebisch, als Sandra den Kirschkuchen entdeckte und laut auflachte. Als die Kleine dann ihren Papa in das Geheimnis des Kirschkuchens einweihte, stimmte er in das Lachen ein.

Es wurde ein wunderschöner Nachmittag, angefüllt mit

Spielen und Herumtoben, und als es langsam dunkel wurde, mußte Nikki schweren Herzens zustimmen, daß Sandra wieder aufbrach. Oliver Behringer ging ins Haus, um die Jacke der Besucherin von der Garderobe zu holen. Nikki und Sandra saßen derweil noch draußen. Das Madel sah die Frau nachdenklich an. Sandra, die den Blick bemerkte, schaute fragend zurück.

»Darf ich dich mal etwas fragen?« wollte Nikki wissen.

»Aber natürlich«, antwortete die Frau.

Nikki kletterte auf ihren Schoß und legte ihre Arme um Sandras Hals.

»Ich hab' dir doch das Foto von der Mami gezeigt«, sagte sie. »Weißt du, ich hab' sie schrecklich lieb, aber ich hätt' auch gern eine neue Mami. So eine, die immer für mich da ist. Die mit mir spielt und Hausaufgaben macht. Dann bräuchte ich auch net immer zu anderen Leuten laufen.«

Sandra Hofmayr spürte bei diesen Worten einen dicken Kloß in ihrem Hals. Vergeblich bemühte sie sich, ihn hinunterzuschlucken. Nikki schaute sie beinahe zärtlich an.

»Kannst du net meine neue Mami sein?« fragte sie bittend.

Sandra schloß sie ganz fest in ihre Arme, während ein heißer Tränenstrom sich seine Bahn suchte.

*

Oliver Behringer war lautlos hinzugekommen. Er hatte die Worte seiner Tochter mit angehört. Gehört, wie sie von der toten Mutter sprach, die sie nie kennengelernt hatte und die sie dennoch liebhatte. Wie sehr liebte er diesen kleinen Engel dafür.

Sandra hob ihren Kopf, und er sah die Tränen, die sie geweint hatte. Nikki war ganz erschrocken.

»Hab' ich was Falsches gesagt?«

Nikki sah ängstlich zwischen ihrem Vater und Sandra hin und her.

Die junge Frau schüttelte den Kopf.

»Nein, Spatz, deine Frage war goldrichtig«, sagte Oliver und nahm Sandras Hand.

»Könntest du dir vorstellen, Nikkis Mama zu sein?« fragte er, während er sie hochzog. »Und meine Frau?«

Seine Stimme hatte dabei einen rauhen Klang.

Nikki schaute mit großen Augen auf die Erwachsenen, die sich liebevoll ansahen. Sandra versuchte das Zittern zu unterdrücken, das sie durchfuhr, und mit der Hand zeichnete sie die Konturen seines Gesichtes nach.

»Ja«, antwortete sie. »Das könnte ich mir sehr gut vorstellen.«

Dann bot sie ihm ihre Lippen zum Kuß dar.

»Hurra!« rief Nikki. »Endlich bekomme ich eine Familie.«

Die beiden Verliebten bückten sich und hoben sie gemeinsam hoch. So standen sie ganz eng beisammen, als wollten sie sich nie wieder trennen.

Niemand von ihnen ahnte, daß diese Szene von einem Fenster aus beobachtet wurde. Ilona Gruber stand in ihrem Zimmer und schaute hinaus. Das Licht hatte sie gelöscht, so daß niemand von außen ahnen konnte, daß sich dort jemand aufhielt. Oliver Behringer nahm ohnehin an, daß die Kinderfrau gar nicht im Haus sei.

Auch ohne ein Wort zu verstehen, wußte Ilona das Geschehen im Park zu deuten. Schon als sie die Ankunft der Frau am Nachmittag miterlebte, wußte sie, daß ihre Felle im Begriff waren, davonzuschwimmen.

Doch sollte sie wirklich so leicht die Flinte ins Korn werfen und aufgeben? Wütend suchte sie nach einem Ausweg, einer Möglichkeit, dieser anderen Frau Oliver wieder abzujagen.

Als diese unerwartete Rivalin längst wieder gegangen war, stand Ilona Gruber immer noch in ihrem Zimmer am Fenster und starrte in die Dunkelheit hinaus.

*

Für Sandra begann die neue Woche fröhlicher und beschwingter als alle anderen vorher. Das verdankte sie einem kleinen silbernen Bilderrahmen, den sie an dem Armaturenbrett ihres Wagens befestigt hatte. Darin war ein Foto, das Vater und Tochter Behringer zeigte. Beide lächelten sie strahlend an, als hätten sie bei der Aufnahme schon gewußt, für wen dieses Foto einmal sein würde.

Gut gelaunt schloß Sandra ihren Laden auf und machte sich daran, die Buchführung auf den neuesten Stand zu bringen. Selten kamen Kunden am Morgen, eher schon um die Mittagszeit. Um so erstaunter war die Antiquitätenhändlerin, als kurz nach der Ladenöffnung eine junge Frau das Geschäft betrat.

»Guten Morgen«, begrüßte sie die Kundin freundlich. »Was kann ich für Sie tun?«

Die Frau musterte sie mit einem merkwürdigen Blick, den Sandra nicht zu deuten wußte.

»Die Frage ist, was ich für Sie tun kann, Frau Hofmayr«, gab die andere zurück.

»Wie soll ich das verstehen, Frau …?«

»Mein Name ist Ilona Gruber. Ich denk', Sie haben ihn schon einmal gehört.«

Das hatte Sandra wirklich, als beiläufig von Nikkis Kinderfrau die Rede gewesen war. Allerdings hatte sie ihn schon bald wieder vergessen. Jetzt stellte sie fest, daß die Frau ihr unsympathisch war.

»Also, Frau Gruber, was können S' für mich tun?« fragte sie.

»Ich könnt' Sie davor bewahren, in Ihr Unglück zu laufen.«

Sandra meinte, ihr Herzschlag setze aus.

»Was meinen S' damit, können S' sich net deutlicher ausdrücken?«

»Aber ja, natürlich«, erwiderte Ilona. »Schauen S', ich hab' gestern mitbekommen, wie Sie in der Villa waren. Glauben S' mir, ich mein's gut mit Ihnen, wenn ich Ihnen sag', daß es sinnlos ist, sich in Oliver Behringer zu verlieben. Der Mann lebt in der Vergangenheit. Für ihn zählen nur seine tote Frau und die Firma.«

Ilona machte eine wohlüberlegte Pause, um ihre Worte wirken zu lassen. Sie sah die Unsicherheit in den Augen der anderen.

»Oliver liebt nur seine Frau«, säte sie ihre böse Saat weiter aus. »Es ist wie ein Traum, in dem er gefangen ist. Und wenn ich es gleich klarstellen soll – niemand sonst, außer mir, hat es je geschafft, ihn aus diesen Träumen zu reißen.«

Mit diesen Worten ließ sie Sandra Hofmayr stehen und ging. Erst das Läuten der Ladenglocke löste die Erstarrung, die die junge Frau gepackt hatte.

Wie sollte sie diesen letzten Satz verstehen? Nur diese Ilona Gruber habe ihn aus seinen Träumen gerissen! Das konnte doch nur bedeuten, daß …

Aber Oliver hatte ihr doch geschworen, daß sie seit Andreas Tod die einzige sei, die er jemals wieder geküßt habe …

Sandra war völlig durcheinander. Hastig schloß sie den Laden ab. Sie brauchte Zeit. Zeit, um darüber nachzudenken, was dieser Besuch eben bedeutete.

Das Klingeln des Telefons überhörte sie. Statt dessen saß sie in ihrem winzigen Büro, und langsam bohrten sich die nagenden Pfeile der Ungewißheit und der Eifersucht in sie hinein.

Sollte sie sich so in diesem Mann getäuscht haben?

*

»Ich versteh' net, warum sie net abnimmt«, sagte Oliver zu seiner Tochter, die ihn ganz enttäuscht ansah.

Es war wie verhext. Seit dem Vormittag hatte er vergeblich versucht, Sandra anzurufen. Am anderen Ende der Leitung nahm niemand ab. Jetzt wollte Nikki ihr unbedingt noch gute Nacht sagen, doch auch zu Hause schien sie nicht zu sein.

Außerdem war Oliver in Eile. Ein wichtiges Essen mit einem Geschäftspartner mußte er unbedingt wahrnehmen, obwohl er sich viel lieber in seinen Wagen gesetzt hätte und nach St. Johann gefahren wäre.

Ilona Gruber, die das hektische Treiben mit einem süffisanten Lächeln beobachtete, frohlockte. Die Saat, die sie gelegt hatte, war offenbar aufgegangen. Die Rivalin ignorierte das Telefonklingeln.

»Geh ins Bett, Spatz«, sagte Oliver Behringer zu seiner Tochter. »Morgen ruft Sandra ganz bestimmt an. Wahrscheinlich ist sie immer noch geschäftlich unterwegs und kann sich net melden.«

Doch auch am nächsten Tag ließ Sandra nichts von sich hören, und als Oliver in die Stadt fuhr und den Laden aufsuchte, stand er vor verschlossener Tür. Kopfschüttelnd fuhr er wieder zurück. Er verstand es nicht. Sandra hatte doch erzählt, daß sie gerade am Dienstag immer im Geschäft sei, weil ihre Aushilfe da nicht arbeiten könne. Aber zu Hause schien sie auch nicht zu sein. Dort nahm niemand den Hörer ab.

Trotzdem fuhr er nicht zurück nach Waldeck, sondern lenkte den Wagen nach St. Johann. Als er vor dem Haus anhielt, sah er Sandras Wagen vor der Garage stehen. Oliver atmete auf. Stürmisch drückte er den Klingelknopf, erst einmal, dann zweimal. Schließlich hielt er seinen Finger fest darauf, entschlossen, nicht wieder loszulassen, bis jemand öffnete.

Sandras Augen waren vom Weinen gerötet. Oliver war entsetzt, als er sie sah.

»Was ist geschehen?« fragte er. »Willst' mich net hineinlassen?«

Sandra trat einen Schritt beiseite und ließ ihn eintreten. Sie führte ihn in das Wohnzimmer, in dem es dunkel war. Sandra hatte die Jalousie heruntergelassen, als wolle sie sich vor dem Licht der Sonne verbergen.

»Willst du mir net sagen, was los ist?« forderte Oliver Behringer die junge Frau auf. »Seit gestern versuchen wir dich zu erreichen. Die größten Sorgen haben wir uns gemacht. Nikki ist ganz durcheinander, weil sie glaubt, daß du sie net mehr liebhast.«

Sandra schluchzte auf.

»Ach, Nikki!« entfuhr es ihr.

Oliver nahm sie in die Arme.

»Was ist denn los?« fragte er leise. »Willst' es mir net sagen? Ich hab' dich doch lieb. Und wenn du meine Frau bist, dann wollen wir doch net nur die Freude teilen, sondern auch das Leid.«

Sie sah ihn aus tränenverschleierten Augen an.

»Willst mich denn überhaupt heiraten?« fragte sie.

»Aber natürlich. Was ist das überhaupt für eine dumme Frage?«

»Ja, aber liebst du denn net immer noch deine Frau?«

»Doch, natürlich liebe ich sie. Aber das ändert ja nichts daran, daß ich dich ebenfalls liebe. Das ist doch etwas ganz anderes.«

Er schaute sie forschend an.

»Sag mal, wie kommst du überhaupt auf diesen Unsinn?« wollte er wissen.

»Diese Ilona war gestern bei mir im Laden ...«

»Was?« fragte Oliver ungläubig. »Hat die dir diesen Floh ins Ohr gesetzt?«

Sandra nickte und erzählte, was die Frau zu ihr gesagt hatte. Oliver Behringer schäumte vor Wut.

»Die fliegt noch heute!« rief er empört.

Er hielt Sandra ganz fest in seinen Armen und sah sie eindringlich an.

»Hör zu«, sagte er. »Ich liebe Andrea und werde sie immer lieben, aber auf eine andere Art als dich. Es stimmt, daß ich geglaubt habe, mich niemals wieder einem anderen Menschen zuwenden zu können. Der Verlust war zu groß, und meine Arbeit schien mir mein einziger Trost zu sein. Dennoch bin ich Realist genug, um mich net in die Vergangenheit zu flüchten. Als wir beide uns begegnet sind, war es, als würde ich neu geboren. Ich habe ein Gefühl wiederentdeckt, von dem ich glaubte, daß ich es längst net mehr besäße. Das Gefühl, einen Menschen zu lieben. Vergiß, was Ilona dir auch immer gesagt hat. Sie hat unrecht, ich brauche dich – wir beide, Nikki und ich, brauchen dich, und darum wirst du jetzt gleich mitkommen.«

»Ja, aber wohin denn?«

Oliver lachte.

»Zu dem Mann, dem wir unser Glück zu verdanken haben«, erwiderte er. »Ich will beim Pfarrer Trenker das Aufgebot bestellen.«

Lachend warf sie sich in seine Arme, und als Oliver sie liebevoll küßte, waren Sandras Tränen vergessen.

*

Über der Hohen Riest ging eben die Sonne auf, als Sebastian den schmalen Pfad emporkletterte. Wie immer, wenn er in den Bergen unterwegs war, trug er seine wetterfeste Wanderkleidung, und wie immer hatte er einen wohlgefüllten Rucksack über dem Rücken hängen. Über dem Höllenbruch machte der Geistliche seine erste Rast. Herrlich duftete der Kaffee aus der Thermoskanne, und köstlich schmeckten Brot und Schinken, den Sebastian mit einem Taschenmesser über den Daumen schnitt.

Tief unter ihm lag sein St. Johann, gerade eben erst aus dem Schlaf erwachend. Pfarrer Trenker wußte es gut behütet.

Er überdachte noch einmal die Geschichte um die kleine Nikki, die sich etwas ausgedacht hatte, um sich bei anderen Leuten etwas Glück zu borgen. Beinahe hatte es ausgesehen, als ob in letzter Sekunde das Glück dreier Menschen durch eine Intrige zerstört werden sollte, doch ein gütiges Schicksal hatte helfend eingegriffen. Unter den zornigen Anschuldigungen ihres Arbeitgebers hatte Ilona Gruber zugeben müssen, Sandra belogen zu haben. Sie hatte durch die neue Telefonnummer, die sie im hauseigenen Verzeichnis las, Namen und Adresse der Antiquitätenhändlerin herausgefunden und dabei ihren Plan gesponnen. Nun, da sie einsehen mußte, daß die böse Saat doch keinen rechten Ertrag brachte, hatte sie ihre Koffer gepackt und die Villa Behringer verlassen.

Sebastian wußte, daß Nikki ihrer Kinderfrau keine Träne nachweinte. Dazu hatte sie auch gar keinen Grund, denn ein ganz besonderes Ereignis stand ins Haus. Schon in wenigen Tagen sollte die Hochzeit von Sandra Hofmayr und Oliver Behringer stattfinden, und damit Nikkis sehnlichster Wunsch in Erfüllung gehen. Endlich würde sie eine richtige Familie haben.

Pfarrer Trenker warf einen Blick zum Himmel.

»Das haben wir gut hingekriegt, net wahr?« sagte er.

TONI WAIDACHER

Heimkehr ins Wachnertal –
Kathie erobert
die Herzen im Sturm

ROMAN

Weltbild

In der Hotelküche herrschte hektisches Treiben. Ständig wurden Bestellungen ausgerufen, die dann von den zehn Köchen ausgeführt wurden. Trotz der Größe des Raumes herrschte eine unerträgliche Hitze darin, und der Schweiß stand den geschäftigen Männern und Frauen auf der Stirn.

Etwas ab von dem großen Getriebe befand sich in einem kleineren Raum die Spülküche. Zwar war es dort nicht ganz so laut, aber Hektik gab es darin auch. Alle Augenblicke kam einer der Köche und verlangte nach einem bestimmten Topf, einer bestimmten Pfanne, die noch nicht gesäubert war. Dazu stapelte sich das schmutzige Geschirr neben der Spülmaschine, die im Minutentakt Teller, Schüsseln und Bestecke reinigte.

Christel Brenner wischte sich den Schweiß mit einem Taschentuch ab. Dabei warf sie einen verzweifelten Blick auf die große Uhr an der Wand. Noch eine Stunde mußte sie durchhalten, dann hatte sie Feierabend. Endlich!

Therese Mayrhofer, die zweite Frau in der Spülküche, sah den Blick der Kollegin.

»Kopf hoch«, sagte sie mit einem müden Lächeln. »Bald haben wir's ja geschafft.«

Christel nickte und schnappte sich einen leeren Geschirrkorb, den sie mit Schüsseln, Schneebesen und Tellern bestückte. Sie schob den Korb in die Maschine und drückte den roten Knopf. Dann wandte sie sich dem Spülbecken zu, um dort weiterzumachen.

Kurz vor Feierabend kam die zweite Schicht, Edeltraud Huber und Franzi Stockinger. Christel seufzte erleichtert. Zusammen mit Therese setzte sie sich in den Personalraum und entspannte für ein paar Minuten. Dann zogen sich die beiden Frauen um und verließen das große Hotel im Zentrum Münchens durch den Personaleingang.

Draußen auf der Straße verabschiedeten sie sich. Während Therese mit der Straßenbahn nach Hause fuhr, stieg Christel in einen Bus, der sie zu ihrer nächsten Arbeitsstelle brachte, einer vornehmen Villa, weit draußen vor der Stadt.

Dabei schaute die Sechsundzwanzigjährige ständig auf die Uhr. Frau Dr. Horlacher würde bestimmt schon auf sie warten. Die Universitätsprofessorin legte Wert auf Pünktlichkeit, und Christel war es von Natur aus unangenehm, sich zu verspäten.

Sie hatte Glück. Kurz vor sechzehn Uhr klingelte sie an der Haustür, und die ältere, würdig dreinschauende Dame öffnete ihr.

»Schön, daß Sie da sind«, sagte sie. »Heute können Sie im Keller die Wäsche machen, wenn Sie oben fertig sind. In einer Stunde kommen die Bridgedamen, dann möchten wir nicht gestört werden.«

»Ist recht«, antwortete Christel Brenner und machte sich an die Arbeit.

Nur net murren, dachte sie, ich bin ja froh, daß ich diese Stelle auch noch hab'. Ich wüßt' ja sonst gar net, wie die Kathie und ich über die Runden kommen sollten.

Im Gegensatz zur Großküche, war hier das Arbeiten bedeutend angenehmer. Nicht nur, daß es hier nicht so laut war – außer Frau Dr. Horlacher gab es niemanden, der ihr reinredete. Hier konnte sie schalten und walten, und es machte ihr auch nichts aus, für die Bridgerunde belegte Brote, Gebäck und Getränke herzurichten und zu servieren.

Kurz vor sechs mußte sie sich dann sputen, damit sie den Bus noch erreichte. Der nächste würde erst wieder gegen einundzwanzig Uhr fahren.

Kurz vor sieben war sie dann endlich zu Hause. Eine kleine Zweizimmerwohnung in einem nicht gerade vornehmen Stadtteil Münchens. Die Wohnung lag im achten Stock, und meistens war der Fahrstuhl außer Betrieb – so wie heute.

Christel schleppte sich mit letzter Kraft die Treppe hinauf und klingelte bei der Nachbarin.

»Mami!« rief das kleine Madel, das die Tür öffnete.

Die junge Frau bückte sich, trotz des mühsamen Treppensteigens, und nahm das Kind auf den Arm. Frau Bachmann erschien in der Tür.

»Na, Frau Brenner, haben S' endlich Feierabend«, begrüßte die Nachbarin sie.

»Ja, Gott sei Dank«, nickte Christel. »War sie denn artig?«

»Aber ja, der kleine Schatz ist doch immer lieb«, antwortete die ältere Frau.

»Ich bin Ihnen wirklich dankbar, daß Sie sich so lieb um Kathie kümmern«, sagte Christel und zog eine Packung Weinbrandpralinen aus der Einkaufstasche. »Hier, bitt' schön, viel ist es ja net, aber ich weiß, daß Sie die doch so gerne mögen.«

»Ach, Frau Brenner, das sollen S' doch net! Ich paß' doch gern' auf das Madel auf. So ist's mir net langweilig, und Sie brauchen sich keine Gedanken machen, was mit ihr geschieht, während Sie arbeiten. Heut' nachmittag waren wir auf dem Spielplatz, gell Kathie?«

»Hm«, nickte die Kleine. »Und ein Eis hab' ich von der Tante Bachmann auch bekommen.«

»Dann wünsch' ich Ihnen einen schönen Feierabend«, verabschiedete sich die ältere Nachbarin. »Und morgen geh'n wir vielleicht in den Zoo, wenn's schönes Wetter ist.«

»Schlafen S' schön, Frau Bachmann, und vielen Dank.«

*

Die Stunde zwischen Abendessen und dem Schlafengehen, war die schönste Zeit für die beiden. Dann saßen Christel und ihre Tochter zusammen, erzählten sich, was sie den Tag über erlebt hatten, oder spielten mit dem großen Bauernhof, den das Madel vor zwei Jahren zu Weihnachten bekommen hatte.

Nach dem Zähneputzen kam die Gute-Nacht-Geschichte, und dann das Abendgebet.

»Lieber Gott, beschütze die Mami und mich, und Frau Bachmann«, betete Kathie brav, während sie ihr Näschen kraus zog. »Und grüße meinen Papi von mir. Er ist jetzt schon über ein Jahr bei dir im Himmel, und er fehlt der Mami und mir sehr.«

Christel Brenner schluckte schwer, wenn sie diese Worte hörte, und mußte kämpfen, die Tränen zurückzuhalten, die ihr unweigerlich in die Augen treten wollten.

Müde und abgespannt stand sie später vor dem Spiegel im Badezimmer und schaute sich an. Jetzt, wo die Kleine schlief, war alle Fröhlichkeit von der jungen Frau abgefallen. Sie war ja nun allein und durfte sich so geben, wie sie sich fühlte – einsam und verloren.

Das ist also aus dir geworden, Christel Brenner, dachte sie bitter. Eine abgearbeitete, erschöpfte Frau, die es mit Müh' und Not schaffte, sich und das Kind über Wasser zu halten.

Sie war immer noch eine Schönheit, ohne Zweifel, doch die Zeit der Entbehrung hatte ihre Spuren hinterlassen, in dem anmutigen Gesicht der Mutter und Witwe.

Was sie wohl sagen würden, daheim, in St. Johann, wenn sie mich jetzt sehen könnten. Hohn und Spott würd' ich ernten. Christel erinnerte sich ihrer stolzen Worte von damals, als sie fortging.

»Eines Tages«, so hatte sie getönt, »eines Tages werd' ich reich sein und über euch alle lachen.«

Sie preßte die Hand vor den Mund und unterdrückte einen Aufschrei. Ja, hochmütig war sie gewesen, hatte sich gegen alles und jeden aufgelehnt. Schon in der Schule war es so, dann im Elternhaus, wo sie nach dem Tod der Mutter die Stelle der Bäuerin einnehmen sollte. Schon bald kam es zum Streit mit dem Vater, der nicht einsehen wollte, daß die Tochter etwas anderes wollte als er. Immer wieder stritten sie sich, mal mehr, mal weniger heftig, doch der Zustand wurde immer unerträglicher, so daß Christel bald nur noch einen Gedanken hatte – fort von hier!

Heimlich schlich sie sich aber nicht fort. Jeder sollte sehen, daß sie stolz und erhobenen Hauptes die Heimat verließ. Eines Tages wollte sie zurückkehren, aber erst dann, wenn sie Karriere gemacht hatte, reich und berühmt geworden war.

Wie diese Karriere aussehen sollte, hatte sie nicht gewußt,

als sie nach langer Fahrt in München ankam. Aber das war im Moment auch egal. Es gab viele Geschichten von jungen Madeln, die aus kleinen Verhältnissen kamen und in der großen, weiten Welt berühmt geworden waren. Warum sollte ihr das eigentlich nicht auch gelingen?

Jetzt stand sie hier auf dem Bahnsteig, die Christel Teubner, wie sie damals noch hieß, aus dem kleinen Dorf in den Alpen, und sog ihn ein, den Duft der Großstadt, mit all ihren Menschen, den Häusern, dem hektischen Getriebe.

Und zuerst sah es so aus, als solle ihr großer Traum wirklich in Erfüllung gehen. Schnell fand sie eine Anstellung in einem Café, in dem, vor allem mittags, viele Geschäftsleute verkehrten. Die Arbeit war nicht schwer, und schon bald war das junge Madel bei den Gästen und den Wirtsleuten gleichermaßen beliebt. Eines Tages kam Florian Brenner herein. Christel hatte gerade ihren Dienst begonnen. Sie schauten sich in die Augen und wußten beide, daß es Liebe auf den ersten Blick war. Florian kam nun jeden Tag, und schon bald gingen sie miteinander. Als der erfolgreiche Großhandelskaufmann um ihre Hand anhielt, schien ein Märchen wahr geworden zu sein.

Die Hochzeit fand im großen Rahmen statt. Florian war kein Unbekannter in der Münchner Gesellschaft, und kurz darauf bezogen sie eine große Villa im Stadtteil Bogenhausen. Christel fuhr einen eigenen Wagen, hatte eine Frau für den Haushalt und eine Kreditkarte in unbegrenzter Höhe. Als sie dann pünktlich, neun Monate nach der Heirat, die kleine Katharina auf die Welt brachte, da war ihr Glück vollkommen.

Hochmut kommt vor dem Fall, dachte Christel bitter, während sie im Bad stand und immer noch ihr Spiegelbild betrachtete. Eines Tages eröffnete ihr Florian, daß sie ein wenig sparsamer mit dem Geld umgehen müßten. Er hatte einige Transaktionen an der Börse getätigt und sich gewaltig verspekuliert.

Das ganze Ausmaß dieses Dramas wurde Christel erst bewußt, als dann dieser schreckliche Unfall geschah, der ihr den liebsten Menschen nahm, den sie außer ihrer Tochter hatte.

Nach der Bestattung kam zutage, daß Florian ihr praktisch nichts hinterlassen hatte. Alles Vermögen, Geld, Wertpapiere und Haus hatte er verpfändet, und die Banken bestanden nun auf Rückzahlung gewährter Kredite. Von heute auf morgen stand Christel vor einem riesigen Scherbenhaufen. Sie mußte die Villa verlassen und zog in die kleine Wohnung im achten Stock eines Hochhauses. Alles in allem war sie noch mit einem blauen Auge davongekommen. Der Verkauf der Villa, der beiden Autos und diverser Gegenstände, wie Gemälde und Skulpturen, erbrachte annähernd soviel, wie der Schuldenberg ausmachte. Allerdings war die junge Witwe und Mutter, praktisch von einem Tag auf den anderen, arm wie eine Kirchenmaus, und mußte zusehen, wie sie für sich und das Kind sorgen konnte. Zum Glück fand sie die Anstellung in dem Hotel und die Stelle im Haus der Frau Dr. Horlacher. Die Arbeit in der Spülküche war indes alles andere als ein Zuckerschlecken, und hinzu kam, daß einer der Köche irgend etwas an Christel auszusetzen hatte. Seine Sticheleien waren manchmal unerträglich, und nur das Geld, das sie dort verdiente, hinderte die Witwe daran, die Stelle wieder zu kündigen.

Natürlich blieben auch die Freunde fort, die sie durch Florian kennengelernt hatte. Sie hatte wirklich nur noch sich selbst und die kleine Katharina, die ihr ganzer Stolz war.

Es war ein wunderhübsches Madel, das seinem Vater immer ähnlicher wurde. Die gleichen blonden Haare, die strahlenden Augen und das kleine Grübchen am Kinn. Der einzige Sonnenschein in einem kargen, tristen Leben.

*

Sebastian Trenker stand auf dem Gipfel des Koglers und schaute hinunter ins Wachnertal. Drüben, auf der anderen Seite, konnte er die Turmspitze seiner Kirche sehen, rechts und links betteten saftige Almwiesen das kleine Dorf in das Tal ein.

Schon in aller Herrgottsfrühe war der gute Hirte von St.

Johann aufgebrochen, wie immer mit einem prallgefüllten Rucksack. Zwar hatte seine Haushälterin wieder einmal ihre stumme Mißbilligung für seinen Ausflug zum Ausdruck gebracht, aber das konnte den Geistlichen nicht von seiner Wanderung durch die geliebten Berge abhalten.

Auf dieser Seite des Tales war er lange nicht gewesen. Aufmerksam beobachtete er, ob sich irgend etwas verändert hatte. Aber dafür gab es keine Anzeichen. Auch der Bergwald, der noch einige hundert Meter über ihm lag, schien das letzte Unwetter unbeschadet überstanden zu haben.

Der Bergpfarrer, wie er von seinen Freunden neckisch genannt wurde, setzte sich auf den gefällten Stamm einer Fichte und packte sein Frühstück aus. Es mußte wirklich schon ein paar Monate her sein, seit er hier oben gewesen war. Dabei war dies eine seiner Lieblingstouren. Aber als Seelsorger hatte er wirklich allerhand um die Ohren. Besonders die letzten Wochen waren wieder einmal sehr schlimm. Neben seiner Arbeit als Geistlicher, gab es ein paar Ehrenämter, die Sebastian innehatte. Dann war da noch das alte Jagdschloß Hubertusbrunn, das, nach einer großzügigen Schenkung, zu einer Jugendbegegnungsstätte umgebaut wurde. Gottlob näherten sich die Bauarbeiten ihrem Ende. Sebastian hatte, um Kosten zu sparen, vieles in Eigenarbeit geleistet. Unterstützt zwar von zahlreichen freiwilligen Helfern. Dennoch hatte diese Aufgabe viel Zeit und Kraft gekostet.

Der Pfarrer packte zusammen und setzte seinen Weg fort. Etwas höher hinauf, aber noch unterhalb des Waldes, lag der Hof des alten Laurenz Teubner. Der Geistliche konnte es sich nicht genau erklären, aber irgend etwas hatte ihn gedrängt seine heutige Tour hierher zu unternehmen und nachzuschauen, wie es dem alten, knorrigen Bauern ging.

Nach einer halben Stunde hatte er das Anwesen erreicht. Der Berghof schien immer noch gut in Schuß, obwohl Laurenz ihn alleine, nur mit einem alten Knecht und einer Magd bewirtschaftete. Sebastian erinnerte sich an den Streit zwischen Vater und Tochter. Eine schlimme Geschichte. Damals war der Alte zusammengebrochen und hatte sich erst nach langer, langer Zeit wieder erholt.

Doch das Drama hatte seine Spuren hinterlassen. Der Teubnerbauer war ein alter, einsamer Mann geworden. Noch härter und unbeugsamer, als er ohnehin schon war. Kaum noch ließ er sich drunten im Dorf blicken, ganz zu schweigen davon, daß er nicht mehr in die Kirche kam. Einmal darauf angesprochen, antwortete er kurz, daß er den Glauben an Gott verloren habe.

Sebastian überlegte, wie lange das nun schon her war. Es mußten so an die acht Jahre vergangen sein. Und nie hatte die Christel auch nur ein Sterbenswörtchen von sich hören lassen.

Burgl Kernhofer, die alte Magd auf dem Hof, öffnete, als der Seelsorger an die Tür klopfte.

»Herr Pfarrer, das ist aber eine Überraschung«, sagte sie erfreut.

»Grüß dich, Burgl, ich hoff', es geht dir gut.«

Die Frau nickte.

»Mir schon, aber dem Bauern net«, antwortete sie. »Es muß wohl bestimmt so etwas wie eine Fügung sein, daß Sie uns heut' besuchen.«

Pfarrer Trenker wurde hellhörig.

»Was ist denn mit dem Laurenz? Ist er etwa krank?«

Die Magd machte ein verzweifeltes Gesicht.

»Seit zwei Tagen liegt er in seiner Kammer und schaut aus, als wenn er jeden Moment aus dem Leben scheidet. Dabei läßt er sich nix sagen, von mir net, vom Xaver schon gar net, und den Doktor will er auch net seh'n.«

»Glaubst' denn, daß er mich würd' sehen wollen?«

Burgl wiegte nachdenklich den Kopf hin und her.

»Ich kann ihn ja mal fragen.«

Zusammen gingen sie über die Diele, und die Magd klopfte an die Tür des Schlafzimmers.

»Besuch für dich«, rief sie, nachdem sie ihren Kopf vorsichtig durch die Tür gesteckt hatte.

»Ich erwart' keinen und will auch niemand seh'n«, dröhnte die tiefe Stimme des Bergbauern aus der Kammer. »Wer's auch immer ist, er soll sich zum Teifi scheren.«

Burgl schaute den Geistlichen erschrocken an und bekreuzigte sich.

»Versündige dich net!« rief sie dem Kranken zu.

Sebastian schob sie sanft beiseite.

»Ich glaub' net, daß der ausgerechnet mich sehen möcht'«, sagte er und betrat die Kammer.

Der Teubnerbauer sah überrascht auf.

»Was wollen Sie denn hier?« fragte er, kurz angebunden.

Pfarrer Trenker zog sich einen Stuhl heran und setzte sich zu ihm ans Bett.

»Nachschau'n will ich, wie's dir geht, Laurenz. Und wie mir scheint, komm' ich g'rad zur rechten Zeit. Elendig siehst du aus. Die Burgl sagt, daß du schon seit Tagen net mehr aufgestanden bist. Was fehlt dir denn?«

Tatsächlich zeugte die ungesunde Gesichtsfarbe davon, daß es dem Bauern alles andere als gutging. Schweiß stand ihm auf der Stirn, und immer wieder wurde er von Hustenanfällen gequält.

»Woher soll ich das wissen?« grantelte der Alte und zog die Nase kraus. »Bin ich ein Doktor? Hundeelend fühl' ich mich.«

»Nein. Aber wenn du keinen kommen läßt, dann wirst auch net erfahren, warum es dir so schlecht geht.«

Sebastian drehte sich zur Tür um, wo immer noch die Magd stand.

»Hat er denn wenigstens 'was gegessen?« erkundigte er sich.

»Keinen Bissen bring' ich hinunter«, sagte Laurenz, noch bevor Burgl antworten konnte.

»Geh' in die Küch' und mach' ihm eine ordentliche Fleischbrühe heiß«, beauftragte der Seelsorger die Magd.

Er wandte sich wieder dem Bauern zu, der ihn unwillig anschaute.

»Auch wenn S' der Herr Pfarrer sind – in meinem Haus bestimm' immer noch ich, was hier geschieht«, sagte der Kranke mit grimmiger Miene. »Und überhaupt – ich hab' net um Ihren Besuch gebeten.«

»Ich weiß«, nickte Sebastian sanft. »Wann hast' denn überhaupt zuletzt einmal gebetet?«

Der Alte riß die Augen auf. Wieder mußte er husten.

»Das ist lang' her«, erwiderte er dann, und sein Ton klang schon wieder ein wenig umgänglicher.

»Ich kann mir denken, wann das war«, sagte Sebastian. »Damals, als deine Tochter …«

»Ich hab' keine Tochter!« unterbrach Laurenz ihn.

Und wieder war da die schier unüberwindbare Distanz zwischen den beiden Männern. Dennoch gab der Geistliche nicht auf.

»Vielleicht jetzt net«, gab er zu bedenken. »Weil du immer noch enttäuscht und gekränkt bist. Trotzdem bleibt die Christel immer dein Kind, dein Fleisch und Blut.«

Burgl erschien und brachte die Suppe. Widerwillig ließ sich der Bergbauer davon überzeugen, daß es gut für ihn war, sie zu essen. Tatsächlich brachte er einen Löffel nach dem anderen hinunter. Pfarrer Trenker wartete, bis er den Teller leergegessen hatte, dann stand er auf.

»Ich schick' dir den Dr. Wiesinger hinauf«, sagte er und hob die Hand, als Laurenz den Mund zu einem Einwand öffnete. »Keine Widerrede. Und morgen schau' ich noch einmal nach dir.«

Ermattet sank der Kranke in das Kissen zurück.

Draußen telefonierte Sebastian gleich mit dem Arzt von St. Johann. Toni Wiesinger versprach, gleich nach der Sprechstunde heraufzukommen und nach Laurenz Teubner zu sehen.

»Gott sei Dank, daß Sie hergekommen sind, Hochwürden«, sagte Burgl Kernhofer, als Sebastian sich von ihr verabschiedete. »Ich hätt' net mehr gewußt, was ich noch hätt' machen sollen. Es wird von Tag zu Tag schlimmer mit ihm, seit die Christel fort ist. Selbst jetzt, wo er so krank ist, ist ihm alles egal. Net einmal den Doktor durft' ich kommen lassen.«

»Wir können nur hoffen, daß er eines Tag's über den Verlust hinwegkommt«, meinte der Pfarrer. »Hat sich die Christel denn nie gemeldet?«

»Net ein einziges Mal«, schüttelte die Frau den Kopf. »Wir wissen net, wo sie jetzt wohnt, ja net einmal, ob sie überhaupt noch am Leben ist. Man liest ja immer wieder so schreckliche Geschichten von jungen Madeln, die in der Großstadt unter die Räder gekommen sind.«

»Na, wir wollen mal net gleich das Schlimmste annehmen«, sagte Sebastian. »Und vielleicht hat das Madel ja doch noch ein Einsehen und kommt zurück.«

»Gebe es Gott, Hochwürden. Gebe es Gott!«

*

Christel Brenner haßte den Spätdienst. War es während des Mittagsgeschäfts kaum vor Krach und Hektik auszuhalten, so war es abends die Hölle. Das Hotel gehörte zur obersten Kategorie, und das dazugehörende Restaurant wurde in verschiedenen Gastronomieführern als erstklassig eingestuft. Dementsprechend war es Tag für Tag gut besucht. Egal, ob am Mittag oder am Abend, ständig wurde die gesamte Küchenmannschaft, vom Chefkoch bis zur Spülfrau, gefordert, ihr Bestes zu geben.

Auch in der Spülküche herrschte dann Hochbetrieb, und die beiden Kolleginnen schufteten im Schweiße ihres Angesichts.

»Nun beeilt euch mal«, raunzte der Koch, der aus irgendeinem Grunde Christel nicht leiden konnte. »Wir brauchen sofort die großen Silberplatten.«

Die besagten Platten waren gerade erst von einem der Kellner hereingebracht worden und standen noch zwischen den schmutzigen Tellern und Schüsseln.

»Wir tun ja, was wir können«, antwortete Therese Mayrhofer. »Aber wir haben auch nur jeder zwei Hände.«

Christel nahm sich die beiden Silberplatten und lief zum Spülbecken.

»Sie sind gleich fertig«, rief sie.

In einer großen Küche, wie in diesem Hotel, herrscht eine bestimmte Rangordnung unter den Köchinnen und Köchen. Der hier auf die Silberplatten wartete, war der Abteilungschef der Fischküche. Er hatte beinahe genauso viel zu sagen, wie der Chefkoch, und es war nicht unbedingt ratsam, sich mit ihm anzulegen.

»Was ist das denn?« fragte er, nachdem er die Platten in Empfang genommen hatte. »Nennen S' das etwa sauber?«

Es war ein winziger Fleck, den Christel in der Hektik übersehen hatte. Schuldbewußt schaute sie den Mann an. Er war ja schon öfter so unfreundlich zu ihr gewesen, dabei wußte sie überhaupt nicht, was sie ihm getan hatte. Offenbar hatte er eine Antipathie gegen sie, die er immer wieder zum Ausdruck brachte.

»Entschuldigen S'«, murmelte Christel mit rotem Kopf und wollte ihm die Platte wieder abnehmen.

Zornig entriß der Koch sie ihr wieder und warf sie auf den Boden. Es schepperte so laut, daß der Küchenchef aus seinem Büro gelaufen kam.

»Was ist denn hier los?« wollte er wissen.

Der Fischkoch deutete auf Christel.

»Geschlampt hat sie wieder einmal«, schimpfte er.

»Das ist net wahr«, versuchte die junge Frau sich zu verteidigen.

Sie schaute hilflos von einem zum anderen. Therese stellte sich zwischen sie und die beiden Köche.

»Was der Herr Hauser da behauptet, stimmt net«, sagte sie

zu dem Chefkoch. »Die Christel hat noch nie geschlampt, nur kann der Herr meine Kollegin net ausstehen.«

»Was untersteh'n Sie sich?« fuhr der Fischkoch auf. »Das ist doch eine glatte Unterstellung!«

»Ach, halten S' doch den Mund«, wischte Therese seinen Einwand fort. »Ich hab's doch seit Wochen beobachtet. Immer wieder versuchen S', die Christel kleinzumachen.«

»Also, meine Damen, so geht das net.«

Alfons Bogner, hochdekorierter Sternekoch und Chef der Küchenbrigade, schüttelte den Kopf.

»Nein, das geht wirklich net«, meinte auch Therese und band sich ihre Schürze ab. »Wir sind nämlich fleißige Arbeiterinnen und keine Sklaven. Machen S' Ihren Abwasch doch alleine, dann können S' mal sehen, was für eine Schwerstarbeit das ist. Wir gehen nämlich.«

Christel schaute die Kollegin erschrocken an, Chefkoch Bogner hob beschwichtigend die Arme.

»Lassen S' uns doch nachher in aller Ruhe darüber reden«, schlug er vor. »Der Küchenbetrieb muß doch weitergehen.«

»Nix da«, schüttelte Therese resolut ihren Kopf und nahm Christel an die Hand. »Wir gehen!«

Sie zog die Kollegin mit sich und ließ die beiden Köche ratlos in der Spülküche zurück.

»Und jetzt?« fragte Christel, nachdem sie sich umgezogen hatten.

»Solln die doch sehen, wer jetzt den Abwasch macht. Wir geh'n jetzt einen trinken«, sagte Therese bestimmt. »Was die feinen Herrschaften können, das können wir schon lang'!«

Christel zögerte.

»Ja, aber ich …«

»Was ist denn? Die Kathie ist doch bei der Nachbarin gut versorgt, und unter anderen Umständen hättest' doch auch erst um zwölf Feierabend gehabt.«

*

Sie saßen in einem netten, kleinen Lokal. Christel wunderte sich über die vielen Leute. Es war schon eine Ewigkeit her, daß sie ausgegangen war. Damals, da lebte Florian noch …

Therese hatte zwei Gläser Wein bestellt, aber so recht schmecken wollte er nicht.

»Ich weiß net, ob wir net ein bissel zu voreilig waren«, sagte Christel zweifelnd. »So schnell finden wir doch keine andere Arbeit.«

»Ach was«, erwiderte Therese. »Morgen holen wir unsere Papiere aus dem Personalbüro, und übermorgen haben wir eine andere Stelle. Du mußt das alles ein bissel locker sehen. Mensch, an deiner Stelle hätte ich dem Hauser die Platten um die Ohren gehauen. Was der sich so alles rausnimmt! Wirst schon sehen, wir sind keine vierundzwanzig Stunden arbeitslos. Abwäscherinnen und Putzfrauen werden doch überall gesucht. Wahrscheinlich verdienen wir woanders auch mehr. Überhaupt – wir können doch gehen, wohin wir wollen. Ich hätt' schon einmal Lust, etwas anderes zu sehen.«

Gedankenverloren trank Christel einen Schluck aus ihrem Glas. Woanders hingehen? Aber wohin?

Das Publikum im Lokal verschwand vor ihrem Auge. Statt dessen sah sie die majestätischen Berge ihrer Heimat, die satten grünen Almwiesen, den kleinen Ort, den Hof des Vaters …

Wenn sie fortginge aus München, dann käme nur ein Ziel in Frage – zurück nach Hause. Heim ins Wachnertal.

Wie oft hatte sie sich seit Florians Tod vorgestellt, wie es sein würde, wenn sie eines Tages auf der Schwelle ihres Elternhauses stünde. Ob der Vater sie wohl mit offenen Armen empfangen würde? Oder war er immer noch der rechthaberische und unbeugsame Tyrann, den sie vor mehr als acht Jahren verlassen hatte?

Thereses Stimme riß sie aus ihren Gedanken.

»Was hast' gesagt?« fragte sie. »Entschuldige, ich war eben ganz woanders.«

»Das hab' ich gemerkt«, lachte die Kollegin. »Du warst ja

ganz weggetreten. Ich hab' gefragt, ob du noch ein Glas'l Wein trinkst.«

»Dank' schön«, winkte Christel ab. »Wenn ich mich beeil, dann bekomm' ich den nächsten Bus noch und spar' mir das Geld fürs Taxi.«

Sie stand auf und umarmte Therese.

»Vielen Dank für die Einladung«, sagte sie. »Und ganz besonders für deinen Beistand.«

»Wir sehen uns morgen. Aber nicht vor dem Personaleingang«, lachte Therese. »Wir gehen durch die Halle!«

Schmunzelnd ging Christel Brenner zur Bushaltestelle. Therese war in ihrer resoluten Art mitunter recht unkonventionell. Wahrscheinlich würden sie beide morgen schon den Personaleingang benutzen, um ihre Arbeitspapiere zu holen.

Ein letztes Mal.

Und dann steh' ich auf der Straße, dachte die Witwe, während der Fahrt. Vielleicht hätt' ich mich net darauf einlassen sollen, was die Therese macht. Aber recht hat sie ja. Man kann sich ja net alles gefallen lassen! Dennoch blieb ein mulmiges Gefühl. Die Putzstelle bei Frau Dr. Horlacher reichte hinten und vorne nicht. Mit dem, was sie da verdiente, konnte sie nicht einmal die Miete bezahlen.

Wieder kam ihr die Heimat in den Sinn. So intensiv wie heute abend, hatte sie noch nicht an eine Heimkehr gedacht. War es vielleicht Schicksal, daß es heute zu diesem Streit auf der Arbeit gekommen war. Steckte eine höhere Macht dahinter, eine Fügung?

Wenn Christel Spätschicht hatte, schlief Kathie immer bei Frau Bachmann. So hatte die junge Frau, als sie nach Hause kam, Zeit genug, darüber nachzudenken, wie es weitergehen sollte. Die halbe Nacht saß und rechnete sie, zählte ihre wenigen Ersparnisse, und wußte am Ende auch nur, daß sie schnellstens eine neue Arbeit finden mußte, sonst saßen sie und Kathie im nächsten Monat auf der Straße, weil dann kein Geld mehr für die Miete da war.

Schlaflos wälzte sie sich in ihrem Bett hin und her, und immer wieder überlegte sie, ob es nicht doch besser sei, in die Heimat zurückzukehren. Sie hatte es ganz genau ausgerechnet – bis zum nächsten Ersten waren es noch gut drei Wochen. Zeit genug also, um nach St. Johann zu fahren und herauszufinden, ob sie im Haus ihres Vaters willkommen war. Sollte das der Fall sein, würde sie noch einmal hier herkommen und die Wohnung auflösen.

Wenn nicht … – dann blieb ihr nichts anderes übrig, als ihre Ersparnisse zu opfern, bis sie eine neue Anstellung gefunden hatte.

Mit diesem Gedanken schlief sie endlich ein.

*

»Na, wie ich seh', geht's ja schon ein bissel besser«, sagte Sebastian, nachdem er die Kammer des Teubnerbauern betreten hatte.

Zwar lag der immer noch in seinem Bett, doch sah er bereits viel besser aus, als bei Sebastians letztem Besuch.

»Wie der Doktor sagt, hast' noch mal Glück gehabt«, fuhr der Geistliche fort, nachdem er den Kranken begrüßt hatte. »Mit einer Lungenentzündung ist net zu spaßen, aber wenn das Antibiotikum anschlägt, brauchst' net einmal ins Krankenhaus.«

»Da wär' ich sowieso net hingegangen«, raunzte Laurenz Teubner. »Lieber sterb' ich hier, in meiner Kammer.«

Er zog seine Nase kraus.

»Red' net solch einen Unsinn«, sagte der Pfarrer im strengen Ton. »Du stirbst noch lang' net.«

Er hatte sich wieder den Stuhl herangezogen und setzte sich.

»Im Ernst, Laurenz, das bissel Krankheit steckst' weg, und dann möcht' ich dich gern ab und zu drunten in der Kirch' seh'n. Weißt', ich freu' mich über jeden, der zu mir kommt, egal ob er nun an den lieben Gott glaubt oder net. Aber in einem Gespräch ist schon so manches Problem geklärt worden, und wenn ich dir helfen kann, dann will ich das gern tun.«

Der Alte hustete, diesmal aber viel kürzer und nicht so gequält, wie am Vortag.

»Mein Problem kennen S' ja, Hochwürden, und da gibt's keine Lösung für«, antwortete er.

»Hast' denn nie versucht, herauszufinden, wo die Christel abgeblieben ist?« fragte Sebastian.

»Wozu? Sie ist gegangen und kommt net wieder zurück.« Laurenz lachte bitter auf.

»Höchstens, wenn sie reich und berühmt geworden ist. So hat sie's jedenfalls damals gesagt, als sie mich verlassen hat. Mich, und den Burghofer-Thomas, den Knecht vom Gurgauerbauern. Nein, nein, ich will sie auch gar net wiedersehen!«

Er schaute den Geistlichen mit müden Augen an.

»Ich dank' recht schön, daß Sie den Doktor haben kommen lassen«, sagte er. »Und für Ihren Besuch, aber jetzt bin ich müd'.«

Sebastian nickte. Er stand auf und reichte dem Alten die Hand.

»Schlaf recht schön, Laurenz. Schlaf ist die beste Medizin.«

Als er die Kammer verließ, war der Bauer schon eingeschlummert.

Nachdenklich fuhr der Seelsorger in Richtung St. Johann. Laurenz Teubner stak in einem ungeheuren Zwiespalt. Nach außen zeigte er sich hart und unbeugsam, aber in seinem Innersten sehnte er sich nach der verschwundenen Tochter. Wenn ich ihm doch nur helfen könnt', dachte Sebastian. Doch in diesem Fall wollte ihm keine Lösung einfallen. Dazu müßte er wissen, wohin es Christel Teubner verschlagen hatte. Ob Max helfen könnte, überlegte er, verwarf den Gedanken aber gleich wieder. Natürlich konnte der Polizist von St. Johann den ganzen Polizeiapparat in Bewegung setzen, aber der Aufwand war nicht gerechtfertigt. Außerdem wußte niemand, ob

Christel überhaupt noch ihren Mädchennamen trug. Wenn sie inzwischen verheiratet war, dann bestimmt nicht mehr.

Eine Bemerkung des Alten fiel ihm wieder ein. Laurenz Teubner hatte davon gesprochen, daß Christel ihn und Thomas Burghofer verlassen hatte. Offenbar waren die beiden einmal sehr befreundet gewesen, wenn der Bauer sich so äußerte.

Ob es Sinn machte, sich einmal mit Thomas zu unterhalten? Vielleicht hatte der eine Ahnung, wo das Madel stecken konnte.

Statt nach St. Johann zurückzufahren, wendete Sebastian den Wagen und schlug kurzerhand den Weg zum Gurgauerhof ein, einem Nachbarn vom Teubner Laurenz.

*

»Die Christel? Ja, das war ein tolles Madel«, schwärmte Thomas. »Auf der Stelle hätt’ ich sie geheiratet, wenn sie net weggegangen wär’, damals.«

»Und du hast keine Vermutung, wohin sie gegangen sein könnte?« fragte der Geistliche weiter.

Er hatte den Knecht des Gurgauerhofbauern beim Mähen einer Almwiese gefunden. Nun standen sie am Wegesrand und schauten auf die Zwillingsgipfel, Himmelsspitz und Wintermaid. Thomas, ein großer, schlanker Bursche, dem die Madeln schöne Augen machten, wenn er vorüberging, strich sich eine braune Locke aus der Stirn. Er deutete zur anderen Seite, dorthin, wo der Höllenbruch lag, ein Bergwald, der sich zum Ainringerwald hinunter erstreckte.

»Dort, dort drüben, da haben wir uns immer getroffen«, sagte er. »Heimlich natürlich, denn der Vater durfte nichts davon wissen. Christel hatte Angst, er würde sie totschlagen, wenn er es herausbekäme.«

Thomas lachte.

»Dabei hat er es längst gewußt, wie er mir vor ein paar Jah-

114

ren einmal erzählt hat«, sprach er weiter. »Eines Tages, wir hatten uns einige Zeit net sehen können, weil Erntezeit war, trafen wir uns wieder dort oben. Sie eröffnete mir, daß es zwischen uns aus sei, sie sich mit ihrem Vater zerstritten hätte, und Sankt Johann und das Wachnertal verlassen würde.«

Der Knecht drehte sich zu dem Geistlichen um.

»Sie können sich's denken, wie ich mich gefühlt habe, damals. Als ob mir einer einen Eimer Eiswasser über den Kopf gießt. Heiß und kalt hat es mich überlaufen. Natürlich hab' ich gefragt, warum das alles. Wenn sie schon von ihrem Vater fort wollte, warum dann von mir auch? Einen Heiratsantrag hab' ich ihr gemacht. Aber sie hat net gewollt. Fort, nur fort von hier, hat sie geschrien. Nie und nimmer wollte sie zurückkehren, net bevor sie net reich geworden war. Reich und berühmt. Nein, ich weiß net, wohin sie gegangen ist. Ich weiß nur, daß ich sie immer noch gern hab', und ich sie sofort nehmen tät, wenn sie heut' vor mir stünd' und mich würd' haben wollen.«

Reich und berühmt – so hatte sich Christels Vater auch ausgedrückt. Diese beiden Begriffe mußten für sie eine Manie gewesen sein, das Motto, das sich das Madel gegeben hatte, bevor es gegangen war.

Sebastian legte dem jungen Mann die Hand auf die Schulter. Thomas schaute zum Höllenbruch hinüber, ganz in Gedanken versunken. Er merkte es nicht einmal, daß der Geistliche sich verabschiedete und davonfuhr.

*

Christels Herz schlug bis zum Hals hinauf, als sie der Heimat näherkam. Mit dem Zug waren sie bis zur Kreisstadt gefahren. Von dort ging es mit dem Bus weiter nach St. Johann.

Kathie war ganz aufgeregt gewesen, als sie hörte, daß sie eine Reise machen würden, dorthin, wo die Mami geboren war und ihre Kindheit verbracht hatte. Im Zug hatte sie andauernd wissen wollen, wie es dort aussah, wie hoch die Berge seien, und was ein Senner ist. Ein Begriff, der gefallen war, als die Mama während der Fahrt von den Almen, den Kühen und den Sennenwirtschaften erzählte.

Doch am meisten hatte es sie erstaunt, zu erfahren, daß sie einen Großvater hatte, der der Papa ihrer Mama war. Sie hatte nie zuvor von ihm gehört und war jetzt ganz neugierig darauf, ihn kennenzulernen. Sie zog ihr Näschen kraus.

»Wie viele Kühe gibt's denn auf dem Hof vom Großvater?« wollte die Kleine wissen, während sie auf den Bus warteten, der sie ins Wachnertal bringen sollte.

»Damals waren es zweiundzwanzig«, antwortete die Mutter. »Wie viele es heut' sind, weiß ich net. Aber bestimmt wird der Großvater sie dir alle zeigen.«

»Das ist prima«, freute sich Kathie und gähnte ein bißchen. »Hoffentlich sind wir bald da.«

Die Bahnfahrt hatte sie schon angestrengt und ermüdet.

Christel war sich nicht sicher, ob sie es wirklich wagen konnte, ihre Tochter gleich mit hinaufzunehmen, oder ob es nicht besser war, sie in St. Johann zu lassen und erst einmal alleine zum Hof des Vaters zu gehen. Sie hatte ja keine Ahnung, wie er reagierte, wenn er sie so unvermittelt sah. Vielleicht kam es zu unschönen Szenen, die sie dem Kind unbedingt ersparen wollte.

Hatte sie es zunächst gar nicht abwarten können, heimzukehren, so verging die Busfahrt von der Kreisstadt ins Dorf viel zu schnell. Noch bevor sie St. Johann erreichten, wußte Christel, daß sie wieder zu Hause war. Alles, was sie sah, war ihr so vertraut, die Straßen, die Berge, die Häuser. Gerne hätte sie das alles noch ein wenig genossen. Mit ihnen fuhren nur noch drei weitere Leute. Die junge Frau schaute sie verstohlen an, ob sie jemanden von ihnen kannte, aber das war nicht der Fall.

Gegenüber vom Hotel ›Zum Löwen‹ war die Bushaltestelle. Mit zitternden Knien stand die junge Frau auf, half ihrer

Tochter aus dem Bus und holte dann den großen Koffer und die Reisetasche, in denen sich ihre Sachen befanden. Christel hatte sich gar nicht recht entscheiden können, was sie alles mitnehmen sollte und schließlich wahllos irgendwelche Kleidungsstücke eingepackt. Die anderen Fahrgäste waren längst nicht mehr zu sehen, der Bus war weitergefahren, nur Christel Brenner stand an der Haltestelle, immer noch unschlüssig, wohin sie sich wenden sollte.

Genauso unschlüssig hatte sie damals auf dem Münchener Bahnhof gestanden. Nur, daß es damals eine ihr gänzlich unbekannte Stadt war, während sie hier zu Hause war. In St. Johann kannte sie jedes Haus, den Kaufmann, den Bäckerladen, die Metzgerei Ruhlinger. Ein paar Leute gingen vorbei, Christel erkannte sie sofort, hätte jeden beim Namen nennen können, doch die anderen nahmen keine Notiz von ihr. Sie erkannten sie nicht. Wahrscheinlich hatte sie sich in den acht Jahren in der Fremde sehr verändert. Außerdem rechnete ja auch niemand damit, daß sie so plötzlich wieder auftauchte.

»Wo wohnt denn jetzt der Großvater?« fragte Kathie.

Christel strich ihr über die blonden Locken.

»Bis zum Hof ist's noch eine ganze Weile«, antwortete sie.

Sie überlegte immer noch, wo sie Kathie lassen konnte, während sie den Vater aufsuchte. Es gab ein, zwei Schulfreundinnen von früher, aber da sie jahrelang keinerlei Kontakt mit ihnen gehabt hatte, scheute sie es, die früheren Bekannten aufzusuchen und sie so aus heiterem Himmel zu überfallen.

»Ich hab' Hunger und Durst, und müd' bin ich auch«, quengelte das Kind und zog wieder ihr Näschen kraus.

Christel seufzte. Sie mußte etwas unternehmen. Schließlich konnte sie nicht den ganzen Tag hier stehen bleiben. Abgesehen davon forderte das Madel sein Recht.

Ihr Blick fiel auf den schlanken, hohen Turm der Kirche. Pfarrer Trenker, kam ihr in den Sinn. Ob er wohl immer noch der Seelsorger von St. Johann war? Ganz bestimmt, dachte sie, freiwillig gab er doch seine geliebte Bergwelt nicht auf.

Sie erinnerte sich an den Geistlichen, an seine freundliche, offene Art mit Menschen umzugehen, egal, ob sie seiner Religion angehörten oder nicht. Für jeden und alles hatte er ein offenes Ohr, wußte Rat bei Problemen und griff auch schon mal zu unkonventionellen Mitteln, wenn es um das Wohl eines Menschen ging. Ganz bestimmt konnte er auch ihr weiterhelfen und das Kind für ein, zwei Stunden in seine Obhut nehmen.

*

Aus einer unerklärlichen Unruhe heraus, hielt es Sebastian nicht an seinem Schreibtisch. Er stand am Fenster des Arbeitszimmers und schaute hinaus auf die Straße. Rechts konnte er das Rathaus sehen, links war das Hotel. Gegenüber davon stand seit geraumer Zeit eine junge Frau an der Bushaltestelle. Sie hatte ein kleines Kind an ihrer Seite, daneben Koffer und Reisetasche. Sebastian hatte nicht gesehen, ob sie aus dem Bus gestiegen war oder auf ihn wartete. Wenn es so war, dann hatte sie allerdings den letzten verpaßt. Der nächste fuhr erst wieder in zwei Stunden. Der Geistliche überlegte, ob er hinausgehen sollte, um es ihr zu sagen. Er ärgerte sich wieder einmal, daß, trotz mehrfacher Anrufe bei den Verkehrsbetrieben, immer noch kein aktueller Fahrplan aushing, und nahm sich vor, bei der nächsten Gemeinderatssitzung noch einmal darauf hinzuweisen.

Bevor er seine Überlegung in die Tat umsetzen konnte, bemerkte er, daß die Frau das Reisegepäck in die Hände nahm und mit dem Kind die Straße überquerte. So wie es aussah, wollte sie zum Pfarrhaus.

Sophie Tappert, Sebastians Haushälterin, hatte heute ihren freien Nachmittag, den sie meistens mit ihrer besten Freundin, der Hertha Breitlanger, verbrachte. Deshalb ging der Geistliche selbst an die Tür. Die Frau kam gerade den Weg zum Haus hinauf. Sie atmete schwer unter der Last, die sie trug,

118

während das Kind, ein Madel, wie Sebastian jetzt sehen konnte, über den Kiesweg hüpfte.

»Grüß Gott, ich bin Pfarrer Trenker«, rief der Seelsorger und ging den beiden entgegen. »Kommen S', ich helf' Ihnen mit dem Gepäck.«

Die junge Frau lächelte, als er ihr den Koffer abnahm.

»Grüß Gott.«

Im selben Moment erkannte er sie. Sebastian ließ den Koffer sinken und breitete die Arme aus.

»Christel Teubner, das gibt's doch gar net!«

Er schlug die Hände zusammen und schüttelte ungläubig den Kopf.

»Also, wenn das net was zu bedeuten hat«, sagte der Geistliche. »Seit Tagen denk' ich an dich.«

Jetzt war die junge Frau überrascht.

»An mich?«

»Ja, und jetzt stehst' auf einmal hier vor mir. Das kann doch kein Zufall sein.«

Plötzlich stieg in ihr eine böse Ahnung auf. Warum wohl sollte der Herr Pfarrer an sie gedacht haben, wenn nicht …

»Ist was mit dem Vater?« fragte sie angstvoll.

»Nein, nein«, beruhigte Sebastian sie. »Jedenfalls nix Ernstes. Er hatte eine Lungenentzündung, aber die ist gut überstanden und auskuriert.«

Er nahm den Koffer wieder auf.

»Aber, nun kommt erst einmal ins Haus. Ich vermute, daß ihr gerad' erst angekommen seid.«

Christel nickte, und Sebastian machte sich seinen Reim auf ihr Verharren an der Bushaltestelle. Offenbar fehlte ihr der Mut, sogleich den Vater aufzusuchen.

»So, setzt euch erst mal«, sagte er. »Ihr müßt mich einen Augenblick entschuldigen. Meine Haushälterin hat heut' ihren freien Nachmittag. Ich mach' schnell einen Tee, und etwas Kuchen ist auch da.«

Er schaute die Kleine lächelnd an.

»Und du magst wohl ein Glas'l Milch, net wahr?«

Kathie lächelte zurück und nickte.

»Fein, in zwei Minuten ist alles gerichtet.«

Sebastian verschwand in der Küche, und Christel setzte sich behaglich zurück. Seit sie ihrem Pfarrer gegenüber gestanden hatte, waren der Druck und die Nervosität von ihr gewichen. Sie fühlte förmlich, wie die Spannung von ihr abfiel.

»So, Milch und Kuchen sind schon da«, sagte Pfarrer Trenker. »Nur der Tee dauert noch ein paar Minuten.«

*

»Nun erzählst' aber mal«, forderte Sebastian die Besucherin auf, als auch der Tee auf dem Tisch stand. »Wer ist denn eigentlich dieses hübsche, kleine Madel. Deine Tochter, vermute ich?«

Christel nickte.

»Ich bin die Kathie«, erklärte die Kleine. »Eigentlich heiß' ich ja Katharina, aber so nennt die Mami mich nur, wenn ich unartig war.«

»Bist du denn oft unartig?« schmunzelte der Geistliche. »Das kann ich mir gar net vorstellen.«

»Eigentlich net«, antwortete das Madel treuherzig.

Christel nahm sie in die Arme.

»Sie ist net unartiger, als andere Kinder in ihrem Alter auch«, sagte sie. »Vielleicht laß ich ihr auch zuviel durchgehen, aber sie ist das Einzige, was mir geblieben ist, und ich liebe sie über alles.«

Sebastian hörte aus diesen Worten heraus, daß ein schwerer Schicksalsschlag Christels Leben getroffen hatte. Dennoch fragte er nicht nach, er wußte, daß die junge Frau von ganz alleine sprechen würde.

Ohne dazu aufgefordert zu sein, begann Christel dann zu reden, über all das, was ihr auf der Seele lag. Pfarrer Trenker hörte geduldig zu, ohne sie zu unterbrechen, und ganz allmählich offenbarte sich ihm das ganze Drama. Das Schicksal hatte es wirklich nicht gut gemeint mit ihr. Sie war hoch hinauf gekommen und dafür um so tiefer gestürzt.

»Reich und berühmt hatte ich werden wollen«, sagte sie. »Und beides hab' ich geschafft. Oh, ich war reich. Reicher als ich es mir in meinen kühnsten Gedanken hätt' vorstellen können. Und berühmt – naja, ich war schon wer, in der Münchner Gesellschaft. Mein Name tauchte auf allen wichtigen Einladungslisten auf. Man riß sich um meine Gesellschaft. In den Klatschspalten der Tagespresse war dann immer ganz genau zu lesen, was für eine Frisur ich trug, welcher berühmte Modeschöpfer mein Kleid entworfen hatte und wieviel Tausende von Mark mein Schmuck wert war.

Ja, ich hatte es geschafft. Ich war reich und berühmt, doch dann zerplatzte dieser Traum, wie eine Seifenblase. Von heut' auf morgen stand ich vor den Trümmern meiner Existenz und mußte einsehen, daß Gut und Geld nicht alles sind, was im Leben zählt. Mehr noch als der Verlust aller materiellen Güter, schmerzt jedoch der Tod meines Mannes. Auf alles hätt' ich verzichten können, nur net auf ihn. Nie werd' ich den Morgen vergessen, als er sich von mir und Kathie verabschiedete. Er war so voller Hoffnung auf einen Neubeginn. Aus diesem Grund mußte er nach Nürnberg fahren. Als ich dann die Nachricht erhielt, daß er … – da brach für mich eine Welt zusammen.

Was würd' ich dafür geben, noch einmal die Zeit zurückdrehen zu können! Jetzt steh' ich hier, genauso arm, wie damals, als ich gegangen bin. Aber hatte ich damals die Chance, etwas aus meinem Leben zu machen, so ernte ich heut' nur Hohn und Spott, aber das geschieht mir ja auch recht. Hochmut kommt vor dem Fall – wie oft hab' ich mir dieses Sprichwort vorgesagt. Leider zu spät. Viel zu spät!«

Sebastian nahm ihre Hand und drückte sie fest.

»Niemand wird Hohn und Spott über dich ausgießen«, sagte er. »Und es ist gut und richtig, daß du zurückgekommen bist.

Hier ist deine Heimat, sind deine Wurzeln. Hier gibt es Menschen, die dich lieben, so wie du bist. Und du bist nicht arm.«

Er deutete auf Kathie, die auf dem Sofa eingeschlafen war, nachdem sie zwei Gläser Milch getrunken und drei Stücke von Sophie Tapperts Topfkuchen verdrückt hatte.

»Du hast das Kind«, fuhr er fort. »Ein wunderhübsches Madel, auf das du mit Recht stolz sein darfst. In ihm lebt dein Mann fort, und solange Kathie bei dir ist, ist auch immer ein Stück von ihm bei dir. Das darfst du nie vergessen.«

Christel nickte. Jetzt, wo sie sich alles von der Seele geredet hatte, fühlte sie sich erleichtert wie lange nicht.

»Sie erwähnten vorhin, daß sie in der letzten Zeit oft an mich gedacht haben«, sagte sie. »Hatte das einen besonderen Grund?«

Sebastian berichtete von seinem ersten Besuch seit längerem auf dem Teubnerhof, und von der Erkrankung ihres Vaters.

»Natürlich blieb es net aus, daß wir über dich sprachen.«

»Und … wie denkt mein Vater jetzt über mich?«

»Du hast ihm damals sehr weh getan, als du fortgegangen bist«, meinte der Seelsorger und hob die Hand. »Das soll jetzt kein Vorwurf von mir sein, sondern dir lediglich erklären, daß dein Vater ebenso mit seinem Schicksal hadert, wie du mit deinem.«

»Kann ich's denn überhaupt wagen, zu ihm zu gehen?«

»Unbedingt, Christel, unbedingt. Ich bin sicher, daß er dir vergeben wird. Du bist sein einziges Kind, er hat nur dich, so wie du nur ihn hast und deine Tochter. Der alte Grantler wird sich freuen, daß er Großvater ist.«

Christel schaute ein wenig skeptisch.

»Genau das möcht' ich ihm vorerst noch net sagen«, erklärte sie dann. »Das ist auch der Grund, warum ich zuerst zu Ihnen gekommen bin. Ich hatte gehofft, daß ich Kathie für ein paar Stunden bei Ihnen lassen könnt', wenn ich zum Hof hinauf geh'.«

Sebastian nickte.

»Aber natürlich. Das ist doch überhaupt kein Problem.«

*

Langsam, aber stetig, näherte sie sich ihrem Ziel. Christel hatte gewartet, bis Kathie wieder aufwachte, und sich dann auf den Weg gemacht. Natürlich hatte Pfarrer Trenker ihr angeboten, sie zum Hof zu fahren, oder ihr seinen Wagen zu überlassen, doch sie hatte abgelehnt.

»Das müssen S' verstehen, Hochwürden, nach acht Jahren Großstadt sehn' ich mich nach der Luft hier, nach den Bergen. Ich möcht' das alles wieder sehen und schmecken, erleben, wie es ist, wenn der Sand unter meinen Schuhen knirscht.

Außerdem hab' ich mir vorgenommen, meinen ersten Besuch auf dem Hof meines Vaters so zu machen, wie ich ihn damals verlassen habe – auf Schuster Rappen.«

Sebastian verstand die Symbolik, die sie damit verband – so wie sie gegangen war, so wollte sie zurückkehren.

Jetzt wußte sie nicht zu sagen, wovon ihr Herz mehr klopfte, ob von der Anstrengung der Wanderung oder der Aufregung und Angst vor dem Wiedersehen. Minutenlang stand sie vor der breiten Hofeinfahrt, bevor sie es wagte, das Grundstück zu betreten. Tausende von Eindrücken stürzten dabei auf sie ein, und längst verloren geglaubte Erinnerungen stiegen in ihr auf. Beinahe gar nichts hatte sich hier verändert. Vielleicht, daß die Lüftlmalerei am Giebel erneuert worden war, außerdem hatte man das Scheunendach neu gedeckt. Ansonsten war alles noch so wie vor acht Jahren und sechseinhalb Monaten. So lange war es her, daß sie durch diese Einfahrt gegangen war – in die andere Richtung.

Mitten auf dem Hof stockte ihr Schritt. Die Haustür öffnete sich und heraus trat eine Gestalt, die sie unter Millionen sofort wiedererkannt hätte. Auch wenn er sich verändert hatte, ihr Vater.

Haare und Bart waren grauer geworden, die Gestalt gebeugt. Beinahe hätte sie schwören können, daß es immer noch die alte Jacke war, die er trug. Ein schweinslederner Trachtenjanker, dunkel und abgewetzt.

Zögernd setzte sie ihren Weg fort. Laurenz Teubner war nun aus der Tür getreten und hatte sie gesehen.

Aber hatte er sie auch erkannt?

Christel ging auf ihn zu.

»Grüß Gott, Vater«, sagte sie leise. »Da bin ich.«

Einen Moment starrte er sie stumm an, dann hob er seinen rechten Arm und deutete zur Hofeinfahrt.

»Geh! Verschwind' von hier.«

Christel schluckte.

»Aber, Vater … ich bitt' dich …«

»Nix Vater«, sagte er hart. »Ich hab' keine Tochter. Schon lang' net mehr. Meine Tochter ist gestorben, acht Jahr' ist es jetzt her. Wer immer du sein magst, ich will's net wissen.«

»Bitte hör' mich doch an«, flehte sie.

»Wozu? Was willst' denn hier? Bist' reich und berühmt geworden? Vorher wolltest doch net wieder herkommen. Dann brauchst' mich ohnehin net. Also, verschwind' von meinem Grund und Boden, oder …«

Er führte nicht aus, was er zu tun gedachte, wenn sie seiner Aufforderung nicht Folge leistete, aber in seinem harten Blick las sie, daß er sich nicht umstimmen lassen würde. Christel Brenner faltete die Hände und hob sie ihm hin. Dann ließ sie sich auf die Knie fallen.

»Bitte, Vater«, bat sie ein letztes Mal. »Ich bin deine Tochter, schick mich net fort. Ich weiß, daß ich net recht gehandelt hab', damals, aber das ist doch kein Grund, mich jetzt wie einen streunenden Hund vom Hof zu jagen. Ich, ich liebe dich doch, Vater, ich hab' dich immer geliebt, auch wenn ich im Streit gegangen bin, so hab' ich doch nie aufgehört, dich zu lieben.«

Es schien, als stieße sie mit ihrem Flehen auf taube Ohren.

Ohne sie eines weiteren Blickes zu würdigen, drehte der alte Mann sich um und ging ins Haus zurück. Mit einem lauten Krachen flog die Tür ins Schloß. Christel schluchzte auf und konnte nicht verhindern, daß ihr die Tränen in die Augen schossen. Minutenlang kniete sie im Staub des väterlichen Hofes, unfähig sich zu erheben.

Endlich gelang es ihr, sich mühsam aufzuraffen. Sie schaute noch einmal zum Haus hinüber. Stand er da irgendwo am Fenster und beobachtete sie vielleicht? Kam er doch noch mal heraus und schloß sie verzeihend in seine Arme?

Christel schüttelte den Kopf. Sie wußte, daß es keinen Zweck hatte, länger zu hoffen. Er war immer noch der Sturkopf, der es schon ihrer Mutter nicht leicht gemacht hatte, und er würde sich wohl nie ändern.

Mit müden Schritten ging sie vom Hof. Sie war nur froh, Kathie in St. Johann gelassen zu haben. So war ihr diese häßliche Szene erspart geblieben.

Doch was sollte sie ihrer Tochter sagen, wenn sie nach dem Großvater fragte?

*

Im Haus war alles still, nur das Ticken der alten Standuhr auf der Diele war zu hören. Laurenz Teubner stand davor und starrte das Ziffernblatt an, als könne er dort ablesen, ob er richtig oder falsch gehandelt hatte.

Mit einem knarrenden Geräusch wurde die Küchentür geöffnet, und Burgl kam heraus.

»Glaubst' wirklich, daß das richtig war, was du getan hast?« fragte sie.

Laurenz rührte sich nicht, sagte keinen Ton.

»Wie kannst du nur so mit deinem Kind umgehen?« fuhr die Magd mit ihren Vorwürfen fort. »Statt dankbar zu sein, daß sie zurückgekommen ist, behandelst du sie wie eine dahergelaufene Diebin. Selbst zu einem Obdachlosen bist' barmherziger, dem bietest du ein Dach über dem Kopf an und eine warme Mahlzeit.

Hast du net gesehen, wie sie ausschaut, die Christel? Bestimmt ist es ihr net gut ergangen. Jetzt ist sie wieder da, und sie braucht dich. Aber du, in deinem unerschütterlichen Stolz, du jagst sie einfach vom Hof!«

Laurenz Teubner holte tief Luft und drehte sich um.

»Laß mir mei' Ruh'«, sagte er und verschwand in seiner Kammer.

Drinnen warf er sich auf sein Bett und schluchzte wie ein kleines Kind.

Burgl Kernhofer stand einen Moment unschlüssig auf der Diele. Seit über zwölf Jahren war sie auf dem Hof und hatte das ganze Drama hautnah miterlebt. Sie wußte, daß der Bauer ein herrischer Mann war, der nur seine Meinung gelten ließ. Fast so, als sei er ein mittelalterlicher Burgherr, dessen Wort Gesetz war. Und dennoch wußte sie, daß unter der rauhen Schale ein weicher Kern saß. Die Flucht der Tochter aus dem Elternhaus hatte ihn noch härter erscheinen lassen, als er eigentlich war, und als sie jetzt sein Schluchzen hörte, da wär' sie am liebsten in die Kammer gegangen und hätte ihn getröstet.

Schließlich lief sie hinaus. Vielleicht war Christel noch nicht allzu weit gegangen, und sie konnte sie zurückholen. Die alte Frau eilte über den Hof, durch die Einfahrt. Zur Straße führte ein breiter, befestigter Weg.

Burgl keuchte. So war sie seit ihrer Jugend nicht mehr gerannt. Doch sie kam zu spät – von Christel war weit und breit nichts zu sehen.

Heftig atmend blieb die Magd stehen. Wohin mochte das Madel nur gegangen sein. Etwa dorthin zurück, wo sie all die Jahre gesteckt hatte, oder hatte sie sich ein Zimmer in St. Johann genommen? Burgl hoffte es inständig, denn dann bestand vielleicht die winzige Möglichkeit, daß Christel doch noch einmal zurückkam. Sie mußte ja einsehen, daß ihr überraschendes Auftauchen ein Schock für den Vater war. Wie hätte er denn auch anders darauf reagieren sollen?

Langsam ging sie zum Hof zurück. Na ja, falsch verhalten hatte er sich schon. Aber er war ganz einfach mit der Situation überfordert gewesen. Kein Wunder, wenn plötzlich, nach acht Jahren, das eigene Kind vor der Tür steht, das nach einem heftigen Streit im Bösen von einem gegangen war!

Burgl hatte das Gefühl, in dieser Angelegenheit irgend etwas unternehmen zu müssen. Sie wußte nur noch nicht genau was. Vielleicht, überlegte sie, sollte sie am Sonntag, nach der Messe schauen, ob sie Christel fand. Ein Gespräch mit ihr, würde das Madel wohl net ablehnen. Immerhin war Burgl damals die einzige Vertraute, die sie auf dem Hof hatte. Eine Freundin, bei der sie sich ausweinen konnte.

Ja, wenn man es recht betrachtete, dann hatte Burgl sogar für einige Zeit die Mutterstelle bei dem Madel vertreten.

Ich hoff' nur, daß die Christel net gleich Hals über Kopf wieder abreist, dachte die alte Magd, während sie ins Haus zurückging, wo unheimliche Stille herrschte.

Eine Stille, die Burgl Angst machte.

*

»Du mußt net viel sagen«, meinte Pfarrer Trenker. »Ich seh's dir an der Nasenspitze an, daß dein Besuch anders verlaufen ist, als du es dir vorgestellt hast.«

Sie saßen draußen im Garten. Inzwischen war auch Sophie Tappert von ihrer Freundin zurück und hatte Christel und deren Tochter herzlich begrüßt. Selbstverständlich wußte sie über die Angelegenheit Bescheid. Es war seinerzeit Dorfgespräch gewesen, daß die Tochter vom Teubnerbauern auf und davon ist. Was sich inzwischen in Christels Leben ereignet hatte, davon hatte Sebastian kurz berichtet und Kathies Anwesenheit erklärt.

Der blondgelockte Sonnenschein hatte indes das Herz der

Haushälterin im Sturm erobert. Jetzt saßen Kathie und Frau Tappert auf einer Decke auf dem Rasen und spielten ein Kartenquartett. Das fröhliche Lachen des Madels scholl laut durch den Pfarrgarten.

»Fortgejagt hat er mich«, erwiderte Christel bitter.

Sie mußte an sich halten, weil sie nicht vor dem Kind weinen wollte. Das hatte sie den ganzen Weg zurück nach St. Johann getan.

»Was soll ich denn jetzt machen? Zurück nach München gehen?«

Sie zuckte die Schulter.

»Vielleicht ist's besser so.«

Sebastian hob die Hände.

»Du mußt ihn verstehen«, sagte er. »Dein Vater ist von Natur aus kein Mensch, der leicht zu nehmen ist. Trotzdem glaub' ich fest daran, daß noch net alles verloren ist. Natürlich hat er net mit deinem plötzlichen Auftauchen gerechnet. Vielleicht hätt' ich zuerst mit ihm reden sollen. Wer weiß, ob dann dein Versöhnungsversuch net anders verlaufen wär'. Aber das ist reine Spekulation. Auf jeden Fall darfst' net zurück nach München. Dann bist' wieder weit fort, und die Chance, es noch einmal zu versuchen, ist vertan.«

Christel deutete auf ihre Tochter.

»Aber, wo sollen wir denn hin?« fragte sie verzweifelt. »Wir müssen irgendwo schlafen, und eine Arbeit brauch' ich auch. Von irgend etwas müssen wir zwei ja leben.«

Sebastian beugte sich vor.

»Willst' denn wirklich wieder zurück?«

Die junge Frau schlug die Hände vor ihr Gesicht.

»Ich würd' schon gern bleiben«, antwortete sie leise. »Aber ich hab' doch keine andere Wahl. Da ist das Kind, und in München hab' ich immer noch die Wohnung.«

»Also, fürs erste bleibt ihr hier im Pfarrhaus. Wir haben oben zwei Zimmer, die für solche Notfälle eingerichtet sind. Und das Angebot gilt net nur für ein paar Tage. Ihr könnt dort wohnen, bis sich eine passende Wohnung gefunden hat.«

Der Geistliche warf einen schmunzelnden Blick auf seine Haushälterin und das Madel.

»Außerdem würde Frau Tappert euch sowieso net so ohne weiteres gehen lassen«, fuhr er fort. »Was deine Wohnung in München angeht, da findet sich schon eine Lösung. Schließlich kannst du sie kündigen und deine restlichen Sachen herholen. Ein paar Leut', die dir dabei helfen, finden sich schon.

Bleibt das Problem der Arbeit. Aber, da hab' ich mir auch schon meine Gedanken gemacht. Allerdings möcht' ich da noch nix sagen. Heut' abend, nach dem Stammtisch, weiß ich mehr.«

Christel konnte es gar nicht glauben. Es ging alles so schnell und ohne großes Gerede. Wieder einmal hatte Pfarrer Trenker die Initiative ergriffen, und, so wie es aussah, zumindest in diesem Bereich schien sich das Blatt für Christel zum Guten zu wenden.

»Die Kathie und ich gehen jetzt in die Küche und bereiten das Abendessen vor«, verkündete Sophie Tappert.

Sie hatte natürlich das Gespräch zwischen dem Geistlichen und der jungen Frau mit angehört.

»Wenn sich erst einmal eine Arbeit gefunden hat, dann kannst' die Kathie ruhig bei mir lassen«, sagte sie zu Christel. »Ich paß' gern auf sie auf.«

Christel Brenner spürte wieder Tränen in ihren Augen. Aber diesmal waren es Tränen der Freude und Dankbarkeit. Sie zog ihre Tochter auf den Schoß und drückte sie ganz fest an sich.

»Bist' gerne hier?« fragte sie.

Das Madel nickte.

»Die Tante Tappert ist genauso lieb wie die Frau Bachmann«, erklärte sie und rutschte vom Schoß ihrer Mutter.

Dann lief sie der Haushälterin hinterher.

An diesem Abend saßen fünf Menschen um den großen Tisch im Pfarrhaus. Wie immer war auch Max Trenker pünktlich zum Abendessen erschienen. Der Polizeibeamte von St. Johann freute sich, Christel Brenner wiederzusehen. Er erinnerte sich, seinerzeit das eine oder andere Mal mit dem jungen Madel getanzt zu haben.

»Sehr oft war's aber net«, meinte die Heimgekehrte. »Der Vater hat's net gern gesehen, wenn ich Samstag abend auf den Tanzboden gegangen bin.«

Sie staunte, mit welchem Appetit der Bruder des Geistlichen essen konnte.

»Das schadet meiner schlanken Linie überhaupt net«, freute sich Max, der für sein Leben gern aß.

Besonders das, was die Haushälterin seines Bruder kochte.

»Wegen dem Umzug mach' dir mal keine Sorgen«, meinte er zu Christel. »Das organisier' ich, wenn's soweit ist.«

Er beugte sich zu Kathie, die brav am Tisch saß und den leckeren Pudding verputzte, der vom Mittagessen übrig geblieben war. Eigentlich war er für Max gedacht. Sophie Tappert kochte immer ein wenig mehr, weil sie wußte, was für ein Schleckermaul der Polizist war. Doch heute hatte die Haushälterin gemeint, würde er wohl bestimmt gerne darauf verzichten, und den Schokoladenpudding mit Vanillesoße an das Madel abtreten.

Als sie dann den Blick sah, mit dem Max die Kleine anschaute, da wußte sie, daß sie sich nicht geirrt hatte.

Nun freute er sich, daß es ihr so schmeckte.

»Und wir beide machen morgen eine Fahrt im Streifenwagen«, versprach er.

Kathie bekam leuchtende Augen.

»Mit Blaulicht?« fragte sie begeistert.

»Mit Blaulicht«, nickte Max und hob verschwörerisch die

Hand an den Mund. »Und wenn grad' niemand in der Nähe ist, dann machen wir auch das Martinshorn an.«

»Ich weiß gar net, wie ich euch allen danken soll«, sagte Christel gerührt.

»Überhaupt net«, antwortete Sebastian. »Schließlich kann ein jeder mal in solch eine Notlage kommen. Dann ist man froh, wenn es Leute gibt, die einem zur Seite stehen.«

Er erhob sich.

»Für Max und mich wird's Zeit«, sagte er. »Der Stammtisch beginnt um acht. Frau Tappert zeigt dir dann die Zimmer, und wenn du noch was brauchst, dann sag's ihr nur.«

»Glaubst', daß sich da noch was einrenken läßt?« fragte Max seinen Bruder, als sie auf dem Weg ins Wirtshaus waren.

»Ich geb' die Hoffnung net so schnell auf«, erwiderte Pfarrer Trenker. »Auf jeden Fall werd' ich noch einmal mit dem Laurenz reden. Zuerst aber braucht die Christel eine Arbeit, und ich hoff', daß ich sie ihr heut' abend verschaffen kann.«

»Beim Stammtisch?«

»Natürlich net«, lachte Sebastian. »Aber der Sepp klagte neulich, daß seine Frau unbedingt eine Hilfe in der Küche brauche. Na, und die Christel hat doch in München in einem Hotel gearbeitet. Da kennt sie sich ja aus, und was sie noch net weiß, das kann sie halt lernen.«

Sepp Reisinger, Chef vom Hotel ›Zum Löwen‹, war hocherfreut, als Sebastian ihn darauf ansprach. Gerade am Nachmittag hatte seine Frau wieder gestöhnt, daß sie nicht die ganze Arbeit alleine bewältigen könne. Zwar hatten sie eine zuverlässige Hilfskraft, doch die war leider krank geworden, und es war noch nicht abzusehen, wann die Frau wieder arbeitsfähig war.

»Die Christel Teubner …, nein, Brenner heißt sie ja, also, sie soll sich auf jeden Fall gleich morgen bei meiner Frau vorstellen«, sagte der Wirt. »Wir werden uns da schon einig, einen Knauserlohn zahlen wir net. Wer gut arbeitet, der soll auch gut bezahlt werden.«

»Ich weiß, Sepp«, nickte Sebastian. »Und weil ich das weiß, und wie sehr ihr in Nöten seid, hab' ich gleich daran gedacht, euch die Christel vorzuschlagen.«

Er nahm den Wirt ein wenig zur Seite.

»Vielleicht wär's ganz gut, wenn ihr sie net gleich auf die Geschichte mit ihrem Vater ansprecht«, bat er. »Wenn sie es von allein erzählt, dann ist es gut, aber laßt ihr ein bissel Zeit.«

»Natürlich, Hochwürden, das ist doch selbstverständlich«, versprach Sepp, und der Pfarrer wußte, daß er sich darauf verlassen konnte.

*

Christel Brenner erfuhr noch am selben Abend die gute Nachricht. Sie und Sebastian saßen zusammen und besprachen bei einem Glas Wein, wie es nun weitergehen sollte. Kathie lag oben im Gästezimmer des Pfarrhauses und schlief schon lange. Die Reise hierher und all die neuen Eindrücke hatten sie doch sehr ermüdet.

»Wie ich bereits gesagt habe, könnt ihr die beiden Zimmer so lange haben, bis du dich hier gefestigt hast, was die Arbeitsstelle angeht, und du sicher bist, daß du für immer bleiben willst«, erklärte der Seelsorger.

»Ich bin sehr gespannt auf die Arbeit im ›Löwen‹«, sagte Christel nachdenklich.

»Ich bin sicher, daß dort ein anderer Ton herrscht, als in dem Hotel, von dem du erzählt hast.«

»Auf jeden Fall werd' ich mich bemühen. Ja, und je länger ich darüber nachdenke, um so mehr komm' ich zu der Überzeugung, daß ich bleiben sollte. Für immer. Egal was mit meinen Vater wird. Ich spüre doch ganz stark, daß ich hier zu Hause bin. Außerdem glaub' ich, daß es auch für Kathie das Beste ist, in solch einer Umgebung aufzuwachsen, anstatt in der Anonymität einer Großstadt mit all ihren Gefahren.«

»Vielleicht sollte ich noch einmal mit deinem Vater reden«,

schlug Sebastian vor. »Er ist ein Sturkopf, gewiß, aber auch er wird nicht vergessen haben, welch ein Glück es ist, einen Menschen zu haben, der einen liebt, und vielleicht kommt auf seine alten Tage doch noch etwas Sonnenschein in sein Leben.«

Christel überlegte. Warum nicht? Vielleicht würde der Vater dem Geistlichen zumindest zuhören. Etwas, das er bei ihr nicht getan hatte.

»Aber, dann sagen S' ihm vorerst nichts von der Kathie«, bat sie. »Ich möcht' net, daß er mir vielleicht nur aus lauter Mitleid die Hand zur Versöhnung reicht.«

»Wie du willst«, meinte Sebastian. »Allerdings bin ich überzeugt, daß sein hartes Herz weich würde wie Butter in der Sonne, wenn er das Madel sieht und erfährt, daß es sein Enkelkind ist. Aber natürlich werd' ich ihm nichts sagen.«

Später saß Christel am Bett ihrer Tochter und schaute auf das schlafende Kind. Die Ähnlichkeit mit Florian war nicht zu übersehen, aber sie hatte auch etwas vom Großvater mitbekommen.

Ja, dachte sie, ich glaub', ich hab' mich richtig entschieden. München – das war ein anderes Leben, hier begann ein neues. Was immer auch aus der Angelegenheit mit dem Vater wurde, zuerst wollte sie für Kathie da sein. Sie war die wichtigste Person in ihrem Leben. Und sie war so rein und unschuldig, sie mußte geliebt und behütet werden. Wie oft hatte sie sich Sorgen gemacht, wenn sie arbeitete, was die Kleine jetzt wohl machte, wie es ihr gerade erging. Dankbar dachte sie an die nette Nachbarin. Natürlich war Kathie bei Frau Bachmann in guten Händen gewesen, und dennoch – sie war eine alte Frau, und niemand vermochte zu sagen, welche Gefahr von einem Moment auf den anderen entstehen konnte.

Hier in dieser ländlichen Idylle war es doch sehr viel ungefährlicher. Ganz abgesehen davon, daß es hier sehr viel gesünder war, als in der Stadt mit den vielen Autos und Fabriken. Hier konnte das Kind in natürlicher Umgebung aufwachsen, und vielleicht würden sie ja – eines Tages – doch noch zum Großvater auf den Hof ziehen …

Heute hatte Kathie es offenbar ganz vergessen, daß sie den Großvater besuchen wollten, doch Christel fürchtete sich vor dem Augenblick, in dem das Kind nach ihm fragen würde.

Was sollte sie ihrer Tochter dann antworten?

*

Irma Reisinger begrüßte die junge Frau mit einem freundlichen Lächeln.

»Schön, daß Sie gleich gekommen sind«, sagte sie und deutete auf einen der Tische in dem ansonsten leeren Lokal. »Setzen wir uns doch dorthin. Mögen S’ einen Kaffee?«

Christel hatte zwar erst drüben im Pfarrhaus gefrühstückt, aber sie wußte, daß es sich bei einer Tasse Kaffee entspannter reden ließ.

»Gerne«, nickte sie.

Die Wirtin ging hinter den Tresen, wo die große Kaffeemaschine stand.

»Jetzt ist’s noch ruhig«, meinte sie. »Wir haben ja auch erst vor einer halben Stunde geöffnet. Aber nachher, zum Mittagessen, da wird’s wieder heiß hergehen.«

Sie brachte Kaffee an den Tisch, und dann sprachen sie darüber, wann und zu welchen Zeiten Christel arbeiten könne.

»Ich richte mich da ganz nach Ihnen«, sagte sie. »Meine Tochter ist im Pfarrhaus gut aufgehoben. Wenn Sie möchten, kann ich gleich anfangen.«

»Ach, das wär’ ja herrlich«, freute sich Irma. »Wissen S’, gleich um zwölf kommt ein Reisebus mit fünfundvierzig Leuten zum Mittagessen. Da könnt’ ich schon Hilfe gebrauchen. Kittel und Schürze bekommen S’ von mir, und natürlich gibt’s neben dem Lohn auch eine anständige Mahlzeit.«

Das Restaurant im Hotel ›Zum Löwen‹ genoß weit über die

Grenzen St. Johanns hinaus einen guten Ruf, nicht zuletzt, dank der hervorragenden Kochkünste der Chefin. Oft kamen Feinschmecker von weit hergefahren, um die Spezialitäten des Hauses, wie gesottene Forelle, Wildbraten oder Dessertkreationen, zu genießen. Dabei war Irma Reisinger keineswegs sternedekoriert, doch immer wieder sagten ihr die begeisterten Gäste, daß so mancher Sternekoch noch etwas von ihr lernen könne.

Dementsprechend war das Haus, auch außerhalb der Saison, immer gut besucht. Im Hotelbereich zählten bis an die zwanzig Angestellten zum Stamm, nur die Küche war absolut unterbesetzt.

Christel machte sich schnell mit den Eigenheiten der Chefin vertraut. Sie schaute sich im Keller und im Kühlhaus um, damit sie bei Bedarf Irma Reisinger rasch zuarbeiten konnte. Was ihr am besten gefiel, war die Stimmung, die in der Küche herrschte. Zwar war es hier auch laut, wenn es auf dem Herd dampfte, die Braten in der Röhre zischten, Töpfe und Pfannen klapperten, doch fiel in all der Hektik kein böses Wort, es wurde nicht geschimpft, wenn mal etwas schiefging oder eine Sache etwas länger brauchte.

Obwohl es ein Dreigangmenü für die Reisegruppe gab, lief doch alles schnell und reibungslos über die Bühne. Christel hackte Petersilie für die Suppe und verteilte sie in die Tassen. Sie füllte Kartoffeln und Rotkohl in die Schalen, während Irma Reisinger den Braten aufschnitt und auf Platten anrichtete. Schließlich zeigte die Chefin ihr, wie sie mittels eines Sahnebeutels kleine Häubchen auf das Dessert spritzen sollte.

Nachdem die erste Schlacht geschlagen war, kam Irma mit zwei großen Gläsern Radler in die Küche.

»So«, sagte sie, »die haben wir uns verdient.«

Gemeinsam machten sie sich an den Abwasch, und Christel bewunderte die Wirtin und Köchin, die sich nicht zu schade war, selbst mit Hand anzulegen. Rund fünfundzwanzig weitere Gäste aßen noch zu Mittag, und als dann gegen halb drei

Küchenschluß war, da wußten die beiden Frauen, was sie geleistet hatten. Zusammen mit dem Servierpersonal nahmen sie dann selbst ihr Mittagessen ein.

»Eigentlich essen wir immer bevor das Geschäft losgeht«, erklärte Sepp Reisinger seiner neuen Mitarbeiterin. »Aber heut' kam der Bus schon so früh, daß wir es net geschafft haben.«

Der Wirt hatte Christel am Morgen ebenfalls freundlich begrüßt. Jetzt saßen sie zu dritt zusammen und besprachen noch ein paar Details. Irma Reisinger bekundete, wie zufrieden sie mit Christels Arbeit war.

»Selbst wenn die Resi wieder gesund ist, können S' bleiben«, versprach sie. »So jemanden wie Sie, kann man immer gebrauchen.«

Die junge Frau errötete, als sie dieses Lob hörte. Sie war froh, daß sie, bevor sie aus München losgefahren war, alle ihre persönlichen Papiere eingesteckt hatte. Darunter auch das Gesundheitszeugnis, das für die Arbeit in der Hotelküche unabdingbar war. Zusammen mit ihrer Lohnsteuerkarte übergab sie das wichtige Papier ihrem neuen Arbeitgeber. Endlich war die Gefahr der Arbeitslosigkeit gebannt. Besonders wichtig war ja dabei, daß sie und Kathie auch krankenversichert waren.

»Ich hoff', daß Ihnen die Schichtarbeit nix ausmacht«, sagte Irma noch, bevor Christel in die Freistunde ging. »Aber, im Moment läßt's sich's net anders machen. Abends ist meistens noch mehr los, als mittags. Wenn die Resi wieder da ist, dann kann man das natürlich anders regeln.«

Christel versicherte, daß es ihr nichts ausmache. Sie war glücklich, es so gut getroffen zu haben, daß sie auch freiwillig auf den freien Tag verzichtet hätte, wenn es denn notwendig wäre.

*

Erst am dritten Tag nach Christels Ankunft in St. Johann hatte Sebastian Gelegenheit, wieder zum Teubnerhof hinaufzufahren. Es war eine Fahrt, die er mit gemischten Gefühlen antrat. Der Pfarrer hoffte inständig, den Alten umstimmen zu können, doch eine innere Stimme sagte ihm, daß es nicht leicht werden würde – wenn nicht gar unmöglich.

Sebastian hatte extra die frühe Abendstunde gewählt, in der Hoffnung, den Bauern auch wirklich anzutreffen. Den Tag über standen die Chancen nicht so gut. Als er jetzt auf den Hof fuhr, sah er Laurenz Teubner gerade vom Traktor herunterklettern.

»Grüß dich«, sagte der Geistliche, nachdem er aus seinem Wagen gestiegen war. »Was macht die Lungenentzündung?«

Der Alte strich sich über den Bart.

»Ist überstanden«, antwortete er und schaute den Pfarrer neugierig an. »Deswegen allein sind S' aber net gekommen ...«

Sebastian trat zu ihm.

»Du kannst dir doch ganz bestimmt denken, warum ich hier bin«, meinte er. »Die Christel ist wieder da. Warum willst' sie denn net sehen?«

Der Teubnerbauer zog seine Nase kraus und sah ganz stur gerade aus.

»Mensch, Laurenz, sie ist deine Tochter!«

»Ich hab' keine Tochter! Wie oft soll ich das noch sagen?« brauste der Bauer auf. »Sie ist fortgegangen. Einen alten Tyrann hat sie mich geschimpft, und daß sie nie wieder was mit mir zu tun haben will. Warum soll ich sie jetzt mit offenen Armen empfangen?«

Sebastian legte ihm die Hand auf den Arm.

»Beruhig' dich«, sagte er. »Du kennst doch das Gleichnis vom verlorenen Sohn. Was denkst du, warum der Vater darin sich so über die Heimkehr seines Sohnes gefreut hat, obwohl der ihn ja wohl mehr als enttäuscht hatte? Weil es sein eigen Fleisch und Blut war, sein Kind, für das er alles gegeben hätte, und ich weiß, Laurenz Teubner, daß auch du alles für deine

137

Tochter geben würdest, wenn dein dummer Stolz dich net daran hindern tät'. Himmel, was bist du bloß für ein Sturkopf!«

Langsam drehte der Bauer sich um und schaute Sebastian an.

»Ich bin tot, Hochwürden«, sagte er mit einer seltsamen Stimme. »An dem Tag, an dem meine Tochter mich verlassen hat, da bin ich gestorben. Und keine Macht der Welt kann mich dazu bringen, dieses Madel noch einmal in die Arme zu schließen.«

Sebastian war über diese Worte entsetzt.

»Laurenz, wach endlich auf«, rief er. »Du bist net nur in deinem Stolz verletzt, du bist ja völlig verblendet in deinem Zorn. Ich bitte dich, das kannst du doch net wirklich so meinen.«

»Genau so mein' ich's«, erwiderte der Alte schroff. »Soll sie doch dahin gehen, woher sie gekommen ist. Mich interessiert's net mehr, was aus ihr wird.«

Pfarrer Trenker konnte über soviel Starrsinn nur den Kopf schütteln.

»Aber, was ist mit dir?« fragte er in einem letzten verzweifelten Versuch, Christels Vater doch noch umzustimmen. »Was wird aus dem Hof, deinem Lebenswerk? Er gehört doch deinen Nachkommen. Ist es dir wirklich egal, was einmal damit geschieht, wenn du die Christel fortjagst, und sie diesmal nie wiederkommt? Du könntest doch einen schönen Lebensabend genießen, im Kreis deiner Familie, wenn deine Tochter vielleicht heiratet, und es sogar Enkelkinder gäbe.«

Für einen winzigen Moment schienen die Augen des alten Mannes zu glänzen, doch dann wurde sein Blick wieder so hart wie zuvor.

»Schmarr'n«, wischte er Sebastians Argumente beiseite. »Alles nur Schmarr'n!«

Dann wandte er sich um und verschwand in der Scheune.

Der Geistliche sah ein, daß hier jedes weitere Wort vergeblich war. Laurenz Teubner wollte kein Einsehen haben. Blieb nur die Hoffnung, daß er mit der Zeit umgestimmt wurde und seinen Standpunkt aufgab.

Resigniert stieg Sebastian in seinen Wagen und fuhr ins Dorf zurück.

＊

»Warum will der Großvater uns denn net sehen?« wollte Kathie wissen.

Mehrmals hatte sie in den vergangenen Tagen gefragt, wann sie denn nun endlich zum Teubnerhof fahren würden. Immer wieder war es Christel gelungen, mit fadenscheinigen Ausreden das Kind abzulenken, doch sie wußte, daß sie früher oder später mit der Wahrheit herausrücken mußte. Obwohl Kathie noch so klein war, konnte man dem Kind nicht so leicht etwas vormachen. Es spürte intuitiv, wenn etwas in seiner Umgebung nicht stimmte, als habe sie eine besondere Antenne für unsichtbare Schwingungen.

Mutter und Tochter spazierten aus dem Dorf hinaus, auf einen Almweg zu. Christel hatte an diesem Tag freibekommen, weil das Restaurant heute ausnahmsweise mal nicht ausgebucht war. Sie nutzte die Gelegenheit, der Kleinen ein wenig die Umgebung zu zeigen, und dabei wollte sie ihr erklären, was es mit der Geschichte um den Großvater auf sich hatte.

»Weißt', ich hab' dir nie erzählt, daß ich vor vielen Jahren einen großen Streit mit meinem Papa hatte«, begann die junge Frau. »Damals bin ich von zu Hause fortgelaufen und mit dem Zug weit, weit weggefahren.«

»Bis nach München?«

»Ja, bis nach München. Deine Großmutter, also meine Mutter, war damals schon im Himmel, und der Großvater war manchmal recht zornig und ungerecht zu mir.«

»Warum denn? Warst du net artig?«

Christel schmunzelte. Nein, wahrscheinlich war sie nicht artig gewesen, zumindest in seinen Augen.

»Vielleicht«, antwortete sie. »Jedenfalls hat der Großvater es so gemeint. Es gab einen fürchterlichen Krach, und ich bin einfach weggelaufen.«

»War der Großvater denn net traurig, als du fort warst?« wollte Kathie wissen.

»Bestimmt war er auch traurig, aber noch mehr war er böse auf mich. Ich muß zugeben, daß ich mich damals auch net ganz richtig verhalten hab', aber ich sah keinen anderen Ausweg, als dieses schöne Tal hier zu verlassen und nie mehr zurückzukommen.«

»Und heut' ist der Großvater immer noch bös' auf dich, net wahr?«

»Ja, leider, und darum bin ich auch manchmal sehr traurig und muß dann weinen.«

Kathie schaute ihre Mutter eine Weile nachdenklich an.

»Denkst du, daß er mich dann auch net mag?« fragte sie und zog ihr Näschen kraus.

Christel hob die Schulter.

»Er weiß ja noch gar nichts von dir«, antwortete sie. »Wie soll er dich da mögen oder net. Jedenfalls können wir vorläufig net auf den Hof fahren und ihn besuchen.«

Sie versuchte Kathie abzulenken, indem sie ihr alle möglichen Blumen zeigte und benannte. Dann kamen sie an einer Wiese vorbei, auf der eine Herde Kühe graste. Das Madel wollte ganz genau wissen, wie das mit der Milch funktionierte, und Christel wurde nicht müde, ihr all das zu erklären, was sie selber wußte. Daß aus der Milch auch noch Butter, Joghurt und Käse gemacht wurde, erstaunte ihre Tochter noch mehr, als die Tatsache, daß die Kühe oben Gras hineintaten, wie sie sich ausdrückte, und unten die Milch 'rauskam.

Sophie Tappert hatte ihnen für ihren Ausflug einen Picknickkorb zusammengestellt, in dem belegte Brote lagen, Saft und Kaffee und ein kleiner Kuchen, den Kathie am Morgen mit Hilfe der Haushälterin selber gebacken hatte. Jetzt suchten sie sich eine schöne Stelle, an der sie die mitgebrachte Dekke ausbreiteten und sich zum Schmausen niederließen.

*

»Schmeckt dir mein Kuchen?« erkundigte sich Kathie.

»Er ist sehr lecker«, bestätigte Christel. »Solch einen tollen Kuchen hab' ich noch nie gegessen.«

Das Madel gähnte und schloß die Augen.

»Ich muß ein bissel schlafen«, murmelte sie. »Das Wandern macht müd'.«

Christel strich ihr liebevoll über das blonde Haar. Dann lehnte sie sich zurück und ließ ihren Blick schweifen. Es war eine wunderschöne Landschaft auf die sie schaute. Früher war ihr das gar nicht so bewußt gewesen. Ihr Entschluß, hierher zurückzukehren, war schon richtig gewesen. Alles, was sie noch in München hatte, würde sie nachholen, den Mietvertrag für die Wohnung kündigen, und dann sollte sie nichts mehr an die letzten schlimmen Monate ihres Lebens erinnern. Ein neuer Abschnitt würde beginnen, und es konnte nur noch bergauf gehen.

In Gedanken versunken bemerkte sie gar nicht, daß ein Wanderer die Höhe hinab kam. Der junge Mann schaute auf die nachdenkliche Frau und das schlafende Kind, und plötzlich glaubte er, sein Herzschlag setze aus.

»Träum' ich, oder bist du's wirklich, Christel?« fragte er.

Sie schreckte hoch, als sie so unvermittelt angesprochen wurde, sah den Mann an und erkannte ihn im selben Moment.

»Thomas … Thomas Burghofer. Das ist aber eine Überraschung«, lachte sie und sprang auf, direkt in seine Arme.

»Laß dich anschau'n, Madel«, sagte er und hielt sie ein Stück von sich. »Gut schaust' aus. Ich kann's noch gar net glauben. Was machst' denn hier oben?«

Christel deutete auf Kathie.

»Ich bin ein bissel mit meiner Tochter gewandert«, erklärte sie.

Sofort ließ Thomas sie los. Er wirkte plötzlich distanziert.

»Ach, deine Tochter. Dann bist' also verheiratet?«

»Nein«, schüttelte sie den Kopf. »Mein Mann ist vor über einem Jahr bei einem Autounfall ums Leben gekommen ...«

Bestürzt sah er sie an.

»Das ... das tut mir wirklich leid, Christel ...«

Sie lächelte.

»Dank' dir.«

Beinahe verlegen schaute er sich um, während sein Herz wie wild raste. Noch vor wenigen Tagen hatte er mit Pfarrer Trenker über sie gesprochen, und nun standen sie sich gegenüber.

»Magst' dich net setzen?« fragte Christel.

»Gern. Ich hab' schon einen Augenblick Zeit.«

Sie bot ihm von dem Kuchen an. Thomas bediente sich und sah das schlafende Madel an.

»Himmel, ist die goldig«, sagte er begeistert und hatte seine Stimme gesenkt, als befürchtete er, Kathie könne aufwachen.

»Bist noch beim Gurgauerbauern im Dienst?« wollte Christel wissen.

Der Knecht nickte kauend.

»Und du? Bist jetzt für immer hier? Da wird dein Vater sich aber gefreut haben, was?«

Etwas in ihrem Gesicht zeigte ihm, daß es wohl nicht so war, wie er annahm.

»Auwei – bin ich jetzt in ein Fettnäpfchen getreten?«

Christel zuckte die Schultern und erzählte ihm, wie es ihr auf dem väterlichen Hof ergangen war. Thomas hörte schweigend zu, betrachtete aber intensiv ihr Gesicht. Sein Herz hätte jubilieren mögen, als er erfuhr, daß sie und ihre Tochter für immer bleiben wollten.

Ja, er liebte diese Frau. In all den Jahren hatte er sie nicht vergessen können, denn sein Herz hatte zu keiner anderen ja sagen können.

»Selbstverständlich helf' ich dir beim Umzug«, bot er an. »Zusammen mit dem Max ist das ein Klacks.«

»Na ja, erst einmal muß ich ja eine Wohnung haben. Aber, es ist lieb von dir.«

Zum ersten Mal schaute sie ihn genauer an. Auch Thomas hatte sich verändert, die Zeit war nicht spurlos an ihm vorübergegangen. Trotzdem war er immer noch attraktiv, daran konnte es keinen Zweifel geben. Ob er wohl inzwischen verheiratet war? Christel erinnerte sich an die Zeit, als sie geglaubt hatte, ohne Thomas Burghofer nicht leben zu können. Damals war er ihre große Liebe gewesen. Lang, lang war's her. Sie mußte gestehen, daß sie ewig nicht mehr an ihn gedacht hatte.

Kathie erwachte und sah mit großen Augen auf den fremden Mann, der da mit auf der Decke saß, die sie von der Tante Tappert bekommen hatten.

»Ja, grüß dich Gott«, sagte der Mann freundlich und lächelte sie an. »Ich bin der Thomas. Sagst du mir, wie du heißt?«

»Kathie Brenner.«

Sie blickte zwischen ihm und ihrer Mutter hin und her.

»Weißt', ich kenn' den Thomas schon sehr lange«, erklärte ihre Mutter. »Und zufällig ist er heut' den Berg da heruntergekommen, wo wir sitzen und Picknick machen.«

Thomas warf einen Blick auf die Uhr und stand auf.

»Ich glaub', ich muß jetzt«, sagte er bedauernd. »Aber, vielleicht können wir uns ja wiedersehen …?«

»Das würd' mich freuen«, antwortete Christel aus tiefstem Herzen und reichte ihm die Hand.

Thomas nahm sie und hätte sie am liebsten nicht wieder losgelassen. Sekundenlang schaute er sie an, dann riß er sich zusammen und nickte den beiden zu.

»Also pfüat euch, ihr zwei. Ich meld' mich im Pfarrhaus.«

»Ist recht, Thomas«, rief Christel ihm nach.

Sie blickte ihm hinterher, bis er nicht mehr zu sehen war, und ein seltsames Gefühl kam in ihr auf. Für einen Moment sah sie sich in der Zeit zurückversetzt, erinnerte sie sich an den letzten Abend, den sie mit ihm verbracht hatte. Es waren die

Stunden, bevor sie zum Bus ging, der sie in die Kreisstadt brachte. Sie hörte seine Stimme, sein Flehen zu bleiben. Einen Heiratsantrag hatte er ihr sogar gemacht, um sie zurückzuhalten. Doch sie war gegangen. Erst jetzt, in diesem Moment, konnte sie ermessen, wie weh sie ihm damals getan haben mußte.

Und dennoch hatte er ihr eben seine Hilfe angeboten. Was war das für ein Mann!

Mit Florian konnte sie ihn nicht vergleichen. Der war eher der Typ des smarten Geschäftsmannes gewesen, hingegen war Thomas ein Naturbursche, braungebrannt vom ständigen Aufenthalt im Freien. Er paßte hierher, so wie Florian nach München gepaßt hatte, in die dortige Welt der Reichen und der Schönen. Nein, vergleichen konnte man die beiden wirklich net, aber Florian war auf seine Art attraktiv gewesen, so wie Thomas es auf seine war.

»Komm, Spatzel, wir müssen zusammenpacken«, sagte Christel zu ihrer Tochter.

»Och, jetzt schon? Es ist doch so schön hier. Laß uns doch noch ein bissel bleiben.«

»Tut mir leid«, bedauerte ihre Mutter. »Aber, wir müssen ja auch noch den ganzen Weg wieder zurückgehen, und wenn wir net in die Dunkelheit geraten wollen, dann wird's jetzt Zeit, aufzubrechen.«

Das sah Kathie ein. Schnell half sie der Mama, die Decke zusammenzulegen, und dann wanderten sie fröhlich ins Tal hinunter.

Kathie war richtig glücklich. Seit langer Zeit war es endlich wieder mal ein Tag gewesen, an dem sie mit der Mama etwas unternommen hatte. Zwei Dinge waren ihr ganz besonders im Gedächtnis geblieben, als sie am Abend im Bett lag.

Der Großvater war auf die Mama böse, worüber die Mama traurig war. Und dieser fremde Mann, der Thomas, der hatte die Mama so merkwürdig angeguckt. Nicht böse, eher so, wie der Papi auch immer geguckt hatte, bevor er und die Mami sich dann geküßt hatten …

»Du, Onkel Max, darf ich mal wieder in deinem Polizeiauto mitfahren«, fragte Kathie nach dem Mittagessen.

»Freilich. Wie wär's heut' nachmittag? Da hätt' ich nämlich Zeit.«

»Au prima«, lachte die Kleine.

Beim ersten Mal waren sie durchs Dorf gefahren, auf einer Straße, wo nicht soviel Verkehr war. Daß sich das Blaulicht auf dem Dach drehte, konnte sie natürlich nicht sehen. Aber als sie in eine Gegend kamen, in der sonst keine Autos fuhren, da hatte Max das Martinshorn eingeschaltet, und das Tatütata war ganz laut zu hören gewesen.

Kathie beugte sich verschwörerisch zu dem Polizeibeamten.

»Ich müßt' aber ganz besonders wohin«, sagte sie.

»Nämlich?«

Das Madel sah zu Sebastian hinüber und zögerte.

»Du kannst es ruhig sagen«, forderte Max sie auf. »Mein Bruder kann ein Geheimnis bestimmt für sich behalten.«

»Die Mami darf aber nix davon erfahren«, erklärte sie nachdrücklich.

Die beiden Männer hoben die Hände wie zum Schwur.

»Großes Ehrenwort«, sagten sie, wie aus einem Mund.

»Ich möcht' den Großvater besuchen«, gestand die Kleine. »Vielleicht kann ich ja machen, daß er und die Mami sich wieder vertragen. Sie ist doch immer ganz traurig, weil ihr Papa immer noch mit ihr böse ist, weil sie damals weggelaufen ist.«

»Das ist eine tolle Idee!«

Sebastian klatschte begeistert in die Hände.

Natürlich hatte Christel den Wunsch geäußert, ihrem Vater nichts von dem Enkel zu sagen, aber wenn Kathie ihn selbst besuchen wollte …? Vielleicht konnte sie ja wirklich etwas in dem alten Querkopf bewirken.

»Paß auf, Max«, wandte er sich an seinen Bruder. »Ich hab' da eine Idee.«

Der Geistliche erklärte, was er meinte, und Max und Kathie hörten genau zu. So ein Plan mußte einfach funktionieren!

»Aber, was sagst du der Christel, wenn sie von der Arbeit heimkommt und fragt, wo die Kathie ist?« wollte Max wissen.

»Die Wahrheit natürlich«, schmunzelte der Bergpfarrer. »Daß sie mit dir im Streifenwagen fortgefahren ist.«

»Na klar«, nickte der Beamte. »Das stimmt ja auch.«

Vielleicht nicht ganz – hier war die Wahrheit nur die halbe. Aber es gab immer wieder Situationen, da heiligte der Zweck eben die Mittel.

Drüben im Arbeitszimmer des Geistlichen klingelte das Telefon. Da Sophie Tappert im Garten die Wäsche aufhing, ging Sebastian selber an den Apparat.

»Ja, grüß Gott, Herr Pfarrer«, hörte er eine Stimme, die ihm bekannt vorkam. »Hier ist der Thomas Burghofer, ich hätt' gern die Christel gesprochen. Die Christel Teubner, nein, sie heißt ja jetzt anders, aber Sie wissen, wen ich mein'. Sie wohnt doch bei Ihnen, die Christel, net wahr?«

»Schon«, antwortete Sebastian. »Nur ist sie im Moment gar net im Haus. Sie arbeitet drüben, im ›Löwen‹. Soviel ich weiß, hat sie erst in einer Stunde Pause.«

»Ach ja, das hat sie ja erzählt«, kam es durch die Leitung.

»Hast du die Christel denn schon gesehen?« wunderte sich der Geistliche.

Sie hatte gar nichts davon erzählt, daß sie ihren alten Bekannten wiedergetroffen hatte.

»Ja, gestern. Es war ein Zufall. Ich kam gerad' von der Klammbachhütte herunter, als ich die Christel und ihre Tochter beim Picknick sah. Ich hatte versprochen, anzurufen …«

»Tja, also, wie gesagt, noch arbeitet sie. Aber ich werd' der Christel ausrichten, daß du angerufen hast. Vielleicht versuchst' in einer guten Stunde noch einmal.«

»Ja, dank' schön, Hochwürden, das werd' ich tun.«

Nachdenklich ging Sebastian in die Küche zurück. War es wirklich ein Zufall, daß sie sich getroffen hatten, oder war dies ein Zeichen des Schicksals? Einmal hatte eine große Liebe diese beiden Menschen verbunden. Sollte ihnen nun ein spätes Glück winken?

Vielleicht war es noch zu früh, darüber zu spekulieren, doch Pfarrer Trenker würde es ihnen von Herzen gönnen.

*

Seit sie wieder regelmäßig arbeitete, wußte Christel die freien Stunden am Nachmittag zu schätzen. Gegen drei Uhr kam sie aus dem Hotel zum Pfarrhaus und hatte dann bis halb sieben Zeit, sich zu erholen. Gerne nutzte sie die Stunden, um ein wenig zu schlafen, wenn Kathie sie nicht beanspruchte. Die Kleine kam bei ihr immer an erster Stelle, und für sie verzichtete Christel auch schon mal auf den erholsamen Schlaf.

Meistens jedoch war das Madel in der Obhut von Sophie Tappert, die einen Narren an dem Kind gefressen hatte. Sie spielte mit Kathie, ging mit ihr spazieren oder sie probierten zusammen leichte Rezepte aus.

»Es dauert net mehr lang', dann kannst' der Mami schon das Essen kochen, wenn sie noch auf der Arbeit ist«, meinte die Haushälterin.

Kathie lächelte stolz und war eifrig bemüht, nicht zuviel von den Kartoffeln abzuschälen, gerade so, wie Tante Tappert es ihr gezeigt hatte.

Als Christel an diesem Nachmittag ins Pfarrhaus kam, war von ihrer Tochter weit und breit nichts zu sehen. Sophie Tappert hingegen, saß im Pfarrgarten und pahlte die Erbsen aus, die sie und das Kind am Vormittag gepflückt hatten.

»Die Kathie ist mit dem Max unterwegs«, erklärte sie auf Christels Frage. »Leg' dich ruhig ein bissel schlafen. Wenn ich's recht verstanden hab', dann sind die beiden erst zum Abendessen wieder zurück.«

Sie deutete auf die Kaffeekanne auf dem Tisch vor ihr.

»Oder magst' erst noch einen Kaffee trinken?«

»Keine schlechte Idee«, nickte die junge Frau und ging in die Küche, um sich eine Tasse zu holen.

Pfarrer Trenker kam aus seinem Arbeitszimmer.

»Ach, grüß dich, Christel«, sagte er. »Da war vorhin ein Anruf für dich. Der Thomas Burghofer wollte dich sprechen.«

Sie spürte, wie sie rot wurde.

»Ja, er wollte sich mal melden. Wir haben ihn gestern, auf unserer Wanderung, getroffen.«

»Das hat er mir erzählt.«

Im Arbeitszimmer klingelte das Telefon.

»Wart' mal. Vielleicht ist er das«, meinte Sebastian und eilte in das Zimmer. »Ich hab' ihm gesagt, daß er es später noch einmal versuchen sollte.«

Christel fragte sich, warum ihr Herz auf einmal so schnell raste. Sie hörte den Geistlichen drinnen reden, dann rief er ihren Namen.

»Es ist wirklich der Thomas«, sagte er.

Sebastian stand in der Tür und tat, als sehe er Christels Verlegenheit nicht.

»Geh' nur hinein. Ich wart' solange draußen.«

Die junge Frau bedankte sich. Im Arbeitszimmer stapelten sich Papiere und Akten auf dem Schreibtisch. Dazwischen stand das Telefon, der Hörer lag daneben. Christel nahm ihn und nannte ihren Namen.

»Ich bin's, der Thomas«, hörte sie ihn am anderen Ende sagen. »Ich hab' doch versprochen, mich zu melden.«

»Das ist schön«, antwortete sie und hoffte, daß er den zittrigen Klang in ihrer Stimme nicht bemerkte.

»Ja, weißt du, ich wollt' dich halt fragen, ob du und die Kathie ..., also, ob ihr zwei net Lust habt, am Sonntag mit mir einen Ausflug zu machen? Wir könnten vielleicht an den Achsteinsee fahren, oder auf eine Almhütte wandern. Ganz, wie ihr wollt.«

»Geht das denn so einfach?« fragte sie. »Ich mein'... gibt's da niemand, der ... die ...«

Thomas lachte.

»Du meinst, ob ich ein Madel hab', oder gar verheiratet bin? Nein, keines von beidem«, antwortete er. »Es gibt da wirklich keine, die etwas dagegen haben könnte, daß ich etwas mit euch unternehme.«

Christel überlegte. Am Sonntag hatte sie nur Frühdienst, weil das Restaurant am Abend geschlossen war. Warum sollte sie diese Einladung nicht annehmen? Früher waren sie oft an den schön gelegenen See gefahren, und Kathie würde die Abwechslung bestimmt guttun. Bei dem schönen Wetter könnte man sogar Boot fahren.

»Wir kommen sehr gerne mit«, sagte sie in den Hörer.

Am anderen Ende schien Thomas laut aufzuatmen.

»Prima«, rief er voller Freude. »Dann hol' ich euch so gegen drei Uhr ab, wenn's recht ist.«

»Das paßt«, stimmte die junge Frau zu. »Ich freu mich schon darauf, und Kathie wird's bestimmt net erwarten können, wenn ich ihr davon erzähl'.«

»Also, dann bis Sonntag«, verabschiedete Thomas sich.

Christel legte den Hörer auf und ging nachdenklich in die Küche. Sie nahm sich eine Tasse aus dem Schrank und blieb dann am Fenster stehen und schaute hinaus.

Thomas. Als er gestern so überraschend vor ihr stand, da schien die Zeit zurückgedreht zu sein. Steckte hinter seiner Einladung eine bestimmte Absicht, oder wollte er einfach nur freundlich sein?

Mit der Tasse in der Hand ging sie in den Garten hinaus. Pfarrer Trenker hatte sich zu seiner Haushälterin gesetzt und naschte von den frischgepahlten Erbsen.

»Der Thomas möcht' am Sonntag mit der Kathie und mir einen Ausflug machen«, sagte sie, als müsse sie eine Erklärung für den Anruf abgeben. »Wir kennen uns ja von früher.«

»Ich weiß«, erwiderte Sebastian. »Er hat's mir neulich erzählt. Ich find', daß es eine nette Idee von ihm ist. Bestimmt wird die Kathie begeistert sein.«

Christel lächelte.

»Das glaub' ich auch«, meinte sie.

Sie schenkte sich von dem Kaffee ein. Pfarrer Trenker war wieder in sein Arbeitszimmer zurückgegangen, und Sophie Tappert brachte die Erbsen ins Haus. Christel trank den Kaffee aus und merkte, wie müde sie wurde. Anregend wirkte das heiße Getränk jedenfalls nicht auf sie. Sie ging in die Küche und stellte die Tasse in den Abwasch. Die Haushälterin füllte den größten Teil der Erbsen in kleine Plastikbeutel, um sie in der Eistruhe einzufrieren, die unten, im Keller, stand.

»Ich leg' mich wirklich ein Stündchen hin«, sagte Christel und stieg die Treppe hinauf.

Als sie dann oben im Gästezimmer war, dauerte es doch noch eine Viertelstunde, bevor sie ihre Absicht in die Tat umsetzen konnte. Kathie hatte sich wohl für ihren Ausflug mit Max umgezogen und war dabei nicht gerade achtsam mit ihren Kleidungsstücken umgegangen. Sie lagen ziemlich wahllos auf dem Bett und Stuhl verstreut.

In diesem Chaos wollte sie sich nicht schlafen legen, also räumte Christel erst einmal auf. Nachdem sie Kathies Sachen wieder ordentlich zusammengelegt hatte, fiel ihr auf, daß das niedliche Dirndlkleid fehlte, das sie ihrer Tochter erst vor ein paar Wochen gekauft hatte. Offenbar hatte Kathie es für die Fahrt mit Max angezogen.

Endlich hatte sie es geschafft und legte sich auf das Bett, doch so schnell wollte sich der Schlaf nicht einstellen. Ihre Gedanken kreisten ständig um den kommenden Sonntag und Thomas Burghofer.

Er sei nicht verheiratet, hatte er gesagt, und ein Madel, das etwas gegen den Ausflug haben könne, gäbe es auch nicht ...

Christel richtete sich plötzlich auf – konnte es sein, daß er sie immer noch ...

Ihr Herz klopfte plötzlich wieder viel schneller. War es möglich, überlegte sie, daß Thomas in all den Jahren nicht aufgehört hatte, sie immer noch zu lieben? Sie erinnerte sich an seine gestrige Freude, als sie sich so unversehens gegenüberstanden, an das Leuchten in seinen Augen – wenn sie es recht bedachte, dann hatte es Bände gesprochen.

Ganz plötzlich spielte ihre Phantasie verrückt. Was wäre, wenn er ihr seine Liebe gestand? Fühlte sie auch etwas für ihn? Konnte es passieren, daß er seinen Heiratsantrag, den er ihr vor acht Jahren gemacht hatte, wiederholte? Und wie würde sie dann reagieren?

Florian war seit über einem Jahr tot, wäre es da noch zu früh, sich wieder zu binden?

Ein Berg von Fragen türmte sich vor ihr auf, und auf keine wußte sie eine Antwort. Aber eine freudige Erwartung erfüllte sie, wenn sie an den nächsten Sonntag dachte – und es wurd' ihr auch ein bissel bange dabei.

*

Max Trenker hatte seinen Streifenwagen etwas abseits vom Teubnerhof abgestellt und war mit Kathie an der Hand langsam näher herangegangen. Fast konnte man sagen, sie hatten sich so angeschlichen, wie es früher die Indianer im Wilden Westen getan hatten.

»Wir wollen erstmal schau'n, ob dein Großvater überhaupt daheim ist«, erklärte er, während sie den Berghof beobachteten.

Kathie schaute allerliebst aus in ihrem Dirndl. An den Füßen trug sie weiße Söckchen, die in Sandalen steckten, und die Haare waren ordentlich gebürstet. Schließlich wollte sie einen guten Eindruck machen, wenn sie ihrem Großvater das erste Mal gegenüberstand.

»Ich glaub', ich seh' ihn«, sagte Max mit gedämpfter Stimme und deutete auf eine Gestalt, die langsam über den Hof schlurfte.

Der Polizist nahm das Madel auf den Arm und hob es hoch, damit es besser sehen konnte.

»Wenn ich mich recht erinnere, dann sind dahinten, wo er jetzt hingeht, der Hühnerhof und die Kaninchenställe«, erklärte er. »Du läufst jetzt hinter dem Zaun lang und kletterst dann darüber. Meinst du, daß du das schaffst?«

Der einfache Bretterzaun war nicht sehr hoch.

»Bestimmt«, antwortete Kathie. »In München bin ich immer über den Zaun an unserem Haus geklettert.«

Sie kicherte.

»Obwohl es eine Pforte gab. Aber es hat immer solchen Spaß gemacht, nur der Hausmeister hat geschimpft, wenn er mich erwischt hat.«

Max schmunzelte.

»Na, hier wird keiner mit dir schimpfen«, meinte er. »Paß auf, der Großvater ist jetzt da hinter der Scheune. Da läufst jetzt hin. Ich wart' nachher an der Einfahrt auf dich. Alles klar«

Kathie nickte begeistert und machte sich auf den Weg. Von ihrem Versteck aus, bis zum Anwesen waren es an die fünfzig Meter. Die Kleine lief wieselflink und kletterte schnell über den Bretterzaun auf den Hof. Rechts lag das große Bauernhaus, in dem die Mami geboren war, links ging's hinter die Scheune. Kathie spazierte, gerad so, als würd' sie es jeden Tag machen, über den Hof, schaute sich um und schlug dann die Richtung zum Hühnerhof ein. Als sie um die Ecke kam, sah sie ihn am Kaninchenstall stehen. Ihr Großvater hatte eines der Tiere herausgenommen und hielt es auf dem Arm.

»Das ist aber niedlich«, platzte es aus der Kleinen heraus.

Wie von einer Tarantel gebissen wirbelte Laurenz Teubner herum und starrte das Madel an.

»Ja, sag' einmal, wo kommst du denn her?« fragte er, nachdem er sich von seiner Überraschung erholt hatte.

Kathie deutete hinter sich.

»Von da.«

Der Bauer schaute in die Richtung, konnte aber nichts Ungewöhnliches entdecken.

»Soso«, sagte er. »Von dort also, und wie heißt du?«

»Katharina Brenner. Aber meine Mami sagt Kathie zu mir.«

Laurenz Teubner strich sich amüsiert über den Bart. Die Kleine war niedlich und keß zugleich. Ein wenig erinnerte sie ihn an Christel, als die damals so klein war …

»Aha, du bist also die Kathie.«

Er hielt ihr das Kaninchen hin.

»Magst' es mal streicheln?«

Natürlich wollte Kathie es. Vorsichtig fuhr sie mit ihren Fingern über das weiche Fell und kraulte eines der Ohren.

»Sag' mal, wo ist denn deine Mami?« fragte der Bauer. »Ich kann sie gar net sehen. Ist sie vielleicht im Haus?«

»Nein«, antwortete das Madel. »Die ist drunten in Sankt Johann. Sie muß doch arbeiten.«

»Ach so, aber dann ist gewiß dein Vater da. Will er mich sprechen?«

Kathie schüttelte den Kopf, zog ihr Näschen kraus.

»Mein Papi ist im Himmel«, erwiderte sie. »Ganz lange schon.«

Laurenz Teubner schluckte. Er strich dem Madel, von dem er nicht wußte, daß es seine Enkeltochter war, über die blonden Locken.

»Das tut mir sehr leid«, sagte er. »Aber sag' mal, bist du etwa ganz allein hier? Weiß deine Mama denn überhaupt, wo du steckst?«

»Iwo«, lachte Kathie. »Ich hab' ihr net verraten, daß ich dich besuchen will.«

Der Bauer stutzte. So ganz verstand er die Zusammenhänge nicht. Noch nicht.

»Du wolltest mich besuchen?« vergewisserte er sich. »Und bist ohne deine Mama hier heraufgekommen?«

Die Kleine nickte munter.

»Ja, ich wollt' dich doch endlich mal kennenlernen«, bekannte sie. »Wo du doch mein Großvater bist …«

Laurenz Teubner machte große Augen, er glaubte, nicht richtig gehört zu haben. Aufgeregt zog er seine Nase kraus.

»Was bist du?« fragte er fassungslos.

»Du bist doch der Papa meiner Mami«, erklärte ihm das Kind. »Also bin ich deine Enkeltochter und du bist mein Großvater. So hat mir die Mami das jedenfalls gesagt.«

»Ja, sag' mal, wie heißt denn deine Mama?«

»Christel, das weißt du doch«, kam es beinahe vorwurfsvoll zurück.

Laurenz Teubner glaubte sein Herzschlag setze aus. Unwillkürlich überlief ein Zittern seinen Körper. Er setzte das Kaninchen in den Stall zurück und bewegte seine Nase. Kathie, die es sah, lachte.

»Hahaha, das mach' ich auch immer«, sagte sie und zog ebenfalls ihr Näschen kraus. »Wie die Kaninchen.«

Stimmt, dachte der Bauer, das hat sie eben schon mal gemacht. Ich hab' da bloß net so darauf geachtet.

»Die Christel ist also deine Mama …«

»Ja«, nickte Kathie, und plötzlich verschwand ihr Lachen und ihre Miene wurde traurig. »Und sie weint immerzu, weil du doch immer noch bös' bist mit ihr, weil sie damals fortgelaufen ist …«

Wieder mußte Laurenz Teubner schlucken, doch es wollte ihm nicht gelingen. Ein dicker Kloß saß in seinem Hals.

Die Christel hatte also eine Tochter. Und was für ein wunderhübsches Madel das war! Schon ruhten seine Augen liebevoll auf dem Kind. Seinem Enkelkind, wie es gesagt hatte. Er reichte ihr die Hand.

»Komm mal mit«, sagte er. »Wir gehen ins Haus. Du bist doch gewiß hungrig oder hast Durst.«

Es war ein unbeschreibliches Gefühl, als er über den Hof ging und ihre kleine Hand in seiner großen spürte. Burgl würde vielleicht Augen machen!

»Genau so hab' ich mir deinen Hof vorgestellt«, sagte Kathie.

»So? Warst' denn schon 'mal auf einem Bauernhof?«

»Nein, aber die Mami hat mir wirklich alles ganz genau erklärt. Früher waren hier zweiundzwanzig Kühe. Wieviel sind's denn jetzt?«

Laurenz freute sich über ihr reges Interesse.

»Vierzig Stück«, antwortete er. »Und wenn du magst, dann zeig' ich sie dir nachher.«

Sie gingen ins Haus. Auf der Diele rief der Bauer nach seiner Magd.

»Burgl, Besuch ist da. Wir brauchen Kuchen und Milch für unseren Gast.«

Die Magd steckte ihren Kopf aus der Küchentür heraus.

»Nanu«, fragte sie. »Wen haben wir denn da?«

Laurenz Teubner legte die Hand auf die Schulter des Madels.

»Das ist Kathie, das Kind von der Christel und meine Enkeltochter«, antwortete er mit Stolz in der Stimme.

Burgl schlug vor Überraschung die Hand vor den Mund.

»Nein. Das gibt's doch net!« rief sie.

Sie schaute sich suchend um.

»Und, wo ist die Christel?«

»Drunten im Dorf«, erwiderte der Bauer. »Sie arbeitet.«

Die Magd war immer noch fassungslos.

»Ja, ist die Kleine denn ganz allein hier heraufgekommen?«

Laurenz sah Kathie an.

»Stimmt. Das ist doch ziemlich weit von Sankt Johann. Wie bist' denn eigentlich hier hergekommen?«

»Nein, der Max hat mich gefahren.«

»Max? Max Trenker?«

»Hm, wir wohnen doch im Pfarrhaus, bis wir eine Wohnung gefunden haben.«

Laurenz und Burgl schauten sich an.

»Dann wollt ihr also bleiben?« fragte die Magd.

155

Kathie nickte zustimmend und zog wieder einmal ihr Näschen kraus.

Burgl nahm sie in die Arme.

»Also, ich muß dir ja erst einmal ein herzliches ›Grüß’ Gott‹ sagen«, lachte sie. »Und wie sehr ich mich freu’, daß du da bist.«

Sie nickte zum Bauern, der mit feuchten Augen auf die beiden blickte.

»Und der Großvater freut sich auch.«

Kathie sah ihn an.

»Ist das wahr?«

Laurenz schluckte wieder und nickte.

»Ja, Madel, ich freu’ mich ganz narrisch«, sagte er mit weicher Stimme.

Dann nahm er sein Enkelkind auf den Arm.

»Jetzt aber schnell«, wandte er sich an die Magd. »Net, daß die Kleine uns noch verhungert.«

*

Max Trenker wartete geduldig in seinem Wagen. Einmal hatte er zwischendurch auf die Uhr geschaut, da war das Madel bereits eine gute Stunde im Haus ihres Großvaters. Offenbar schien ihr Plan zu gelingen.

Kinder sind eben doch die besseren Diplomaten, dachte der Polizeibeamte. Und wer konnte so einem zauberhaften Madel, wie es die Kathie war, schon widerstehen?

Schließlich startete er den Motor und fuhr näher an den Hof heran. Gerade eben kamen Großvater und Enkelin aus dem Haus. Max fuhr durch die Einfahrt und hielt an.

»Na ihr zwei«, sagte er lachend beim Aussteigen. »Habt ihr euch ein bissel beschnüffelt?«

Er reichte dem Bauern die Hand. Laurenz ergriff und drückte sie.

»Servus, Max. Ja, wir beide haben uns näher kennengelernt

und festgestellt, daß wir uns sehr mögen«, beantwortete er die Frage des Polizisten.

»Das war bestimmt eine große Überraschung für dich, was?«

»Und was für eine«, lachte der Teubnerbauer. »Aber, seit langer Zeit, auch die schönste!«

»Großvater hat mir die Kühe gezeigt«, erzählte Kathie. »Und wir haben Milch getrunken und Kuchen gegessen.«

Sie schaute die beiden Männer nachdenklich an.

»Aber du hast mir noch net gesagt, ob du immer noch auf die Mami böse bist, oder ob du sie wieder liebhast ...«, wandte sie sich dann an den Alten.

Laurenz Teubner hob sie wieder auf den Arm. Ganz nah waren ihre Gesichter jetzt beieinander.

»Nein, ich bin deiner Mami net mehr bös'«, sagte er mit belegter Stimme. »Und lieb hab' ich sie immer gehabt.«

Er strich der Kleinen über das Haar.

»Würdest du wohl gern, zusammen mit deiner Mama, hier auf dem Hof wohnen?« fragte er sie.

»Hier bei dir?«

Kathies Augen wurden immer größer.

»Ist das wirklich wahr? Die Mami und ich dürfen zu dir ziehen?«

Sie konnte es gar nicht glauben.

»Ja, ich würd' mich jedenfalls sehr darüber freuen«, bekräftigte er sein Angebot.

»Max«, sagte sie zu dem Polizeibeamten, »hast du das gehört?«

»Ja, Spatzl, das hab' ich. Aber ich glaub', jetzt müssen wir erst einmal wieder zurück. Wir müssen ja erst einmal sehen, was deine Mama dazu sagt.«

Laurenz Teubner setzte Kathie wieder ab.

»Vielleicht sagst' ihr noch net, daß das Kind bei mir war«, meinte er. »Ich würd' gern selbst erst mit der Christel reden.«

»Ich denk', es wär' gut, wenn du mit meinem Bruder über

die Sache sprechen tätest«, schlug Max Trenker vor. »Du weißt doch, daß er immer einen guten Rat geben kann.«

Der Bergbauer druckste ein wenig herum.

»Na ja, weißt', aber ich war net gerad' freundlich zu ihm, als er das letzte Mal hier droben war ...«

Max schüttelte den Kopf und lachte.

»Ach, Laurenz, der Sebastian ist nun wirklich alles andere als nachtragend. Meinst' net, daß er auch Verständnis für dein Verhalten hat. Ich glaub's ganz bestimmt.«

Kathie war unterdessen in den Streifenwagen geklettert, nicht ohne zuvor ihrem Großvater einen Kuß auf die Wange zu geben. Dabei hatte sie festgestellt, daß so ein Bart fürchterlich kitzelte.

»Der Sebastian wird sich bestimmt bei dir melden, wenn er net gar gleich selbst vorbeikommt«, verabschiedete sich der Polizeibeamte und stieg ein.

Der Bauer beugte sich in das offene Wagenfenster.

»Dann soll er aber unbedingt die Kathie mitbringen«, sagte er eindringlich.

»Daran wird er ganz bestimmt selbst denken«, lachte Max und fuhr an.

Laurenz Teubner winkte ihnen hinterher, bis sie nicht mehr zu sehen waren. Dann drehte er sich um und schaute auf sein Anwesen. Wie schön würde es werden, wenn hier wieder Kinderlachen erklang, dachte er. Er spürte sein altes, rauhes Herz wieder jung und weich werden. Noch nie hatte ihn ein Menschenkind so angesprochen, wie dieses zauberhafte Madel. Für seine Enkeltochter wollte er hier ein Paradies erschaffen. Doch davor stand die Aussöhnung mit Christel.

Er hatte ja längst eingesehen, daß sie beide Fehler gemacht hatten. Ihrer beider Stolz hatte es nicht zulassen können, daß einer von ihnen nachgab. Doch bereut hatte er es schon lange, daß es so weit gekommen war.

Was mochte seine Tochter in all den Jahren wohl erlebt haben? Verheiratet war sie gewesen und Mutter einer Tochter.

Dann war ihr Mann gestorben, viel zu jung. Bestimmt waren es harte Schicksalsschläge gewesen, die sie getroffen hatten.

Wenn er es recht bedachte, dann hatte sie das schlechtere Los gezogen. Während er auf seinem Hof saß und mit seinem Schicksal haderte, mußte Christel durch Höhen und Tiefen gegangen sein, die er sich gar nicht vorstellen konnte. Ja, er hatte viel wieder an ihr gutzumachen, und er wollte schon bald damit anfangen, indem er ihr die Hand zur Versöhnung reichte. Er hoffte nur inständig, daß sie sie auch ergriff. Immerhin hatte er sie noch vor wenigen Tagen vom Hof gejagt. Eine Handlung, die er, schon im Moment des Geschehens, bitter bereute. Aber er hatte nicht anders handeln können.

Doch jetzt sollte es einen neuen Anfang geben. Er wollte alles tun, um seiner Tochter das Leben auf dem Hof so angenehm wie möglich zu machen.

Vielleicht, so dachte er, während seine Augen über die Scheune, Stall und Bauernhaus strichen, vielleicht wird sie eines Tages ja einen guten Mann finden. Dann würd' ich den beiden sofort den Hof überschreiben und in den Anbau ziehen. Ach, wäre das herrlich, wenn ich dann jeden Tag mit der Kathie verbringen könnt'.

Noch lange stand der Teubnerbauer auf dem Hof und schwelgte in Träumen, während seine Tochter, drunten in St. Johann, von alledem nichts ahnte.

*

Pfarrer Trenker war höchst erfreut, als sein Bruder ihm die gute Nachricht mitteilte.

»Aber der Laurenz möcht' vorläufig net, daß wir der Christel etwas von Kathies heimlichen Besuch bei ihm sagen«, erklärte der Polizist.

Die beiden Brüder saßen vor dem Abendessen draußen im

Pfarrgarten. Kathie half Frau Tappert bei den Vorbereitungen in der Küche.

»Du denkst aber schon, daß es wieder gut werden wird, zwischen den beiden, net wahr?« erkundigte sich Sebastian.

Max Trenker nickte.

»Das steht so fest wie deine Kirch'«, bekräftigte er seine Beurteilung der Lage. »Und von der Kathie ist er hin und weg. Du hättest den Alten sehen sollen. Der ist dahingeschmolzen wie Butter in der Sonne.«

Sebastian rieb sich strahlend die Hände.

»Das entwickelt sich ja besser, als ich zu hoffen gewagt hatte«, freute er sich. »Und wenn ich mich net ganz täusch', ja, dann wird's in absehbarer Zeit wieder mal eine Hochzeit in Sankt Johann geben …«

Max war erstaunt.

»So, wer will denn heiraten?«

»Die Christel natürlich«, lachte sein Bruder. »Sie weiß es bloß noch net, aber vielleicht ahnt sie ja schon was.«

»Magst' mir das vielleicht ein bissel besser erklären?« fragte der Polizeibeamte.

Er war wirklich nicht ›schwer von Begriff‹, aber worauf sein Bruder nun hinaus wollte, war ihm nicht so ganz klar.

Sebastian erzählte von den Anrufen für Christel Brenner, und davon, daß er selber vor einigen Tagen mit Thomas Burghofer gesprochen hatte.

»Der Thomas liebt das Madel immer noch«, sagte der Geistliche. »Er hat's selbst gesagt, und ich müßt' mit Blindheit geschlagen sein, wenn ich net sehen könnt', was sich da entwickelt. Jedenfalls freu' ich mich für die Christel. Der Thomas ist ein prima Kerl. Das hat sogar der alte Teubner gesagt. Es sollt' mich' net wundern, wenn in absehbarer Zeit ein junger Bauer auf dem Teubnerhof das Kommando übernimmt.«

»Apropos – der Laurenz würd' sich gern bei dir einen Rat holen, wie er es jetzt am besten anstellen könnt', der Christel die Hand zu reichen«, erinnerte sich Max an die Bitte des Al-

160

ten. »Allerdings traut er sich net so recht, weil er ein wenig ruppig zu dir war ...«

Pfarrer Trenker schüttelte den Kopf.

»Himmel, was sind das bloß manchmal für Menschen, mit denen man es so zu tun hat«, meinte er. »Er wird doch wohl ganz gewiß wissen, daß ich net nachtragend bin.«

»Ich hab's ihm gesagt. Vielleicht hast' ja morgen ein bissel Zeit, hinaufzufahren. Und dann möchtest' die Kathie mitbringen, hat er mir extra aufgetragen.«

»Na ja, knapp wird's schon mit der Zeit«, erwiderte der Seelsorger. »Aber in diesem besonderen Fall werd' ich sehen, daß ich 's einrichten kann.«

*

»Hattest du einen schönen Nachmittag?« erkundigte sich Christel bei ihrer Tochter.

Kathie zog ihr Näschen kraus und nickte. Am liebsten hätte sie der Mama natürlich gesagt, wohin sie mit Max gefahren war, aber der Bruder vom Herrn Pfarrer, hatte ihr eingeschärft, noch nichts zu verraten, weil der Großvater ja zuerst mit der Mama reden wollte. Also nickte sie nur und erwähnte, daß es wirklich viel Spaß gemacht habe, im Streifenwagen mitzufahren.

Mutter und Tochter waren oben in dem Gästezimmer, und Christel bereitete sich auf den Abenddienst im Hotel vor.

»Das freut mich, Spatzel. Jetzt muß ich leider gleich wieder zur Arbeit gehen. Frau Tappert bringt dich nachher ins Bett«, sagte sie. »Und bis dahin ist mein großes Madel wie immer lieb und brav, net wahr?«

Zusammen gingen sie die Treppe hinunter. Die Haushälterin wartete schon draußen im Garten auf das Kind. Auf der Decke, auf dem Rasen, war ein Mensch-ärgere-Dich-nicht-Spiel aufgebaut. Es war ganz aus Holz, und die Spielmännchen hatten dicke, bunte Köpfe.

»Bevor ich's vergeß', am Sonntag machen wir einen Ausflug«, erzählte Christel Brenner der Kleinen.

»Wirklich? Wohin denn?« freute sich Kathie.

»An einen großen See«, erklärte ihre Mutter. »Da gibt es
viele Boote, mit denen man fahren kann, einen großen Spielplatz und natürlich Eisdielen, in denen man die leckersten Eis-
sorten bekommen kann.«

»Kommt denn der Herr Pfarrer auch mit?« erkundigte sich
das Madel.

Christel schmunzelte.

»Nein, der Herr Pfarrer net und der Max auch net«, sagte
sie. »Du erinnerst dich doch bestimmt an den Thomas, den
wir neulich beim Picknick getroffen haben, net wahr. Der
kommt mit.«

»Der, der dich so komisch angeguckt hat?«

Christel Brenner stutzte.

»Komisch? Der Thomas hat mich doch net komisch ange-
schaut.«

»Doch«, beharrte Kathie. »Genau so wie der Papi dich immer angeguckt hat, bevor ihr euch geküßt habt.«

Die junge Frau wußte wirklich nicht, was sie darauf antworten sollte. Sie spürte nur, wie sie ganz rot anlief. Verlegen
schaute sie auf die Uhr. Sophie Tappert schmunzelte.

»Ich muß ja los«, sagte sie und gab ihrer Tochter einen Kuß.
»Bis morgen. Wir sehen uns beim Frühstück.«

Sie war froh, gehen zu müssen. Wer weiß, was Kathie sonst
noch für Feststellungen gemacht hätte, die sie so frei in die
Welt hinausposaunte.

Eiligen Schrittes lief sie den Weg zur Straße hinunter. Hatte
Thomas sie wirklich so angesehen, wie Kathie behauptete? Sie
erinnerte sich gar nicht, aber es konnte schon sein ...

Seit er am Nachmittag angerufen hatte, war sie sowieso
durcheinander. Florian, dachte sie, während sie zur Arbeit
ging, sei mir net bös', wenn ich den Thomas mag. Es ist so
schwer, allein zu sein. Und es war eine harte Zeit, seit du net

mehr bist. Jetzt, jetzt vielleicht wird's sich ein bissel bessern, auch wenn's mit dem Vater net so klappt, wie ich gehofft hatte. Aber einen guten Freund, den könnt' ich gebrauchen, und ich denk', daß der Thomas mir das sein könnt'. Deswegen werd' ich dich doch net weniger lieben, gewiß net! Meine Liebe wird dir immer gehören, und wie der Herr Pfarrer gesagt hat, bist du ja durch Kathie immer noch ein bissel bei uns.

D'rum sei net bös', wenn wir am Sonntag mit dem Thomas einen Ausflug machen. Bestimmt ist seine Einladung ganz harmlos, und er denkt sich nix dabei.

So dachte sie stumm, während sie zum Hotel ging. Doch ganz tief im Innern ihres Herzens, da machte sich ein wohlig süßer Schmerz breit.

*

»Schauen S' nur, Hochwürden, da ist der Großvater schon«, rief Kathie aufgeregt.

Laurenz Teubner stand an der Einfahrt und winkte ihnen zu.

»Hallo, Großvater, grüß dich«, lachte das Madel, während es dem alten Mann in die Arme sprang.

Übermütig wirbelte er das Kind herum.

»Na, wie ich seh', scheint dir das Madel zu bekommen«, freute sich Sebastian über das Bild.

»Und wie, Herr Pfarrer, und wie! Mindestens zwanzig Jahre jünger bin ich geworden«, erwiderte der Teubnerbauer.

Er setzte sein Enkelkind ab.

»Lauf schnell ins Haus«, sagte er. »Die Burgl wartet schon auf dich. Sie hat extra heut' morgen einen neuen Kuchen gebacken. Und nachher darfst' die Kaninchen füttern.«

Wie ein Wirbelwind fegte Kathie über den Hof, die beiden Männer sahen ihr schmunzelnd hinterher.

»Als wär' sie schon immer hier zu Haus gewesen«, meinte der Geistliche.

»Ich hoff', daß sie es bald sein wird«, erwiderte Laurenz und reichte dem Pfarrer die Hand.

»Erst einmal möcht' ich mich für das, was ich gesagt hab', entschuldigen«, sagte er. »Ich hab's net so gemeint. Aber, irgendwie war mir die ganze Situation mit der Christel über den Kopf gewachsen. Ich hab' nie aufgehört, das Madel zu lieben. Sie war und ist immer meine Tochter, egal, was geschehen ist. Ich weiß inzwischen, daß wir beide Fehler gemacht haben.«

Er schaute zum Haus hinüber, wohin sein Enkelkind verschwunden war.

»Aber eigentlich hat mir erst das Dirndl die Augen geöffnet«, fuhr er fort. »Seit ich die Kathie kenne, ist die Welt erst wieder bunt und schön. Ich hab' mich schon seit dem Morgen unbändig auf diese paar Stunden heut' nachmittag gefreut.«

Sie waren langsam zum Haus hinübergegangen. Aus der offenen Tür roch es nach frisch gebrühtem Kaffee.

»Jetzt muß ich nur noch mit der Christel ins reine kommen«, sagte der Teubnerbauer. »Und ehrlich gesagt, fürcht' ich mich ein bissel davor.«

»Dazu gibt's keinen Grund«, widersprach Sebastian seinen Bedenken. »Gewiß ist das Madel enttäuscht gewesen, aber ich bin sicher, daß sie deine Hand net zurückweisen wird. Du mußt ihr nur ein bissel Zeit lassen. Es gibt da nämlich noch eine andere Angelegenheit, die deine Tochter beschäftigt.«

Der Bergbauer schaute ihn fragend an.

»Es gibt da einen jungen Burschen, dem sehr viel an der Christel gelegen ist«, erklärte der Pfarrer. »Ich denk', wir sollten ihnen Gelegenheit geben, auszuprobieren, ob etwas daraus werden kann.«

»Wer ist es denn?« wollte Laurenz Teubner wissen.

»Der Burghofer-Thomas«, lachte Sebastian. »Christels alte, große Liebe. Der Bursche hat sie in all den Jahren net vergessen können, und jede andere, die etwas mit ihm hatte anfangen wollen, die biß auf Granit bei ihm.«

»Ist das wirklich wahr? Meinen S', daß aus den beiden was

werden könnt'?« fragte der Bauer begeistert. »Der Thomas ist ein braver Kerl. Fleißig, ehrlich und treu, wie sich jetzt herausgestellt hat. Bei ihm würd's die Christel bestimmt guthaben, und ich würd' den beiden sofort den Hof geben, als Hochzeitsgeschenk.«

»Das würd's du auch wirklich tun?«

Sebastian Trenker war erstaunt.

»Ja freilich«, rief Kathies Großvater übermütig. »Ich hätt' dann doch gar keine Zeit mehr für die Rindviecher und die Landwirtschaft. Ich muß doch die Zeit, die mir noch bleibt, mit meinem Enkel verbringen!«

Pfarrer Trenker schlug ihm auf die Schulter.

»Das ist eine weise Entscheidung«, lobte er. »Aber jetzt wollen wir mal überlegen, wie wir dich und die Christel wieder zusammenbringen. Ich glaub', ich hab' da auch schon eine Idee.«

»Dann sollten wir das bei Kaffee und Kuchen besprechen«, schlug Laurenz vor. »Bevor die Kathie alles allein aufgegessen hat.«

Als sie auf die Diele kamen, saß die Kleine zusammen mit der Magd am Tisch und ließ sich bereits das dritte Stückchen Kuchen schmecken. Ein viertes lehnte sie dann aber doch ab.

»Mehr geht net hinein«, sagte sie. »Sonst platz' ich!«

*

»Grüß Gott, ihr zwei«, sagte Thomas Burghofer, als er aus seinem Wagen gestiegen war.

Christel und Kathie hatten ihn unten an der Straße erwartet. Das Madel wurde auf dem Kindersitz untergebracht, den Thomas sich extra ausgeliehen hatte. Er schaute seine beiden Fahrgäste an.

»Ich freu' mich, daß ihr beiden meiner Einladung gefolgt seid.«

Kathie lächelte stumm. Sie überlegte, was der Mann wohl

165

von ihrer Mama wollte. Natürlich wußte sie längst, daß Mann und Frau zusammengehörten, wenn sie sich liebhatten. Und da der Papi ja im Himmel war, konnte es passieren, daß die Mami einmal wieder heiratete. So hatte es ihr jedenfalls am Morgen die Tante Tappert erklärt. Natürlich nur, wenn sie den richtigen Mann fand.

Ob der Thomas der richtige war?

Irgendwie fand sie ihn ja ganz nett. Anders als der Papi war er schon, aber wenn er sie ansprach, dann lächelte er und seine Augen funkelten lustig.

»Wir müssen uns bedanken«, sagte Christel.

Sie lehnte sich in ihren Sitz zurück. Schon lange hatte sie nicht mehr so entspannt in einem Auto gesessen und sich auf etwas gefreut, wie auf die Fahrt jetzt.

»Magst' denn mit einem Boot fahren?« erkundigte sich Thomas bei Kathie.

Das Madel nickte.

»Sie liebt Wasser sehr. In München war sie immer kaum wieder aus dem Schwimmbad herauszukriegen.«

»Na, dann war das ja eine gute Idee, an den See zu fahren«, freute sich der Mann an ihrer Seite. »Und hinterher gibt's den größten Eisbecher vom ganzen Achsteinsee.«

Es waren viele Leute an diesem Sonntag nachmittag auf dem Weg zum See. Die beiden großen Parkplätze waren nahezu belegt. Die drei hatten Glück und fanden einen Platz, recht nah am See. Er wurde gerade wieder frei, als Thomas noch suchend herumkurvte.

»Also, was machen wir zuerst?« wollte der junge Bursche wissen. »Die Damen haben heut' die freie Auswahl.«

»Bootfahren«, entschied Kathie.

Auf dem See bot sich ihnen schon ein herrliches Bild bunter Surfsegel, kleiner Ruder- und Tretboote. An dem Steg drängten sich die Menschen, die eines der Boote ausleihen wollten. Geduldig stellten sie sich an und warteten, bis sie an der Reihe waren. Ein Tretboot sollte es sein, hatte Kathie sich gewünscht. Sie bekamen ein blauweißes. Das Madel bestand darauf, vorn zu sitzen und zu treten, so daß Christel hinten Platz nehmen mußte. Thomas setzte sich vorne neben ihre Tochter, und es war klar, daß er tüchtiger in die Pedale treten mußte, als Kathie es konnte.

Eine Stunde lang hatten sie das Boot gemietet und fuhren nun weit auf den See hinaus. Ein strahlend blauer Himmel war über ihnen, und dank eines kühlenden Windes, ließ es sich auf dem Wasser aushalten.

Christel, die hinter ihnen saß, beobachtete Thomas und ihr Kind. Es war eine Freude, wie der ehemalige Freund mit der Kleinen umging. Geduldig zeigte er ihr, wie sie die Pedale treten mußte, damit sie im Rhythmus blieben, erklärte ihr den Unterschied der unterschiedlichen Surfsegel, und wurde nicht müde, die verschiedenen Bootstypen zu benennen, die auf dem See fuhren.

Die junge Frau fühlte ein bitteres Herzweh, als sie daran dachte, daß es Florian nicht vergönnt gewesen war, so etwas mit seinem Kind zu erleben. Seine Geschäfte hatten ihm ohnehin wenig Zeit gelassen, sich um seine Familie zu kümmern. Wenn er dann wirklich mal ein paar Tage Urlaub machte, war die wirklich freie Zeit auch noch begrenzt, weil er ständig über sein Handy erreichbar bleiben mußte und auf diese Weise nie ganz entspannen konnte.

Als sie jetzt Thomas und Kathie beobachtete, da war es Christel, als wären sie wieder eine kleine Familie. Doch dieses Gefühl währte nur kurz. Selbst wenn sie zu einem Antrag ja sagen wollte – wie würde ihre Tochter reagieren? Im Moment schien sie sich prächtig mit Thomas zu verstehen. Aber würde das für eine Beziehung reichen, wenn sie alle drei zusammen lebten? Außerdem – Kathie war nicht sein Kind – würde Thomas sie aber so lieben können, als wäre er ihr leiblicher Vater?

*

Pünktlich hatten sie das Boot wieder abgegeben, das sofort neu besetzt wurde und wieder losfuhr. Dann schlenderten die drei um den See und genossen das herrliche Panorama.

»Also, ich könnt' jetzt einen Kaffee trinken«, schlug Thomas Burghofer vor. »Und ich bin sicher, daß die Kathie nix gegen ein Eis einzuwenden hätte. Oder?«

Die Kleine nickte.

»Ich eß am liebsten Schokolade und Vanille«, erklärte sie.

»Dann sollst' das auch bekommen«, versprach Thomas und schaute Christel an. »Und was mag die Mami?«

»Auf jeden Fall auch einen Kaffee«, erwiderte sie.

»Also los. Da vorn ist ein Eiscafé, da wird man unsere Wünsche bestimmt erfüllen.«

Sie fanden einen freien Tisch, draußen im Garten des Cafés, das offenbar auch auf jüngere Gäste eingerichtet war. Neben einer besonders großen Auswahl an Kinderbechern, gab es nämlich auch einen Spielplatz, der von den kleinen Besuchern des Lokals eifrig genutzt wurde.

Thomas bestellte, und schon bald stand ein wirklich großer Eisbecher vor Kathie.

»Um Himmels willen«, sagte ihre Mutter, als sie ihn sah. »Wer soll den denn schaffen?«

»Keine Angst«, lachte Thomas. »Wenn's der Kathie zuviel wird, dann helf' ich ihr dabei.«

Für Christel und sich hatte er neben Kaffee auch jeweils ein Stück Torte bestellt. Auch hier war die Portion großzügig bemessen.

»Das müssen's aber auch sein, bei den Preisen«, meinte Christel.

»Naja, die Leute müssen eben schau'n, daß sie über die Runden kommen«, erklärte Thomas die relativ hohen Preise. »Schließlich haben's ja nur die Sommersaison. Im Winter ist hier net so viel los.«

Kathie schaffte es, den Eisbecher in Rekordzeit zu leeren und erklärte anschließend, sie wolle auf den Spielplatz gehen.

Die beiden sahen ihr hinterher, wie sie sich selbstbewußt zwischen den anderen, meist größeren, Kindern bewegte.

»Ein tolles Madel«, schwärmte Thomas.

Es war ganz offensichtlich, daß auch er Feuer gefangen hatte.

Christel lächelte ihn an. Thomas ergriff plötzlich ihre Hand, die auf dem Tisch lag und schaute ihr in die Augen.

»Es ist ja erst das zweitemal, daß wir uns nach so langer Zeit wiedersehen«, sagte er. »Und du hast auch noch net viel darüber gesprochen, aber ich denk' mir, daß du keine leichte Zeit hinter dir hast. Oder täusch' ich mich?«

Christel entzog ihm ihre Hand nicht.

»Gewiß net«, antwortete sie. »Die letzten anderthalb Jahr' waren alles andere, als ein Zuckerschlecken. Net nur der Tod meines Mannes – ich stand ja von einem Tag auf den anderen vor dem Nichts. Außer der Kathie hatte ich nichts und niemanden mehr und mußte schau'n, wie ich uns durchbring'.«

Sie trank einen Schluck Kaffee und schaute dabei an ihm vorbei, wie in die Ferne.

»Ja, es waren harte Wochen und Monate. Du kannst dir wahrscheinlich net vorstellen, wie es ist, wenn man plötzlich aus dem Haus heraus muß, in dem man gelebt, geliebt und gelitten hat. Aus einer Villa zogen wir in ein Hochhaus, mit aufgebrochenen Briefkästen und Aufzügen, die immer wieder mutwillig zerstört wurden, so daß sie die meiste Zeit außer Betrieb waren. Harte Stunden hab' ich in einer Hotelküche gearbeitet, wo es jemand, der mich net leiden konnt', es darauf abgesehen hatte, mir das Leben schwerer zu machen, als es ohnehin schon war. Ich stand ja ohne einen Pfennig Geld da. Und weil das wenige, was ich in dem Hotel verdient hab', hinten und vorn net ausreichte, bin ich halt jeden zweiten Tag, wenn ich Frühschicht hatte, bei einer Frau putzen gegangen, die in so einem schönen Haus wohnt, wie ich vor gar nicht so langer Zeit auch noch, bevor alles versteigert wurde.

Als ich mich dann entschloß, hierher zurückzukehren, da

stand ich vor dem Problem, mich mit meinem Vater aussöhnen zu müssen. Ein Unterfangen, das wirklich von Anfang an zum Scheitern verurteilt war. Störrisch wie er nun einmal ist, wird er mir nie verzeihen, daß ich ihn damals verlassen hab'.«

Thomas drückte ihre Hand.

»Aber ich«, sagte er. »Ich hab' dir verziehen.«

Er schaute sie so durchdringend an, daß Christel meinte, er könne bis auf den Grund ihrer Seele blicken. Heiß und kalt wurde es ihr dabei.

»Weißt', als du fortgegangen bist, da brach eine Welt für mich zusammen«, fuhr er fort und sprach dabei völlig emotionslos. »Du warst für mich die Liebe meines Lebens, und, ehrlich gesagt, ich habe nie die Hoffnung aufgegeben, daß du eines Tages zurückkommen würdest.«

Er legte seine andere Hand zu der, mit der er sie schon festhielt, gerade so, als wolle er verhindern, daß sie ihm noch einmal davonlief.

»Ich liebe dich noch immer, Christel«, sagte er leise, so daß nur sie es hören konnte. »Ich hab' nie aufgehört, dich zu lieben, und ich möcht' dich fragen, ob du jetzt meinen Antrag denn annehmen willst.

Willst du meine Frau werden?«

Ihr Gesicht brannte wie Feuer. Sie hatte diese Frage erwartet und gleichzeitig hatte sie gehofft, daß er sie nicht stellen würde. Seit Tagen hatte sie sich damit gequält, sich zu fragen, welche Antwort sie ihm geben würde. Stundenlang hatte sie darüber nachgedacht und deswegen schlaflose Nächte verbracht.

»Magst mir jetzt net antworten?« fragte er. »Laß dir Zeit. Acht Jahr' hab' ich gewartet, da spielen ein paar Tag' keine große Rolle mehr.«

Christel versuchte zu lächeln, doch sie spürte, daß es ihr nicht gelingen wollte.

»Doch, Thomas, ich will dir antworten«, sagte sie. »Hier und jetzt. Dein Antrag ehrt mich, aber – sei mir net bös' – ich kann dich net heiraten …, es geht einfach net …«

Thomas Burghofer sagte nichts darauf, so sehr sie auch auf eine Reaktion von ihm wartete. Aber noch mehr, als sein Schweigen, schmerzte sie sein bestürztes Gesicht, das er machte.

*

Die Fahrt zurück nach St. Johann verlief schweigend. Selbst Kathie, die zuerst noch munter drauflos geplappert hatte, merkte wohl, daß etwas zwischen den beiden Erwachsenen nicht stimmte und schwieg.

Christel fragte sich, ob es richtig war, daß sie Thomas' Antrag abgelehnt hatte. Sein Liebesgeständnis hatte sie verwirrt, obwohl sie schon geahnt hatte, daß es dazu kommen würde. Die Blicke, mit denen er sie ansah, seine Bemühungen um sie, sprachen Bände.

Und doch war sie nach langen Überlegungen zu der Meinung gekommen, daß sie gar nicht anders hatte handeln können. So sehr es vielleicht auch manchmal wünschenswert wäre – man konnte die Zeit einfach nicht zurückdrehen und so tun, als wären zwischen damals und heute keine acht Jahre vergangen.

Gewiß, sie mochte Thomas immer noch. Seit sie ihn wiedergetroffen hatte, war ihr bewußt geworden, daß er immer noch ein sympathischer und attraktiver Mann war. Heute vielleicht noch mehr als damals. Aber konnte sie es ihrer Tochter wirklich zumuten und das Kind so plötzlich mit einem neuen Lebensgefährten konfrontieren?

Kathie hatte ihren Papi wirklich sehr geliebt, und es war wohl nur ihrem Alter zu verdanken, daß sie sich so schnell hatte damit abfinden können, daß er nicht mehr bei ihnen war. Doch was würde sie wohl zu einem anderen Mann sagen?

Christel schaute Thomas von der Seite her an. Obwohl er den Blick spüren mußte, sah er nicht zurück, sondern stur gerade aus. Vermutlich ist er verletzt, weil ich zum zweitenmal seinen Antrag abgelehnt habe, dachte sie und kämpfte mit den Tränen.

Nein, sie wollte jetzt nicht weinen.

Thomas hielt an der Straße, unten vor dem Weg zum Pfarrhaus, und stieg aus. Er ging um den Wagen herum und öffnete die beiden Türen. Dann half er Kathie aus dem Kindersitz. Die Kleine schaute ein wenig erschöpft aus. Der Tag war ganz schön anstrengend gewesen, mit all seinen Unternehmungen, wie Bootfahren, Eisessen und dem Toben auf dem Spielplatz.

»Ich hoff', der Ausflug hat dir Spaß gemacht«, sagte Thomas und strich ihr zum Abschied über das Haar.

Kathie nickte und bedankte sich artig. Dann lief sie zum Pfarrhaus.

Christel und Thomas sahen sich einen Moment betreten an, dann reichte sie ihm die Hand.

»Ja, dann dank' ich dir schön, für den netten Tag«, sagte sie.

Thomas versuchte zu lächeln. Er nickte nur stumm und stieg wieder in das Auto.

»Auf bald einmal«, rief er noch und gab Gas.

Christel blieb stehen, bis er nicht mehr zu sehen war, dann ging sie schweren Herzens den Weg hinauf.

Sophie Tappert und Max Trenker saßen im Pfarrgarten und genossen die letzten warmen Sonnenstrahlen.

»Na, hattet ihr einen schönen Tag?« erkundigte sich der Polizist bei der jungen Frau. »Kathie scheint jedenfalls ganz erschlagen zu sein. Sie ist gleich nach oben gelaufen.«

»Doch, es war sehr schön«, antwortete Christel. »Aber ich bin auch ein bissel erschöpft. Vielleicht leg' ich mich erst einmal ein Viertelstündchen hin.«

»Wir warten mit dem Abendessen sowieso noch auf den Herrn Pfarrer«, meinte die Haushälterin.

Christel ging hinein, und Max und Sophie Tappert warfen sich einen bedeutungsvollen Blick zu.

»So ganz fröhlich sah die Christel aber net aus«, sagte der Beamte zu der Haushälterin seines Bruders.

Sophie Tappert erwiderte nichts darauf. Von Natur aus ohnehin eher schweigsam, machte sie sich so ihre Gedanken. Die Miene der jungen Frau ließ wirklich nicht darauf schließen, daß es ein fröhlicher Tag war, den die drei am See verbracht hatten.

Vielleicht, so dachte die Perle des Pfarrhaushalts, wäre ein Gespräch, so von Frau zu Frau, ein bissel hilfreich für Christel Brenner.

*

Laurenz Teubner benutzte den freien Sonntag für ein paar besonders wichtige Umbauarbeiten in seinem Haus. Schon in aller Herrgottsfrühe hatte er damit angefangen, und Burgl Kernhofer und Alois Brendl, der Altknecht, hatten sich über die lauten Hammerschläge, das Rücken von Möbeln und den Geruch nach frischer Farbe gewundert.

»Was ist denn mit dem Bauern los?« erkundigte sich der Knecht. »Ist er jetzt ganz narrisch geworden?«

»Im Gegenteil«, schmunzelte die Magd, als sie gesehen hatte, was Laurenz Teubner alles bewerkstelligte. »Mir scheint, jetzt wird's bald wieder normal auf dem Hof.«

Alois hatte die Schulter gezuckt.

»Na ja, wenn er nix besseres anzufangen weiß mit dem Sonntag, dann soll er ruhig schaffen«, meinte er. »Ich geh' heut' jedenfalls nach Engelsbach hinüber. Dort ist Kirchweih.«

Als er Burgl's kritischen Blick sah, hob er die Hände.

»Keine Bang', zum Abendmelken bin ich zurück.«

»Hoffentlich«, versetzte die Frau. »Sonst kannst' was erleben!«

Loisl Brendel beeilte sich hinauszukommen, und Burgl sah ihm schmunzelnd hinterher. Beide waren sie schon ein halbes Menschenleben auf dem Teubnerhof, und jeder kannte die Eigenheiten des anderen. Gute und schlechte Zeiten hatten sie erlebt, und manchmal kam es der alten Magd so vor, als wären sie und der Knecht ein Ehepaar, das sich nach all den Jahren immer noch gut verstand. Das rührte wohl daher, daß sie sich beide von jeher mit Respekt begegneten. Ein besserer Knecht als den Alois Brendl, fand sich wohl nicht so leicht im Wachnertal, wie der Teubnerbauer sich auch schwer tun würde, müßte er von heut' auf morgen eine andere Magd finden.

Burgl Kernhofer ging zu der Kammer hinüber, in der der Bauer werkelte. Es war Christels altes Zimmer, das sie bis zu ihrem Fortgang bewohnt hatte. Seitdem war darin wirklich nichts mehr gemacht worden. Selbst putzen durfte Burgl es nicht, hatte der alte Teubner gesagt. Jetzt stand er darin, Pinsel und Farbeimer in den Händen.

»Ja, wie schaut's denn hier aus?« fragte die Magd und klatschte in die Hände.

Die Decke war frisch gestrichen, ebenso die Wände, und nun malte der Bauer mit bunten Farben die verschiedensten Tiere und Märchenfiguren an die Wand.

»Gefällt's dir?« wollte Laurenz wissen.

Er schien sich wie ein kleiner Bub zu freuen, als Burgl begeistert nickte.

»Ich hab' ja gar net gewußt, daß du solch ein Talent zum Malen hast, Bauer«, sagte sie erstaunt.

Laurenz Teubner tauchte den Pinsel in einen Eimer und tupfte einen kleinen gelben Punkt auf den Flügel eines Schmetterlings. Er hatte Christels altes Kinderbett vom Dachboden heruntergeholt. Jetzt stand es zusammengebaut in einer Ecke des Zimmers.

»Irgendwo müssen doch noch die Decke und Bezüge für das Bett sein«, sagte er.

»Ich schau' mal nach«, nickte die Magd. »Wann soll's denn sein?«

»Bald«, grinste Laurenz Teubner. »Bald, und bis dahin ist noch viel zu tun.«

»Na ja, ich helf' dir ja. Dann ist das Kinderzimmer ruckzuck hergerichtet.«

»Aber, dann sind wir lang' noch net fertig«, entgegnete der Bauer. »Der Anbau muß auch noch renoviert werden. Da zieh' ich dann nämlich ein, damit die Christel und ihre Familie hier Platz hat.«

Und als er das sagte, rollte ihm eine Träne über die Wange.

*

Ein paar Tage später konnte es losgehen. Zu dem, was Sebastian und Laurenz sich ausgedacht hatten, gehörte, daß Christel und ihre Tochter wieder ein Picknick machten. Da die erkrankte Küchenhilfe inzwischen wieder einsatzbereit war, hatte Irma Reisinger zugestimmt, als Pfarrer Teubner sie bat, der jungen Mutter einen freien Nachmittag zu geben.

Natürlich konnte es nicht ausbleiben, daß Kathie eingeweiht wurde, und so lag sie ihrer Mutter tagelang in den Ohren, um sie zu dieser Wanderung zu überreden.

Am frühen Nachmittag machten Mutter und Tochter sich auf den Weg zur Kanderer-Alm, die sie aber nicht weit hinaufsteigen wollten. Nach einer Viertelstunde zweigte ein Weg ab, der über eine Klamm in Richtung Kogler führte. Dort wußte Christel noch von früher her ein schönes Plätzchen, das sie sich ausersehen hatte, die sogenannte Nonnenhöhe. Der Weg war net allzu weit für das Kind, aber auch spannend. Denn es führte eine Brücke über die Klamm, die sie überqueren mußten, um ihr Ziel zu erreichen.

»Da habt ihr euch aber einen schönen Wanderweg ausgesucht«, nickte Sebastian Trenker.

Er mußte sich natürlich erkundigen, wo Christel und ihre Tochter später anzutreffen waren …

Früher einmal war es eine Hängebrücke gewesen, die über die Tiefe führte, auf deren Grund ein reißender Wildbach rauschte. Doch schon vor vielen Jahren hatte man eine feste, hölzerne Brücke über die Schlucht gebaut, die für Wanderer viel sicherer war, als die alte, schwebende und wacklige Konstruktion.

Kathie stand oben auf der Brücke und schaute hinunter. Trotz der beträchtlichen Höhe konnte man hier oben das Rauschen des Wassers deutlich hören. Angst hatte das Madel nicht, es hielt ja die Hand der Mutter und wußte, daß es sich nicht fürchten mußte.

»Ein paar Minuten noch, dann haben wir's geschafft«, versprach Christel.

Als sie schließlich ihre Decke ausbreiteten, und all die leckeren Sachen aus dem Korb holten, da war es beinahe wie im Urlaub.

»Bist' net traurig, weil wir noch net beim Großvater waren?« erkundigte sich Christel bei ihrer Tochter.

Kathie sah sie an und zuckte die Schulter. Sie hatten sich gestärkt und lagen nun faul auf der Decke und ließen sich von der Sonne bescheinen.

»Er ist immer noch bös' auf mich«, sprach die Mutter weiter. »Aber, ich hab' mir gedacht, daß ich noch ein bissel warte, und dann noch mal alleine zu ihm geh'. Vielleicht hat er ja inzwischen ein Einsehen gehabt.«

Sie schaute auf ihre Tochter. Kathie hatte ihren Kopf in Christels Schoß gelegt und schmunzelte so merkwürdig vor sich hin.

»Was hast du denn?« wollte ihre Mutter wissen.

Kathie hielt die Hand vor den Mund und kicherte. Dabei erinnerte sie sich an die Worte vom Herrn Pfarrer, daß sie sich nicht zu früh verraten dürfe.

Christel schüttelte den Kopf. Sie schaute auf das herrliche Bild der Berge mit ihren Wäldern ringsum. Drüben zeigten sich ein paar Gemsen, die geschickt von einem Fels zum anderen sprangen. Die zeigte sie Kathie.

Es ist einfach nur sehr schön hier, ging es ihr durch den Kopf. Wenn man net so viele persönliche Probleme hätte, dann könnte man meinen, man wäre im Paradies.

Die Sache mit ihrem Vater war das eine, das andere war Thomas Burghofer. Seit dem letzten Sonntag hatte sie nichts wieder von ihm gehört. Auf der einen Seite war sie darüber erleichtert, auf der anderen aber auch besorgt. Und sie hatte ihm gegenüber ein schlechtes Gewissen. Immer wieder hatte sie ihre Gefühle für ihn geprüft, und sie wußte, daß sie ihn liebte, doch es gelang ihr nicht, alle ihre Ängste über Bord zu werfen, und ja zu sagen.

Ihre Gedanken wurden unterbrochen, als sie ein Geräusch vernahm, das von oberhalb ihres Lagerplatzes kam. Zuerst dachte Christel an ein Wildtier, doch dann hörte sie die Tritte schwerer Wanderstiefel. Neugierig schaute sie hoch. Durch einen Spalt zwischen den Felsen kam ein Mann geklettert. Die junge Frau ruckte hoch, gleichzeitig mit ihr sprang Kathie auf. Das Madel breitete die Arme aus und lief dem Mann entgegen.

»Großvater!«

Ihr freudiger Aufschrei wurde als vielfaches Echo von den Bergwänden zurückgeworfen und hallte noch lange nach.

Ungläubig schaute Christel Brenner auf die Szene, die sich ihr bot – Kathie sprang dem alten Teubnerbauern in die Arme, der sie so ungestüm herumwirbelte, daß das Kind vor Freude laut kreischte.

Das Herz schlug ihr bis zum Hals, als ihr Vater Kathie absetzte und sich ihr zuwandte. Einen Augenblick lang standen sie sich stumm gegenüber, dann machten sie beide gleichzeitig einen Schritt nach vorn. Sie hatten die Hände ausgestreckt, und die Spitzen ihrer Finger berührten sich.

»Komm«, bat ihr Vater leise, und Christel Brenner sank an seine Brust.

Dann hielten sie sich minutenlang stumm umarmt.

*

Christel hatte die Augen geschlossen und glaubte sich in einem Traum gefangen, doch als sie sie wieder öffnete, da wußte sie, daß es Wirklichkeit war. Sie stand auf der Nonnenhöhe und hielt ihren Vater umschlungen. Vor Aufregung und Tränen konnte sie kein Wort sagen, und auch dem alten Bauern liefen Tränen der Rührung über die faltigen Wangen.

»Kannst' einem alten Esel noch mal verzeihen?« fragte er, nachdem er sich wieder gefangen hatte.

Die junge Frau wußte nicht, ob sie lachen oder weinen sollte.

»Ach, Vater, ich bin's doch, die Abbitte zu leisten hat«, sagte sie leise und strich dabei mit den Fingern über sein Gesicht.

»Gell, Mami, jetzt ist wieder alles gut mit dir und dem Großvater, net wahr?« ließ sich Kathie vernehmen.

Erst jetzt wurde Christel wieder bewußt, was sie vorhin mit Erstaunen gesehen hatte.

»Sagt einmal, woher kennt ihr euch eigentlich?«, fragte sie.

Kathies schelmisches Grinsen ließ sie ahnen, daß es nicht erst seit gestern der Fall war.

»Das war ganz alleine Kathies Idee«, hörte sie plötzlich Pfarrer Trenkers Stimme.

Der Geistliche, der sich solange versteckt gehalten hatte, trat hervor.

»Aber der Max und ich haben fleißig mitgeholfen, damit der Großvater und Enkeltochter sich näher kennenlernen konnten.«

Sebastian war zu den dreien getreten.

»Und wie du siehst, hat dein Madel das Unmögliche möglich gemacht.«

»Wir ziehen bald zum Großvater auf den Hof«, krähte Kathie dazwischen. »Ich bekomm' dein altes Zimmer, und du die große Kammer.«

Christel konnte das alles noch gar nicht begreifen. Sie schaute ihren Vater fragend an.

»Aber, das ist doch deine Kammer...«

Der Alte lachte und winkte ab.

»Ich zieh' in den Anbau«, meinte er. »Schließlich brauchst du Platz, wenn du wieder heiratest.«

Die junge Frau war fassungslos. Sebastian nahm Kathie an die Hand.

»Komm«, sagte er. »Wir beide machen einen kleinen Spaziergang. Dein Großvater und deine Mutter, die haben sich viel zu erzählen, und da wollen wir die beiden net stören.«

Sie wanderten den schmalen Weg hinauf, und Sebastian freute sich, daß es zwischen Christel und ihrem Vater zur Versöhnung gekommen war. Aber er dachte auch an das Gespräch, das er mit Thomas Burghofer geführt hatte. Erst gestern abend war der Bursche bei ihm in der Kirche gewesen. Er hatte die Abendmesse abgewartet und Sebastian dann in der Sakristei aufgesucht. Thomas war am Boden zerstört.

Als er so plötzlich und unerwartet die große Liebe seines Lebens wiedertraf, da war er voller Hoffnung gewesen, auch Christel würde ihre Liebe zu ihm wieder entdecken. Der Ausflug am vergangenen Sonntag war von so vielen Erwartungen begleitet gewesen, und dann hatte sie seinen Antrag ein zweites Mal abgelehnt.

Sebastian konnte den jungen Mann nur darauf vertrösten, daß Christel vielleicht ihre Meinung änderte, wenn sie und ihr Vater sich ausgesöhnt hatten.

»Beim alten Teubner bist' als Schwiegersohn willkommen«, hatte er gesagt. »Er räumt schon seine Kammer und zieht in den Anbau. Was aber die Christel betrifft – da wirst' einfach Geduld haben müssen. Ich weiß ja, daß sie dich mag. Ihre Angst wird sein, daß sie net weiß, wie es die Kathie aufnimmt, wenn plötzlich ein anderer Mann da ist, der net nur ihre Mama beansprucht, sondern auch noch Vaterstelle bei ihr einnehmen wird.

Ich weiß, daß die Christel schon mit meiner Haushälterin darüber gesprochen hat, und auch ich werd' mich mit ihr deswegen unterhalten. Vielleicht geschieht ja schon bald ein zweites, kleines Wunder …«

*

179

Christel konnte es immer noch nicht glauben, obwohl sie nun schon eine ganze Woche auf dem Hof wohnten. Bewundernd hatte sie ihr früheres Zimmer angesehen, aus dem, durch das Geschick ihres Vaters, ein wunderhübsches Kinderzimmer geworden war. Seine alte Kammer hatte der Teubnerbauer ebenfalls gründlich renoviert.

»Was jetzt noch erneuert werden soll, das entscheidest du«, sagte er. »Vielleicht möchtest' im Wohnzimmer neue Tapeten oder einen neuen Anstrich in der Küche. Es ist ja lang' nix gemacht worden.«

Christel hatte schon einige Vorstellungen, was sie verändern wollte, aber allzu radikal sollte es nicht sein. Doch im Moment war sie gar nicht in der Lage, darüber nachzudenken. Das einzige, was sie beherrschte, war der Gedanke an Thomas Burghofer. Inzwischen war ihr längst klar, wie sehr sie ihn verletzt hatte, und es wurde höchste Zeit, daß sie das Gespräch mit ihm suchte.

Jetzt allerdings vermißte sie wieder einmal ihre Tochter.

Seit sie auf dem Hof lebten, bekam sie Kathie nur noch zu den Mahlzeiten zu Gesicht oder wenn es Schlafenszeit war. Egal ob Scheune, Kuhstall oder Hühnerhof, die Kleine trieb sich überall herum. Sehr zum Leidwesen ihrer Mutter, die sich sorgte, weil das Kind sich doch noch nicht so richtig auskannte. Auch auf einem Bauernhof war es nicht ungefährlich.

»Hast du die Kathie gesehen?« fragte Christel die Magd.

Sie war in die Küche gekommen, in der Hoffnung, Kathie bei Burgl zu finden.

»Vorhin war sie noch bei den Kaninchen«, antwortete die Magd. »Dein Vater hat ihr doch eines geschenkt, und sie wollte es mit Möhren füttern.«

»Na ja, vielleicht find' ich sie ja da«, lachte Christel und ging hinaus.

Sie hatte nie geglaubt, daß das Madel solch eine Liebe zu Tieren hätte entwickeln können. Früher hatte Kathie nie darum gebeten, ein Haustier zu bekommen.

Zufrieden ging sie über den Hof. Gleich am ersten Tag hatte sie sich hier wieder zu Hause gefühlt.

Allerdings war ihr der Abschied aus dem Pfarrhaus auch schwer gefallen. Pfarrer Trenker, sein Bruder Max und nicht zuletzt Sophie Tappert – sie hatten sie und Kathie so hilfsbereit und liebevoll aufgenommen. Es war ein tränenreicher Abschied gewesen, und Christel war Pfarrer Trenker dankbar, für die Worte, die er ihr nach einem längeren Gespräch mit auf den Weg gegeben hatte.

»Man kann durchaus treu sein, auch über den Tod hinaus, und trotzdem seine Liebe mit einem anderen Menschen teilen, ohne den zu verraten, der nicht mehr bei einem ist.«

Christel hatte es als einen Hinweis auf Thomas und Florian verstanden. Ja, sie liebte Thomas, so wie sie immer ihren verstorbenen Mann lieben würde. Wie gerne würde sie ihm das sagen!

Blieb die Frage, wie würde Kathie es aufnehmen?

Die junge Frau hatte gerade die Scheune umgangen und schlug den Weg zum Hühnerhof ein, als ihr Schritt stockte. Sie hörte lautes Kinderlachen, Kathie, ohne Frage. Aber auch die Stimme eines Mannes war zu vernehmen. Ihr Schritt beschleunigte sich, wie ihr Herzschlag, und als sie um die Ecke kam, sah sie die beiden bei den Kaninchen stehen.

Thomas kniete bei Kathie. Er hatte eine Hand zärtlich um ihre Schulter gelegt, mit der anderen streichelte er ein kleines Kaninchen, das Kathie auf dem Arm trug. Dabei zogen beide ihre Nasen kraus, wie das Tier, das das Madel hielt.

Langsam ging Christel näher, die beiden vor ihr schauten auf, und Thomas erhob sich.

»Grüß dich, Christel«, sagte er mit belegter Stimme und deutete auf ihre Tochter. »Wir haben ein bissel zusammen gespielt.«

»Schau, Mami, das Kaninchen zieht genauso eine Nase, wie der Großvater und ich. Und der Thomas kann das auch.«

Christel nickte, aber sie hatte nur Augen für ihn. Ganz nah standen sie zusammen.

»Ich …, ich mußte einfach herkommen«, begann Thomas. »Ich hab's einfach net mehr ausgehalten.«

Die junge Frau sah ihn unverwandt an.

»Ich freu' mich, daß du da bist«, antwortete sie.

»Wirklich?«

Sie nickte erneut. Kathie stand bei ihnen und beobachtete sie aufmerksam.

»Ich hab' noch mal über alles nachgedacht«, erklärte Christel. »Ich mein', vielleicht hab' ich zu schnell nein gesagt …«

Ein Strahlen glitt über sein Gesicht.

»Ja. Ich hatte Angst, wegen Kathie …«

»Unnötig«, schüttelte Thomas den Kopf. »Wir verstehen uns prächtig. Jeden Tag haben wir zusammen gespielt.«

»Was?«

Christel schaute von einem zum anderen.

»Ist das wahr?«

»Hm«, nickte ihre Tochter. »Und jetzt müßt ihr euch küssen.«

»Warum …?« fragte Christel.

»Na, weil er dich so anguckt. Du weißt schon wie …«

Sie lächelte, und auch Thomas grinste. Beinahe verlegen machte Christel einen Schritt nach vorn und berührte ihn. Mit einer heftigen Bewegung riß er sie an sich und preßte seinen Mund auf ihre Lippen.

»Endlich«, sagte er, als er sie wieder freigegeben hatte. »Jetzt laß ich dich nimmer wieder gehen!«

Kathie schaute zu ihnen auf und zwinkerte den beiden dabei spitzbübisch zu.

ROSEMARIE FORSTMAIER

Eine Heimat für mich
und mein Kind –
Welche Träume werden wahr?

ROMAN

Weltbild

In Hochreith gehörte der Knoglerhof zu den großmächtigsten, aber auch schmucksten Anwesen der ganzen Umgebung. Hier war alles blitzsauber und an seinem Platz; alles atmete gediegenen Wohlstand.

Daß es bei so viel Ordnung nicht ohne eine gewisse Strenge, eine zähe Unnachgiebigkeit abgehen konnte, versteht sich von selbst. Und die Knogler-Amalie, mit ihren sechzig Jahren noch immer eine stattliche Erscheinung, hatte ihre Dienstboten, wie auch ihren Ehegemahl und den einzigen Sohn und Hoferben fest in der Hand, respektive unter ihrer Fuchtel.

Der Knogler-Hans hatte längst eingesehen, daß er am besten fuhr, wenn er den Weg des geringsten Widerstandes einschlug, was in seinem besonderen Fall war: seiner Frau das Regiment und ihren Willen zu lassen. Er ließ zumeist den Herrgott einen guten Mann sein und achtete darauf, daß er seiner Amalie nicht in die Quere kam.

Ganz anders hielt es die Knoglerin mit ihrem Sprößling: Ihn verwöhnte und verzog sie, als wollte sie ihn mit ihrer ganzen Mutterliebe schier erdrücken. Früher hatte Hannes des öfteren versucht, sich aus dieser Umklammerung zu lösen. Doch gelungen war ihm dies nicht. Seine Mutter bestimmte, was er zu tun und zu lassen hatte. So führte er zwar ein umsorgtes Leben, jeder Wunsch wurde ihm von den Augen abgelesen, aber er entwickelte sich allmählich zum Sonderling. Er war mit seinen sechsunddreißig Jahren noch immer Junggeselle, denn früher, als er noch jünger war, hätte seine Mutter keine Jüngere neben sich gelitten. Nun war er nicht mehr allzu scharf auf eine Heirat, denn so war's bequemer. Jetzt zog Hannes einen gemütlichen Schafkopf im Wirtshaus einer anstrengenden Tanzerei vor, obgleich es viele Mädchen gab, die sich nach dem gutaussehenden Knoglererben die Hälse und Augen verdrehten.

Eine gab es, die für den Hannes glattweg durchs Feuer gegangen wäre, und das war die Zenzi. Sie war bereits seit zehn Jahren Magd auf dem Knoglerhof. Als schön oder gar anziehend konnte man die dreiunddreißigjährige Zenzi wahrhaftig nicht bezeichnen, denn sie war ziemlich in die Breite gegangen, wirkte etwas ungeschlacht. Auch ihr Mundwerk wurde immer geschliffener, und da sie auf dem Hof eine Vormachtstellung innehatte, schließlich fungierte sie als die rechte Hand der Bäuerin, war sie bei den übrigen Dienstboten gefürchtet.

*

Die Knoglerbäuerin stand gerade im Gemüsegarten, der an der Südseite des Hauses angelegt war, als Zenzi vom Einkaufen heimkam. »Du, Bäuerin, ich …«, rief die Magd schon von weitem. Aber die Knoglerin ließ sie erst gar nicht zu Wort kommen. In der Rechten das blitzende Messer schwingend, in der Linken einen Buschen Grünzeug umklammernd, lamentierte sie aufgebracht: »Schau dir bloß diese Malefiz-Vögel an! Unsereins plagt sich, und diese Viecher zerrupfen, was ihnen vor den Schnabel kommt! Dagegen müssen wir uns gleich was einfallen lassen!«

Nun war es halt leider mit Zenzis diesbezüglichen Geistesblitzen nicht gut bestellt. Sie arbeitete lieber mit ihren Händen. So zuckte sie nur ratlos die breiten, runden Schultern. Sofort aber begann sie von ihrer Neuigkeit, die sie mit heimgebracht hatte, zu reden. Übereifrig berichtete sie: »Von der Hipfin hätt' ich dir was zum Ausrichten, Bäuerin. Grad hab' ich sie im Dorf getroffen.«

Die Knoglerin kannte Zenzis Weitschweifigkeit, ihr umständliches Mitteilungsbedürfnis, und darum fragte sie etwas schroff: »Was will denn die schon wieder? Doch hoffentlich net …?«

»Nein«, meinte Zenzi hastig, die genau wußte, daß es der Hipfische Herzenswunsch war, ihre Tochter als Knoglerin zu sehen. Fast platzend vor Wichtigkeit, berichtete sie nun: »Sommerfrischler wüßt' sie uns, die Hipfin.«

»Und warum nimmt sie s' selber net?« kam es argwöhnisch

von der Knogler-Amalie, die das Gartentürchen sorgsam hinter sich zuzog.

»Weil sie grad zu dieser Zeit schon eine ganze Familie bei sich einquartiert hat«, erklärte die Magd gewichtig.

Ja, die Hipfin verstand sich auf die Vermieterei, das mußte man ihr lassen. Schon seit etlichen Jahren befaßte sie sich mit diesem neumodischen Geschäft, und nun hatte sie bereits ihre Stammgäste, konnte es sich leisten, gönnerhaft zu sein.

Eigentlich wollte Amalie ablehnen. Aber da man den Hof, gegen den Willen des Bauern, nun schon einmal umgebaut, modernisiert hatte, wäre es glatter Blödsinn gewesen, sich lange zu sträuben. Vom Vornehmtun allein wurden ihre neuen Zimmer nicht belegt. »No jaaa«, meinte sie gönnerhaft, »dann laß ich halt mit mir reden. Wieviel Leut' möcht' sie mir denn überlassen?«

»Eine Frau mit einem Kind wär's.«

Wenig begeistert stieß die Bäuerin hervor: »Wegen zwei Leut' braucht sie kein solches Gezeter verbringen. Aber von mir aus soll sie die Städterer halt herschicken. So gut wie bei der Hipfin sind sie bei uns noch allemal aufgehoben.«

*

Die winzige Dirndl-Stube, in einem Randbezirk Münchens, ernährte seine Inhaberin mehr schlecht als recht. Trotzdem gelang es Marianne Hausner auch noch, die Schulden ihres Mannes abzuzahlen, der vor einem Jahr verunglückt war. Es war ihrem Fleiß, ihrer Tüchtigkeit zuzuschreiben, daß sie sich und ihre sechsjährige Tochter über Wasser halten konnte.

Marianne Hausner war einunddreißig Jahre alt, mittelgroß, mit einer Figur, die in den gutsitzenden Dirndlkleidern gut zur Geltung kam.

Die Arbeit tagsüber im Geschäft, abends im Haushalt, hatte dieser Frau keine Zeit für ein geselliges Leben gelassen. Sie kannte nur eine einzige Freundin, die bei ihr wohnte, und während des Tages auf die Susi aufpaßte. Mit Traudl verstand sie sich, die ebenso wie sie keine Städterin war, aus einem Dorf stammte, sehr gut.

Seit einigen Tagen nun half Traudl, eine patente Person, die stets sagte, was sie dachte, ihr im Geschäft mit.

»Da, schau her, Traudl!« sagte Marianne und wies auf ein Regal mit Strickwaren. »Die Trachtenjanker mußt' gleich eine Nummer größer herzeigen, denn sie fallen viel zu klein aus ...« Unvermittelt brach sie ab. Schließlich fügte sie kopfschüttelnd und zweifelnd hinzu: »Du, ich weiß net, sollt' ich net doch lieber daheim, im G'schäft, bleiben?«

»Freilich, sonst noch was!« fauchte Traudl energisch. »Diesen Urlaub hast dir redlich verdient. Du brauchst Ausspannen nötiger als ein Stückl Brot. Außerdem ...«, hier schmunzelte sie selbstgefällig, »von vorgestern bin ich auch net. Ich werd' mit diesem Laden doch zurechtkommen.«

»Ehrlich, Traudl«, gestand Frau Hausner fast ein wenig bedrückt, »ich hab' gar keine rechte Lust fortzufahren. Und das viele Geld ...«

»... hast dir lang schon verdient«, vervollständigte Traudl den Satz ihrer Freundin und Chefin. »Ich an deiner Stell' hätt' mir das lang schon vergönnt. Und der Susi tut's auch gut, wenn sie einmal was anders sieht als Häuserschluchten und einen bescheidenen Spielplatz.« Schwärmerisch fügte sie hinzu: »Wenn ich da bloß an meine Kindheit z'rückdenk'... Die Wiesen ..., der Wald ..., die Berg'... und unser winzig's Dörfl ... Gar net dran denken darf ich, sonst packt mich sofort das Heimweh.« Plötzlich fuhr sie geradezu bitter fort: »Aber so eine wie mich würden sie ohnehin steinigen. Eine Geschiedene hat unter diesen wohlanständigen Leuten nix mehr zu suchen!«

Mitfühlend kam es von Marianne: »In der heutigen Zeit denken sie auch bei dir daheim darüber anders. Versuch's doch einmal und mach' einen Besuch!«

»Nein, Marianndl!« stieß Traudl hart hervor. »Meine Leut' haben es mir deutlich genug zu verstehen gegeben, daß ich daheim nix mehr verloren hab', daß eine anständige Frau bei ih-rem Mann bleiben muß, auch wenn sie dabei z'grund geht! Wie hart und engherzig die eigene Verwandtschaft sein kann, das weißt du schließlich selber.«

Und damit hatte sie recht. Denn auch Frau Hausner, gebo-rene Gruber, aus Berghofen, hatte sich die Gunst ihrer Eltern verscherzt, als sie einen Städter und keinen Bauern geheiratet hatte. Ihr Bruder hatte fleißig bei den Eltern mitgehetzt, wo-mit er erreichte, ihr nur einen bescheidenen Erbteil auszahlen zu müssen. Freilich hätte sie besser getan, auf die Warnungen ihrer Eltern zu hören. Dann wäre ihr viel erspart geblieben. Doch sie war auf die verführerischen Versprechungen des flotten Hausner-Maxl hereingefallen und ihm Hals über Kopf in die Stadt gefolgt. Lange hatte ihr Glück nicht gedauert, dann waren ihr die Augen aufgegangen. Doch zur Umkehr war's zu spät gewesen.

Frau Hausner fand immer noch etwas herumzukramen, ihrer Freundin zu erklären, bis Traudl schließlich die Geduld verlor und fauchte: »Jetzt ist aber Schluß, Marianne! Du gehst heim und packst deine Sachen zusammen. Ich komm' recht gut allein zurecht.«

»Ich bitt' dich, Traudl, sei freundlich zur Kundschaft, auch wenn sie dich ab und zu zur Verzweiflung bringt. Aber ich bin halt auf jeden einzelnen Kunden angewiesen.«

»Weiß ich doch. Und jetzt verschwind' endlich! Es ist aller-höchste Zeit. Um vier wolltest du die Susi vom Kindergarten abholen. Jetzt ist es schon fünf Uhr. Die Kleine wird schon wer weiß wie ungeduldig warten«, drängte Traudl.

*

»Ist das eine Affenhitz'«, stöhnte die wohlbeleibte Hipf-Burgl. Sie und ihre Tochter waren auf dem Weg hinaus zum Knoglerhof. Doch sie trabte trotz der stechenden Sonne un-aufhaltsam weiter.

Walli, ein etwa zwanzigjähriges Madl, entgegnete gereizt: »Warum müssen wir denn auch da heraus rennen? Ich wär' lieber ...«

»Halt deinen Schnabel! Das verstehst' net!« kam es ungeduldig von ihrer Mutter. Nicht umsonst hatte sie der Knogler-Amalie diese Gefälligkeit mit den Sommerfrischlern erwiesen, denn nun gab es endlich einen Grund, bei ihr zu erscheinen.

Die emsige Knoglerin, die sich nicht gern von der Arbeit abhalten ließ, war zwar über diesen Besuch an einem hellichten Werktag wenig erbaut, aber sie zwang sich doch zur Freundlichkeit und führte die Hipfischen in die große, behaglich möblierte Bauernstube.

Hier war es angenehm kühl, und die Hipfin ließ sich mit einem erleichterten Aufseufzen in einen der handgeschnitzten Sessel fallen. »Eine Hitz' haben wir wie im August«, stöhnte sie.

Die Knogler-Amalie nickte pflichtschuldig, obgleich sie kühl wie ein Eiszapfen wirkte. Kein Wunder, da sie keine zwei Zentner Gewicht mit sich herumschleppen mußte, denn zum Ansetzen hätte sie gar nicht die Zeit gehabt. Sie sagte zuvorkommend: »Die Zenzi soll uns schnell einen guten Kaffee kochen. Und zu einem Stückl Guglhupf werdet's doch auch net nein sagen?!«

Als der Duft des frischgebrühten Kaffees durchs Haus zog, schob sich auch der Bauer durch die Tür herein. Mit einem freundlichen: »Ja, wen seh' ich denn da?« betrat er die Bauernstube.

Als man dann gemütlich bei Kaffee und Guglhupf saß, begann die Hipfin gönnerhaft: »Ich wollt' dir eigentlich noch ein paar Ratschläg' wegen der Sommerfrischler geben, Amalie.«

Dies nahm die Knoglerin mit etwas säuerlichem Gesichtsausdruck entgegen, machte aber keinen Einwand.

»Es ist ja das erste Mal, daß ihr Gäst' im Haus habt«, schwatzte die Hipfin leicht überheblich drauflos. »Viel Umständ' mußt net machen. In der Früh' gibst ihnen den Kaffee, Brot und Marmelad' und ein Stückl Butter. Aber net zuviel!

Das erwarten die Leut' auch gar net, und man soll sie ja net verwöhnen. Von wegen dem naxten Jahr! Bloß frisch muß sie sein, die Butter! Da drauf sind s' b'sonders scharf.«

Schärfer als beabsichtigt kam es von der Knoglerin: »Bei mir kommt keine ranzige Butter auf den Tisch!«

Walli unterdrückte ein Kichern.

»Mir ist diese Vermieterei überhaupt gar net recht«, wandte nun der Knogler-Hans mißbilligend ein. »Unruh' wird's geben, im ganzen Haus.«

»Man muß mit der Zeit gehen«, hielt ihm seine Frau scharf entgegen. »Wenn s' überall Sommerfrischler aufnehmen, wird's wohl bei uns auch gehen. Es ist ja net so, daß man das Geld net bräucht'.«

»Fett werden wirst kaum davon, Amalie«, meinte der Knogler daraufhin etwas sarkastisch.

Nun öffnete sich die Tür. Hannes betrat mit einem beiläufigen: »Grüß Gott, bei'nand!« die Stube.

Sofort rief die Hipfin überschwenglich aus: »Das ist aber eine Freud', Hannes, daß man dich auch wieder einmal sieht!« Mit gönnerhaftem, einschmeichelndem Lächeln forderte sie ihn auf: »Komm, setz dich ein wengl her zu uns!«

Gut sah er schon aus, das mußte sie zugeben, die Walli. Trotz seines Alters, er war Mitte dreißig, war sein Auftreten jugendlich unbekümmert. Leider halt allzu unbekümmert, wie sie bei sich feststellte. Was ihr an ihm besonders gefiel, waren seine dunklen Augen und seine angenehm weiche, tiefe Stimme, mit der er soeben bemerkte: »Lang hab' ich net Zeit. Aber zu einem Haferl Kaffee sag' ich net nein.«

Bereitwillig rückte Walli zur Seite, um ihm neben sich Platz zu machen. Leider mußte er ihre Aufmerksamkeit reinweg übersehen haben, denn er setzte sich ans andere Tischende neben seine Mutter.

Mit einem Lächeln, so herzlich wie man es an ihr nur sah, wenn sie mit ihrem Sohn redete, fragte die Knoglerin: »Magst' auch ein Bröckerl essen, Hannes?«

»Nein, vergelt's Gott, Mutter«, kam es vom Hannes, und hingebungsvoll rührte er in seiner Kaffeetasse.

So ein Leimsieder! schoß es der Walli durch den Kopf. Leben hat der schon rein gar keines in sich! Da weißt' net, ist er gefroren oder gebraten; heiß oder kalt! Er ist halt doch schon ein recht überstandiges Mannsbild!

Dieser Meinung schien die Knoglerin auch zu sein, deshalb sagte sie sich folgerichtig, daß es höchste Zeit wäre, daß er unter die berühmte Haube käme. Herrgott, wie gut hätte sie ihr gefallen, die Walli als Schwiegertochter; ihre Herkunft, und, nicht zu verachten, ihre Mitgift! Also, wenn er hier nicht anbiß, ihr Hannes, dann würde man es doch am End' einmal mit einem Besuch bei der Kunzen-Mirl drüben in Sonnleiten versuchen müssen. Sie sollte ja derlei Tränklein mischen; war dafür im ganzen Bezirksamt bekannt; sogar dafür berüchtigt. Freilich, eines stand fest: die beiden Hipfinnen brauchten davon nichts zu ahnen. Das würde sie nur übermütig, und was die Mitgift anbelangte, womöglich auch knauseriger machen.

Ziemlich herausfordernd kam es von der Hipf-Burgl: »No, Hannes, wie lang willst denn noch einspännig durchs Leben fahren?«

Wie aus der Pistole geschossen kam es da vorschnell von seiner Mutter: »Uns pressiert's noch gar net! Gell, Hannes?!«

Aber die Burgl war mindestens ebenso gewieft und g'wappnet und nahm ihrer Tochter die Antwort blitzschnell vornweg. »Genau das sag' ich zu meiner Walli auch allweil. Und außerdem«, hier warf sie sich in ihre umfangreiche Brust, so daß man befürchten mußte, sie würde das ohnehin viel zu knapp sitzende Mieder sprengen, »außerdem tät ich meine Walli auch net jedem geben. So was versteht sich von selbst.« Ihrer Tochter, die bereits tomatenrot anlief, einen stolzen Blick zuwerfend, verriet sie vielsagend: »Meine Walli hat auch allerhand aufzuweisen. Sie kriegt eine Mitgift, die sich sehen lassen kann. Mit ihr ist einmal keiner ausgeschmiert.«

Dem Hannes wurde der Diskurs nun doch allzu eindeutig.

Geradezu fluchtartig rumpelte er auf, nickte allen freundlich und wohlwollend zu und beteuerte unmißverständlich: »Ich muß wieder an meine Arbeit!«

Auch der Knogler-Hans, dem es ebenso warm, wenn nicht gar mulmig geworden war bei dieser orientalischen, sprich »verschleierten« Unterhaltung, schloß sich seinem Sohn eilig an.

Amalie bedachte diese beide Feiglinge mit einem durchbohrenden Blick, ehe sich die Tür hinter ihnen schloß, dann wandte sie sich honigsüß ihren Gästen zu.

Die Sach' war eingefädelt und angesprochen, länger brauchte man darauf nicht mehr herumzukauen. Also wandte sich das Gespräch wieder allgemeinen, weniger brisanten Dingen, wie der Vermieterei, zu.

Als sich die beiden Hipfinnen jedoch wieder auf dem Heimweg befanden und auf dem Weg in ihr Dorf an der Ache vorbeikamen, schoß auch der Walburga ein Gedanke durchs sorgende Mutterherz, der ihr, bei aller Gewagtheit, gar nicht mehr so abwegig erschien, der zumindest bedacht werden mußte: Sollte man nicht auch einmal die Hilfe der – wenn auch nur verstohlen hinter der vorgehaltenen Hand hochgelobten Kunzen-Mirl in Anspruch nehmen? Diese Alte sollte sich auf allerhand verstehen, nicht nur auf die Zubereitung von Salben und Tränklein, die körperliche Leiden linderten.

Ja, vielleicht sollte auch sie einmal hinausgehen in den Achengrund und die Kunzin um Beistand bitten in dieser delikaten Angelegenheit.

*

Rotgoldene Abendsonne lag über den Schroffen und grauen Zinnen, die in der klaren Luft zum Greifen nahe schienen. Im Gewänd, die das liebliche Tal von Westen her einschlossen, blauten bereits die ersten langen Schatten, während über den buntgesprenkelten Wiesen noch goldenes Lichtgefunkel flirrte.

Marianne Hausner konnte sich an all dieser Pracht, an all den Schönheiten der Natur gar nicht sattsehen.

Mit weit offenen Augen, die von einem strahlenden Blau waren, blickte sie wie träumend durch die Fensterscheibe des rumpelnden Omnibusses.

Neben dieser gutaussehenden Frau, die so manchen Blick auf sich zog, saß ein kleines Mädchen, unverkennbar ihre Tochter. Auch das Kind trug, so wie die Mutter, ein hübsches Dirndlkleid. Die Kleine, der die Fahrt allmählich zu lange dauerte, hatte hundert Fragen, die von der Mutter geduldig beantwortet wurden, was gewiß nicht immer ganz einfach war. So wollte sie allen Ernstes wissen, warum die Berge höher als die Frauentürme in München waren.

Nach einigem Überlegen erklärte Marianne Hausner mit nachsichtigem Lächeln: »Weißt, Susi, die Frauentürm' haben Menschen gebaut, die Berge aber sind vom lieben Gott gemacht worden, darum sind sie viel höher als alles, was Menschen je bauen können.«

»Steigen wir da einmal hinauf?« fragte das Kind begierig.

Darauf wollte sich Marianne Hausner lieber nicht festlegen, denn sie kannte die Hartnäckigkeit ihrer Tochter bezüglich einmal gemachter Versprechungen. So zuckte sie nur ungewiß mit den Schultern und meinte ausweichend: »Wir werden schon sehen.«

Etwas verloren stand sie dann etwas später auf dem Dorfplatz, der um diese Zeit menschenleer war, und schaute sich suchend um. Neben ihr standen die beiden Koffer, die alles enthielten, was man zu zweit in vierzehn Tagen benötigte.

Plötzlich kam eine recht dralle Frauensperson auf sie zugeschossen, deren Gesicht von einem braunen Gesprenkel übersät war.

Es war wohl Verlegenheit, weshalb die Zenzi gar so überhastet hervorsprudelte, wobei sie die junge Frau neugierig musterte. »Sind Sie die Frau Hausner? Dann kommen S' nur gleich mit mir. Mich hat die Bäuerin geschickt, daß ich Ihnen abholen soll. Wenn S' mehrere schwere Koffer haben, dann sollen wir sie beim Wirt einstellen, der Hannes holt sie dann später ab. Ich soll Ihnen sagen, daß sie im Hipfhof net bleiben können, weil die Hipfin bereits bis unters Dach mit Sommerfrischlern voll ist. Aber bei uns auf dem Knoglerhof wird's Ihnen schon auch g'fallen ...« Hier endlich ging der Zenzi die Luft aus, und sie rang keuchend nach Atem.

Marianne Hausner mußte sich über diese hektische Nervosität ein Schmunzeln verbeißen, ehe sie erwiderte: »Ich dank' Ihnen schön, daß Sie mich abgeholt haben. Ich kenn' den Hipfhof so wenig wie den Knoglerhof. Eine Kundin von mir hat mir die Adress' vermittelt.«

»Jessas«, entfuhr es der Zenzi verdattert, und sie riß ihre Augen staunend auf. »Sie reden ja gar net preißisch!«

»Geh zu«, kicherte nun Susi, »wir sind doch bloß von München!«

»Jetzt so was«, kam's verwundert von der Magd, und fast hatte es den Anschein, als wäre sie ein wenig enttäuscht. Doch nun setzte sie sich mit dem größeren der beiden Koffer in Richtung Knoglerhof in Trab.

Indessen wäre es zwischen der Knogler-Amalie und ihrem Sohn fast zu einem handfesten Streit gekommen, denn Hannes hatte sich entschieden geweigert, die Gäste abzuholen.

Ungewöhnlich scharf verwahrte er sich: »Schließlich bin ich kein Fuhrknecht für diese Herrschaften! Wenn ihnen der Weg zu uns zu weit ist, müssen sie halt bleiben, wo sie sind.« Damit stapfte er wütend aus der Kuchl und ließ die Tür nachdrücklich hinter sich zufallen. Eine Todsünde, die, wie er wußte, seine Mutter auf den Tod nicht ausstehen konnte.

»Jessas, ist mir das ein Dickschädel!« greinte die Knoglerin. »Da meint man, was man alles tut, und dabei werden einem von den eigenen Mannsbildern andauernd Prügel zwischen die Füß' g'worfen. Ein Glück, daß ich die Zenzi losgeschickt hab', sonst wüßten die Leut' am End' gar net wohin.«

Freilich, wenn sie ganz ehrlich war, mußte sie zugeben, daß

es ihr auch gegen den Strich ging, dieses ganze Hin und Her, das um diese Fremden veranstaltet wurde. Man wollte jedoch nicht als rückständig gelten, und so mußte man halt in den sauren Apfel beißen. Andere Bäuerinnen, sogar reichere als sie, hatten auch ihre anfängliche Abneigung gegen Fremde überwunden und sich auf die Vermieterei eingestellt.

Die Knogler-Amalie war zwar nicht mehr jung, doch trotz ihrer sechzig Jahre war sie, wie alle Frauen, die auf sich hielten, noch immer eitel. Vor dem Spiegel, der über dem Ausguß hing, strich sie sich ihr ohnehin straff gescheiteltes Haar glatt. Dann betrachtete sie sich mit strengen Augen. Alles an ihr war ordentlich, nirgends ein Fleckl zu entdecken.

Nun stellte sie sich wartend ans Fenster. Endlich sah sie ihre Magd, gefolgt von einer jungen Frau, die ein kleines Dirndlein an der Hand führte, auftauchen. Es war nur zu verständlich, daß sie die Fremde, hinter der Gardine verborgen, einer eingehenden Musterung unterzog. Besonders angetan war sie von dem Dirndlkleid, das die Frau trug. »Sie scheint gar keine so damische Gretl zu sein, was man auf den ersten Blick feststellen kann!« Damit verließ sie ihren Fensterplatz.

Nun war ihre größte Sorge, wie es mit der Verständigung klappen würde, denn mit dem Preißischen hatte sie es gar nicht recht. Diese Sprache konnte man höchstens lesen, aber nicht wiedergeben. Plötzlich jedoch stieß sie resolut hervor: »Freilich, die Zung' werd' ich mir wegen so einer g'wiß net abbrechen. Sie muß sich schon nach uns richten.« Nun verließ sie die Kuchl, um ihren ersten Gast in Empfang zu nehmen.

Vor der Haustür begrüßte man sich. Alles ging recht schnell und weit weniger kompliziert, als es sich die Bäuerin vorgestellt hatte.

Marianne Hausner, an den Umgang mit Menschen gewöhnt, fand einen zwanglos freundlichen Ton, der seine Wirkung nicht verfehlte. Doch am meisten war die Bäuerin natürlich von der Tatsache angetan, daß diese junge Frau die gleiche

Sprache wie sie selber redete, und sie sich also nicht jedes Wort vorher dreimal überlegen mußte, ehe sie es aussprach.

Auch Susi wurde herzlich aufgenommen. »Ein wengl arg blaß ist sie, Ihr Maderl«, meinte die Knoglerin und strich der Kleinen über das blonde Haar. »Aber das wird sich bald ändern. Ein paar Tag' an der frischen Luft, und schon kommt Farb' ins G'sichtl. Aber jetzt zeig' ich Ihnen Ihr Zimmer, Frau Hausner.«

Schon von außen hatte der stattliche, blitzsaubere Hof Marianne Hausner sehr beeindruckt. Doch als sie nun in den kühlen, mit Steinfliesen ausgelegten Hausflur eintrat, an geöffneten Türen vorbeigeführt wurde, durch die sie in behaglich eingerichtete Stuben sehen konnte, kam sie aus dem Staunen kaum heraus. Noch nie, auch nicht in ihrer Kindheit, hatte sie einen solch herrlichen Bauernhof betreten, ein Haus gesehen, das so sauber und gepflegt wirkte wie dieses.

Sie stiegen die breite, mit einem bunten Fleckerlteppich belegte Treppe hinauf, und die Knoglerin führte ihre Gäste in das für sie vorgesehene Zimmer. »So, ich glaub', da können Sie es schon aushalten«, kam es nicht ohne Stolz von der Bäuerin.

»Jessas, ist das aber hübsch!« entfuhr es Marianne. Mit großen, bewundernden Augen blickte sie sich um.

Die Einrichtung bestand aus handbemalten Bauernmöbeln; bunte Teppiche auf dem blankgeputzten Boden und hübsche Leinenvorhänge verliehen dem Raum warme Behaglichkeit.

»Jetzt laß' ich Ihnen allein«, meinte die Knoglerin. »Sie werden g'wiß gleich auspacken wollen. Aber wenn S' fertig sind, kommen S' hinunter in die Stube. Ich richt' Ihnen derweil eine Brotzeit. Sie werden g'wiß hungrig von der langen Fahrt sein. Und heut' werden Sie ja nimmer hinuntergehen wollen zum Wirt zum Nachtessen?«

Nein, das wollte Marianne Hausner nicht mehr. Dankbar nahm sie dieses freundliche Angebot an.

Als die Knoglerin die Treppe wieder hinunterstieg, fiel ihr ein, was sie soeben erfahren hatte. Kopfschüttelnd murmelte sie: »Auch ein armes Hascherl, diese Frau! So jung noch und schon eine Wittib!«

Auch der Knoglerbauer hatte die Begrüßung vor dem Haus beobachtet; auf dem Balkon, hinter den buschigen Geranien verborgen. Ihn wurmte es ein wengl, wie honigsüß es seine Frau mit dieser Fremden konnte. Ausgerechnet seine Amalie, die an allem und jedem etwas auszusetzen fand! »No ja«, greinte er mit leisem Selbstmitleid, »Gast müßt' man halt sein!« Nun jedoch wurde auch er neugierig auf diese Frau, die er nur von oben gesehen hatte.

Mit einer vergrämten Miene, schließlich war er von jeher gegen diese Vermieterei gewesen, betrat der Knogler-Hans die Stube. Die Bäuerin war bereits dabei, für Frau Hausner und das Kind zu decken. Wortlos schob er sich hinter den Tisch unter den Herrgottswinkel. Er nahm sich die Zeitung vom Fensterbrett und begann zu lesen. Zumindest gab er sich diesen Anschein.

»Es sind wirklich nette Leut', die wir da gekriegt haben«, bemerkte Amalie zu ihrem Mann.

Es kam keine Antwort. Er tat, als hätte er sie überhört.

Sie warf ihrem Ehemann einen scharfen Blick zu und versuchte es erneut in versöhnlichem Ton: »Eine Wittib ist sie, und bildsauber noch dazu.«

»Von mir aus«, raunzte der Bauer, ohne von seiner Lektüre aufzuschauen.

Ihr Ton wurde härter, als sie mahnte: »Daß du mir ja freundlich zu ihr bist!«

»Ist das auch im Logierpreis inbegriffen, daß der Bauer sich vorführen läßt wie ein Tanzbär?« knurrte er ungehalten. »Langt's net, wenn man Fremde in seinem Haus duldet? Muß man sich auch noch zum Narren machen?«

Nun riß ihr der Geduldsfaden. Mit erbost funkelnden Augen fauchte sie ihn an: »Bist du ein alter Grantelhauer! Warum haben wir denn das viele Geld hinausgeschmissen, wenn's dir jetzt auf einmal einfällt, daß du keine Fremden im Haus haben willst?«

»Wer hat denn den Hof umgebaut?« hielt er ihr entgegen.
»Iiich net! Das bist schon du gewesen. Denn ich bin ja noch nie gefragt worden, wennst dir was in den Kopf gesetzt hast.«

»Was ist denn da los?« fragte Hannes, der soeben die Stube betrat.

»Weil's auch wahr ist«, lamentierte seine Mutter gekränkt. »Jetzt fällt es deinem Vater ein, daß er keine fremden Leut' um sich haben will.«

»Das hab' ich net gesagt«, brauste der Bauer auf. »Ich hab' mich bloß dagegen verwahrt, daß ich den Hanskasperl machen soll für ...«

»Es ist doch net notwendig, daß wegen den Sommergäst' gleich das ganze Haus kopfsteht«, wandte Hannes vermittelnd ein. »Du kannst ja deine Gäst versorgen, Mutter. Aber deswegen mußt doch net auch noch uns mit einspannen! Wir lassen deine Leut' in Ruh', und sie sollen uns auch unsern Fried' lassen.«

»Herrgott, wenn man von euch schon einmal ein wengl was möcht'«, murrte die Knoglerin enttäuscht und auch etwas beleidigt vor sich hin. »Ein wengl Freundlichkeit wird man sich wohl noch ausbitten dürfen.«

»Gesellschafter für diese Herrschaften mach' ich keinen«, brummte ihr Mann uneinsichtig.

Da nun Schritte die Stiege herabkamen, verbot sich eine weitere Diskussion von selber.

Als Marianne Hausner und Susi die Stube betraten, wirkte das Lächeln der Knoglerin noch etwas verkrampft, doch ihr Ton klang herzlich, als sie vorstellte: »Das sind mein Mann und mein Bub!«

Keiner der beiden Mannsbilder rührte sich, bolzensteif blieben sie sitzen. Alles wozu sie sich herabließen, war ein freundliches Zunicken. Und gleich darauf vertieften sie sich wie auf Kommando in die Zeitung.

Dieser frostige Empfang machte auch Marianne Hausner

befangen. »Ich will Ihnen keine Umständ' machen, Frau Knogler«, brachte sie unsicher hervor.

Ruckartig hoben die beiden Männer ihre Köpfe und starrten die junge Frau verdutzt an.

Eine leichte Röte färbte Mariannes Wangen, rasch senkte sie den Blick. Am liebsten hätte sie kehrtgemacht und die Stube verlassen.

Auch dem Kind legte sich die unbehagliche, gespannte Atmosphäre beklemmend auf die Brust, und ängstlich drückte es sich an seine Mutter.

Unvermittelt fragte Hannes: »Was hat denn das Dirndl?« Dabei hatte seine Stimme ungewöhnlich sanft geklungen. Er lächelte der Kleinen aufmunternd zu.

Nun aber konnte sich die Knoglerin nicht länger beherrschen. Zurechtweisend entfuhr es ihr: »Fürchten tut sie sich halt vor euch zwei! Wär' ja auch weiter kein Wunder, bei euerem z'widernen G'sicht!«

»Komm, Bub, gehen wir!« forderte der Bauer seinen Sohn auf und stieß ihn mit dem Ellenbogen an. »Machen wir einen Sprung zum Rößl-Wirt hinab, auf einen Schafkopf. Da fürchtet uns keiner.«

Die Bäuerin schnappte hörbar nach Luft, sagte jedoch kein Wort.

Als der Bauer und Hannes gingen, sagten sie einstimmig ein: »Gut' Nacht, bei'nander!«

Mittlerweile war die Spannung so weit gestiegen, daß man unmöglich wortlos darüber hinweggehen konnte.

Mit einer gekünstelten Fröhlichkeit im Ton, versuchte die Knoglerin das Ganze ins Lächerliche zu ziehen, und sagte: »Wegen diesen Stockfisch' dürfen S' Ihnen nix denken, Frau Hausner. Kommen S', setzen S' Ihnen doch her! Und du auch, Susi!«

»Wenn Sie Schwierigkeiten haben, Frau Knogler, dann sagen Sie's nur. Ich kann mir auch woanders ...«

»Das kommt gar net in Frag'«, fiel ihr die Bäuerin vorschnell ins Wort. »Ich bring' Ihnen gleich was zum Essen.«

»Ich bitt' Sie, machen Sie sich doch keine großen Umständ'«, kam es etwas verzagt von der jungen Frau.

Schon eilte die Bäuerin in die Kuchl hinaus. Nach einem
kurzen Blick auf den Brotzeitteller, den Zenzi hergerichtet
hatte, befahl sie knapp: »Schneid noch ein Stück Geräuchertes
auf!«

»Aber, Bäuerin … Es ist doch eh mehr als genug …«

Ihrer Magd ins Wort fallend, meinte die Knoglerin ungnädig: »Red net lang, tu, was man dir sagt!«

Zenzi zog einen beleidigten Flunsch. Eifersüchtig dachte
sie sich: Da braucht bloß so eine aufgetakelte Person daherzu-
kommen, und schon gilt unsereiner gar nix mehr. Wenn sogar
die Bäuerin so freigebig ist, wie wird das erst mit den Mannsbildern werden? Hier fuhr sie merklich zusammen und spürte
einen schmerzhaften Stich im Herzen.

*

Frau Marianne Hausner schlug ihre Augen auf und fühlte sich
so frisch und munter wie schon lange nicht mehr. Sie warf einen Blick auf die Uhr. Es war erst kurz vor sechs.

Leise, um das noch fest schlafende Kind nicht zu wecken,
schlüpfte sie aus dem Bett und trat ans Fenster.

Tief atmete sie die herbwürzige Luft ein. Das Herz wurde
ihr weit, und sie fühlte sich froh und erleichtert, als wären alle
Sorgen von ihr abgefallen. Sie mußte hinaus in diesen strahlenden Morgen und wieder einmal durch blühende Wiesen wandern.

Susi schlief noch so fest, daß sie nicht hörte, wie ihre Mutter sich anzog. Mit rosig überhauchten Wangen lag ihr Köpfchen auf dem Kissen. Ruhig atmete sie die reine, frische Luft,
die durch die weit geöffneten Fenster strömte.

Marianne trug ein lichtblaues Dirndl mit weit schwingen-
dem Rock, das ihre schlanke Figur knapp umschloß. Leise
verließ sie ihr Zimmer.

Die schwere Haustür stand schon sperrangelweit offen, das einfallende Sonnenlicht malte goldene Streifen auf den frischgeputzten, noch feucht glänzenden Steinboden.

Soeben kam die Knoglerin aus der Kuchl. Sie war bereits seit fünf Uhr auf den Beinen. »Gut' Morgen! Sie sind schon auf? Haben S' gut geschlafen?«

»Gut' Morgen, Frau Knogler! So gut und so fest wie schon lang nimmer«, konnte Frau Marianne guten Gewissens zugeben. »Meine Susi schläft noch. Und da wollt' ich einen Spaziergang machen.«

»Wollen S' net vorher Ihr Frühstück?«

»Nein, dank' schön! Ich wart', bis die Kleine aufgestanden ist.«

Das war der Bäuerin nur recht. So wurde sie jetzt nicht von ihrer Arbeit abgehalten. Doch zuvorkommend gab sie noch rasch einen wohlgemeinten Rat: »Wenn Sie den Seitenweg, gleich hinterm Haus, einschlagen, gehen S' durch eine Wiese bis zum lichten Hölzl. Dort, am Fuß vom Rotköpfl, liegt ein kleiner See. Das ist ein wunderschönes Fleckerl, das müssen S' Ihnen anschauen.«

Marianne bedankte sich, verließ das Haus und wanderte hinaus in den herrlichen Morgen. Sie schritt den schmalen Wiesenpfad entlang. Bei jedem Schritt sprühten Tautröpfchen wie unzählige Edelsteine auf.

Schattige Kühle und eine märchenhafte Stille umgaben sie, als sie das kleine Waldstück durchquerte. Durch die hohen Kronen der Buchen fielen flirrende Goldstreifen. Ein sanfter Morgenwind strich durchs hohe Gezweig. Irgendwo hämmerte ein Specht, und ein Häher ließ seinen spöttisch lachenden Schrei ertönen.

Als sie aus den Bäumen hervortrat, lag der kleine See wie ein schimmernder Smaragd vor ihr. Die Ufer säumten Büsche und lichtgrünes Schilf, dazwischen blühten zartblaue Iris in verschwenderischer Vielzahl. Gespeist wurde dieser See von einem eisklaren Wasserfall, der vom Rotköpfl, einer steilaufragenden Felswand, die das Südufer abschloß, herunterstürzte.

Dieses Rauschen übertönte die sich nähernden Schritte, als Marianne dastand und dieses beeindruckende Bild in sich aufnahm. »Aha, da schau her! Kaum einen Tag da, und schon ist das schönste Platzl gefunden«, sagte der Knogler-Hannes, der plötzlich vor ihr stand. Fast hatte es geklungen, als wäre ihm dies gar nicht recht.

Einigermaßen verwirrt fuhr sie herum. Halb verlegen, halb verdutzt sah sie zu diesem hochgewachsenen Mann auf, der sie aus schwarzglühenden Augen musterte, über dessen rechter Schulter eine Sense blitzte. Sie stotterte: »Es ist Ihnen wohl net recht, daß ich da bin?«

Mit einem geradezu überschwenglichen: »Naa, naa, durchaus net«, wies er dies weit von sich. Übermut glomm in seinen dunklen Augen auf, als er mit verschmitztem Schmunzeln hinzufügte: »Wenn alle Sommergäst' so wie Sie wären, dann könnten sie von mir aus das ganze Jahr über kommen.«

Die junge Frau faßte dies so auf, wie es gemeint war: als Kompliment, was sie jedoch noch ein wenig unsicherer machte. Mit diesem Menschen sollte sich einer auskennen! Auf seine Sense deutend, erkundigte sie sich: »Wird bei Ihnen noch mit der Sens'n gemäht?«

»Um Gott's willen, wo denken S' denn hin!« lachte er sie aus. »Das wär' eine schöne Schinderei. Ich hab' bloß den Feldrain ausgeputzt, denn dazu kann man keine Maschin' brauchen«, erklärte er bereitwillig.

»Ist das hier heraußen noch Grund und Boden, der zu Ihrem Hof gehört?«

Er bejahte beiläufig, ohne Überheblichkeit.

Dann war dieses Anwesen mindestens doppelt so groß wie dasjenige ihrer Eltern. Es war das Bauernblut in ihr, die Achtung vor eigenem Grund und Boden, weshalb sie unwillkürlich Respekt empfand.

Hannes deutete auf die spiegelnde Fläche des Sees und sagte: »Wenn Sie gern baden möchten, brauchen S' bloß dort am Ufer entlangzugehen, da stoßen S' direkt auf einen Steg. Den hab' ich mir baut, daß man net in den schlammigen Grund steigen muß.«

»G'hört der See auch noch zum Hof?« entschlüpfte es ihr überrascht.

»Ja. Was aber net viel bedeutet, weil der Boden herum eh sauer ist«, entgegnete er gelassen. »Fischwasser ist es halt ein gutes. Aber dazu bleibt mir im Sommer wenig Zeit.«

Bei dem Wort »Zeit!« erinnerte sie sich an ihre Tochter. Ohne zu fragen, ob er ebenfalls zum Hof zurückging, verabschiedete sie sich und eilte davon.

Hannes sah ihr nachdenklich nach, bis sie unter den Buchen verschwand.

*

Es paßte der Zenzi ganz und gar nicht, als ihr die Bäuerin befahl, den Frühstückstisch ins Freie, in den Obstanger, zu verlegen. »Die Stadtleut' mögen so was«, erklärte die Knoglerin. Aber viel Verständnis für diese Schwärmerei hatte die Zenzi dafür nicht. Außerdem war sie eine Bauernmagd und keine Dienstmagd. Dies alles ging ihr gegen den Strich, ließ sie immer widerspenstiger werden.

Aber schließlich saßen Frau Hausner und ihre kleine Tochter doch im Obstanger, ließen sich ihr reichliches Frühstück schmecken. Sie fand es allerdings sonderbar, daß der Bauer auffallend häufig ums Haus herumschritt; bald hier und bald dort etwas herumzuhantieren hatte. Sie wurde das Gefühl nicht los, daß er sie am liebsten zum Teufel gewünscht hätte.

Freilich, ganz so schlimm war's nicht. Den Knogler-Hans wurmte es noch immer, was für ein Aufhebens seine Frau um diese Gäste machte. Er war halt, auch wenn er das nie zugegeben hätte, eifersüchtig, weil sie seinetwegen nie solche Umständ' machte.

Als er wieder in die Nähe ihres Tisches kam, wollte Marianne den Stier bei den Hörnern packen. Freundlich rief sie ihm zu: »Wollen Sie ein wengl mithalten, Herr Knogler?«

Und siehe da, das Unerwartete geschah. Im Laufschritt kam der Bauer herzu, machte das freundlichste Gesicht und sagte: »Warten S', ich hol' mir grad schnell einen Stuhl.«

Marianne war so erleichtert, daß sie tief aufatmete, ehe sie Susi zuraunte: »Siehst', man muß bloß mit die Leut' reden! Ein gutes Wort findet einen guten Ort.«

Das verstand das Kind nicht so recht. »Ist er jetzt nimmer bös' mit uns?« wollte es wissen.

Die Mutter schüttelte den Kopf und erklärte: »Der Herr Knogler war net bös' mit uns, Susi. Wir waren ihm halt bloß fremd ...« Sie verstummte, denn schon erschien der Bauer mit einem Stuhl.

»So, das ist recht, daß Sie uns ein bissel Gesellschaft leisten. Setzen Sie sich nur gleich her«, forderte Marianne ihn auf. Nach einem Blick in die Kaffeekanne erhob sie sich. »Ich hol' Ihnen schnell eine Tasse. Es ist noch genug da.« Sie eilte davon.

»Ist das aber eine patente Person«, mußte der Knogler-Hans zugeben. Es tat ihm wohl, sich gleich darauf so nett bedienen zu lassen. Ein behäbiges Schmunzeln umspielte seine Lippen, während man sich unterhielt. Ihm hatte es besonders das Kind angetan. Und so schlug er nach einer Weile vor: »Kommst' mit mir in den Roßstall?«

Sofort war Susi begeistert und drängte bittend: »Ja, komm, gehen wir, Herr Knogler!«

»Wer hätte das gedacht!« bemerkte Marianne zu sich, als sie dem ungleichen Paar nachblickte. Nun begann sie das Geschirr zusammenzuräumen und trug es ins Haus.

Da sie ohnehin auf ihre Tochter warten mußte, spülte und trocknete sie es ab. Für sie war's eine Kleinigkeit und der hart arbeitenden Bäuerin war damit gewiß etwas geholfen.

Plötzlich kam Zenzi in die Kuchl gestürmt und stieß hervor: »Was tun Siiie denn da?«

»Unser G'schirr hab' ich bloß abgewaschen«, entschuldigte sich Marianne.

Mit giftiger, angriffslustiger Stimme kam es zurück: »Das braucht's net! Sie zahlen ja Ihr Zimmer, oder?«

Es war dieses herausfordernde: Oder, das Marianne reizte. Doch wortlos verließ sie die Küche. Sie ging aus dem Haus, um ihre Tochter zu suchen.

Hannes kam soeben heim, fragte: »No, Sie schauen ja so ernst?«

»Ich such' die Susi und kann sie nirgends finden.«

»Da können S' lang suchen«, lachte er, wobei er keinen Blick von ihr ließ. »Ich hab' sie grad' getroffen, wie sie mit dem Vater zur Koppel hinauf ist. Die Zwei haben sich recht gut unterhalten. Wenn S' noch fünf Minuten warten, bis ich Brotzeit gemacht hab', zeig' ich Ihnen den Weg. Ich muß eh hinauf, muß das Gatter flicken.«

Dagegen war eigentlich nichts einzuwenden, obgleich auch keine absolute Notwendigkeit bestand, daß sie ihrer Tochter hinterherlief. Zögernd wandte sie ein: »Ich müßt' eigentlich net ...«

»Gehen S' nur mit und schauen Sie sich unsere Rösser an«, forderte er sie auf. »Warten S' halt derweil auf der Hausbank. Ich bin gleich so weit!«

Folgsam, was sie selber am meisten verwunderte, nahm Marianne Hausner auf der Bank Platz. Blicklos starrte sie in den sonnigen Vormittag, dachte verwundert: Sonderbar, wie bestimmend er mit mir redet.

Plötzlich merkte sie, daß ihr Herz schneller schlug. Sie kam sich ziemlich töricht dabei vor, denn sie war nicht der Typ, der sich beim Anblick eines Mannes aus der Fassung bringen ließ. Sie hatte in ihrer Ehe so viel Unschönes erlebt, daß sie sich von einem Mann nichts mehr vormachen lassen wollte. Eine Dummheit sollte wahrhaftig genug sein.

Als Marianne und der junge Knogler kurz darauf den Hof verließen, starrte ihnen Zenzi mit kreisrunden, brennenden

Augen nach. Plötzlich kreischte sie: »Bäuerin, das mußt dir anschauen! Das wird ja allweil schöner …«

»Was plärrst' denn?« Damit trat die Bäuerin ebenfalls ans Fenster.

Außer sich stieß die Magd hervor: »Schau dir das an! Zuerst hockt sie mit dem Bauern bei'nander, daß man nimmer weiß, was man davon halten soll …«

»Duuu«, fiel ihr die Knoglerin warnend ins Wort, »überleg' dir, was du sagst!«

»Weil's wahr ist«, maulte Zenzi beleidigt. »Jetzt steigt auch der Hannes schon hinter ihr her.« Mit unheilschwangerem Ton setzte sie hinzu: »Bäuerin, ich sag' dir, das ist eine Lebedame!« Dieses Wort bedeutete für sie den Inbegriff der Verworfenheit, wenngleich sie sich darunter nichts Rechtes vorstellen konnte.

»Schmarrn, damische Gretl!« wies die Bäuerin ihre Magd zurecht. Doch insgeheim begann es auch sie zu ärgern, daß sich ihre Mannsleute auf einmal gar so angetan von dieser jungen hübschen Frau zeigten. Dieses plötzliche Tauwetter machte auch sie mißtrauisch.

Mit einemmal war Marianne Hausner vergessen. Überraschung und Neugier erschien in ihren Gesichtern, als sie einen fremden Mann, der ein abgewetztes Köfferchen trug, auf den Hof zukommen sahen.

»Was will denn der bei uns? Wenn's ein Vertreter oder Hausierer ist, nachher sagst', wir brauchen nix«, sagte die Knoglerin bestimmt und erwartete, daß ihre Magd dem Fremden entgegenging.

Doch die Zenzi rührte sich nicht, war immer noch in den Anblick des korpulenten, etwa fünfzigjährigen Mannes vertieft, der geradewegs aufs Haus zuhielt. Unvermittelt blieb er stehen, stellte sein Köfferchen ab, wischte sich mit einem Sacktuch übers krebsrote G'sicht und die spiegelnde Glatze. Dann glitt sein Blick über die blumengeschmückte Fassade des Hauses. Dazu nickte er zufrieden vor sich hin, während ein erwartungsvolles Schmunzeln um seine Lippen glitt.

»Jetzt bin ich aber doch gespannt, was dieser Mensch will!« stieß die Bäuerin hervor und verließ die Stube.

Wie selbstverständlich trabte Zenzi hinterher.

»Grüß Gottle, die Damen!« rief der dicke Mann mit übertriebener Höflichkeit aus. Seine Stimme klang einschmeichelnd, als er in unverkennbar schwäbischem Dialekt fortfuhr: »Gell, Fraule, Sie müsset die Bäuerin sein?! Die Frau Knogler?! Ich wär' wäge einem Zimmerle da. Die Frau Hipf schickt mich zu Ihne.« Sich in die Brust werfend, erklärte er stolz: »Häberle isch' mein Name! Und ich komm' von Stuagatt! Ich bin Poschtbeamter im g'hobenen Dienscht.«

»Ja sooo … aha …«, stotterte die Bäuerin verdattert über so viel Beredsamkeit. »Die Hipfin…« Sie war zudem verwirrt, daß es auf einmal so schlagartig vorwärtsging mit der Vermieterei. »Ein Zimmer können S' schon haben. Kommen S', ich zeig's Ihnen.«

»Es wird mir g'wiß g'falle«, meinte er vorschnell und bescheiden und marschierte hinter der Knoglerin her. Etwas hastig jedoch erkundigte er sich: »Was tät's denn koschte, das Stüble?«

Kaum hatte die Knoglerin den Preis genannt, als er auch schon überschwenglich ausrief: »Scho' g'nomme', Frau Knogler!«

Es gibt zwei Arten von Menschen, die ihre Ferien auf einem Bauernhof verbringen. Erstens diejenigen, die am Ablauf des bäuerlichen Lebens, an der Natur interessiert sind, Abgeschiedenheit und Ruhe suchen, und zweitens diejenigen, denen es nur darauf ankommt, einen möglichst billigen Urlaub zu verleben. Herr Häberle aus Stuttgart gehörte zu Letzteren.

Er warf nur einen recht flüchtigen Blick in das behagliche Zimmer, das ihm die Bäuerin zeigte, denn ihm war's einerlei, ob er in einem Bett schlief, das handbemalt war oder nicht. Auf Komfort legte er schon gar keinen gesteigerten Wert, und besonders dann nicht, wenn er dafür bezahlen mußte.

»Wisset Sie«, beteuerte er mit treuherzigem Augenaufschlag, »ich bin ein bescheidener Mensch, der keine großen

Ansprüch' stellt. Hauptsach', man hätt' sei' Ordnung.« Bei diesem letzten Wort kam die Knoglerin ganz von selber auf die Frage: »Ihre Frau haben S' net dabei?«

Erneut ein Augenaufschlag, ehe er antwortete: »Mein Lisbethle hat mir der Herrgott vor einem halben Jahr g'nomme. Sie war arg krank, und i' henn a args Leiden mit dem Fraule g'hett. Darum brauch ich jetzt auch Urlaub, denn i' henn arg viel mitg'macht.« Er verschwendete kein weiteres Wort mehr über seine Dahingeschiedene, sondern erkundigte sich angelegentlich: »Die Frau Hipf hett mir erzählt, bei Ihne' hett sich a jung's Fraule einquartiert?«

»Ja, eine Münchnerin mit ihrem Kind«, bestätigte die Bäuerin arglos. »Eine junge Wittib ist sie, die Frau Hausner. Sie hat ein G'schäft, wie sie mir erzählt hat.«

»Soso, e G'schäftle hett sie«, kam es vorschnell vom rührigen Schwaben.

»… und sie hat so ein lieb's Dirndl, die Susi …«

»Was für e G'schäftle isch es denn?« erkundigte er sich mit unverhohlener Neugier und hungrig funkelnden Äuglein.

»Ich glaub', ein Trachteng'schäft, mit Dirndlkleidern.«

Eifrig nickend wandte er ein: »Da isch ebbes verdient dran! Wo isch es denn jetzt, das junge Fraule?«

Hier nun klang ihre Stimme leicht gereizt, als sie entgegnete: »Sie ist spazierengegangen.« Als sie den neuen Gast mit seinem Köfferchen allein ließ, nahm sie sich vor, ein Auge auf ihre Mannsbilder zu haben. Denn Zenzis Worte gaben ihr doch zu denken.

*

Auf dem Weg zur Pferdekoppel hinauf, die ein gutes Stück oberhalb des Knoglerhofes lag, gelang es Hannes, seine hübsche Begleiterin geschickt und systematisch über ihr bisheriges Leben auszufragen. Bald hatte er so ziemlich alles Wissenswerte über sie von ihr erfahren.

Marianne merkte recht gut, daß sie ausgehorcht wurde. Doch schließlich hatte sie nichts zu verbergen. Außerdem machte sie kein Hehl daraus, daß ihr Mannsbilder, welche auch immer, gestohlen bleiben konnten Es klang ein wenig nach dem Motto: Ein gebranntes Kind.

Das feine Schmunzeln wollte nicht so recht zu seinem sarkastisch klingenden Ton passen, als er ihr zustimmte: »Sie haben ganz recht. Zu zweit ladet man sich bloß Probleme auf, die man allein gar nie hätt'!«

Es hatte den Anschein, als wäre sie über diese Äußerung nun doch ein klein wenig enttäuscht. Ihr Lachen klang gekünstelt, als sie ihm zustimmte: »Das ist doch meine Red'…«

Als Marianne und Hannes die Koppel erreichten, standen der alte Knogler und Susi Hand in Hand am Zaun und sahen den beiden Haflingerstuten und dem Fohlen zu. Sie schwatzten und lachten, schienen sich prächtig zu verstehen und überhörten die Ankommenden.

Erst als Marianne ein bewunderndes: »Sind die aber schön!« entfuhr, wandten sich die beiden nach ihnen um. Und sofort kam es von der Kleinen: »So ein Pferdl möcht' ich auch gern haben, Mami!« und deutete auf das goldbraune Fohlen, dessen Mähne und kurzer Schweif fast weiß waren.

Ebenfalls an den Zaun tretend, meinte Marianne lächelnd: »Das wär' genau das Richtige für unsere Stadtwohnung.«

Daraufhin kam es bestimmt von ihrer Tochter: »Ich möcht' eh nimmer z'rück. Ich bleib' einfach da.« Beifallheischend blickte sie zum Bauern hinauf und setzte hinzu: »Gell, Knogler-Großvater, ich kann dableiben?!«

Marianne warf dem Knogler einen bestürzten Blick zu, der verriet, daß sie mit der raschen Vertraulichkeit durchaus nicht einverstanden war. Aber er meinte gemütlich: »Da müssen S' net erschrecken. So ein Kindl hat selber das beste G'spür, wo es sein möcht'. So was ist net verwunderlich, daß es lieber auf dem Land wär' als in der Großstadt. Stimmt es, Susi?«

Vertrauensvoll schaute die Kleine zu ihm auf und nickte.

Schärfer als beabsichtigt, kam es von Marianne: »Ich hab' dich überall gesucht, Susi. Du weißt doch, daß wir ins Dorf gehen wollen.«

»Ich net, Mami«, wandte das Kind ungerührt ein, drückte sich enger an den alten Knogler. Den mahnenden Blick der Mutter geflissentlich übersehend, fragte es: »Gell, Knogler-Großvater, wir bleiben noch ein bissel da?!«

»Freilich«, stimmte ihr dieser gutmütig zu. »Wir bleiben noch beim Hannes, helfen den Zaun flicken.«

Hilfesuchend sah die junge Frau zu Hannes. Doch er schien auch noch schadenfroh auf sie herabzugrinsen. Und sie reagierte auch prompt verkehrt. In gekränktem Ton stieß sie hervor: »Dann kann ich ja gehen!« Damit hatte sie sich auch bereits umgedreht und machte sich im Laufschritt auf den Heimweg. Wenn sie insgeheim hoffte, man würde sie zurückhalten, sah sie sich getäuscht.

Sie war wütend auf Susi, auf sich selber, einfach auf alles. Sie konnte sich im Augenblick selber nicht ausstehen. Etwas legte sich ihr beklemmend auf die Brust; sie spürte irgend etwas Beunruhigendes auf sich zukommen; etwas, das sie bedrohte. Am liebsten wäre sie Hals über Kopf wieder heimgefahren, zurück in die Stadt, zu ihrer Arbeit und dem täglichen Einerlei, das so vertraut war und keinerlei Gefahr barg.

*

Auch die Knogler-Amalie hatte sich, einen Rat der im Vermieten erfahrenen Hipf-Burgl befolgend, etliche Liegestühle angeschafft. »Denn«, das waren die Worte der Hipfin gewesen, »sobald die Gäst' einen Liegestuhl unterm Hintern haben«, hier hatte sie sich allerdings etwas weniger vornehm ausgedrückt, »und die Sonn' scheint, dann sind sie den ganzen Tag aufgeräumt. Dann hat man mit ihnen kein Gfrett, geben sie Ruh'! Denn dafür, für die Sonn' und die Ruh', meinen sie, haben sie schließlich zahlt.« In dieser schlichten, wenn auch recht spröden Aussage lag so ziemlich die ganze Touristik-Weisheit, nach der sich Veranstalter jeglicher Kategorien richten; sich und ihre Kundschaft immer noch vermarkten.

Herr Gottlieb Häberle aus Stuttgart hatte sich mit einem Liegestuhl in den schattig kühlen Obstanger zurückgezogen. So konnte man die Spannen bis zu den nächsten Mahlzeiten immer noch am billigsten hinter sich bringen; Ruhe und Sonnenschein kosteten kein Geld und machten hungrig. Und dafür, daß man dann satt wurde, hatte man schließlich bezahlt; das war im Pauschalpreis inbegriffen.

Nur war es mit der Ruhe nicht allzu weit her. Denn er wartete gespannt auf die Rückkehr seiner ihm noch unbekannten Zimmernachbarin. Er wirkte auf weibliche Blicke kaum sonderlich anziehend, der Postbeamte im gehobenen Dienst, wie er da, mit entblößtem Oberkörper, käsefarben und rundherum wabbelig, im Liegestuhl ruhte. Farbe, das hektische Rot eines gesottenen Krebses, wies er nur an Hals, Gesicht, auf seinen Armen und auf der Glatze auf. Jedesmal, wenn er irgendwo Schritte hörte, riß er seine wässrigblauen Magermilchaugen weit auf, in der Hoffnung, es würde das junge Fraule mit dem G'schäftle sein.

Leider wurde seine Geduld auf eine harte Probe gestellt. Denn es war merkwürdigerweise immer nur die rotblonde, sommersprossige Zenzi, die in seiner Nähe herumfuhrwerkte, sich zumindest diesen Anschein gab. Sie zeigte sich von diesem noblen Gast, für sie war ein Beamter eine absolute Respektsperson, sehr beeindruckt. Ärgerlich war nur, daß er von ihr keinerlei Notiz zu nehmen schien.

Aber es entging ihr nicht, wie er unvermittelt aufsprang und Frau Hausner entgegenwieselte. Obgleich ihr dies zwar nicht zustand, nahm sie es übel, mit welch überströmender Herzlichkeit er sich dieser, ihr immer unsympathischer werdenden Frau, vorstellte. Sie hätte einen Postbeamten im gehobenen Dienst für klüger gehalten!

Aus schmal zusammengekniffenen Augen beobachtete sie,

wie Herr Häberle der Hausnerin mit schwäbischer Beredsamkeit ein Gespräch aufdrängte. Eifersüchtig konnte sie nur feststellen: Jetzt fängt der auch noch an! Ich möcht' bloß wissen, was an dieser damischen Henn' dran ist? Da hab' ich schon Schönere gesehen! Und gar so jung und taufrisch ist sie auch nimmer! Eine Wittib mit einem Kind! Pah, wie wenn das auch noch was wär'!

Wütend stapfte Zenzi ins Haus und würdigte das Pärchen keines Blickes mehr.

Indessen bombardierte Herr Häberle Frau Hausner unverdrossen mit seinem schwäbischen Charme, erbot sich eifrigst: »Darf ich Ihnen auch einen Liegestuhl holen?«

»Nein, danke, Herr Häberle …«

»Saget Sie doch Gottlieb zu mir!«

Ohne darauf einzugehen, fuhr sie fort: »… ich wart' bloß noch auf meine Tochter, dann gehen wir ohnehin ins Dorf zum Mittagessen.«

Aber sie hatte nicht mit seiner Hartnäckigkeit gerechnet. »Da kann ich mich ja gleich anschließen?« meinte er unverdrossen.

Dagegen konnte sie schlecht etwas einwenden, auch wenn sie viel lieber alleine geblieben wäre. Gegen so viel Aufdringlichkeit war sie machtlos.

»Ich henn g'hört, Sie hennt a G'schäftle in München«, plauderte er munter weiter, blinzelte sie dabei mit seinen Magermilchaugen, die nun von der Sonne gerötet, fast entzündet waren, vertrauensvoll an.

»Bloß einen winzigen Laden«, antwortete Marianne abwesend.

»Respekt vor so einem tüchtigen, tapferen Fraule, das sich ohne männlichen Beistand durchs Läbe bringt und …«

Nun wurde es ihr doch zuviel. Sie unterbrach ihn: »Sie müssen mich entschuldigen, ich hab' noch was zu tun!« Damit ließ sie ihn einfach stehen, und ergriff die Flucht vor so viel Hartnäckigkeit.

Doch er schmunzelte süffisant hinter ihr her und murmelte: »Hano, ein bissle schüchtern ischt sie halt, des arme Mädle.«

Dieser emsige »Poschtbeamte im höheren Dienscht« hängte sich wie eine Klette an Marianne Hausner, was eine arge Prüfung für sie bedeutete. Er ließ sich einfach nicht abschütteln.

Die kleine Susi hatte bereits beim gemeinsamen Mittagessen im »Gasthof zur Post« mit kindlicher Grausamkeit festgestellt: »Gell, Mami, der spinnt!« Es war ihr gerade noch rechtzeitig eingefallen, diese Feststellung ihrer Mutter zumindest leise ins Ohr zu flüstern, worüber Marianne zwar nicht sonderlich stolz, aber doch erleichtert war.

Herr Gottlieb Häberle bemühte sich, Kontakt zu der Kleinen herzustellen, was sich als äußerst schwieriges Unterfangen herausstellte. Denn er konnte mit Kindern überhaupt nicht umgehen. Seine Bemühungen um Susi erschöpften sich in den sattsam bekannten dummen Fragen, die ungeübte Erwachsene Kindern stellen, mit denen sie nichts anzufangen wissen.

Kaum war man nach dem Mittagessen wieder auf dem Knoglerhof, als sich Susi heimlich verdrückte. Wo sie sich aufhielt, konnte Marianne unschwer erraten. Doch blicken ließen sich die beiden, der alte Knogler und das Kind, nicht mehr. Zumindest das Kind war hier glücklich, was Marianne von sich nicht gerade behaupten konnte.

*

Letztes Sonnenlicht legte einen rosigen Widerschein auf die grauen Felsgipfel, während in den Karen und im Tal bereits die langen Schatten blauten. Feine Nebelschleier stiegen aus den Niederungen, kühlender Abendwind strich über die bunten Wiesen, brachte leise Bewegung in dieses Farbenmeer. Ganz allmählich flackerte am rauchgrauen Himmel Stern um

Stern auf, zuerst nur ein schwaches Glühen, das rasch heller wurde, bis es funkelte wie blankgeriebenes Gold.

Eine ganze Weile schon saß Marianne Hausner am Fenster, beobachtete das allmähliche Heraufziehen der Nacht. Sie hätte gern ihr Zimmer verlassen, fürchtete jedoch, diesem lästigen Schwaben in die Arme zu laufen.

Susi schlief längst nach diesem aufregenden Tag, der für sie so viel Interessantes und Schönes bereitgehalten hatte.

Marianne spürte eine innere Unruhe, die keine Müdigkeit aufkommen lassen wollte. Es war wohl diese traumhaft schöne Mondnacht, die sie hinauslockte. Leise, um die Kleine nicht zu wecken, schlüpfte sie aus der Tür. Badeanzug und Handtuch unter ihrem Arm verrieten, wohin sie wollte.

Hastig eilte sie an Herrn Gottlieb Häberles Tür vorbei. Dieser aufdringliche Mensch wäre imstande, ihr diesen nächtlichen Ausflug gründlich zu verderben.

Eine märchenhafte Stille lag über dem kleinen See. Nur das heimliche Flüstern und Raunen des Nachtwindes im Schilf, den Kronen der Bäume, das leise Glucksen des Wassers waren zu hören. Wie ein Silberstreif zog sich das Licht des vollen Mondes über den dunklen See, als wäre flüssiges Metall ausgegossen.

Mühelos fand Marianne den Steg, der übers Wasser hinausgebaut war. Schmatzend saugten die Wellen an den Pfosten, die in den schlammigen Grund gerammt waren.

Rasch zog sie sich ihren Badeanzug an und unterdrückte ein Frösteln. Doch das weiche, moorige Wasser war weit weniger kalt, als sie angenommen hatte. Sie schwamm auf dem Silberstreif bis ans andere Ufer. Es war unbeschreiblich herrlich, belebend.

Als sie zurückschwamm und auf den Steg zuhielt, sah sie eine hochgewachsene Gestalt im Mondlicht stehen. Ein heißer, freudiger Schreck durchfuhr sie. Hatte sie nicht insgeheim gehofft, er würde auch hier sein?

»Kommen S' raus, sonst verkühlen S' Ihnen noch«, hörte

sie die dunkle Stimme des Knogler Hannes, begleitet von einem leisen Lachen.

War er zufällig hier oder war er ihr gefolgt? Letzteres machte sie erneut unsicher. Was sollte sie davon halten? Suchte er ein Abenteuer? Hatte sie ihm gar einen Anlaß zu dieser Vermutung gegeben?

»Ich hab' Sie doch hoffentlich net erschreckt?« fragte er.

»Freilich haben Sie das«, gab sie rundheraus zu, als sie aus dem Wasser stieg.

Wunderschön sah sie aus, wie von geschmolzenem Silber übergossen, als das Wasser über ihre Haut perlte.

Hannes hielt das Badetuch bereits in den Händen, legte es ihr wie selbstverständlich um die Schultern. Eine Geste, die nichts erwartete, forderte, schon gar nichts Anzügliches hatte.

Verwirrt trat sie einen Schritt zurück, ehe sie sich abtrocknete.

»Eigentlich wollt' ich auch noch baden. Aber jetzt ist es mir doch zu frisch geworden«, gab er zu. Mit einem Lachen fügte er hinzu: »Sie können sich schon anziehen. Ich dreh' mich derweil um.«

Überstürzt wand Marianne sich aus dem nassen Anzug, streifte ihre Kleider über, während er ihr den Rücken zukehrte.

Beim Tröpfeln, als sie ihren Badeanzug auswrang, wandte er sich mit einem beiläufigen: »So, haben wir's!« um. »Möchten S' noch ein wengl da heraußen sitzenbleiben oder gehen wir zurück zum Hof?«

Er redet, als hätt' ich grad auf ihn gewartet, dachte sie sich. Dabei mußte sie jedoch zugeben, daß ihr diese bestimmende Fürsorge, die aus seinem Ton herauszuhören war, guttat. So hatte schon sehr lange niemand mehr mit ihr geredet. Plötzlich spürte sie wieder, daß sie eine Frau war, die es gern hatte, wenn sich jemand um sie kümmerte. Zögernd gab sie zu: »Ich würd' schon noch gern dableiben.« Sie setzte sich auf den Steg, ließ die Beine ins Wasser baumeln.

»Nehmen S' meine Weste«, sagte Hannes und hängte ihr seine Strickjacke über die Schultern. »Sie sind nach dem Baden ausgekühlt. Net, daß Sie sich was holen. Wär' schad' um Ihren Urlaub.« Damit ließ er sich neben ihr nieder, zog seine langen Beine an. Er schlang die Arme um seine Knie und schaute hinauf zum vollen Mond.

Nachdem beide eine ganze Weile geschwiegen hatten, bemerkte Hannes unvermittelt: »Gelt, Sie leben net gern in der Stadt?!«

Überrumpelt stotterte Marianne: »Ja …, nein … Was heißt schon gern? Freilich g'fällt's mir auf dem Land besser, denn da bin ich aufgewachsen.«

»Tatsächlich?« entfuhr es ihm verwundert. Nun wandte er sich ihr zu. Immer noch schwang Zweifel in seiner Stimme, als er wissen wollte: »Wo kommen S' denn her? Ich mein', wo sind S' aufgewachsen?«

Bereitwillig berichtete sie nun, daß sie auf einem Hof groß geworden war, einer alten Bauernfamilie entstammte. Man hörte heraus, daß sie stolz darauf war.

»Und da halten Sie es in der Großstadt aus?« wandte er kopfschüttelnd ein.

Von einem resignierenden Schulterzucken begleitet, erwiderte sie: »Man muß halt bleiben, wo man hingestellt wird. Davonlaufen hat noch nie geholfen.« Plötzlich erhob sie sich, fügte ziemlich überstürzt hinzu: »Ich muß jetzt zurück. Ich will net, daß sich die Susi ängstigt, wenn sie wach wird, und ich bin net da.«

Hannes versuchte nicht, sie zurückzuhalten. Auch er erhob sich.

Als sie unter die Bäume eintraten, umgab sie schwarze Finsternis; kein Mondstrahl drang durchs Geäst.

»Kommen S', geben S' mir Ihre Hand, sonst stolpern S' noch über eine Wurzel«, forderte er sie auf. Ohne ihr Einverständnis abzuwarten, ergriff er ihre Hand und führte sie den schmalen Weg entlang.

Der feste, warme Druck seiner Hand war angenehm und beängstigend zugleich. Denn sie hatte alle Mühe, ein Zittern zu unterdrücken. Kaum hatte man das kleine Buchenwäldchen durchquert, als sie ihre Hand ruckartig befreite. Nun konnte sie selber sehen, wohin sie trat. Die tauschweren Wiesen waren von hellem Mondlicht überschüttet.

Hannes verstand es, einen ungezwungenen Plauderton anzuschlagen. Ihm schien es gar nicht aufzufallen, daß seine Begleiterin immer schweigsamer wurde. Als sie den Hof erreichten, brannte hinter keinem der Fenster mehr Licht.

Wieder hatte Marianne es sehr eilig, sich mit einem gepreßt klingenden: »Gut' Nacht, Herr Knogler« zu verabschieden. Sein: »Ich heiß' Hannes, Marianne! Gut' Nacht und schlafen S' gut!« mußte sie glattweg überhört haben, denn rasch eilte sie die Treppe hinauf.

*

An diesem sonnenschönen Frühsommermorgen surrte die Zenzi fuchsteufelswild durchs Haus. Sie wartete nur auf eine Gelegenheit, sich ihren Zorn von der Seele zu reden. Diesmal würde die Bäuerin ganz schön schlucken!

Allzu lang mußte die Magd aus ihrem Herzen keine Mördergrube machen. In aller Frühe schon ergab es sich, daß Zenzi mit gespieltem Gleichmut bemerkte: »So bald wird ja heut unsere Madam net zum Frühstück erscheinen.« Dabei warf sie einen Blick auf die bereitstehende Kaffeekanne, schmunzelte wissend vor sich hin.

»Wie denn das?« kam es ahnungslos von der Knoglerin.

»Gestern ist sie schon in aller Herrgottsfrüh spazierengegangen.«

»Mhm, so kann man's auch nennen. Heut nacht war sie auch spazieren. Aber net allein.«

»Geh, sie ist doch schon so bald auf ihr Zimmer …«

»Und nachher hat sie sich heimlich aus dem Haus geschli-

218

chen«, fiel ihr die Zenzi anzüglich ins Wort. »Es hat net lang dauert, und er ist ihr nach. Der Hannes!« Um keinen Zweifel aufkommen zu lassen, betonte sie noch: »Heimgekommen, natürlich mit'nander, sind sie recht spät.«

Der Knoglerin verschlug es die Sprache. Ehe es jedoch zu einem Wutausbruch kam, zwang sie sich Beherrschung auf. Dies war eine Familienangelegenheit, ging Dienstboten nichts an. Aber mit ihrem Herrn Sohn würde sie schon ein ernstes Wörtl reden! Alles, wozu sie sich hinreißen ließ, war ein unheilverkündendes: »Unter meinem Dach net!« Für sie war nicht diese Stadtmadam die Hauptschuldige, sondern der Hannes. Es war höchste Zeit, daß er in feste Hände kam. Und in diesem Zusammenhang dachte sie wieder an die Hipf-Wally, die ihr als Schwiegertochter sehr willkommen wäre.

Zenzi hingegen sah alle Schuld nur bei dieser Weibsperson, die einen äußerst verderblichen Einfluß auf alle Mannsbilder ausübte. Hatte sie nicht auch bereits den Bauern eingewickelt? Daß dies mehr auf Susis Konto ging, übersah sie. Und der Herr Häberle, ansonsten gewiß ein reputierlicher Mensch, war auch drauf und dran, ihren Verführungskünsten zum Opfer zu fallen. Nein, gut war sie auf dieses Weib nicht zu sprechen. Man mußte sie loswerden!

Wie die Fliegen ein Honighaferl, so umschwärmten kurze Zeit später drei Gestalten, unzweifelhaft männlichen Geschlechts, den Frühstückstisch im Knoglerischen Obstanger.

Als erster erschien, noch vor Eintreffen der Hausnerischen Damen, Gottlieb Häberle und nahm mit schöner Selbstverständlichkeit Platz. Hier saß er nun, und hier würde er auf das junge Fraule warten, bis auch sie der junge Morgen und vor allem das appetitliche Frühstück heranlocken würden. Denn bei ihm zählte noch vor aller Naturschönheit das leibliche Wohl, was er auch bei anderen voraussetzte.

Kaum hatten Marianne und ihr Töchterchen am Tisch Platz genommen, beide waren über Herrn Häberles Anwesenheit wenig erbaut, als auch schon der alte Knogler erschien. Er hatte allerdings nur Augen für Susi, als er ihr von den jungen Katzen berichtete, die er auf dem Heuboden entdeckt hatte.

Kein Wunder, daß die Kleine, noch ehe sie einen Bissen gegessen hatte, aufsprang und bat: »Komm, Knogler-Großvater, zeig mir die Katzerl!«

Mit nachsichtigem Lächeln schaute Marianne den beiden nach und murmelte: »Die zwei haben sich gesucht und gefunden!«

Nun mischte sich Gottlieb Häberle ein, hielt ihr in selbstgerechtem Beamtenton entgegen: »Kinder brauchen eine feste Hand, Disziplin, wenn aus ihne' was werde' soll. Das Kind hätt' warte' müsse, bis wir 'gesse hennt!« Begütigend fuhr er nun fort: »Es isch ja auch net grad einfach für so ein alleinstehendes Fraule, ein Kind zu erziehen. Was Ihrem Mädle fählt, das ischt ein Vater mit einer feschten Hand, der auch Ihne zur Seite steht! Sie sind doch noch viel zu jung, um sich allein durchs Läbe zu schlage.«

Marianne mußte ein Bissen im Halse steckengeblieben sein, denn sie begann zu husten, ehe sie mühsam hervorbrachte: »Ich komm' recht gut allein zurecht, Herr Häberle.«

Ohne sich davon beirren zu lassen, belehrte er sie eindringlich: »Sie dürfet net bloß an sich denke'! Ein Kind braucht einen Vater, wenn es was Rechtes werde soll! Sie allein stehet da auf verlorenem Poschte!« Er verdrehte seine verwaschenen Magermilchaugen scheinheilig gen Himmel, als er gestand: »Mein Lisbethle, Gott hab' sie sälig, hett keine Kinder kriegt, obwohl sie sonst ein braves Fraule war. Und ich henn Kinder so arg gern, versteh' viel von ihrer Erziehung, das dürfet Sie mir glaube. Ich sag alleweil: Strenge hat noch niemand geschadet! Han ich net recht?«

Marianne entgegnete reserviert: »Das ist Ansichtssach'.«

Er betrachtete sie nachsichtig, ehe er milde einwandte: »Einem so jungen Fraule fehlt halt noch der nötige Weitblick.«

Leider wurden seine pädagogischen Ratschläge durch Hannes' Auftauchen unterbrochen und gestört. Mit einem fröhlichen: »Gut' Morgen!« trat er an den Tisch, wobei er allerdings den wohlmeinenden Postbeamten im gehobenen Dienst übersah. »Wie haben S' denn geschlafen nach dem gestrigen Bad? Ausschauen tun S' wie's blühende Leben! Wo ist denn das Töchterl?«

Gottlieb Häberle witterte sofort Gefahr, einen Rivalen, und mischte sich anklagend ein: »Ihr Herr Vater war leider so unvernünftig und hat das Mädle geholt, noch eh es was 'gesse hett.«

Mit einem Lachen belehrte ihn der junge Knogler: »Nachher wird er auch dafür sorgen, daß die Susi net verhungert.« Sich an Marianne wendend, meinte er: »Da müssen S' Ihnen gar nix denken.«

»Das tu' ich auch gar net.«

Sofort mischte Gottlieb Häberle sich mit einem besserwisserischen: »Mit so einem alleinstehenden Fraule kann man ja alles machen!« ein.

Hier nun fuhr ihm der Hannes spöttisch ins Wort: »Naa, Sie, das glaub' ich jetzt wieder net! Die Frau Marianne weiß recht genau, woher der Wind weht!« Ohne eine Erwiderung abzuwarten, ging er, vergnügt vor sich hin schmunzelnd, davon.

»So ein ungehobelter Mensch!« stieß Herr Häberle gehässig hervor. »Aber Bildung isch ja auch net notwendig, wenn man bloß mit Küh' und Ochsen schafft!«

Nun aber rumpelte es Marianne ungehalten heraus: »Zur Bildung g'hört meiner Meinung nach auch, daß man sich net in fremder Leut' Angelegenheit mischt!«

Herr Gottlieb Häberle blickte sie tief enttäuscht an.

Er fühlte sich verkannt und mißverstanden, was jedoch seinen gesunden Appetit nicht schmälerte.

Die Knogler-Amalie hatte einiges durchs Fenster mit angesehen. Vor allem die Bremsigkeit ihrer beiden Mannsbilder, was ihren Argwohn nur noch verstärkte. Aber der Hannes schien es bereits gemerkt zu haben, daß ihm eine Predigt bevorstand, denn er wich ihr geschickt und beharrlich aus. Aber sie würde ihm die Leviten schon noch lesen, so daß ihm dieses Herumscharwenzeln verging.

Während des Mittagessens erkundigte sich Zenzi beiläufig: »Wann wird denn heuer die Brunnalm instand gesetzt? Es ist höchste Zeit, wenn in der nächsten Woch' aufgetrieben werden soll.«

»Es ist net viel zum Herrichten«, entgegnete Hannes. Er hatte die Alm vergangene Woche inspiziert. »Der Winter hat heuer keinen Schaden angerichtet.«

Der Zenzi schien das nicht ganz zu passen. Zur Bäuerin gewandt, meinte sie: »Die Sennerin tät sich schönstens bedanken, wenn der Dreck und der Staub vom vorigen Jahr noch in der Hütt'n liegt. Wie schaut's denn mit dem Brennholz aus, Hannes?«

»Es ist noch so viel droben, daß sie jeden Tag einen Ochsen braten könnt'. Was zu tun ist, kann leicht in einem einzigen Tag geschafft werden. Wir brauchen durchaus net über Nacht droben bleiben.«

Wieder schrumpfte eine von Zenzis kärglichen Hoffnungen zusammen. Zwar hatte sich auch in den vergangenen Jahren nichts Aufregendes abgespielt, wenn sie mit dem Hannes in der Brunnalm übernachten mußte. Und schöner und verführerischer war sie im Laufe der Jahre auch nicht geworden, aber mit dem Mute der Verzweiflung klammerte sie sich stets erneut an die Hoffnung, daß es gewiß im nächsten Jahr schnackeln würde. Etwas gedrückt fragte sie den Hannes: »Wann gehen wir denn?«

»Wenn sich das Wetter so gut hält, packen wir es gleich morgen!«

*

An diesem Nachmittag erhielt die Knoglerin den Besuch der Hipf-Burgl, die – so sagte sie jedenfalls – einmal nachschauen wollte, wie es ihr mit den Feriengästen erging.

Die Amalie war gerade in der rechten Stimmung, und lauthals jammerte sie: »Oh mei, wenn ich g'wußt hätt', was für Schererreien diese Leut' machen, hätt' ich gleich die Finger davon gelassen.«

»Geh zu! Was denn grad?« tat die Besucherin mit gespielter Arglosigkeit, während sie ihre Leibesfülle hinter den Tisch zwängte.

Alles mußte man ihr ja auch nicht auf die Nase binden, deshalb entgegnete die Knoglerin ausweichend: »No ja, Ruh' ist halt keine mehr im Haus. Andauernd ist was anders los. Und diesem Schwaben, dem Häberle, fällt auch allweil wieder was Neu's ein, womit man sich aufhalten muß. – Grad heut zu Mittag hab' ich ihm sechs Ochsenaugen in die Pfann' einischlagen müssen, weil er angeblich net hungrig genug war, daß sich der Weg zum Wirt verlohnt hätt'.«

Die gewitzte Hipfin, in diesem Geschäft längst kein Neuling mehr, verbiß sich ein Schmunzeln. Sie hatte diesen sparsamen Schwaben auf den ersten Blick durchschaut. Drum hatte sie ihn auch sofort wieder abgeschoben. Wer billig Urlaub machen wollte, war bei ihr an der falschen Adresse.

Mitfühlend wandte sie ein: »Jetzt das tut mir aber leid, Amalie! Daß es auch grad so einer hat sein müssen, hätt' ich net denkt! Aber mei', einischauen kannst halt in keinen Menschen.« Ihr Ton wurde mahnend und scharf, als sie fortfuhr: »Doch eins mußt dir merken: Verwöhnen darfst diese Leut' fei net! Sonst hast sie andauernd auf dem Hals. Da mußt hart sein und erklären, du hast für solche Extrawürst' keine Zeit! Schließlich bist' kein Wirtshaus!«

»Ja, freilich, recht hast. Unsereins ist halt viel zu gut …«

»Ich fürcht', das G'schäft liegt dir net«, entschied die Hipfin fast ein wengl grausam. »Schad', wirklich, denn man kann ganz schön dabei verdienen. Richtig anpacken muß man's schon, sonst zahlst' sauber drauf, arbeitest' umsonst. Wenn ich dir sag', ich hab' letztes Jahr«, hier beugte sie sich nahe zur Knoglerin und flüsterte ihr eine recht stattliche Summe ins Ohr.

»Waaas? Sooo viel?« kreischte die Bäuerin überrascht auf.

»Klar«, gab die dicke Burgl ungerührt zu. Einschränkend fuhr sie jedoch fort: »Ich hätt's net g'schafft ohne meine Walli. Das Madl versteht sich auf die Gäst'. Sie kann mit ihnen umgehen, und arbeiten kann sie für drei.« Ein hartes Aufseufzen hob ihren mächtigen Busen. »Leider wird's bei mir auch nimmer so gut laufen, wenn ich die Walli nimmer hab'.« Bedauernd sah sie ins Leere.

Einigermaßen verständnislos wandte Amalie ein: »Warum sollt' sie denn nimmer ...« Sie brach ab, denn endlich war das Zehnerl auch bei ihr gefallen. Ihre Gedanken eilten auch gleich in der richtigen Bahn weiter, so daß sie wohlmeinend hinzufügte: »Meinst' wirklich, es geht gleich so schnell mit die Zwei?« Sie selber hätte nach all dieser morgendlichen Aufregung durchaus nichts dagegen.

Plötzlich hob die Hipfin mit theatralischer Geste ihre wohlgepolsterten Schultern und machte dazu ein Gesicht, das nicht rätselhafter hätte sein können.

»Jessas, was ist denn? So red' schon!«

»Ehrlich gesagt, bin ich mir gar net sicher, ob ich es dir ...«, tat die Burgl geheimnisvoll. Aber dann schien sie sich doch einen Ruck zu geben und berichtete mit gedämpfter Stimme: »Ich war bei der Kunzen-Mirl in Sonnleiten, draußen im Achengrund ...«

Ihrer Gastgeberin entfuhr ein undefinierbares Aufstöhnen; bewundernd und zugleich erschreckt.

»Die Karten hab' ich mir von ihr legen lassen. Und da hat sie mir herausgelesen, daß alle zwei von mir, der Alfons und die Walli, heuer noch heiraten. Und weiter hat sie mir noch verraten, daß ich mit alle zwei Schwiegerkinder die größt' Freud' haben werd', auch was die Mitgift betrifft!« Hier blickte sie ihr Gegenüber vielsagend an.

Die Knoglerin schluckte, ehe sie unsicher hervorbrachte: »Hast da jemand Bestimmten im Aug', Burgl? Für die Walli, mein' ich?«

»O mei, ich sag's gleich rundheraus: Bewerber sind genug da. Grad in der heutigen Zeit, wo's für jeden Hofsohn schwer ist, eine tüchtige Bäuerin aufzutreiben, kann sich so ein Madl wie meine Walli die Partie aussuchen.«

Ungeduldig entfuhr es der Amalie: »Hat die Kunzin gar keine Andeutung g'macht, wer es sein könnt', der deine Walli heiratet?«

Nachdenklich gab die Hipfin zu: »So direkt freilich net. Aber soviel hat sie mir verraten, daß der Zusammenstand für alle Beteiligten ein Glücksfall ist, daß die Alten vom Zukünftigen und wir auch damit einverstanden sein werden. Und daß Geld zu Geld kommt, was ja nix Unrechtes ist«, fügte sie mit schmalzigem Lächeln hinzu.

»Aha! No ja«, murmelte Amalie. Ganz in Gedanken gestand sie: »Uns ..., mir wär' die Walli schon recht.« Etwas verwirrt über dieses unfreiwillige Geständnis verstummte sie.

Aber ihre Besucherin pflichtete ihr sofort bei: »Da ist nix dagegen zu sagen, Amalie. Auch ich hab' sofort an den Hannes denken müssen. Also, an mir soll's net liegen, daß die Zwei z'sammkommen. Doch ich mein' halt, er sollt' sich endlich rühren, sich um die Walli annehmen, kümmern. Wennst verstehst, was ich mein'?!«

Natürlich verstand die Knoglerin. Insgeheim nahm sie sich erneut vor, ihrem Sprößling die Leviten zu lesen. Laut jedoch fragte sie: »Und du meinst, auf die Kunzen-Mirl ist Verlaß?«

»Brauchst dich ja bloß umhören, was für einen Zulauf sie hat. Da kann sich der Sonnleitner Pfarrer das Maul fransig predigen, die Leut' rennen doch zu ihr. Und was das Kurieren anbelangt, so soll sie oft besser helfen können als ein Doktor. Und das für Mensch und Vieh!«

»Ja, ihre Salben und Tropfen kenn' ich selber«, gab die Knoglerin zu. »Die sind mir allemal lieber als das Glump, das man für sündteures Geld vom Doktor und dem Apotheker kriegt. Aber das ander' halt, mein' ich ...?«

Mit Verschwörerstimme raunte die Hipfin: »Es gibt mehr

zwischen Himmel und Erd', als sich unsere Schulweisheit träumen laßt!«

Ja, auch davon hatte die Amalie bereits gehört. Ob das allerdings auch noch für unsere moderne, aufgeklärte Zeit Geltung hatte, wußte sie nicht. Soviel stand allerdings fest: Wenn den Menschen Schmerzen oder Sorgen plagten, war es ihm einerlei, von wem Hilfe kam. Hauptsache: sie kam überhaupt!

Zur selben Zeit versuchte auch Marianne Hausner ihrem augenblicklichen Schicksal, dem schwäbischen Verehrer, zu entgehen, der ihr unsagbar auf die Nerven fiel. Doch die Möglichkeiten, ihm hier, auf dem Hof, zu entkommen, waren gering.

Da Susi an ausgedehnten Spaziergängen keine Freude hatte und lieber dem neuerworbenen Großvater auf Schritt und Tritt folgte, beschloß Marianne, sich davonzustehlen, allein zum kleinen See, zum Baden, hinauszugehen. Es sollte ihr jedoch nicht gelingen. Unglücklicherweise lief sie geradewegs in Herrn Häberles Arme.

»Wo wollet Sie denn hin, schön's Fraule?« erkundigte er sich angelegentlich und schielte neugierig auf das zusammengerollte Badetuch unter Mariannes Arm.

Nicht um alles in der Welt hätte sie diesem lästigen Menschen das idyllische Fleckchen verraten. Ohne rot zu werden, erwiderte sie: »Ich wollt' mich ein wengl in den Liegestuhl …«

»Und das Handtüchle?« fragte er rundheraus, wobei ein lüsterner Ausdruck in seinem von der Sonne geröteten, gedunsenen Gesicht erschien.

»Leg' ich mir über, wenn's mir zu heiß wird«, antwortete sie. Etwas zynisch setzte sie hinzu: »Sie sollten auch lieber im Schatten bleiben, denn die Sonn' hat Sie schon ganz schön erwischt. Wenn S' net vorsichtiger sind, werden S' eine unruhige Nacht haben.« Dabei musterte sie seine krebsroten Arme und Beine ziemlich geringschätzig.

Stolz warf sich Gottlieb Häberle in die magere Brust, wobei er seinen ohnehin weit hervorstehenden Bauch noch mehr herausreckte, beteuerte großspurig: »Mir macht des bissle Sonn' gar nix aus! Ich bin ein abgehärteter Typ und nehm's mit jedem Naturburschen auf!«

Sich ein Lachen verbeißend, zuckte sie nur mit den Schultern, wandte sich zum Gehen. Nun wurde es also nichts mit einem erfrischenden Bad, und sie ging statt dessen hinunter zum Obstanger, wo die Liegestühle standen.

Es nutzte gar nichts, daß Marianne ihren Sessel in die pralle Sonne rückte. Hartnäckig setzte sich auch der eifrige Schwabe an ihre schattenlose Seite.

Es dauerte nicht lange, da startete er einen Direktangriff und fragte sie mit seinem gewinnendsten Lächeln: »Habet Sie eigentlich noch nie dran denkt, wieder zu heirate? Es ischt net gut, daß der Mensch allein sei! So steht's schon in der Bibel.«

»Ich bin recht gern allein«, erwiderte sie unverblümt. »Ich hab' mein Kind, mein Auskommen. Was will ich mehr?«

»Jede Frau braucht männlichen Schutz …«

»Ach, woher denn! Ich fürcht' mich auch allein net«, lachte sie ihn aus, auch wenn sie ihn damit vielleicht kränkte.

Doch so leicht war er gar nicht zu verletzen. Er kam nun erst richtig in Fahrt. Eindringlich versuchte er ihr vor Augen zu halten: »Sie könnten doch das herrlichste Läbe haben! Sie verdienet mit Ihrem G'schäftle und der Mann in einer respektablen Stellung mit seinem Gehalt …«

»Da bleib' ich lieber allein«, wehrte sie ab.

»Denket Sie doch an Ihr Alter! Ein Mann in einer pensionsberechtigten Stellung kennt Ihne Sicherheit biete …«

Sie versuchte das Ganze ins Lächerliche zu ziehen, unterbrach ihn belustigt: »Jetzt hören S' aber auf, Herr Häberle. Sie legen sich ja ins Zeug wie ein Heiratsvermittler, der Kundschaft sucht. Wie gesagt, mir g'fällt's ganz gut allein. Ich hab' net vor, mich wieder zu verheiraten!«

Mit erhobenem Zeigefinger drohte er: »Nur nix verrede, jungs Fraule! Außerdem will ich ja nur Ihr Bestes! Es ischt auch jammerschad', wenn Sie so allein …«

»Ich bin doch net allein, ich hab' ja mein Kind«, stieß Marianne nun ungehalten hervor.

Aber gerade das war Wasser auf seine Mühle. »Eben dem Mädle gegenüber habet Sie Verantwortung«, plädierte er feierlich. »Es braucht einen Vater, der aus ihm einen rechtschaffenen Menschen macht, der es erzieht, so wie's sich g'hört.«

»Ich glaub', Herr Häberle, das kann ich auch allein.« Nun stand sie entschlossen auf und ging mit einem knappen, aber bestimmten Kopfnicken einfach davon.

Enttäuscht blickte ihr der Stuttgarter nach, bis sie im Haus verschwunden war. »Was sie bloß gegen mich hat?«

*

Es war Feierabend, und der Knogler-Hannes trabte auffallend nervös umher. Man sah es ihm unschwer an, daß er auf etwas oder jemand wartete.

»Herrgott, Bub, du bist ja heut wie der umgehende Schuster«, kam es vom alten Knogler-Hans, der im Herrgottswinkel saß und seine Zeitung las. Denn dazu hatte er untertags keine Zeit mehr, schuld dran war die unternehmungslustige, wißbegierige Susi. Doch nun störte ihn das andauernde Hin und Her seines Sohnes.

Die Knogler-Amalie saß auf der Ofenbank, die sich um den Kachelofen zog, und strickte mit klappernden Nadeln an einem Strumpf. Sie warf ihrem Sohn einen mißbilligenden, zugleich wissenden Blick zu, sagte jedoch kein Wort. Sie wußte, warum er so unruhig hin und her trabte. Aber sie würde ihn schon kurieren von dieser Krankheit, dieser städtischen!

So ungestüm wie stets kam die Zenzi in die Stube gerumpelt und verkündete lauthals: »Ich hab' alles gerichtet, Bäuerin! Die Kraxen für den Almgang morgen sind gepackt.« Zum Hofsohn gewandt, fragte sie: »Wann geht's denn los?«

Lustlos kam es von Hannes: »Um viere, halbe fünfe möcht' ich fort, so daß wir vor der Hitz' droben sind.«

Der Zenzi war's recht. Geschäftig surrte sie wieder davon, ganz erfüllt von ihrer Wichtigkeit.

Nun faltete der Bauer seine Zeitung zusammen und stieß ungehalten hervor: »Herrgottsakra, zum Lesen hat man auch keine Ruh' nimmer!« Er erhob sich, gähnte herzhaft, ging zur Tür. »Ich leg' mich schlafen. Gut' Nacht, mit'nander!«

Ohne von ihrer Arbeit aufzusehen, erwiderte seine Bäuerin den Gruß. Es war ihr ganz recht, daß sich nun endlich Gelegenheit bot, ein Wörtl mit ihrem Sohn zu reden

Ohne lange um den heißen Brei herumzureden, steuerte sie gleich direkt auf ihr Ziel los. Während sie ihre verarbeiteten Hände mit dem Strickzeug in den Schoß sinken ließ, blickte sie Hannes eindringlich an und sagte entschlossen: »Mir wird das alles zuviel, ich schaff's nimmer allein. Die ganz' Arbeit mit dem Hauswesen, und jetzt auch noch die Feriengäst', die mit jedem Tag mehr werden können.«

»Du hast dir doch die Vermieterei eingebildet, Mutter«, entgegnete er etwas überrascht, verständnislos.

»Das schon, Bub«, räumte sie ein. »Und ich möcht' auch nix hin'tlassen, denn es ist ein schönes Stückl Geld damit verdient. Aber allein werd' ich damit nimmer fertig, und Dienstboten kriegt man heut' keine mehr. Hannes, du bist alt genug, um zu wissen, was ich mein'.«

Ein belustigtes Schmunzeln glitt über sein gebräuntes Gesicht, winzige Lachfältchen erschienen um seine kohlschwarzen Augen. »So, auf einmal soll ich also heiraten«, war alles, was er dazu zu sagen hatte.

»Ja, heiraten!« kam es heftig von seiner Mutter. Und nun rumpelte ihr heraus, was sie eigentlich für sich behalten, respektive diplomatischer hatte vorbringen wollen: »Dann hört das Herumscharwenzeln um Weiberleut', die nix für dich sind, gleich auf. Nachher kann sich dein Vater endlich um seine eigenen Enkelkinder kümmern.«

»Ach so, Mutter«, grinste er sie ungerührt an, »du bist ja eifersüchtig!«

»Einen Schmarrn bin ich! Schau, daß eine junge Bäuerin auf den Hof kommt, dann ist uns allen geholfen.«

Es fiel Hannes schwer, ernst zu bleiben. Dieser plötzliche Sinneswandel seiner Mutter erschien ihm ein bissel komisch, um nicht zu sagen lächerlich. In gespielter Unschuld fragte er: »Woher soll ich denn auf einmal eine Frau hernehmen? Mit jeder wirst ja g'wiß auch net einverstanden sein?«

»Gott bewahr!« entfuhr es ihr entsetzt. Plötzlich merkte sie, daß sich ihr Sohn nur über sie lustig machte, und sie fuhr energisch fort: »So viel Verstand trau' ich dir dann doch schon zu, daß du weißt, was sich gehört!«

»Ich tät's net beschwören, Mutter«, schmunzelte er anzüglich, während er sich seine Pfeife anzündete.

Er schien ganz vertieft in diese Arbeit, so daß ihm der scharfe, prüfende Blick seiner Mutter entging, mit dem sie ihn musterte.

No ja! dachte die Knoglerin. Warum soll ich die Katz' net gleich aus dem Sack lassen?

Rundheraus sagte sie: »Ich wüßt' schon ein Madl, das zu uns passen würd'. Sie ist aus einem anständigen Hof, kriegt eine schöne Mitgift und versteht was von der Bauernarbeit. Obendrein ist sie auch noch bildsauber und tät bestimmt net nein sagen.« Sie verstummte, sah ihn abwartend an.

Er schien jedoch gar nicht neugierig zu sein, um wen es sich hierbei handelte. Er zog genüßlich an seiner kurzen Pfeife und stieß kleine Rauchwölkchen aus.

»Willst net wissen, wen?«

»Nein! Wenn ich schon heiraten soll, nachher such' ich mir meine Frau auch selber aus«, kam es gelassen, viel zu gelassen zurück.

»Mit so neumodischen Manieren kannst' mir gestohlen bleiben! Du hast uns und dem Hof gegenüber schließlich eine Verantwortung und mußt zusehen, daß alles seine Richtigkeit hat.«

»Wenn du mit deiner Richtigkeit eine eingefädelte Heirat

meinst, bist bei mir auf dem Holzweg«, fiel er ihr, nun ebenfalls schärfer werdend, ins Wort. »Ich laß' mich net umeinan-
derschieben wie ein Krippenmanndl! Zuerst hast' so lang nix
von einer jungen Bäuerin wissen wollen, und jetzt soll's auf
einmal gleich sein. Und noch dazu eine, die du für mich ausgesucht hast. Nein, Mutter, gar so einfach geht die G'schicht net!
Ich bin auch ein Mensch aus Fleisch und Blut.«

Der Knoglerin wurde es auf einmal etwas zu heiß. Unbe-
herrscht rief sie aus: »Jetzt sag' bloß noch, daß die Hipf-Walli
kein Madl ist, bei der net ein jeder sofort zugreifen tät!«

»Heiliger Strohsack«, stöhnte da Hannes auf, nahm seine
Pfeife aus dem Mund. »Was soll ich denn mit so einem jungen
G'schoß anfangen?«

»Das ist doch die Höhe«, ereiferte sich Amalie händeringend. »Jetzt brauchst' bloß noch zu sagen, sie ist dir zu sauber
und ihre Mitgift zuviel!«

»Du willst mich ja gar net verstehen, Mutter. Was ich damit
sagen will ist dies: Walli mag zwar bildsauber und jung sein,
trotzdem ist sie mir einerlei! Ich heirat' keine, die ich net gern
hab'!«

»So ein hirnrissiger Schwachsinn«, stöhnte sie auf. »Von der
Lieb' allein kann keiner leben! Die Walli paßt zu uns …«

»Zu dir vielleicht, aber net zu mir. Ich bitt' dich, Mutter,
hör' auf damit, denn lieber bleib' ich einschichtig, als daß ich
die Walli heirat'.«

Die Knoglerin sah ihre Pläne im Nichts zerrinnen. Das
machte sie wütend, brachte ihr Blut in Wallung. Denn wie gesagt, sie war es gewohnt, daß ihren Befehlen und Anordnun-
gen Folge geleistet wurde. Erbittert herrschte sie ihren Sohn
an: »Und wenn ich sag', du heiratest die Walli, dann hast' dich
danach zu richten!«

Leise, aber sehr bestimmt, kam es von Hannes: »Da bist'
sauber auf dem Holzweg, Mutter!« Dabei zündete er sich erneut seine Pfeife an.

Da sprang die Knogler-Amalie unvermittelt auf. Ihr Strickzeug fiel klirrend zu Boden. Sie ließ es achtlos liegen, stürmte wutschnaubend aus der Tür. Blind vor Zorn rannte sie die Stiege hinauf, und mit einemmal war es passiert!

Sie stolperte und fiel mit einem schrillen Entsetzensschrei rücklings die Treppe herab.

»Jessas, Jessas. Heilige Muttergottes, das hat mir grad noch gefehlt!« stöhnte und greinte sie, versuchte sich aufzurappeln. Aber von allein kam sie nicht auf die Beine.

Hannes hob sie kurz entschlossen auf, trug sie in die Stube, wo er sie vorsichtig aufs Kanapee niederließ. »Geht's, Mutter?« fragte er besorgt. »Meinst, du hast dir was …?« Er wagte den Satz gar nicht zu Ende zu sprechen.

Vom Schrei der Bäuerin aufgeschreckt, betraten die Zenzi und Frau Hausner mit angstvoll geweiteten Augen die Bauernstube. Zaghaft kamen sie näher.

Sich den Rücken reibend, stöhnte die Knoglerin: »Mir scheint, ich hab' mich auf den Staffeln bloß aufgeschunden.« Sie versuchte sich zu bewegen, zuckte mit schmerzverzerrtem Gesicht zusammen und ächzte: »Jessas, der Fuß!« Vorsichtig tastend fuhr sie mit der Rechten über den linken Knöchel, der deutlich sichtbar anzuschwellen begann.

»Sauber, der Haxen ist ab!« konstatierte Zenzi grausam.

»Ach woher denn! Der ist bloß verstaucht«, versuchte sich die Verletzte selber Mut zuzusprechen.

»Wir versuchen es am besten mit Umschläg'«, rief Marianne Hausner. Mitfühlend fragte sie: »Haben S' arge Schmerzen, Frau Knogler?«

»Net schlecht«, gab die Bäuerin zu, den Knöchel erneut befühlend. »Ich wett', der ist noch ganz!«

»Ich weiß net recht, Mutter!« meinte Hannes besorgt. »Es wär' g'scheiter, wenn wir den Doktor holen!«

»Freilich, sonst nix mehr!« lehnte sie entschieden ab. »Wenn's bis morgen net besser wird, kann er allweil noch kommen.«

Nun kam der Knoglerbauer zur Tür herein. Sah verschlafen

aus, sein Haar umstand in grauen Büscheln den Kopf. Hastig schien er in sein Gewand gerumpelt zu sein. Greinend erkundigte er sich: »Was ist denn das für ein Auflauf? Mar' und Josef, Mutter, du hast dir doch nix getan?« jammerte er im Näherkommen.

»Ich fürcht', ich hab' mir den Knöchel gesprengt«, gab sie nun zu.

Sofort entschied ihr Mann: »Da muß der Doktor her! Auf der Stell'!«

»Nix da! Ich will keinen Doktor«, erklärte Amalie eigensinnig. »Probieren wir's halt mit Umschläg'.«

Sofort eilte Zenzi in die Kuchl, um alles Notwendige herbeizuschaffen.

Etwas betreten, mit hilflosen, mitfühlenden Mienen, umstanden die anderen das Kanapee, auf dem die verunglückte Knoglerin kauerte.

Nun erschien die Zenzi mit einem Schüsselchen essigsaurer Tonerde, einem Leinenlappen, und wollte sich geschäftig ans Werk machen. Kaum hatte sie jedoch den nassen Lappen auf dem inzwischen blaurot angelaufenen Knöchel gepreßt, als die Bäuerin auch schon mit einem Wehgeheul aufschnellte und sie anfuhr: »Tu deine ung'schickten Pratzen weg!«

Beleidigt zog sich die Magd zurück, wobei ihre Unterlippe gekränkt und vorwurfsvoll herunterhing.

»Ich sag's doch: da muß der Doktor …«

Ihren Mann energisch unterbrechend: »Red doch net!« machte sich nun die Amalie selber ans Werk und legte sich den getränkten Lappen auf den Knöchel. Und, o Wunder, ihr Gesicht entspannte sich, sie ächzte, nur nicht mehr so jämmerlich: »Tut das gut. Ich spür's bereits, wie der Schmerz nachläßt!«

Zwar mitfühlend, aber doch etwas zweifelnd, wandte Hannes ein: »So schnell wird das net vergehen. So eine Verstauchung – wenn's eine ist, vergeht net von heut' auf morgen. Da wirst schon einige Zeit liegenbleiben müssen.«

Noch ehe die Knoglerin protestieren konnte, stimmte auch Marianne Hausner zu: »Da hat Ihr Sohn schon recht, Frau Knogler. Mindestens ein, zwei Wochen werden S' net gehen können. Ich kenn' mich ein bissel aus, denn mir ist vor etliche Jahr' das gleiche passiert.«

»Insa lieabeste Zeit!« stöhnte die Verletzte. »Wer tut denn nachher meine Arbeit? Ausgerechnet jetzt …«

»Reg dich net auf, Mutter, es wird schon gehen«, begütigte der Bauer. »Die Zenzi ist ja auch noch da.«

»Ich muß morgen mit dem Hannes auf die Brunnalm«, kam es vorschnell und abweisend von der sommersprossigen Magd. »Der Kaser muß geputzt …«

»Nix da!« fiel ihr Amalie entschieden ins Wort. »Derweil sitzen daheim die Leut' um den leeren Tisch herum. Du mußt daheim bleiben! Der Hannes muß zusehen, wie er da droben allein fertig wird.«

»Also weißt', Mutter, Mannsarbeit ist die Putzerei grad keine«, versuchte Hannes abzuwehren.

Da kam es unvermittelt und etwas zaghaft von Marianne Hausner: »Wenn's weiter nix ist, mach' halt ich den Kaser sauber. Mir ist so eine Arbeit net fremd. Ich kann auch mit Milchg'schirr und Weitling' umgehen …«

Alle rissen verdutzt die Augen auf, starrten Marianne überrascht an, bis es ungläubig von der Knoglerin kam: »Siiie? Woher …?«

»Ganz einfach. Von daheim halt. Auch zu unserem Hof daheim g'hört eine Alm, und ich bin oft mit droben gewesen.«

In dem nun folgenden wortreichen Hin und Her achtete keiner auf Zenzi, deren Gesicht auf einmal das Käsfarbene aufwies. Sie wäre bald zersprungen vor Eifersucht. Voller Enttäuschung sagte sie sich, daß man sich ein ganzes Jahr lang auf etwas freute, und dann wurde einem dieser eine einzige Tag auch noch vermasselt! Es war schon eine Ungerechtigkeit: den einen fällt alles von allein in den Schoß, und die andern haben gar nix!

Die verletzte Knoglerbäuerin hatte eine sehr unruhige Nacht verbracht. Gepeinigt von Schmerzen, hatte sie kaum ein Auge zugetan, aber noch immer wollte sie vom Doktor nichts wissen. Statt dessen beschwor sie ihren Mann, ihr einen anderen, freilich etwas sonderbar klingenden Gefallen zu erweisen.

Anfangs weigerte sich der Knoglerbauer energisch dagegen. »Naa, auf so was laß' ich mich net ein! Holen wir den Doktor …«

Doch mit dem ihr eigenen Starrsinn drängte sie: »Bring mir die Kunzen-Mirl her! Sie hat schon mehr geholfen, und schneller und billiger als der Doktor!«

»Schmarrn! Wo doch eh alles die Krankenkasse zahlt!«

Auch diesen Einwand ließ sie nicht gelten, greinte und bohrte so lange weiter, bis sich der Hans, er war halt nun einmal ein herzensguter Mensch, tatsächlich ins Auto setzte und auf den Weg nach Sonnleiten zur Kunzen-Mirl machte. Mit einem schicksalsergebenen: »Aber erzählen brauchst das keinem, auf was für damische Ideen du kommst!« gab er nach.

Gar so damisch erschien der Amalie diese Idee nicht. Was die Hipfin konnte, das konnte sie auch. Sie wollte endlich Gewißheit haben, ob ihr die Walli als Schwiegertochter bald ins Haus stand. Und das sollte ihr die Mirl sagen, respektive aus ihren Karten herauslesen. Daß sie nebenbei auch noch was für ihren schmerzenden Knöchel tun sollte, ergab sich ja wohl von selbst.

Ächzend und stöhnend und sehr ungeduldig lag diese Frau, die sich ansonsten nicht stillhalten konnte, nie untätig war, im Bett. So hilflos und unbeweglich zu sein, war für sie eine Höllenqual. Und die Zenzi, dieses hirnlose G'schoß, kümmerte sich natürlich auch nicht um sie. Sie durfte gar nicht dran denken, was sie in ihrer Ungeschicklichkeit alles anstellte! Und mit der Kocherei war es bei ihr schon gleich gar nicht weit her! Verwunderlich war dies nicht, denn welcher junge

Mensch arbeitete in der heutigen Zeit noch in der Landwirtschaft?!

Indessen hatte Zenzi tatsächlich alle Hände voll zu tun, nun, ohne Bäuerin, ganz auf sich allein gestellt.

Herr Gottlieb Häberle zeigte sich an diesem Tag besonders lästig, da Marianne Hausner außerhalb seiner Reichweite war. Nun heftete er sich an Zenzis Fersen, wollte bald das eine oder andere haben. Er spielte Gast.

Bald hatte dieser ausgefuchste Geizhals herausgefunden, daß er bei der Magd, die heute völlig kopflos herumschwirrte, leichtes Spiel hatte, um billig zu Brotzeiten zu kommen, was bei ihm »Veschpere« hieß. So war's nicht verwunderlich, daß er heute die meiste Zeit in der Kuchl verbrachte und hinter der Zenzi her war.

Gottlieb Häberle, stets auf seinen Vorteil bedacht, beurteilte Menschen nach dem, wie nützlich sie ihm waren. Je länger er die dralle rothaarige Zenzi betrachtete, je mehr Schmankerl sie ihm zuschob, um so besser gefiel sie ihm. Obwohl er soeben ein schönes Trumm Geselchtes vertilgt hatte – sein Appetit schien unersättlich – bat er mit schmalzigem Schmunzeln: »Wenn Sie noch ä Stückle Käääs bei der Hand hätt', Zenzile …?!«

Sein Herz hüpfte vor Freude, als er gleich darauf vor dieser, nicht zu knapp bemessenen Köstlichkeit saß. »Wenn ich noch ein bissle Pfeffer und Salz … Zenzile … Dees ischt aber nett!«

Angetrieben von diesen kleinen Schmeicheleien, beeilte sich Zenzi, alles Gewünschte herbeizuschaffen und vor ihn hinzustellen. Als sie mit einem wohl- und ehrlich gemeinten: »Jetzt lassen Sie es Ihnen nur schmecken, Herr Häberle!« etwas allzu dicht neben ihm stehen blieb, geriet er plötzlich in Bedrängnis.

Die allzeit hungrigen Augen des Postbeamten glitten vom Käse zu den ausladenden Hüften der Zenzi, die da so stramm und fest und in Griffnähe neben ihm aufgebaut waren. Plötzlich verlor für ihn der Käse seinen Reiz, was zum Großteil daran lag, daß er bereits mehr als satt war. Und es überfiel ihn ein anderer Hunger. Er griff zu, zog die Magd auf seine Knie.

»Aber ..., Herr Häberle«, tat sie abwehrend, wie entsetzt, klammerte sich jedoch dabei unmißverständlich an ihn.

Dieser üppige Körper, der sich ihm so entgegenkommend darbot, trieb dem alternden Manne das Blut zu Kopf und Schweißtröpfchen auf die kahle, stark gerötete Stirn.

Plötzlich jedoch öffnete sich die Tür, und die kleine Susi kam herein.

Wie von der Tarantel gebissen fuhr Zenzi in die Höhe, feuerrot im Gesicht, während sich ihr Verehrer hastig die verrutschten Kleider ordnete. Giftig fauchte sie das Kind an: »Was willst denn?«

»Ist der Knogler-Großvater noch net da?« erkundigte sich die Kleine, die nichts Rechtes mit sich anzufangen wußte, da auch ihre Mutter den Hof verlassen hatte. Sie war noch zu klein, um sich über dieses seltsame Gehabe zu wundern, sich dabei gar etwas vorstellen zu können.

Noch ehe die Magd eine ruppige Antwort geben konnte, hatte sich Herr Häberle erhoben. Er nahm seinen Teller mit dem Käse, das Besteck – sein Appetit hatte wohl nicht gelitten – und erklärte mit einem plump vertraulichen Zwinkern: »Ich geh' auf mein Zimmerle, Fräulein Zenzile!«

Sie hatte schon verstanden, konnte nur hilflos mit den Schultern zucken. Es mußte Ironie des Schicksals sein, daß sie nie zum Zuge kam. Mit einem ungnädigen, ja, bösartigen: »Steh net im Weg herum! Geh hinaus, such dir was zum Spielen«, scheuchte sie das Kind aus der Kuchl.

»Ich wart' auf den Knogler-Großvater«, kam es gepreßt von Susi.

»Himmiherrgott, das ist net dein Großvater! Er wird's auch nie werden!« herrschte die Magd sie grob an.

Langsam füllten sich die Augen des Kindes mit Tränen, um seinen Mund zuckte es verräterisch. Es versuchte sich jedoch krampfhaft zu beherrschen.

»Fang mir ja net auch noch zu greinen an!«
Überstürzt stolperte das weinende Dirndlein aus der Tür.

*

In einem begrünten Kar, gerade über der Baumgrenze, lag die Brunnalm. Tief duckte sich der langgestreckte Kaser mit dem silbrig schimmernden Holzschindeldach in die Grasmulde, die von beiden Seiten mit Latschen und Almrausch bewachsenen Hängen flankiert wurde.

An die drei Stunden mußte man zügig bergauf steigen, um dieses malerische Fleckchen in der Bergeinsamkeit zu erreichen.

Doch nun störten dieses Bild des Friedens und der Ruhe dröhnende Hammerschläge. Denn der junge Knoglerbauer reparierte die Schäden des vergangenen Winters, der nicht allzu arg gehaust hatte.

Im Innern der Sennhütte arbeitete Marianne Hausner. Mit einer groben Arbeitsschürze angetan, putzte und schrubbte sie Fenster und Böden. Seit dem Morgen hatte sie fleißig zugegriffen, und nun blitzte bereits alles vor Sauberkeit.

Dann, es war um die Mittagszeit, zog der verlockende Duft nach goldgelbem, fettglänzendem Schmarrn durch die Hütte und zog auch den Hannes herbei.

Nach einem Blick in die Pfanne, auf die buttrigen, flaumigen Flocken, entfuhr ihm ein überraschtes und zugleich anerkennendes: »Sakra, Sennerin, das ist ja ein Muas!« Mit einem genießerischen Einatmen fügte er hinzu: »Mir rinnt's Wasser schon im Mund z'samm! Für ein richtig's Muas, da laß' ich alles stehen!«

»Dann setz dich nur gleich an den Tisch«, forderte sie ihn auf. Schon während des Aufstiegs hatte man das gespreizte Sie gegen das vertrautere Du getauscht.

Die rußige Pfanne kam auf einem ebenso verrußten Dreibein auf den Tisch. Teller gab es, wie es zu diesem Gericht der Brauch war, keine.

Bereits beim ersten Löffel verdrehte Hannes schwärmerisch die Augen und lobte: »Ich muß zugeben, Marianne, die alte Wabi hat's net besser gemacht! Und diese alte Sennerin war die beste Muaserin weit und breit. Besser können's die Holzknecht und Jäger auch net! Und die essen mindestens einmal tagtäglich ihren Schmarrn.«

»Es freut mich, wenn's dir schmeckt«, murmelte sie etwas befangen.

Nach einem weiteren Löffel schüttelte er den Kopf und meinte etwas nachdenklich: »Gspaßig ist's schon, daß ausgerechnet eine aus der Stadt …« Er brach ab. »Bei der Zenzi hätt's g'wiß wieder bloß Ochsenaugen gegeben«, fügte er mit einem gekünstelten Auflachen hinzu, ehe er sich wieder ganz seiner Mahlzeit widmete.

Als die Pfanne bis auf das letzte rösche Bröckchen geleert war, fragte Hannes: »Hast' noch lang zu tun?«

»Bloß das Zeug's, das ich zum Auslüften draußen hab', muß ich noch hereinräumen, und das bissel G'schirr abwaschen.«

»Ich hab's auch bald. Es war eh net viel los heuer, nach dem milden Winter, wo's längst net soviel geschneit hat wie all die andern Jahr'«, erklärte er ziemlich umständlich, zögerte sichtlich, sich wieder an seine Arbeit zu machen.

»Bei uns in der Stadt hat man kaum was vom Winter gemerkt. Bloß halt die Kält'n«, kam es beiläufig von Marianne, die bereits wieder am Herd hantierte.

Mit einem tiefen, irgendwie sehnsüchtig-schmerzlichen Aufseufzen, das wenig zu einem Menschen paßte, der gerade gut und reichlich gegessen hatte, machte er ein paar Schritte zur Tür. Ohne sie anzusehen, stieß er lustlos hervor: »Dann pack' ich's halt wieder … Daß wir fertig werden und heimkommen …«

Sie hatte ihm den Rücken zugewandt und entgegnete leichthin: »Ja, wär' mir schon recht, wenn die Susi net allzu lang allein bleibt und deinem Vater auf die Nerven fällt.«

Mit einem gedehnten: »Ich hab's eh bald« verließ er schließlich die Hütte.

Nachdem Marianne mit ihrer Arbeit fertig, der Kaser blitzsauber war, setzte sie sich auf die Bank vor der Hütte. Sie hatte vom Hannes seit einer Stunde nichts mehr gehört, vermutete, daß er irgendwo noch einen Zaun flickte.

Wie schön müßte es sein, hier heroben zu bleiben, ein einfaches Leben zu leben, dabei Hektik und Sorgen zu vergessen. »Ob ich das noch könnt'?« fragte sie sich. Sie konnte sich dies mit gutem Gewissen bejahen. Denn nie war die Sehnsucht nach den Bergen, der Natur, ganz in ihrem Herzen verstummt. Richtig heimisch hatte sie sich in der Großstadt nie gefühlt.

Plötzlich kam Hannes um die Hütte, verkündete erleichtert: »So, ich hab's!«

Mariannes Herz begann zu klopfen, als sie, seinem dunkel glühenden Blick ausweichend, erwiderte: »Dann können wir ja aufbrechen.«

Mit einem: »Ein wengl ausrasten mußt mich schon noch lassen« setzte er sich dicht neben sie. Während sein Blick nun über die Bergkette wanderte, fuhr er mit einer fast entrückt klingenden Stimme fort: »Herrgott, ist das wunderschön! Da heroben könnt' ich's schon einige Zeit aushalten.« Es geschah wie selbstverständlich, daß er seinen Arm um ihre Schulter legte, sich zu ihr beugte und leise fragte: »Wär' das net herrlich, Marianne, wenn wir zwei eine Zeitlang allein sein und alles vergessen könnten?«

Sie saß da, konnte kaum atmen vor Aufregung. Sie hätte sich von seinem Arm, dem festen Druck seiner Hand, befreien müssen, vielleicht hätte sich dann ihr unsinnig pochendes Herz wieder beruhigt. Doch bewegungslos hielt sie still, dem Aufruhr, der in ihrem Innern tobte, hilflos ausgeliefert. Sie konnte sich auch nicht bewegen, als sich sein Gesicht dem ihrigen näherte, seine zwingenden Augen ihren Blick nicht mehr losließen. Sie konnte nur warten, bis sie seine Lippen auf ihrem Mund fühlte.

Es war, als wäre auch in ihm eine letzte Schranke zerbrochen. Mit einem leidenschaftlichen Aufstöhnen preßte er sie an sich, begann sie wie verzweifelt zu küssen.

Es waren wilde, fordernde Küsse, die ihr das Blut schneller durch die Adern trieben, eine schier berauschende Wirkung auf sie ausübten. Ihr ohnehin nur noch mühsam aufrechterhaltener Widerstand schmolz dahin, sie überließ sich seinen Zärtlichkeiten. Bedenken und Überlegungen verstummten. Sie wußte nur noch eines: sie liebte diesen Mann, und sie wollte ihm gehören. Wie lange, danach wollte sie jetzt nicht fragen.

*

Wohl war dem Knogler-Hans nicht, als er mit der »alten Hex'«, wie er die Kunzen-Mirl insgeheim bei sich nannte, am hellichten Tag durchs Dorf zu seinem Hof fuhr.

Seine Beifahrerin schien derlei Bedenken haargenau zu kennen und schien sich drum geradezu köstlich zu amüsieren. Ja, ja, ihre Dienste brauchte man, aber zu tun wollte man nichts mit ihr haben.

Diese gerissene Alte machte sich einen Spaß, all die teils entsetzten, teils neugierigen Blicke, die sie im Vorbeifahren streiften, mit geradezu hoheitsvollem Kopfnicken zu erwidern. Dies wirkte bei dem abenteuerlichen Aussehen der zaundürren, verhutzelten Mirl auf einige grotesk, während andere deutlich erschraken.

Die Fahrt von Sonnleiten nach Hochreith verlief ziemlich schweigsam, was die Kunzin jedoch nicht verübelte. Ihre kleine, gebeugte Gestalt tief in den weichen Sitz gekauert, einen abgewetzten Korb fest an sich gepreßt, so ließ sie sich mit unverhohlenem Behagen chauffieren.

Als man den Knoglerhof erreichte, ging's auf Mittag zu. Dann kletterte die alte Mirl sehr viel behender, als man es ihrem Alter zugetraut hätte, aus dem Wagen, und sah sich prüfend und taxierend mit ihren flinken dunklen Äuglein um.

Dem Bauern mochte es entgangen sein, denn er hob das lachende Maderl hoch, das ihm entgegengerannt kam. Doch sie erspähte das Pärchen: sie rotschopfig, er plattert, das hastig auseinanderfuhr, als man an einer offenstehenden Tür vorüberkam. Wie sie überhaupt eine unheimlich gute Beobachterin war, was zu einem Gutteil das Geheimnis ihres Erfolges ausmachte, und nun fragend den Bauern ansah, als die Kleine ausrief: »Bin ich froh, Knogler-Großvater, daß du wieder da bist!«

Fast hatte es den Anschein, als wäre der Hans ein wengl verlegen, als er erklärte: »Sie g'hört einer jungen Wittib, einem Feriengast aus München.«

»Und wo ist die kranke Bäuerin?« fragte die Kunzin, als hätte sie diese Antwort glattweg überhört.

Der Knogler-Bauer brachte sie bis zur Schlafzimmertür seiner Frau, dann zog er sich lieber diskret zurück. Seine Mission war beendet; mehr wollte er mit dieser Sache nicht zu tun haben.

Mit behenden Schritten trippelte die alte Mirl ins Zimmer, erinnerte sich sofort: »Gelt, du warst schon einmal bei mir, Bäuerin?!« noch ehe sie ihre Patientin – oder besser Klientin begrüßte. Ehe sich diese jedoch in einer langwierigen Rückschau verlor, erkundigte sie sich sachlich: »Wo fehlt's denn genau, Bäuerin? Zeig her den Fuß!«

Die Amalie schlug die Decke zurück, wies stumm auf den blaurot angeschwollenen Knöchel.

Sachkundig glitten die Finger der Kunzin, braunen Vogelkrallen nicht unähnlich, über das Fußgelenk. Dabei hielt sie merkwürdigerweise ihre Augen geschlossen, tat, als horche sie in sich hinein. »Naa, Bäuerin, gebrochen ist da nix«, stellte sie rasch fest. »Aber eine saubere Prellung, einen gehörigen Bluterguß hast' dir zugezogen. Da hilft nix als fleißig Umschläg' machen; ich hab' was mit'bracht – und mindestens zwei Wochen stillhalten.«

»Jessas, wo denkst denn …?«

»Reg' dich net auf, Bäuerin, es hilft eh nix! Was anders wird dir der Doktor auch net sagen«, fiel die Alte der Amalie ernüchternd ins Wort. Schon kramte sie aus ihrem Korb eine Flasche heraus und stellte sie aufs Nachtkastl. »So oft wie nur möglich machst' dir damit einen Umschlag. Und ich versprech', heut' nacht hast schon keine Schmerzen nimmer. Aber wie gesagt: bis es heilt, braucht es seine Zeit!«

»Vergelt's Gott, Kunzin! Was bin ich denn schuldig? Du, da hätt' ich noch was, um das ich dich bitten ...«

»Nur allweil grad heraus mit der Sprach'«, ermunterte sie die Alte, die ein weiteres Geschäft witterte.

Etwas verschämt kam es von der Knoglerin: »No ja, die Karten, wennst mir halt schlagen tätst!« Mehr brachte sie nicht über ihre Lippen. Schließlich wollte sie der Alten auch nicht gleich unbedingt auf die Sprünge helfen.

Auch dies gehörte zu ihrem Geschäft, und so rückte sich die Kunzen-Mirl auch schon einen Stuhl zurecht. Ein Päckchen Spielkarten fand sich ebenfalls in ihrem Korb, und dann schlug sie auch schon mit geübten Griffen die Blätter auf.

Wie gebannt saß die Knogler-Amalie in den aufgetürmten Kissen und schaute auf die Kartenreihen, die über das Schicksal ihrer Familie entscheiden sollten. Selbst die Schmerzen in ihrem Bein vergaß sie, so gespannt wartete sie auf das, was im Dunkel der Zukunft noch verborgen lag.

Da wurden schwere Schritte auf dem Flur draußen laut, die sich langsam, aber sicher näherten.

»Um Gott's willen, mein Mann«, entfuhr es der Amalie, wohl wissend, daß ihr Eheherr für derlei Hokuspokus nichts übrig hatte.

Die alte Mirl, an derlei »Vorurteile« gewöhnt, nahm dies als Aufforderung, ihr »Werkzeug« verschwinden zu lassen. Blitzschnell verstaute sie das soeben noch aufgeschlagene Kartenspiel in ihrem Korb.

Die Tür öffnete sich, der Knogler streckte mit einem sorgenden: »No, was ist nachher?« den Kopf herein.

»Wie ich gesagt hab'! Es ist nix gebrochen«, verkündete Amalie immer noch etwas verdattert. »Bloß Ruh' brauch' ich noch! Und Umschläg' muß ich fleißig auflegen!«

Von der Tür her kam ein unverständliches Gebrumm, das sich aber anhörte wie: »Das hätt' dir der Doktor gestern auch schon sagen können!« Lauter, vor allem aber deutlicher, fragte der Hans: »Was ist, Kunzin, können wir wieder z'rückfahren? So viel Zeit hab' ich auch net, daß ich den ganzen Tag ...«

»Ja, ja, Vater, wir sind ja eh schon fertig«, rief seine Frau hektisch aus, warf jedoch der Alten einen beschwörenden, fragenden Blick zu. »Geh nur derweil! Sie kommt gleich!«

Als er die Tür zugezogen, sich entfernt hatte, fuhr sie drängend fort: »Was hast denn g'sehen in den Karten?«

»Nix Schlecht's, Bäuerin! Wie g'sagt, in etlichen Wochen bist wieder g'sund auf die Füß' ...«

»Nnnnaaa, das mein' ich net! Und sonst? Hast sonst nix herausgelesen?« Eingedenk der Ungeduld ihres Mannes überschlugen sich ihre Worte beinahe.

Auch die Kunzen-Mirl hatte sich bereits erhoben, stand reisefertig da, wartete nur auf ihr Honorar, was sie mit einem auffälligen Blick hin zum Nachtkastl ausdrückte, auf dem ein dickbauchiger Geldbeutel lag.

Gute Nachricht machte sich immer besser, großzügiger bezahlt, als schlechte. Deshalb antwortete sie: »Glück wirst haben in Haus, Hof und Stall, Bäuerin.«

Nach ihrer Börse greifend, fiel ihr die Amalie vorschnell ins Wort: »Und von einer Heirat hast nix gesehen?«

»No freilich! Sag' ich doch, daß euch viel Glück ins Haus steht! Eine Heirat ...«

»Eine gute, reiche, verstandsame?«

»Haargenau so ist's in meine Karten gestanden! Das große Glück übern kurzen Weg ...«

Ein ungeduldiges Hupen war zu hören, ließ die Amalie zusammenfahren und – vielleicht auch wegen der guten, erleichternden Nachricht – etwas tiefer in ihren Geldbeutel greifen.

Wieselflink ließ die Kunzen-Mirl die Scheine in ihrer Hand verschwinden, bedankte und erbot sich: »Brauchst nur zu kommen, wenn du wieder ein Anliegen hast! Ich helf' gern! Jetzt muß ich aber machen, sonst schütten wir ihm das Kraut aus, deinem Bauern! B'hüt Gott und gute Besserung!«

Kaum war die Knoglerin allein, als sie sich mit einem erleichterten Aufseufzen in die Kissen zurücksinken ließ. Ja, nun wußte sie es bestimmt: die Heirat stand ins Haus! Dagegen würde auch der Hannes machtlos sein. Irgendwie würde er sich schon besinnen und zu Verstand kommen! Denn die Karten lügen nicht!

Als sie das Auto wegfahren hörte, schrie sie mit einer Lautstärke wie in ihrer besten Zeit: »Zenziii, Zenziii!«

Gleich darauf schob sich ihre Magd scheu durch die Tür und sah sie mit furchtsamen Augen an.

»No, was schaust denn wie ein Kalbl, wenn's blitzt?«

Sichtlich verstört, stotterte die Zenzi: »Die Alt'…, Bäuerin, das ist doch die Kunzen-Mirl gewesen … oder? Sie soll doch eine Hex'…?«

»Blödsinn! Bring' mir eine Schüssel, daß ich mir Umschläg' machen kann«, befahl sie kurz angebunden und durchaus nicht willens, sich mit der dummen Gretl über ihre Besucherin zu unterhalten. »Wie weit bist mit dem Mittagessen?« Ohne eine Antwort abzuwarten, fuhr sie fort: »Für's Nachtessen machst Rohrnudeln! Fängst bald genug an, daß der Hefeteig schön aufgehen kann!«

»Ja, ist schon recht, Bäuerin.« Damit wollte sich Zenzi zurückziehen. Da fiel ihr jedoch noch ein: »Der Bauer hat die Kleine von der Stadtmadam mitgenommen.« Wenn sie sich davon etwas erhoffte, sah sie sich getäuscht.

Gelassen und verständnisvoll meinte Amalie: »Das ist recht! Nachher ist sie wenigstens net die ganz' Zeit allein, bis ihre Mutter wieder da ist.«

Verwirrt über so viel Nachsicht, zog sich Zenzi zurück. Aber sehr komisch kam ihr das alles schon vor.

Lange dachte sie jedoch darüber nicht nach. Denn heute schien sich das Glück auch ihr endlich einmal zuzuwenden. Und zwar in der recht fülligen Gestalt des schwäbischen Gottlieb Häberle.

*

Im Knoglerhof hatte die abendliche Stallarbeit begonnen, wie man den mannigfachen Geräuschen, dem Scheppern und Klappern, dem Muhen der Kühe, entnehmen konnte.

Mit gerötetem Gesicht, zerraufter Frisur, doch mit verklärt leuchtenden Augen, schlüpfte Zenzi aus Herrn Häberles Zimmertür, die sie nur einen Spalt weit geöffnet hatte.

Als sie jedoch in die Kuchl trat, erwartete sie dort eine herbe Enttäuschung, und ein eisiger Schreck fuhr ihr in die Glieder.

Auf einem bemehlten Brett lagen die weißen Hefeteigbällchen, noch ebenso kleinwinzig, wie sie sie geformt hatte. Und dabei hätten sie indes längst bis zur Faustgröße aufgehen müssen. Leider hatten sie keinen Rührer getan, sondern eigensinnig ihre ursprüngliche Form behalten.

»Ich muß was falsch gemacht haben«, entfuhr es der Magd. »Der Hefeteig muß Zugluft erwischt haben. Wenn das Rohrnudeln werden, freß' ich einen Besen!«

Sie warf einen Blick auf die Küchenuhr. Noch länger zu warten würde keinen Sinn haben, außerdem sollte es in einer Stunde Zeit zum Nachtessen sein. Also blieb ihr nichts anderes übrig, als die kleinen Hefeteigklümpchen, die aussahen wie nackte, weißbäuchige Spatzen, in die gefettete Pfanne zu schichten, ein Stoßgebetlein zum Himmel zu schicken und im Vertrauen auf ein Wunder sie ins Rohr zu schieben. »Vielleicht gehen s' in der Hitz' noch ein wengl auf«, versuchte sie sich selber Mut einzureden.

Nun rannte sie mit lauten, polternden Schritten die Stiege wieder hinauf, um nach der kranken Bäuerin zu sehen, die sie für einige Zeit völlig vergessen hatte. Aber an alles zugleich konnte man wahrhaftig nicht denken. Schon gar nicht, wenn der Kopf in rosaroten Wolken schwebte. Ehe sie das Zimmer der Knoglerin betrat, warf sie noch einen sehnsüchtig heißen Blick den Flur entlang, hin zu Herrn Häberles Zimmertür, dann erst drückte sie mit einem Aufseufzen die Klinke herunter.

Schon stieß die Kranke ungeduldig und vorwurfsvoll hervor: »Bei dir könnt' eins sterben und verderben, eh du dich drum kümmerst! Seit einer geschlagenen Stund' pickt mir die Zung' am Gaumen vor lauter Dürsten.« Was bei der Behendigkeit, mit der dieser Muskel funktionierte, eine Übertreibung sein mußte, denn rasch fuhr sie fort: »Aber danach fragt ja keiner! Da sieht man's wieder, was man zu erwarten hat, wenn man auf fremde Hilf' angewiesen ist.«

»Soll ich dir einen Tee brühen, Bäuerin?« fragte Zenzi, und starrte verlegen auf das Muster des Fleckenteppichs. Sie wagte nicht, der Bäuerin in die Augen zu schauen.

Ohne darauf zu antworten, erkundigte sich die Knoglerin: »Hast die Rohrnudeln schon im Ofen?«

Niedergeschlagen nickte Zenzi. Recht kleinlaut gestand sie: »Das schon, Bäuerin. Aber aufgegangen sind mir diese malefiz Dinger halt net.«

»Heiliger Strohsack!« entfuhr es der Kranken entsetzt. »Was hast denn da wieder angestellt? Du hast sie doch net am End' so ins …?«

»Doch, weil's schon so spät ist«, kam es verzagt zurück.

»No, dann gute Nacht um sechse!« stöhnte Amalie. »Das werden saubere Schusser werden!« Jammernd und lamentierend setzte sie hinzu: »Daß aber mit deiner Kocherei auch gar nix los ist! Ein Glück, daß du net verheiratet bist, denn du hättest deinen Mann längst umgebracht.«

Plötzlich begann die Zenzi zu weinen. Laut aufheulend stieß sie hervor: »Ich kann halt auch nix dafür, daß ich beim Kochen kein Glück hab'…«

»Heilige Maria, Kochen ist doch keine Glückssach'! Das muß man einfach können! Und so ein bissel Hefeteig ist doch wahrhaftig keine Kunst! So was kann doch jede ...«

Schniefend, sich mit dem Handrücken unter der Nase vorbeifahrend, wandte die Magd geistesgegenwärtig und recht beherzt ein: »Wer weiß, am End' war die alte Hex' dran schuld, daß ...«

Wutschnaubend fuhr die Knoglerin auf: »Jetzt schaust aber, daß du weiterkommst, freche Schnapp'n! Fällt dir nix G'scheiteres ein, damische Gans?! Geh und bring mir endlich was zu trinken!«

Indessen stand Herr Gottlieb Häberle wie ein siegreicher Feldherr nach gewonnener Schlacht, mit sich und der Welt zufrieden, am Fenster und tat etwas für ihn ganz Ungewohntes: er überließ sich völlig seinen Gefühlen.

Ein Sprichwort besagt: Je älter das Stroh, um so lichter brennt's! Und das schien auf diesen älteren Herrn genau zuzutreffen, denn ganz plötzlich hatte diese griesgrämige Beamtenseele die Liebe überfallen. Es war einfach über ihn gekommen, und dabei hatte er anfänglich nicht mehr gewollt, als billige, ausgiebige Brotzeiten. Die hatte die Zenzi ihm serviert, und dazu halt noch einiges, was ihn außerordentlich beeindruckt hatte.

Freilich, viel Erfahrung im Umgang mit so jungen, sie war immerhin fast zwanzig Jahre jünger als er, Frauenspersonen konnte er nicht aufweisen. Er war halt nun einmal ganz und gar nicht der Typ, auf den Frauen flogen. So war es im Grunde nicht weiter verwunderlich, daß er diesmal alle, auf seinen eigenen Vorteil bedachten Überlegungen über den Haufen warf und sich von anderen Vorzügen einfangen ließ. Hinzu kam noch, daß ihn wieder einmal ein weibliches Wesen bewunderte, ihm das Gefühl gab, doch noch ein ganzer Kerl zu sein, was ihm ungemein schmeichelte. »Ha no«, sagte er sich, wobei er unternehmungslustig auf seine schmale Brust trommelte, »das wär' schon ein Fraule, bei der man's aushalte könnt'!« Wobei ihm Zenzis Kochkünste allerdings noch fremd waren. Vielleicht war er auch der Ansicht, daß jemand, der so stramm beisammen war, gewiß auch gerne aß. Und wer gern ißt, sorgt gewiß dafür, daß etwas Ordentliches auf dem Tisch ist. Vorerst jedoch dachte er weniger an eßbare Genüsse im Hinblick auf die mollige Zenzi.

Er wollte zu ihr und verließ, die Schultern gestrafft, sein Zimmer.

Zenzis Augen waren noch immer vom Weinen gerötet, als ihr schon etwas betagter Galan in die Kuchl hereinstolziert kam. Er sah auf den ersten Blick, daß mit seiner Angebeteten etwas nicht stimmte, fühlte und spielte sich sofort als Beschützer auf.

»Zenzele, was ischt denn g'schähe?« erkundigte er sich mitfühlend und legte seinen Arm um ihre Schultern.

Es war das Mitgefühl, was ihren Schmerz erneut aufkommen ließ, und ein wengl tat sie sich auch selber leid, als sie aufschluchzend hervorbrachte: »Die Bäuerin hat mich wie den letzten Putzlumpen hingestellt, bloß weil ich …, weil ich … Ich hab' mich halt verspätet, wie wir zwei …, no, du weißt schon …« Hier brach sie errötend und verlegen ab, barg ihr Gesicht an seinem Hals. Wenn sie etwas allzu gewaltig übertrieben hatte, so lag das an der Natur der Sache.

Herr Gottlieb Häberle fühlte sich sofort persönlich beleidigt und angegriffen, da er ja zu einem Gutteil mit Schuld an ihrer Pflichtverletzung trug. Noch ganz im Überschwang seiner neuerwachten Gefühle, rief er angriffslustig aus: »Ich werd's net zulassen, daß man dich beleidigt, Zenzile! Die zukünftige Frau von einem Poschtbeamte hat's net notwendig, sich so behandeln zu lasse. Was denket sich denn die Leut' eigentlich, wen sie vor sich habet?!« Er gefiel sich anscheinend selber in dieser großartigen Rolle, zumal ihn Zenzi anhimmelte wie einen Helden. Und so verstieg er sich zu einem unüberlegten: »So, jetzt sagst' es deiner Bäuerin, daß heut' für dich der letzte Tag g'wese ischt, an dem du dich für sie abgerackert hast! Sag ihr ruhig, du wirst die Frau von einem Beamten ...«

»Gottlieb«, entfuhr es Zenzi fassungslos vor Glück, und wohl auch Überraschung. »Ist das auch g'wiß wahr?«

»Ha no, freilich!« beteuerte er im Brustton der Überzeugung. Plötzlich tätschelte er ihre Kehrseite und drängte: »Geh nur und sag's, Zenzele! Gleich morgen fahren wir heim, zu mir, nach Stuagatt, denn es ischt ja noch allerhand zu richte und regele vor der Hochzeit.«

Sie merkten es alle beide nicht, wie ein brenzliger Geruch aus dem Backrohr durch die Kuchl zog: eine erste Warnung an Gottlieb Häberle bezüglich der hausfraulichen Qualitäten seiner Zukünftigen!

*

War es der Glaube – oder der Aberglaube, der sogar Berge versetzt, der die Knoglerin erleichtert feststellen ließ: »Die Essenz von der Kunzin wirkt fast wie ein Wunder! Mir scheint, es wird schon viel besser. Kaum, daß ich noch was g'spür'! Und derweil hab' ich erst den zweiten Umschlag damit g'macht.« Sie roch an der Flasche, konnte jedoch nur feststellen: »Schmecken tut's wie Arnika und Spiritus! Aber, weiß der Teifi, was sie da noch alles drin hat!« Natürlich mußten da noch allerhand geheimnisvolle Mixturen hineingemischt sein. Weshalb hätte sie denn sonst soviel dafür bezahlt?! »Hauptsach', es hilft!« schob sie jegliche Zweifel kurzerhand beiseite. Und wenn die alte Kunzen-Mirl auf diesem Gebiet was los hatte, dann durfte man ihr auch in anderer Hinsicht vertrauen! Bestimmt konnte sie mit den Karten grad so gut umgehen wie mit Kräutern und Arzneien.

»Ja, ja, ich sag's allweil: Es gibt mehr zwischen Himm'l und Erd, als sich unsere Schulweisheit träumen läßt!« murmelte sie nachdenklich vor sich hin.

Plötzlich fiel ihr die Zenzi wieder ein. Und schon stieß sie ein ungeduldiges: »Herrschaftszeiten, wissen möcht' ich, wo sie wieder so lang herumtrödelt?« Denn von ihrem Tee hatte sie immer noch nichts gesehen, geschweige denn ihren Durst gelöscht.

Die ans Bett gefesselte Bäuerin mußte sich noch ein Zeitl gedulden. Dabei schwor sie sich: Dies war der letzte Tag, den sie hier heroben verbrachte! Morgen würde sie vom Kanapee in der Stube aus ihr Hauswesen, vor allem aber die Zenzi, regieren! Man konnte dieses einfältige Weiberleut, dessen Hirn die Größe einer Haselnuß hatte, nicht allein herumschustern lassen.

Als dann Zenzi nach einer Weile das Schlafzimmer betrat, wollte die Knoglerin ihren Augen nicht trauen. »Wo ist denn mein Tee, ha? Ich wart', bin am Verdursten ...«

Herrn Gottlieb Häberles Überheblichkeit hatte bereits auf seine Verlobte abgefärbt; sie war sich ihrer Würde und Bedeutung als angehende Beamtengattin voll bewußt. Selbstsicher stellte sie sich in Positur, schaute von oben herab auf ihre Bäuerin nieder, mit einem Blick gemischt aus Eitelkeit und wohlwollendem Mitleid, ehe sie überheblich begann: »Bäuerin, ich muß dir jetzt leider den Dienst aufkündigen! Weil mein Gottlieb es als höherer Beamter net gutheißt, daß ich länger als Magd für fremde Leut' arbeit'! Wir ...«

Ruckartig schnellte Amalie aus den Kissen auf, saß so kerzengerade wie eine aufgerichtete Kobra da, den Blick entgeistert auf ihre Magd gerichtet. »Bist übergeschnappt?« brachte sie mit einer vor Empörung ganz dünnen Stimme hervor. »Oder bist' gar b'soffen?«

Mit einem nachsichtigen, selbstgefälligen Lächeln schüttelte Zenzi ihren Kopf. »Naa, Bäuerin, du hast schon richtig verstanden: Ich werd' heiraten!«

»Wen denn, um alles in der Welt?« kam es ächzend vom Bett her. Amalie begann ernstlich am ohnehin knappen Verstand ihrer Untergebenen zu zweifeln.

»Meinen Gottlieb halt, den Herrn Häberle! Ich werd' Beamtenfrau«, erklärte Zenzi nicht ohne Würde.

»Heiliger Strohsack! Da legst dich nieder«, murmelte die Kranke und ließ sich erschöpft in die Kissen fallen.

Diese Überraschung war voll und ganz gelungen.

Zenzi fühlte sich ganz Herrin der Situation, sagte selbstsicher: »Ich hoff', du verstehst, Bäuerin, daß mich mein Gottlieb nix mehr anrühren läßt, jetzt, wo ich seine Braut bin.«

Die Knoglerin flüsterte tonlos so etwas, das wie: »Damische Kuh ...« und »übergeschnapptes Manöver!« klang, ehe sie resignierend die Augen schloß, als könnte sie diesen lächerlichen Anblick nicht länger ertragen.

Gekränkt stieß die rothaarige Magd hervor: »Ich versteh' gar net, was du hast! Schließlich muß jeder selber sehen, wo er bleibt! Jetzt muß ich gehen, meine Sachen z'sammpacken. Denn wir reisen gleich morgen in der Früh zu meinem Gottlieb, nach Stuttgart heim. Man hat ja vorher noch allerhand zu erledigen!«

Es half nichts, es war kein übler Scherz, sie mußte dieser Tatsache ins Auge sehen! So stimmte es also doch, daß jedes Haferl seinen Deckel findet! Die Knoglerin nahm sich zusammen und sagte nicht ohne Würde und durchaus nicht unfreundlich: »Dann will ich deinem Glück nimmer länger im Weg stehen ...«

»Das hätt' auch keinen Zweck«, fiel ihr Zenzi dreist und vorlaut ins Wort, »denn mein Gottlieb tät mich eh nimmer auslassen!« Damit nickte sie ihrer bisherigen Arbeitgeberin hoheitsvoll zu und verließ deren Schlafzimmer.

»Heilige Maria, das ist ja eine saubere Bescherung!« stöhnte die Bäuerin sorgenvoll auf. »Was soll ich denn jetzt bloß anfangen? Der Sommer und die Ernt' stehen vor der Tür, und Dienstboten kriegst heut' keinen mehr.« In plötzlich erwachendem Zorn wetterte sie los: »Sakradixn, daß mir dieses Malheur auch grad' jetzt passiert ist! Es heißt nicht umsonst: Ein Unglück kommt selten allein! Bin bloß g'spannt, was noch alles über mich hereinbricht. Als ob sich alles gegen mich verschworen hätt', verhext wär' ...« Hier brach sie bestürzt ab.

Nun erst war ihr ein Gedanke eingeschossen, der sie bis ins Innerste traf und aufrührte. Sollte die Kunzen-Mirl mit ihrer Prophezeiung am End' gar nicht den Hannes, sondern die Zenzi gemeint haben? Das wäre ja eine schöne Enttäuschung!

»Herrschaftszeiten, daß sich aber auch der Hans gar net um mich kümmert«, stieß sie erbittert und zugleich hilflos hervor. Gerade jetzt hätte sie ihren Mann gebraucht, hätte ihm gern ihr Herz ausgeschüttet, ihre Sorgen mit ihm geteilt.

»Mannsbilder!« preßte sie mit deutlicher Geringschätzigkeit hervor. »Wennst einen brauchst, ist keiner da!«

Sie mußte erneut daran denken, wie man während der nächsten Zeit über die Runden kommen sollte. Sie sah bereits ihren gepflegten Hausstand verkommen und dem Schlendrian preisgegeben. Nur einen Ausweg sah sie keinen.

*

Es wurde bereits Abend, als Hannes und Marianne Hausner von der Brunnalm heimkamen.

Als sie sich müde, aber mit glücklich leuchtenden Augen dem Hof näherten, bat sie eindringlich: »Ich bitt' dich, sag' von jetzt an wieder Sie zu mir! Ich möcht' die paar Tag', die ich noch Urlaub hab', bleiben dürfen. Net, daß mich deine Mutter über Nacht vor die Tür setzt.«

Alles, was er darauf wußte, war ein sonderbares, undefinierbares, und, wie es ihr schien, etwas unangebrachtes Schmunzeln.

Sie hatten den Hausflur kaum betreten, als Marianne ein bestürztes: »Um Gott's willen, was ist denn da los? Da muß was brennen«, entfuhr.

Schwärzlicher Rauch drang durch die festgeschlossene Kuchltür. Es roch durchdringend nach etwas Verkohltem.

»Sakrament, ist denn keiner da?« stieß Hannes erregt hervor und rannte in die Kuchl, die von dickem kohlschwarzem Rauch und einem entsetzlichen Gestank erfüllt war.

Mit tränenden Augen suchte Marianne nach einem Geschirrtuch, einem Handtuch, während sie schrie: »Es muß aus dem Backrohr kommen, Hannes! Da, nimm ein Tuch, sonst verbrennst' dir noch die Händ'.«

Als er das Türchen des Bratrohrs aufriß, ließ beißender Rauch sie zurückprallen. Hannes wickelte sich das Geschirrtuch um die Hand, faßte in den Qualm und brachte ein Backblech zum Vorschein, auf dem anscheinend Briketts gebraten wurden. Das waren die traurigen Reste von Zenzis mißglückten Rohrnudeln!

Indessen hatte Marianne alle Fenster geöffnet und schnappte hustend nach frischer Luft. Doch nur langsam verzog sich der beißende Qualm.

»Kruzitürken, das geht auf der Zenzi ihr Konto«, argwöhnte Hannes kopfschüttelnd. Gleich darauf rief er lautstark nach der Magd.

Zenzis sehr selbstsicher klingende Stimme antwortete ihm aus dem Obergeschoß knapp, aber präzise. »Ich bin nimmer im Dienst!«

Da sollte sich noch einer auskennen!

So wie er war, im Arbeitsgewand, mit den genagelten Bergschuhen, rannte Hannes mit langen Schritten die Stiege hinauf, geradewegs in das elterliche Schlafzimmer. Ohne sie zu begrüßen, sich nach ihrem Befinden zu erkundigen, stieß er hastig hervor: »Was ist denn eigentlich bei uns auf einmal los? Die Kuchl ist schwarz vor Qualm und Rauch, kein Nachtessen gerichtet, und die Zenzi schreit mir zu, sie wär' nimmer im Dienst.«

Seine Mutter richtete sich auf, erklärte ihm in knappen Sätzen, was vorgefallen war.

Bei diesen Neuigkeiten mußte Hannes sich setzen. Er konnte nur ein ums andere Mal murmeln: »Das gibt's doch net!«

»So, Bub, und jetzt gib mir einen Rat, wie's weitergehen soll«, schloß die Knoglerin niedergeschlagen.

Es war das erstemal, daß Hannes seine Mutter so mutlos und verzweifelt sah. Auch ihm fiel im Augenblick nicht mehr ein, als ein schwaches: »Es wird sich schon wieder was finden. Es geht allweil irgendwie weiter.«

»Ja, irgendwie«, greinte sie verzagt und ungeduldig. »Soll denn alles drunter und drüber gehen, verschludern und verludern, nachdem man sich sein Lebtag lang geplagt, gesorgt ...«

»Herrjeh, Mutter, so schwarz mußt net gleich sehen«, fiel er ihr begütigend ins Wort. Mit einem gezwungenen Auflachen setzte er hinzu: »Soll er sie doch haben, diesen Trampel, diesen ungeschickten! Er wird schon noch sehen, was er sich da eingefangen hat, dieser Teigaff, dieser schwäbische. Wirklich, ein wengl mehr Verantwortlichkeit hätt' ich mir von der Zenzi schon erhofft«, fügte er einlenkend hinzu, als er ihren mißbilligenden Blick sah.

Ehrlicherweise mußte sie zugeben: »Sie allein ist net schuld an unserem Schlamassel. Es ist sich halt jeder selbst der Nächste. Und sie hat lang genug auf einen Hochzeiter gewartet. Was Wunder, wenn sie jetzt mit alle zwei Händ' zugreift und ihn nimmer ausläßt.« Sie schnaufte brunnentief auf, warf ihm einen raschen, prüfenden Blick zu, ehe sie fortfuhr: »Eigentlich wär's jetzt an dir, daß du ...«

»Ich kann doch auch niemand herzaubern! Wie stellst' dir denn das vor, Mutter? Warum denn ich?«

»No ja, man könnt' ja bei der Hipfin anfragen, ob sie uns die Walli zur Aushilf' herschickt?«

»Oha, langsam! Damit will ich nix zu tun haben. Sonst heißt's am End, dafür müßt' ich sie auch noch heiraten«, brauste er abweisend und sehr energisch auf.

Jetzt riß auch ihr der Geduldsfaden, sie hielt ihm heftig entgegen: »Ja, Himmiherrschaft, was wär' denn so schlimm dran, wennst die Walli heiratest, ha? So ein jung's, sauber's und fleißig's ...«

»Nix da! Ausgeredet ist, Mutter! Von mir aus soll sie heiraten wer mag, bloß ich net!« entschied Hannes frostig.

Nun war die Amalie den Tränen nahe. Sie wußte sich keinen Rat mehr, wußte nur eines: die glückliche Heirat, von der ihr die Kunzen-Mirl prophezeit hatte, würde ihren Sohn nicht betreffen. Damit hatte sie gewiß die Zenzi, die ja gewissermaßen auch zur Familie, zumindest zum Hof gehörte, gemeint. So haargenau konnte halt auch die Kunzin das Schicksal nicht auseinanderdividieren, das in den Karten stand.

Unvermittelt kam es vom Hannes: »Du, ich glaub', für's erste wüßt' ich was, Mutter! Fragen wir halt die Marian... die Frau Hausner, ob sie uns aushilft!«

»Bist narrisch? Wie soll denn so eine aus der Stadt mit so viel Arbeit fertig werden? Naa, naa, und überhaupt ...«

Ohne sie ausreden zu lassen, erklärte er mit etwas zuviel Begeisterung: »Hast du eine Ahnung, wie sie heut droben in der Sennhütte gearbeitet und gewerkt hat! Ihr brauchst von der Hausarbeit nix erzählen! Und kochen kann sie ...«, hier verdrehte er genießerisch die Augen, »einfach ..., einfach ... No ja, halt ganz was anders als bei der Zenzi!«

»Da ist auch net viel dabei«, meinte dazu seine Mutter sachlich. »Mit der Zenzi nimmt's leicht eine auf. Naa, naa, das g'fallt mir gar net ...«

»Wir könnten sie doch einmal fragen. Mehr als nein sagen kann sie eh net. Außerdem, viel Auswahl bleibt eh net.« Letzteres war hinterlistig, er wußte es, doch so was gehörte eben zur Diplomatie.

Gerade darin mußte ihm Amalie recht geben. Schließlich gab sie gedehnt zu: »No ja, in der Not frißt der Teifi Fliegen.« Dabei sah man es ihr an, daß sie davon nicht allzuviel hielt. Außerdem bezweifelte sie, ob Frau Hausner zusagen würde, sich den Rest ihres Urlaubs mit Arbeit verderben wollte. Widerwillig stieß sie hervor: »Von mir aus, fragst sie halt! Sagst ihr, daß sie dafür nix für's Zimmer zahlen braucht ...«

»Ich glaub' kaum, daß sie sich was von uns schenken läßt«, unterbrach er sie schmunzelnd, dann verließ er rasch das Zimmer.

Marianne hatte begonnen, die verkohlten Krusten vom Blech zu kratzen, als Hannes zurück in die Küche kam.

Ohne lange um die Sache herumzureden, bat er: »Marianne, ich bitt' dich, schau, daß unsere Leut' heut' ein Nachtessen kriegen. Unsere Zenzi hat uns Hals über Kopf den Dienst aufgesagt, weil sie«, und hier grinste er breit, fast schadenfroh, »den Herrn Häberle heiratet!«

»Net möglich!« entfuhr es auch ihr verdutzt. Aufatmend jedoch fuhr sie fort: »Gott sei Dank, dann bin ich diesen lästigen, aufdringlichen Menschen los. Du, dafür übernehm' ich gern das bissel Kochen!« Sie erzählte ihm von Gottlieb Häberles Bemühungen und seinen fortwährenden Ratschlägen für ihre Zukunft.

»Der wär' net wenig g'schleckert«, lachte Hannes. »Aber ich wett', der ist jetzt bei unserer Zenzi in die allerbesten Händ'.«

Ohne weitere Fragen band Marianne sich nun eine von Zenzis Arbeitsschürzen um und begann wie selbstverständlich zu werken. Sie schoß nicht so plan- und ziellos umher wie ihre Vorgängerin, hantierte überlegt und so, als hätte sie nie etwas anderes getan.

Hannes beobachtete sie eine Weile, dabei umspielte ein recht zufriedenes Schmunzeln seine Lippen. Er machte ganz den Eindruck, als ob ihn irgend etwas unbändig freute; ja, fast, als hätte er das große Los gewonnen.

Nach einer Weile meinte er: »Ich kann mir net helfen, aber mir kommt's vor, als hätt' uns die Zenzi mit ihrer überstürzten Kündigung einen riesigen G'fallen erwiesen.«

»Wie denn das?« fragte sie nebenbei, denn sie kam soeben mit dem Schmalzhafen aus der Speisekammer herein.

»No ja«, entgegnete er mit einem listigen Augenzwinkern, »so sieht sie wenigstens gleich selber, was für eine gute, riegelsame Bäuerin aus dir wird …«

In diesem Moment entglitt ihren Händen der irdene große Schmalzhafen. Und hätte er nicht blitzschnell zugefaßt, er wäre auf dem Boden zerschellt. »... wenn ich dir ein bissel unter die Arm' greif'!« vervollständigte er seinen Satz lachend.

Bisher hatte er noch mit keiner Silbe zu verstehen gegeben, daß sie für ihn mehr war als nur eine Frau, die ihm gefiel. Kein Wort war über die Zukunft gefallen und darüber, wie es mit ihnen weitergehen sollte. Um so überraschter, aber auch glücklicher war sie jetzt, so daß sie kein Wort über ihre Lippen brachte. Es hatte sie allzu unverhofft getroffen.

Hannes stellte den Schmalzhafen auf die Anrichte. »Oder magst mich, liebst mich net genug, um mich zu heiraten und Bäuerin werden zu wollen?« fragte er mit zärtlicher Stimme.

Verwirrt stotterte sie: »Du ... ich ..., du vergißt, daß ich ...«

»Gar nix hab' ich vergessen«, unterbrach er sie liebevoll. »Ich weiß, du g'hörst net in die Stadt. Auch der Susi g'fällt's bei uns besser. Das sieht man doch. Freilich ...«, er zögerte, ehe er nun in etwas bedauerndem Ton fortfuhr, »ein leichtes Leben kann ich dir allerdings net bieten, ohne Sorgen, Mühen ...«

»So ein leichtes, sorgloses Leben wie du das nennst, hab' ich nie gehabt«, wandte sie vorschnell, leise, aber eindringlich ein. »Ich hab' dich gern, Hannes. Mehr als ich sagen kann. Aber deine Mutter ...«

»Das laß nur meine Sorge sein«, begütigte er vorschnell. »Außerdem haben wir jemand, der g'wiß auf unserer Seite ist: das ist mein Vater! Du siehst doch, wie vernarrt er in die Susi ist. Aber auch ich werd' alles tun, um dem Kind ein guter Vater zu sein. Komm, sag endlich ja, daß du bei mir bleibst und mich heiraten willst!«

Marianne konnte nicht anders, sie mußte einwilligen.

*

Marianne Hausner war seit dem Morgengrauen auf den Beinen. Es gab wahrhaftig mehr als genug Arbeit, und dann wollte sie auch beweisen, was sie imstande war zu leisten.

Zenzi tat keinen Handstrich mehr, sie ließ sich sogar das Frühstück servieren, das sie zusammen mit ihrem Zukünftigen einnahm. Obgleich sie sich erhofft hatte, nur ein einziges Mal draußen, im Obstanger, frühstücken zu dürfen, hatte Marianne gestreikt und sich glattweg geweigert, diese Mehrarbeit auf sich zu nehmen.

Herr Häberle konnte es sich nicht verkneifen, anzüglich zu bemerken: »Ich versteh' net, Frau Hausner, wie Sie so dumm sein könnet und die viele Arbeit übernehmen. Ein so jung's Fraule wie Sie könnte doch wahrhaftig …«

Marianne lachte nur und meinte ungeniert: »Jedem das Seine, Herr Häberle. Und ich wünsch' Ihnen und Ihrer Verlobten trotzdem recht viel Glück!«

Zenzi lächelte etwas süßsauer und gequält, als sie sah, mit welch schmachtendem Blick ihr Zukünftiger sich bei Frau Hausner bedankte. Sie drängte zum Aufbruch und mahnte: »Komm weiter, Gottlieb, wir müssen uns noch bei der Bäuerin und dem Bauern verabschieden.« Hannes vergaß sie absichtlich.

Die Knoglerin machte es kurz, denn einen rollenden Stein soll man ja bekanntlich nicht aufhalten. Sie war der Meinung, es hatte keinen Sinn, Zenzi ihre Rücksichtslosigkeit noch lange vorzuhalten. Sie gab ihr sogar noch ein stattliches Sümmchen als Hochzeitsgeschenk, was insbesondere von Herrn Häberle mit schmalzigen Dankesworten honoriert wurde.

Die Knogler-Amalie hatte nicht eher Ruhe gegeben, bis Hannes sie hinunter in die Stube getragen und aufs Kanapee gebettet hatte. Von hier aus konnte sie wenigstens übersehen, was geschafft wurde. Sie mußte bei sich zugeben, es war wahrhaftig nicht wenig, was Frau Hausner arbeitete. Sie verstand ihre Arbeit, wußte sich zu rühren. Dazwischen fand sie sogar noch Zeit, sich um die kranke Bäuerin zu kümmern.

Es waren zwei Tage vergangen, seit Marianne Zenzis Posten übernommen hatte, als der alte Knogler-Bauer seinen Sohn beiseite nahm, ihm augenzwinkernd zuflüsterte: »Was sagst jetzt zu unserer neuen, bildsauberen Hauserin? Gell, so g'schmackig haben wir schon lang nimmer gegessen?!«

Mit gespielter Gelassenheit kam es von Hannes: »No jaaa, net schlecht! Aber lang werden wir halt dieses Glück nimmer genießen dürfen.«

»Warum denn?«

»Jetzt, Vater, du bist gut! Du weißt doch auch, daß die Marianne net ewig dableiben kann. Sie hat immerhin daheim ihr G'schäft.«

»Komm, hör mir auf«, winkte der Bauer ab. »Für wie dumm verkaufst denn du deinen alten Vater, ha? Ich hab' doch Augen im Kopf ...« Kichernd fügte er hinzu: »Und wenn deine Mutter net so übereifrig drauf schauen würd', was geschafft wird, hätt' auch sie längst merken müssen, wie der Has' läuft und woher der Wind weht!«

Hannes fiel ein Stein vom Herzen. Er wußte, er hatte einen Verbündeten. Begierig fragte er: »No und, Vater, was sagst du dazu?«

Sich den Anschein angestrengten Nachdenkens gebend, schwieg der Alte eine ganze Weile, ehe er zugab: »Dagegen ist nix zu sagen, als bloß, daß das Suserl einen Vater braucht, weil es sonst vom Großvater vollends verzogen und verwöhnt wird.« Ernster werdend, fuhr er fort: »Bub, du bist schon richtig dran mit der Marianne. Diese Frau paßt zu uns, und sie ist mir jederzeit willkommen.«

»Was meinst, daß die Mutter dazu sagt?« kam es mit einiger Besorgnis vom Hannes.

Hierzu zuckte der Knogler-Hans nur ungewiß mit den Schultern. »Schwer zu sagen«, gab er zu. »Bei deiner Mutter weiß man nie so genau, was sie im naxten Augenblick tut. Sie ist halt recht eigensinnig, drum muß man sie am besten überrumpeln. Es heißt net umsonst: Man muß das Eisen schmie-

den, solang' es heiß ist! Und da wär's am besten, wenn ...«
Hier nun erklärte er seinem Sohn, wie er sich alles Weitere gedacht hatte.

Glücklich und erleichtert gestand Hannes: »Gar net schlecht, Vater! Da ist was dran! Ich hätt' gar net geglaubt, daß du dir darüber schon so viel Gedanken gemacht hast. Für mich steht's zwar fest, daß ich die Marianne heirat', aber es wär' mir schon lieber, wenn auch die Mutter damit einverstanden wär'. Net, daß es gleich von Anfang an Krieg gibt.«

Die Knogler-Amalie war oder tat doch indessen recht ahnungslos. Sie war viel zu sehr drauf bedacht, daß nur ja in ihrem ordentlichen, blitzsauberen Hausstand nichts verkam oder gar verdarb. Zudem war da auch noch die Sorge um ihr verletztes Bein, das, trotz des Wundermittels der Kunzen-Mirl, gar nicht besser werden wollte. Nun hatte sie doch Angst, etwas versäumt zu haben, als sie sich gegen den Doktor gesträubt hatte. Denn sie war weit davon entfernt, aufzustehen oder gar mit eigener Kraft zu gehen.

So war es nicht verwunderlich, daß ihre Hoffnungen sofort wieder ins Uferlose schossen, als die Knoglerin den Besuch der Hipf-Walburga erhielt. Dementsprechend überschwenglich fiel die Begrüßung aus. Wenn sie dabei den schadenfrohen Ausdruck im Gesicht ihrer vermeintlichen Freundin übersah, so sprach das nur für ihre Arglosigkeit.

»Jessas, Amalie, da hat's dich ja sauber erwischt!« begann die dicke Burgl mit falschem Mitgefühl, kaum daß sie die Stube betreten hatte.

»Ja, das kann man wohl sagen«, kam es etwas kläglich vom Kanapee her. »Freut mich, daß du kommst ...«

Vorschnell erklärte die Hipfin: »Ich bin ohnehin grad' auf dem Weg gewesen, und drum hab' ich mir schnell die Zeit genommen, daß ich vorbeischau', frag', wie's dir geht.«

Obgleich sich das nicht allzu vielversprechend angehört hatte, ließ sich die Knoglerin dies keine Warnung sein. Mit geradezu sträflicher Vertrauensseligkeit erzählte sie ihr den Hergang des Unfalls, daß sie, anstatt eines Arztes, die Kunzen-Mirl geholt hatte. »Weißt, Burgl, weniger wegen dem Knöchel«, gab sie rückhaltlos zu. »Aber neugierig bin ich halt gewesen, was sie mir …, uns …, aus die Karten liest.«

Ihrem Blick ausweichend, so ganz wohl schien sie sich auf einmal doch nicht mehr zu fühlen, meinte die Burgl: »Sie hat dir hoffentlich auch was Erfreuliches gesagt?!«

»No ja, das glaubst …«

»Jessas, da bin ich aber jetzt direkt erleichtert, Amalie! No ja, dann wird man ja dem Hannes auch bald gratulieren können. Bin ich froh! Du, mir fällt direkt ein Stein vom Herzen!« Und ohne Pause, ohne Atem zu holen, haspelte sie nervös herunter: »Irren kann sich schließlich jeder! Und ehrlich, Amalie, mir wär' er schon recht gewesen, dein Hannes! Wirklich und wahrhaftig! Aber gegen den jungen Krahbichler ist natürlich auch nix zu sagen.«

»Den jungen Krahbichler?« schnappte die Knoglerin bestürzt, fast zweifelnd. Denn der Krahbichler-Konrad war einer der reichsten Hoferben des ganzen Bezirksamtes.

Die Hipfin gab sich fast ein wenig beschämt, als sie gestand: »No ja, heutigentags lassen sich die jungen Leut' nix mehr dreinreden, drum ist die Sach' auch schon eine Zeitlang heimlich gegangen, mit dem Konrad und meiner Walli. Aber no, man will ja dem Glück seiner Kinder net im Weg' stehen …« Sie brach ab, schmunzelte selbstgefällig.

Heiland, England, Rußland! Jetzt hatte sie die Bescherung! Doch – einen Fehler machen war das eine, ihn auch zugeben das andere! Ganz auf den Kopf war auch die Knogler-Amalie nicht gefallen.

»Genau meine Red'«, stimmte sie ihrer Besucherin eifrig zu. Übergangslos fuhr sie fort: »Sie hat schon was los, die Kunzin. Uns hat sie ja auch eine ganz narrisch gute Heirat vorausgesagt!«

»Aha, da schau her …«

Unbeirrt fuhr die Knoglerin fort: »Doch der Hannes ist ja auch so ein Heimlichtuer! Ums Verrecken will er mir's noch net verraten, wen er im Aug' hat. Er sagt nur soviel, daß wir, der Hans und ich, die größt' Freud' und nix dran auszusetzen haben werden! No ja, in seinem Alter weiß einer schon, worauf's ankommt!« Hier lachte sie, obgleich ihr gar nicht danach zumute war.

»Aha, da schau her«, wiederholte die Burgl erneut. Damit hatte man ihr leider den Wind aus den Segeln genommen. Da es nichts mehr aufzutrumpfen gab, beschränkte sich die Unterhaltung auf den verletzten Fuß der Knoglerin.

Irgendwann gab es auch darüber nichts mehr zu sagen, und es blieb der Hipf-Walburga nur noch, sich zu verabschieden und die Knoglerin ihren eigenen, durchaus nicht sehr rosigen Zukunftsgedanken zu überlassen.

Doch als die Amalie wieder allein war, gestattete sie sich ein tiefbesorgtes Aufseufzen, ein ratloses: »Heilige Jungfrau, wie soll's denn jetzt bloß weitergehen? Da bin ich ja sauber auf dem Holzweg gewesen. Daß aber auch diese malefiz Kunzen-Mirl …« Sie erkannte gerade rechtzeitig, noch ehe sie sich in Rage redete und die Schuld anderen zuwies, daß es ihr eigener Fehler gewesen war, die Kunzin zu Rate zu ziehen. Und selbst ihr konnte sie kaum etwas anlasten, da sie mit ihrer Voraussage einer willkommenen Heirat letztlich recht behalten hatte. »Herrgott, wie hab' ich mich bloß auf so was einlassen können!«

*

Die Knoglerin legte sich soeben wieder einen kühlenden Umschlag über den verletzten geschwollenen Knöchel, als Hannes die Stube betrat, und sich zu ihr setzte.

Mit einem Blick auf die immer noch blutunterlaufene Schwellung meinte er: »Es schaut net her, Mutter, als wennst bald wieder auf d' Füß' kommst.«

Schon jammerte und lamentierte sie: »Ich bin eh ganz verzagt. Es ist, als ob gar kein End' nimmer hergehen tät, mit dieser untätigen Herumliegerei. Und derweil muß sich die Marianne schier derrennen und vor lauter Arbeit zerreißen. Es ist mir arg genug, daß so was für sie ein Urlaub sein soll …«

»Der leider morgen eh zu End' ist«, wandte er vorschnell ein.

Sie fuhr auf, sah ihn bestürzt an. »Was sagst da?«

»Weißt du das noch net, Mutter? No ja, sie hat es sich halt net zu sagen getraut«, tat er vermittelnd, »aus lauter Rücksicht auf dich. Aber einen Brief hat sie gekriegt, daß sie heim ins G'schäft muß. So was geht schließlich vor.«

»Jessas, Jessas, was tun wir denn da grad?« greinte sie händeringend. »Und alles kommt auf einmal über mich.«

»Du hast doch g'wußt, daß sie net ewig bleiben kann«, hielt ihr Hannes entgegen. »Sie ist doch net schuld, wenn's bei uns drunter und drüber geht, alles verkommt und verschlampt.«

Dies waren Worte, die sie bis aufs Blut peinigten. Dementsprechend reagierte sie. Da Angriff immer noch die beste Verteidigung ist, fuhr sie herausfordernd auf ihn los: »Das haben wir jetzt davon, von deiner Sturheit! Weil's wahr ist auch! Hättest dich ein wengl eher um die Hipf-Walli umgetan, nachher hätten wir jetzt net das Nachsehen.«

»Was hast denn allweil mit der Walli?« setzte er sich entschieden zur Wehr. »Sie hätt' ich nie und nimmer …«

»Dann willst ein ewiger Jungg'sell bleiben, ha? Es wär' allerhöchste Zeit, daß du an die Zukunft vom Hof denkst. Für dich wird doch auch eine gut genug sein …«

»Wer sagt denn, daß ich was gegen eine Heirat hab'?« fiel er ihr gelassen ins Wort. »Bloß gegen die Walli hätt' ich mich gesträubt.«

Verwirrt und zugleich hellhörig geworden, stotterte sie: »Das Heiraten muß schon auch passen … Wir brauchen eine Bäuerin …, die was von der Arbeit versteht …«

»Das tut sie ja! Das kannst net anders sagen, Mutter. Bisher bist mit ihr recht zufrieden gewesen«, sagte er immer noch ruhig und gelassen.

Ungeduldig wies sie ihn zurecht: »Spar dir deine Rätsel! Red, daß man's versteht, sag, was du meinst!«

»Also gut, Mutter«, entgegnete er mit einem tiefen Aufatmen. »Es ist die Marianne, die ich gern hab', die ich heiraten möcht'!«

Obgleich sie diese Eröffnung nicht völlig unerwartet traf, war die Wirkung immer noch umwerfend. Sie flüchtete sich in ein abwehrendes und erschrecktes: »Doch net die Marianne?!«

Plötzlich wirkte Hannes gar nicht mehr so gelassen. Es glomm etwas Warnendes, Zwingendes in seinem Blick auf, als er erklärte: »Genau, Mutter, die Hausner-Marianne und sonst keine!«

»Jessas ..., Bub ... Sie ist doch ...« versuchte sie schwach einzuwenden, suchte nach passenden Worten.

»... sie ist die Richtige für mich! Und für den Hof auch, das hast selber gesehen. Warum muß es denn unbedingt eine aus unserem Dorf sein?«

Nun, dagegen war schwer etwas zu sagen. Und überhaupt fühlte sich Amalie auf einmal von ihrem Sohn sehr in die Enge getrieben; zudem ließ sie ihre Schlagfertigkeit plötzlich schmählich im Stich. Alles, was ihr dazu einfiel, war ein unsicheres: »Und das Kind?«

»... kriegt einen Vater!« Schmunzelnd führte Hannes hinzu: »Einen Großvater hat's ja bereits.«

Schwach ächzte sie noch: »Kann sie denn ihr G'schäft so von heut' auf morgen im Stich lassen?« Sie versuchte Zeit zu gewinnen und wußte doch, sie hatte längst den Kürzeren gezogen.

Mit einigem Stolz kam es zurück: »Für mich schon! Außerdem hat sie da eine Bekannte, an die sie verkaufen oder verpachten kann. Das alles ist nebensächlich.«

»Wenn das nur gutgeht, Bub«, wandte sie besorgt ein.

»Das kannst ruhig meine Sorge sein lassen. Wir haben uns gern, verstehen uns gut. Und wenn du der Marianne noch ein wengl unter die Arm' greifst, ihr ein bissel beistehst, nachher wird's schon werden.«

Ein Weilchen brauchte sie schon, ehe sie zugab, die Amalie: »Eigentlich hast recht.« Dabei richtete sie sich auf. Ihr Ton wurde herzlicher, als sie fortfuhr: »Warum soll's denn net gehen?! Daß sie zugreifen kann, hat sie bereits bewiesen. Und was ihr noch fehlt, das bring' ich ihr schon noch bei. Und ich glaub', naa, ich bin sicher: ein unrechter Mensch ist sie auch keiner, die Marianne!«

»Vergelt's Gott, Mutter«, kam es aufatmend vom Hannes. Er erhob sich, und auf einmal hatte er es sehr eilig, die Stube zu verlassen.

Ohne ihn zurückzuhalten, wiegte die Knoglerin ihren Kopf und murmelte: »Da werden die andern aber staunen, was wir für eine Jungbäuerin kriegen!« Es hatte unüberhörbar stolz geklungen.

Als der alte Knogler-Hans gleich darauf mit Susi in die Kuchl wollte, machte er, nach einem kurzen Blick durch die Tür wieder kehrt.

Denn dort drinnen hielt sich ein Paar so innig umarmt, als wollte es sich nie mehr loslassen. Dabei wäre man sich gewiß recht überflüssig vorgekommen.

»Warum gehen wir denn net eini, zur Mami?« wollte die Kleine wissen.

»Mir ist grad' eingefallen, Susi, daß wir zur Großmutter müssen«, erwiderte der Bauer mit einem zufriedenen Schmunzeln, und zog das kleine Dirndlein mit sich.

Ernsthaft erkundigte sich daraufhin Susi, schaute fragend zu ihm auf: »Hab' ich denn jetzt auch eine Großmutter?«

»Ja, Susi, jetzt hast auch eine Großmutter«, bestätigte er mit glücklicher Stimme. Er hätte noch gern etwas hinzugefügt, doch das überließ er doch lieber seinem Sohn und seiner zukünftigen Schwiegertochter.

CHRISTL BRUNNER
Der Junge aus dem Armenhaus

ROMAN

Weltbild

Die Sonne stand über dem spitzen Kirchturm und ließ den großen Zeiger der Kirchenuhr aufleuchten. Er schob sich langsam vorwärts, als habe er nur mäßige Eile, den kleinen Zeiger, der gerade auf der Zwölf stand, einzuholen.

Wenn es schlägt, dachte der Pepperl, wird's Zeit. Er lag bäuchlings unter einem Haselstrauch und gab sich seiner liebsten Beschäftigung hin: Er malte. Dabei hatte ihn der Herr Lehrer Schnitzenbaumer eigentlich fortgeschickt, um einen Brief im Rathaus abzugeben. Pepperl aber fand, das habe Zeit. Viel wichtiger war es, zu malen. Er besaß nur einen Bleistiftstummel. Einen, der schon ziemlich abgenutzt war, aber das machte nix. Pepperl malte trotzdem.

Und weil er kein Papier hatte, malte er eben auf den Briefumschlag, den der Herr Lehrer ihm mitgegeben hatte. Er malte die Burg, die zu dem kleinen Dorf Seeried gehörte. Er malte die Burg genau so, wie er sie mit seinen Augen sah.

Auf einmal war das gar keine richtige Burg mehr. Er malte auch den Ritter hinein, der einst ein so grausiges Leben geführt hatte, daß er immer noch gespenstern mußte bis auf den heutigen Tag. Der Pepperl glaubte nicht so recht an Gespenster. In Seeried gab es aber genug Leute, die felsenfest daran glaubten.

Da schlug's. Zwölfmal schlug die Glocke, und der Pepperl sprang in die Höhe.

Er war ein flinker Bub und ein bisserl klein für sein Alter. Er war sieben Jahre alt, aber kräftig von Statur. Er besaß einen dichten Schopf sehr widerspenstiger Haare und zwei hellwache, blitzblanke, gescheite Augen, die den Leuten mitten ins Herz sehen konnten.

Jetzt rannte er, als sei ihm der gespenstische Herr Burgritter höchstpersönlich auf den Fersen. Pepperl lief zum Ratsschreiberhaus.

Der freundliche Marktplatz von Seeried lag behäbig im Sonnenlicht. Die Fenster der alten Fachwerkhäuser blitzten vor Sauberkeit. In den Vorgärten grünte und blühte es, daß es eine Pracht war.

Das Ratsschreiberhaus lag dicht bei der Kirche. In der großen Amtsstube, die als Büro bezeichnet wurde, stand Toni Schwammerl. Der Herr Ratsschreiber war ein stimmgewaltiger Mann, und er hatte gerade eine größere Rede beendet. Allerdings nicht vor dem Gemeinderat, sondern vor seiner Tochter Cordula. Die Wirkung seiner Rede war niederschmetternd.

»Nein!« erklärte Cordula entschieden und warf den hübschen Kopf in den Nacken. »Den Herrn Dominikus mag ich aber net!«

Die buschigen Brauen des Ratsschreibers zogen sich ganz eng zusammen. »Mag ich aber net«, wiederholte er fassungslos, und dann hieb er mit der Faust auf den blanken Eichentisch, daß es nur so krachte.

»Was heißt: Mag ich aber net? Red net so albern daher! Willst vielleicht deinem alten Vater, der es ein Leben lang gut mit dir gemeint hat, Vorschriften machen, he?«

»Ich mache dir keine Vorschriften, Vater!« Fast sah es so aus, als funkelten in den Haselnußaugen der Cordula Tränen, aber wenn es so war, dann waren es Tränen des Zorns und der hellen Empörung. »Schließlich muß ich mit meinem Mann zusammen leben, und in der Beziehung, da lasse ich mir keine Vorschriften machen!«

Und ehe der Herr Ratsschreiber die richtigen Worte für eine passende Erwiderung finden konnte, flog die Tür der Amtsstube nicht gerade sanft hinter Cordula ins Schloß. Sie stieß mit dem Pepperl zusammen, der draußen vor der Tür stand und der ganz bestimmt nicht die Absicht gehabt hatte, zu horchen. Er hatte sich nur nicht mehr hineingetraut, als er den heftigen Wortwechsel hörte. Er streckte der Cordula den Brief des Herrn Lehrers hin.

»Das da soll ich abgeben für den Herrn Ratsschreiber«, meldete er eiligst, und dann machte er, daß er fortkam.

Es ging dem Pepperl oft so, daß er einfach dazustieß, wenn irgendwo irgend etwas passierte. Er wußte eine ganze Menge über die Leute im Dorf.

Vielen war es sicher nicht recht, daß Pepperl sich in ihrem Familienleben auskannte. Aber der Pepperl besaß eine für sein Alter erstaunliche Eigenschaft: Er plauderte nichts aus. Nur manchmal, da sagte er etwas, und das war dann meistens an der falschen Stelle. Die spätere Wirkung war verheerend.

Als er wie ein geölter Blitz über den Marktplatz sauste, wußte der Pepperl, daß er sich beeilen mußte. Es war wirklich höchste Zeit, daß er in seine Klasse kam, denn Herr Dominikus Schnitzenbaumer pflegte die Schulstunde immer mit einem Lied zu beenden. Pepperl machte, daß er auf seinen Platz kam.

Er starrte fasziniert auf den Herrn Dominikus, der am Katheder saß und den Gesang dirigierte. Dabei war er mit seinen Gedanken aber nicht recht bei der Sache. Der Chor verwirrte sich, aber Herr Dominikus achtete nicht darauf. Er dirigierte weiter und dachte an Cordula.

Nun war es nicht etwa so, daß der Herr Dominikus sehr von sich eingenommen gewesen wäre. Eher das Gegenteil war der Fall. Im Grunde zweifelte er oft an sich und überspielte seine innere Unsicherheit und seine linkische Schüchternheit mit tönenden Reden, in denen sehr oft das Wort prinzipiell vorkam. Aber im geheimen war er doch durchdrungen von der Wichtigkeit seiner Persönlichkeit und seines Standes. Er hielt es einfach nicht für möglich, daß ein Mädchen, das er zu seiner Ehefrau machen wollte, nein sagen könnte.

Der Chor endete in heilloser Disharmonie.

Erbost klopft der Herr Dominikus mit dem Lineal auf das Katheder, denn er stellte fest, daß die Buben überhaupt nicht bei der Sache waren. Vor allem der Pepperl malte wieder auf seinem Block herum, und dabei sah er ihn unverwandt mit seinen blanken, neugierigen, blitzgescheiten Bubenaugen an.

»Wiesmayr-Pepperl«, rief der Herr Dominikus ärgerlich.

»Wirst du es nie lernen, während der Schulstunden aufmerksam zu sein! Los, bring mir deinen Block!«

Geschwind verschwand der Block unter der Schulbank. Die Klasse prustete los. Pepperl hatte einen knallroten Kopf bekommen. Er schien keineswegs gewillt zu sein, auf die Aufforderungen des Herrn Dominikus einzugehen.

»Wird es bald?« fragte Herr Dominikus, »oder soll ich dir vielleicht helfen?« Dabei sauste das Lineal unheilverkündend auf das Katheder.

Da schob sich der Pepperl langsam durch die Bankreihen und legte den verhängsnisvollen Block vor Herrn Dominikus. Er duckte sich dabei ein bisserl, als fürchtete er – und wahrscheinlich nicht zu Unrecht –, daß das Lineal gleich nicht mehr auf das Katheder, sondern auf seinen Hosenboden flitzen könnte.

Herr Dominikus aber starrte fassungslos auf den Block. Die zweifellos sehr talentierte Zeichnung zeigte niemand anderen als ihn selbst, in kindlich boshafter Karikatur.

Eine lange hagere Gestalt, um die die Kleidung schlotterte und der oberste Knopf des Jacketts wie immer lose hing. Auf einem dürren Hals saß ein Habichtskopf mit dichtem Haupthaar und scharfen Augen hinter funkelnden Brillengläsern. Einem schmallippigen Mund, einem spitzen Kinn und einem gewaltigen Adamsapfel.

Herr Dominikus schluckte. Nein, besonders schmeichelhaft war diese Zeichnung nicht. So also sahen ihn die Kinder. Es war eine arge Enttäuschung. Eine so schmerzliche Enttäuschung, daß der Adamsapfel des Herrn Dominikus, der wirklich ein wenig groß geraten war, leise zitterte.

»Setzen!« sagte Herr Dominikus nach einer Weile und sonst gar nichts.

Der Pepperl schlich sich, blaß vor Erstaunen, in seine Bank zurück. Die Klasse saß stumm da. Alle hatten etwas erhofft. Eine schöne Hetz' hatte man erwartet – nur dies nicht.

»Für morgen also«, sagte Herr Dominikus, und seine Stimme klang etwas merkwürdig, »lernt ihr für die Heimatkunde die Geschichte des Ritters Sebaldus von Seeried, und zwar den Abschnitt der Landshuter Erbfolgekriege.«

Er blätterte im Klassenbuch, aber er trug keinen Tadel ein.

Draußen schien die Sonne, und eine Biene summte durch das geöffnete Fenster herein.

»Ihr könnt nach Hause gehen«, sagte der Herr Dominikus, obwohl die Schulglocke doch noch gar nicht geläutet hatte.

Im Gegensatz zu sonst, da die Tintenfässer lärmend zuklappten, die Tafeln und Hefte in die Schulranzen flogen und ein geräuschvolles Scharren und Trampeln begeistert anzeigte, wie froh die lebhaften Buben waren, dem Zwang der Schule entronnen zu sein, ging es an diesem Vormittag verdächtig leise zu.

Aber Herr Dominikus, der sonst mit Tadeln nicht sparte, schien es gar nicht zu bemerken.

»Pepperl!« rief er plötzlich.

Der Pepperl blieb wie vom Donner gerührt stehen. Da hatte er gehofft, mit einem blauen Auge davonzukommen.

Aber Herr Dominikus sagte nur: »Pepperl, du machst für morgen eine Zeichnung von unserem Ritter, so, wie du ihn dir vorstellst, verstanden?«

Der Pepperl sauste wie ein geölter Blitz hinaus, und die anderen drängten eilig nach.

Herr Dominikus aber saß reglos vor dem Katheder und sah auf die Zeichnung, die sein Lieblingsschüler angefertigt hatte. Er mochte den Kleinen gerne. Pepperl war begabt, wenn auch nicht allzu fleißig.

So sahen ihn also seine Buben, die er mit der ganzen Zärtlichkeit seines einsamen Herzens liebte. Wieder mußte Herr Dominikus schluchzen. Aber dann schlich sich doch ein Lächeln in sein häßliches Gesicht. Talent hatte der Bursche zweifellos, nur daß er gerade ihn so abkonterfeit hatte, das war bitter. Zu guter Letzt fragte Herr Dominikus sich, ob er vielleicht doch einen Fehler in der Behandlung der Buben begehe?

Die Buben freilich machten sich schon längst keine Gedanken mehr über den »Adamsapfel«, wie Herrn Dominikus' Spitzname war, von dem er selbstredend nichts wußte.

Inzwischen hatte der große Zeiger der Kirchturmuhr den kleinen Zeiger überrundet. Die Sonne stand noch immer hoch über dem Kirchturm und spiegelte sich in den bunten Butzenscheiben des Pfarrhauses, das in einem gepflegten Garten lag.

Hochwürden Stefan Bruckner, ein Mann Anfang der Dreißig, schlank und hochgewachsen mit einem gutgeschnittenen Kopf und leicht ergrautem Blondhaar, schloß das dicke Buch auf seinem Schreibtisch. Daraus hatte er die Predigt für den kommenden Sonntag vorbereitet.

Die Sonnenstrahlen, die in wunderlichen Farben durch die bunten Fensterscheiben krochen, verwirrten ihn: Sie zauberten eine träumerische Stimmung in die ernste Studierstube.

Die Stasi streckte den Kopf zur Tür herein und meldete, daß das Essen fertig sei.

Sie war ein rundliches, altes Weiblein, und hielt den Pfarrhaushalt und vor allem die geliebte Rosenzucht Hochwürdens in Ordnung.

In dem gemütlichen Wohnraum, der an die Studierstube angrenzte, roch es appetitlich nach gebratenem Speck, jungem, frischem Gemüse und Erdbeeren.

»Hochwürden«, sagte die Stasi vorwurfsvoll, als sie die Suppe austeilte. »Sie hatten doch versprochen, bei den Wiesmayr vorbeizusehen.«

»Ich werde es noch heute erledigen, Stasi.«

»Sie müssen ein ernstes Wort mit dem Wiesmayr-Ferdi reden, Hochwürden«, ermahnte ihn Stasi bekümmert.

»Ich weiß, aber ich glaube, der Wiesmayr-Ferdl mag von einem Pfarrer keine ernsten Worte hören.«

»Gerade darum«, beharrte die Stasi.

»Wer soll ihm denn ins Gewissen reden, wenn Sie es nicht tun? Er ist ein Saufbold und ein übler Raufer noch dazu. Er hat seine Frau im betrunkenen Zustand schon wieder grün und blau geschlagen. Dabei ist sie so ein rechtschaffenes Weib. Das schlimmste ist aber, daß er jetzt die Kinder an die Luft setzen will.«

»Was will er?«

»Seine Kinder will er hinauswerfen. In ein Heim. Damit er sie los ist. Vor allem um den Pepperl tut's mir leid.«

Hochwürden seufzte. Der Wiesmayr-Ferdl war sein schlimmstes Sorgenkind in der Gemeinde.

»Ich werde sehen, was ich tun kann, Stasi.«

»Und tun Sie es bald, Hochwürden, ehe ein Unglück passiert, ich habe das so im Gefühl.«

Die Stasi verstummte, denn die Glocke vom Kirchturm läutete wie immer ein wenig verspätet den Mittag ein.

*

Als die Glocken zu läuten anfingen, schloß der Krämer Mario Pinelli die bimmelnde Ladentür hinter dem Pepperl. Er war noch in letzter Sekunde hereingeflitzt, um eine ganze Markttasche voll Zeug für seine Mutter zu holen. Herr Mario drehte den Schlüssel in dem alten Schloß herum und sperrte gleichzeitig die Sonne aus dem engen Lädchen.

Herr Mario warf einen prüfenden Blick auf die Ladenkasse und las das Anschreibbüchlein durch:

Der Wiesmayr stand natürlich wieder obenan. Aber es ließen viele in letzter Zeit anschreiben, die früher nicht daran gedacht hatten, so etwas zu tun. Der Barbier Christophorus Wannemacher beispielsweise und der Schneidermeister Böckle auch. Es stand nicht gut um Seeried. Es waren schlechte Zeiten.

Mario seufzte und ging in die Küche, um sich ein flüchtiges Mahl zu bereiten, wie es Junggesellen eben tun, die nichts vom Haushalt verstehen und niemanden haben, der für sie sorgt. Seit seine Mutter nicht mehr lebte, war es recht einsam um ihn geworden. So einsam, daß er es manchmal gar nicht mehr ertragen konnte und dann ins Wirtshaus ging. Obwohl ihm das ganz und gar nicht gefiel.

Er wurde auch nur ausfallend, der Mario, wenn er ein Viertel zu viel getrunken hatte. Nein, ganz im Gegenteil: er wurde – lyrisch. Er sagte Gedichte auf. Teils von berühmten Leuten teils welche, die er selbst gedichtet hatte und sonst ganz still und heimlich für sich behielt. Die anderen lachten dann auch nicht über ihn. Sie schmunzelten nur und dachten, daß er eben ein närrischer Kauz sei.

Dabei war der Mario ein bildsauberes Mannsbild. Schlank und rank mit dunklem Kraushaar und blitzenden schwarzen Augen. Sein verstorbener Vater war Italiener gewesen. Das Schicksal hatte ihn nach Seeried verschlagen, wo er ein ehrsamer Kaufmann geworden war.

Aber sein Sohn, der Mario, fand keine rechte Befriedigung darin, den Leuten Dinge zu verkaufen, und das war schlimm. Denn Mario war so etwas wie ein verkannter Dichter. Ganz abgesehen davon, daß er immer an irgendeiner unglücklichen Liebe krankte. Dabei war es keineswegs so, daß die Mädchen nichts von ihm wissen wollten. Es drehte sich manche den Kopf nach dem hübschen Burschen um. Aber nein, der Mario liebte eben immer eine, bei der er unglücklich sein konnte. Augenblicklich war es Cordula, die Tochter von Ratsschreiber Schwammerl, die Mario in seinen heimlichen Liebesgedichten anbetete.

Hastig schlang er die angebrannten Kartoffeln hinunter.

Nebenbei kritzelte er auf ein Stück Papier einige Verse:

Du bist so süß wie junger Wein.
Dein Auge lacht wie Sonnenschein!
Es lockt dein goldner Flechtenkranz.

Mario stockte. Kranz – grübelte er, Kranz – es war gar nicht so einfach, darauf einen passenden Reim zu finden! Aber dann leuchteten seine Augen auf, und schnell kritzelte er weiter:

Ob bei der Arbeit, ob beim Tanz –

Draußen klopfte es gebieterisch an die verschlossene Ladentür, und Mario stand wütend auf. Allerdings verwandelte sich seine grimmige Miene sofort in ein höfliches Lächeln, als er die Ladentür öffnete:

»Ah, das Fräulein Baronesse!« Die hatte ihm gerade noch gefehlt. »Was darf es denn sein, Fräulein Baronesse?«

»Eine Gummiwärmflasche!« Ihre tiefe Stimme erschreckte den Mario immer wieder aufs neue.

»Hoffentlich haben Sie auch eine da?«

Mario war gekränkt; er hatte immer alles da.

Diensteifrig breitete er seinen Vorrat auf der Theke aus. Fräulein Baronesse entschloß sich für eine giftgrüne Bauchflasche. Dann wollte sie doch noch mehr. Hustenbonbons, Lakritze, einen Ring Hartwurst und eine Zahnbürste. Dann sagte das Fräulein Baronesse mit ihrer tiefen Stimme:

»Bitte, schreiben Sie es an, Herr Pinelli.«

Sie wurde richtig rot dabei, und das rührte den Mario. Wer wurde denn schon rot, wenn er heutzutage anschreiben ließ. Daß die Baronesse am Hungertuch nagte, das wußte ohnehin jeder.

Höflich ging er mit dem adeligen Fräulein zur Ladentür, und während er erbost dachte, dabei soll nun ein Mensch dichten können, sah er ihr nach, wie sie über den sonnenhellen Marktplatz schritt. Sie trug richtige Männerhosen, Reitstiefel, ihre dunklen Haare waren kurz und streng frisiert. Sie schnitt sich die Haare selbst, das wußte jeder. Sie kam nie zum Friseur.

Sie ging sehr aufrecht über die Dorfstraße, die Baronesse Walburga von Reuth. Ihre alte Markttasche war prall gefüllt. Ehe sie wieder zu ihrer halbverfallenen Schloßklause emporstieg, mußte sie noch in die Apotheke, die ganz am anderen Ende von Seeried lag.

Sie atmete auf, als die lange Dorfstraße hinter ihr lag, denn sie schätzte es nicht, wenn die Leute sie beobachteten.

Es war inzwischen fast halb eins, aber der Herr Apotheker schloß über Mittag nicht. Das Fräulein Baronesse stieg die drei ausgetretenen Steinstufen zur Apotheke hinauf und machte die Ladentür auf. Walburga von Reuth fand, daß das Glockenspiel gar nicht zu einer Apotheke paßte.

Der Herr Apotheker stand in seinem weißen Apothekermantel, wie ein Arzt sah er beinahe darin aus, hinter der Ladentheke und verbeugte sich.

»Habe die Ehre, Fräulein Baronesse. Wieder von Kopfschmerzen geplagt?«

»Meine übliche Mischung«, unterbrach die Baronesse den Apotheker, einen flotten, stattlichen Mann mit munteren Äuglein unter der goldgeränderten Brille und einem immer etwas melancholischen Lächeln.

Die übliche Mischung hatte der Apotheker eigens für die Baronesse zusammengestellt, denn sie war oft von Kopfschmerzen geplagt. Das Lächeln des Apothekers hatte auch seine Gründe. Der Apotheker hatte auch seinen Kummer zu tragen, obwohl die Apotheke recht gutging, aber – um es ganz offen zu sagen: Er liebte seit Jahren die junge Baronesse.

Da stand sie nun leibhaftig vor ihm, sie verzog keine Miene und sagte nur gebieterisch: »Die übliche Mischung«, als ob ein verliebtes Herz mit der üblichen Mischung etwas anfangen könnte.

»Wie stehen die Felder?« erkundigte sich Hyazinth, der Apotheker, obwohl nicht mehr allzuviel Grund und Boden zum Reuth'schen Besitz zählten.

»Danke. Gut. Wir brauchen viel Sonne.«

»Ja, viel Sonne –«, stimmte Herr Hyazinth zu, und er legte seine ganze Liebe in dieses Wort.

Aber die Baronesse schien es nicht zu bemerken.

Mit besonders liebevoller Sorgfalt wickelte Herr Hyazinth das Päckchen mit der speziellen Mischung in Seidenpapier.

»Danke, nein. Sonst bin ich Gott sei Dank gesund.«

»Ja, das konnte man der Baronesse schon glauben, daß sie sonst gesund war. Braungebrannt und stattlich stand sie da in Reitstiefeln und Männerhosen. Und dem kurzgeschnittenen

Haar, das dem herben Frauengesicht einen ganz eigenartigen Reiz verlieh.

»Und sonst? Alles in Ordnung in der Schloßklause, Baronesse?« Herr Hyazinth bemühte sich verzweifelt, die Unterhaltung etwas auszudehnen.

»Ich wüßte nicht, was nicht in Ordnung sein sollte!«

»Haben sich schon Sommergäste angemeldet?«

»Was bin ich schuldig?«

»Vier Mark fünfzig.«

Bei diesem Preis kam Herr Peter Hyatzinth nicht auf seine Kosten. Wenn er allen seinen Kunden solche Preise gemacht hätte, dann hätte er schon längst seine Apotheke schließen können.

Die Baronesse nahm das abgezählte Geld aus ihrer abgegriffenen Geldbörse.

»Guten Tag, Herr Apotheker.« Damit war sie zur Tür hinaus, ehe Herr Hyazinth auch nur »Auf Wiedersehen« sagen konnte.

Da stand er wieder allein mit seinen Tiegeln, Töpfen und Flaschen. Er packte die übliche Mischung säuberlich in ein Kästchen, auf dem Baronesse Reuth stand. Warum sie nur so unnahbar ist, dachte Herr Hyazinth bekümmert. Es weiß doch jedes Kind in Seeried, daß sie nichts zu essen hat, und nur von ihrem hochadligen Namen kann sie nicht leben. Walburga Hyazinth, das würde doch auch nicht schlecht klingen?

Die Baronesse stieg durch den Wald zu ihrer halbverfallenen Schloßklause empor. Sie seufzte und dachte bekümmert:

Es ist wirklich Zeit, daß die Sommergäste kommen.

In diesem Moment schlug es von der Kirchturmuhr in Seeried ein Uhr.

*

Hochwürden wollte sich gerade um diese Zeit auf den Weg zu den Wiesmayrs machen, als die Stasi ihm den Besuch des Ratsschreibers Schwammerl meldete.

Etwas verlegen stand der alte Mann vor dem jungen Pfarrer.

»Grüß Gott, Hochwürden.«

Bruckner war überrascht. Zwar kam der alte Schwammerl regelmäßig zum Gottesdienst, aber persönlich hatte er sich noch nie an ihn gewandt.

»Es freut mich, daß Sie den Weg auch einmal zu mir finden, Herr Schwammerl. Was gibt es denn? Kann ich Ihnen irgendwie mit Rat und Tat zur Seite stehen? Nehmen Sie erst einmal Platz. Einen Enzian?«

»Nein, danke«, antwortete der alte Schwammerl.

Der Ratsschreiber setzte sich umständlich. Er fummelte an dem Rand seines verbeulten Hutes herum.

»Ja, das ist nämlich so –«

»Aber rauchen tun's doch?« ermunterte Hochwürden ihn und öffnete ein vielverheißendes Kistchen. Der Schwammerl schmunzelte.

»Bei einer guten Zigarre sag' ich halt nie nein, Hochwürden.«

Und es schien, als ob ihm bei dem blauen Dunst, der sich da in die Sonne kringelte, die Worte leichterfallen würden.

»Ja, also Hochwürden, ich habe da eine Idee. Ich habe da in einem alten Chronikband etwas gefunden von dem Ritter Sebaldus.«

Bruckner beugte sich interessiert vor.

»Ich verstehe net ganz. Um was für eine Idee dreht es sich denn?«

»Ja, also Hochwürden, das ist doch so, nicht wahr, daß es mit unserer Gemeinde doch net gerade zum Besten steht. Es ist zwar ein sauberes Dorf, unser Seeried, und die Umgebung idyllisch, wie die Stadtleut' sagen, aber los ist nichts. Und wo soll das Geld herkommen? Der Schneider Böckle hat keine Arbeit mehr, der Barbier hat auch noch kaum etwas zu essen.

Auch der Pinelli klagt, weil alle anschreiben lassen, und von den Wiesmayrs wollen wir gar net erst reden.«

»Ja, ich weiß Bescheid«, nickte der Pfarrer ernst.

»Die Steuern sind halt arg hoch«, fuhr der Schwammerl fort.

»Der Boden ist hart, er gibt net viel her. Und die paar Sommergäste, die kommen, da bleibt auch net viel hängen. Es sind ja immer die gleichen. Treue, nette Leute. Aber los ist halt nix!«

So ganz wußte Bruckner zwar immer noch nicht, worauf der alte Ratsschreiber hinauswollte, aber in gewissem Sinne mußte er ihm zustimmen.

»Los ist hier natürlich nichts, aber die Gäste, die hierherkommen, die suchen ja gerade Ruhe«, meinte Bruckner.

»Ruhe bringt nichts ein, Hochwürden! Wenn wir noch lange so weitermachen, ist uns mit aller paradiesischen Ruhe net geholfen. Ich hab' halt das Gefühl, der Sebaldus, der könnt' uns helfen.«

»Der gespensternde Ritter?«

»Genau der! In dem Chronikband steht etwas drin. Es ist eine ganz lustige Geschichte, und da habe ich gedacht, ob wir net auch so einen Rummel machen können hier!«

Erwartungsvoll sah der Schwammerl den Hochwürden an und pustete den Rauch in dicken Wolken in die Luft.

»Rummel, was meinen's mit Rummel, Herr Schwammerl?«

»Ja, also Rummel ist vielleicht net ganz das richtige Wort. Ich meine halt, draußen in der Schloßklause von der Baronesse, da ist doch Platz. Gerade wie geschaffen für ein Theater, mit einer natürlichen Felsenkulisse, wenn man's so ausdrükken will. Und wenn wir da ein Stück aufführen täten, so ein richtiges Bauernstück vom Ritter Sebaldus, dann kämen vielleicht die Fremden hierher, und die Dorfkasse tät' vielleicht wieder ein bißchen voller werden.«

Hochwürden wurde nachdenklich. Was der alte Schwammerl sagte, hatte zweifellos etwas für sich.

»Ich werde es mir einmal überlegen, Herr Schwammerl«, sagte er deshalb ausweichend.

»Aber überlegen's net zu lang, Hochwürden!« Der Schwammerl zog ein Stück Papier aus seiner Rocktasche, es war ein Briefumschlag, den schob er dem Hochwürden zu.

»Sehen Sie sich das einmal an, Hochwürden.«

Bruckner nahm das Papier in die Hand und betrachtete es aufmerksam. Er lächelte und schüttelte den Kopf.

»Das ist eine geniale Zeichnung von der Burg und von unserem Ritter Sebaldus.«

»Genau das ist es. Und um wirklich ganz ehrlich zu sein, das hat mich auf die Idee gebracht. Als der Pepperl mir heute den Brief gebracht hat –«

»Der Pepperl? Wollen Sie damit sagen, daß der Pepperl die Zeichnung gemacht hat?«

»Wer denn sonst? Sicher war es der Pepperl. Er hat mir den Brief bringen sollen, und da hat er wieder draufgekritzelt. Der kritzelt doch auf alles. Wenn er nur ein Stück Papier findet, wird es sofort bemalt. Wie er nun den Brief gebracht hat, da war ich gerade schrecklich wütend. Wenn ich eine Wut habe, da hab' ich meine besten Ideen, und da ist mir das eingefallen. Deswegen bin ich gleich hergekommen, um es Ihnen zu sagen, Hochwürden.«

Die Zeichnung war wirklich genial. Bruckner betrachtete sie aufmerksam.

»Dann bringen Sie mir den Chronikband einmal vorbei, Herr Schwammerl, ich möchte mir die Geschichte von unserem Ritter Sebaldus ansehen, ob sich was daraus machen läßt.«

Erleichtert stand Schwammerl auf und schüttelte dem jungen Pfarrer kräftig die Hand. Aber an der Tür blieb er noch einmal stehen, drehte sich um und meinte:

»Da hätte ich dann noch etwas auf dem Herzen, Hochwürden, etwas ganz Privates freilich. Ich meine nur so – wenn es sich einmal ergibt, dann könnten Sie auch mit meiner Cordula einmal ein Wörtchen unter vier Augen reden. Vielleicht, daß die Cordel eher auf Sie hört als auf ihren Vater.«

Ganz unvermutet stieg eine feine Röte in das Gesicht des jungen Pfarrherrn.

»Was ist mit der Cordel, Herr Schwammerl? Sie ist ein braves Mädchen. Ich habe noch nie Klagen über die Cordel gehört.«

»Nein, nein«, wehrte der Alte ab. »So ist das Madel schon in Ordnung. Aber dem Vater folgen will sie eben nicht. Dabei hat sie einen rechten Dickkopf. Vielleicht reden Sie mal mit ihr, Hochwürden, Ihnen sagt sie vielleicht, was los ist.«

Der Schwammerl redete immer um die Sache herum, statt dem Hochwürden klaren Wein einzuschenken, und der wußte nun überhaupt nicht mehr, wie er dran war. Aber ehe er noch eine weitere Frage stellen konnte, war der Schwammerl zur Tür hinaus verschwunden.

Sehr nachdenklich machte sich Hochwürden auf den Weg zu den Wiesmayrs.

Es stimmte schon, der Wiesmayr war sein schlimmstes Sorgenkind. Die Stasi hatte recht, er war ein übler Raufbold, zu keiner ordentlichen Arbeit tauglich. Dabei hatte er ein braves Weib und neun gesunde, gescheite Kinder. Eines davon war der Pepperl.

Es war Frühling und Bruckner liebte Seeried. Das kleine wunderschöne Fleckchen Erde lag eingebettet zwischen majestätischen Bergen, in einer idyllischen Landschaft. Nur unwahrscheinlich heiß war es für einen Frühlingstag. Die Blüten und Knospen drängten förmlich unter dem Strahl der goldenen Sonne. Man glaubte, daß man das Gras wachsen sehen könnte.

Der Barbier Christophorus Wannemacher stand müßig unter seiner Ladentür. Sein weißer Spitz kläffte wütend, als Hochwürden vorbeikam.

»Grüß Gott, Meister Wannemacher. Wie geht das Geschäft?«

»Schlecht, Hochwürden! Kein Mensch will sich mehr die Haare schneiden lassen. Das ist die neue Mode, die machen sie mit. Und dabei soll der Mensch noch leben, net wahr?«

»Ja, gewiß. Die Zeiten sind schwer. Aber nur Geduld, Meister Wannemacher, vielleicht wird es bald besser kommen!«

»Wer es glaubt, wird selig«, murmelte der Wannemacher, aber erst, als der Hochwürden ihn nicht mehr hören konnte.

Ein paar Häuser weiter schaute der Schneidermeister Böckle zu seiner Werkstatt heraus, das Maßband um den Hals, und brummte mißmutig:

»Grüß Gott, Hochwürden.«

»Ein schöner Tag, Meister Böckle.«

»Der schönste Tag taugt nix ohne Arbeit.«

Hochwürden tröstete ihn vorübergehend:

»Wird schon bald wieder besser werden, Meister. Nur die Geduld nicht verlieren, es geht immer wieder weiter.«

»Ja«, knurrte Böckle. »Aber wie? Die letzte Ernte war eine Katastrophe, und schauen Sie sich die Hitz' an, mitten im Frühling, da kann ja nichts Rechtes daraus werden!«

»Dafür werden die ersten Sommergäste bald kommen.«

Der Böckle winkte ab. »Ach, die paar!«

Der junge Pfarrer warf einen prüfenden Blick zum Himmel, der strahlend blau und klar sich wie die Kuppel eines Domes über dem Tal wölbte. Er war auf dem Land groß geworden und kannte sich aus mit den Sorgen und Nöten der Bauern. Diese Hitze im Frühling war wirklich unnatürlich, und an den bitter notwendigen Regen war gar nicht zu denken. Er seufzte. Sicher, es gab Gemeinden, denen es noch schlechter ging. Aber in Rosen gebettet waren sie in Seeried wirklich nicht. Sie hielten sich ja tapfer, aber wo nichts war, keine Industrie und nichts, der Schwammerl hatte schon recht, wo sollte das Geld herkommen?

Er grüßte freundlich seine Pfarrkinder, die zu den Fenstern hinaussahen.

Der Armenwinkel lag am Ende von Seeried. Verschämt

hinter einer dichten Baumgruppe geduckt, wie es sich für einen Armenwinkel gehört. Zwar waren es nur ein paar Häuser, aber sie waren schäbig genug. Meist waren es alte Leute, die hier lebten, solche, denen vom Leben nichts mehr geblieben war als das Warten auf den Tod. Die zufrieden waren, wenn sie nur das Salz in die Suppe und das tägliche Brot hatten.

Aus einem der Häuser drang wüstes Schelten.

Der Wiesmayr-Ferdl! Natürlich, da war wohl wieder der Teufel los.

»Arbeit! Arbeit!« grölte eine rauhe Männerstimme. »Wo ist denn Arbeit? Kannst' mir vielleicht Arbeit besorgen, he?«

»Arbeit ist überall, man braucht sich nur umzutun und die Augen aufzumachen, Mann!« widersprach eine klare Frauenstimme.

Bruckner drückte die Klinke der klappernden Tür herunter und trat ein. Das erste, was er sah, war der Pepperl: Pepperl saß am Fenster und malte. Er kritzelte auf einer Einkaufstüte herum.

So verwahrlost das Haus von außen aussah, so blitzsauber war es drinnen. Die Wiesmayrin war wirklich ein fleißiges und rechtschaffenes Weib. Ihr blasses, verhärmtes Gesicht war übel zugerichtet.

Dumpfer Zorn packte den jungen Pfarrer.

»Schon wieder einen über den Durst getrunken, Wiesmayr?«

Der vierschrötige Mann am Tisch fuhr herum und sah den Pfarrer aus böse glitzernden Augen an.

»Geht Sie das was an?«

»Rede net so mit dem Herrn Pfarrer, Mann!« Die Wiesmayrin wischte einen Stuhl ab und stellte ihn für Bruckner hin. »Der Herr Pfarrer hat es noch immer gut mit uns gemeint!«

»Danke, Wiesmayrin!« Bruckner setzte sich.

Der Wiesmayr-Ferdl rührte sich nicht.

»Ich hab' ihm net gesagt, daß er herkommen soll.« Er paffte den Rauch seiner Pfeife dem Pfarrer mitten ins Gesicht.

Der Wiesmayrin stieg das Blut in die Wangen vor Scham über das Verhalten ihres Mannes.

»So geht das net weiter, Wiesmayr!« Bruckner ließ sich nicht aus der Ruhe bringen. »Ich glaube, wir beide müssen ein ernstes Wort zusammen sprechen.«

Der Wiesmayr-Ferdl schwieg störrisch.

»Das ganze Dorf spricht darüber, Wiesmayr! Reißen Sie sich doch zusammen! Ist es noch nicht genug damit, daß der Hof unter den Hammer gekommen ist? Müssen Sie jetzt auch noch Ihre Familie zugrunde richten?«

Gefährlich langsam schob sich der Wiesmayr-Ferdl in die Höhe. Beide Fäuste stemmte er auf den Tisch.

»Das geht Sie einen Dreck an!«

»Mann!« schrie die Wiesmayrin dazwischen.

Auch Bruckner stand auf. Er stemmte seine Fäuste genauso auf den Tisch wie der Wiesmayr-Ferdl.

»Sie sind ja schon wieder betrunken. Ich warne Sie, es gibt Mittel und Wege, um Leute wie Sie zur Vernunft zu bringen!«

Der Wiesmayr-Ferdl stand nicht sicher auf den Beinen. Er war stockbetrunken. Tückisch glitzerten die kleinen Augen unter der wulstig vorgeschobenen Stirn. Und dann holte er plötzlich weit aus – aber Bruckner war schneller. Er fing den Schlag des Wiesmayrs ab.

Der Ferdl sackte am Tisch zusammen und fing an zu heulen.

Die Wiesmayrin war starr vor Entsetzen.

»Für heute werden Sie Ruhe haben«, sagte Bruckner. »Stimmt es, was man sich in Seeried erzählt? Ich habe es von der Stasi gehört. Er will die Kinder weggeben?«

»Ja, das will er tun«, murmelte die Wiesmayrin mit zuckenden Lippen.

»Meine Kinder! Solange noch ein Funken Leben in mir ist, werde ich es net zulassen, und wenn er mich noch so prügelt. Vor allem auf den Pepperl hat er es abgesehen!«

»Warum gerade auf den Pepperl?«

»Weil er das Malen net lassen kann. Und dann ist da die Geschichte passiert –«

»Mutter!« schrie der Pepperl plötzlich dazwischen. »Davon sagst aber fei nix! Das ist mein Geheimnis!« Hochwürden lächelte.

»Wenn es dein Geheimnis ist, Pepperl, will ich es net wissen. Aber du könntest das Gemeindeblättchen austragen, das gibt wieder ein paar Pfennige.« Er wandte sich an die heulende Wiesmayrin.

»Und Mario Pinelli hat mir gesagt, er sucht jemand, der ihm den Haushalt in Ordnung hält. Das könnte doch eure Anna tun, sie ist alt genug, und versteht es, zu arbeiten.«

Die Wiesmayrin wischte sich die Tränen ab. Sie war stolz auf ihre Kinder. Nie kamen Klagen über sie, nur manchmal über den Pepperl, weil er die Leute mit seinen boshaften Portraits verärgerte.

»Vielen Dank, Hochwürden«, stammelte sie. »Vielen Dank!«

Ehe Bruckner ging, wandte er sich noch einmal an den Pepperl und sah ihm über die Schulter.

»Was malst denn da?«

»Den Ritter Sebaldus von Seeried.«

»Darf man mal sehen?«

Der Pepperl zuckte zusammen und verbarg das Blatt hastig unter seinem geflickten Jöppchen. »Besser net.« Aber Bruckner griff lachend nach der Einkaufstüte.

»Da schau mal her, der Herr Ritter Sebaldus soll das sein? Der hat aber eine ganz verflixte Ähnlichkeit mit dem Pfarrer von Seeried.«

Der Pepperl wurde knallrot. Er schob sich langsam in die Höhe, und dann gab er das verhängnisvolle Blatt zögernd aus der Hand. Er hätte sich selbst eine kleben können. Warum mußte er die Leute nur immer so malen, wie er sie sah?

Bruckner betrachtete seine Zeichnung, die in wirklich treffender, wenn auch etwas boshafter Karikatur ein getreues

Abbild von ihm war: die gebogene Nase wie bei einem Raubvogel, die Stirn etwas überhöht, die Haare, die kleine, kaum wahrnehmbare Falte zwischen den Brauen scharf eingezeichnet, und auf dem strengen schwarzen Habit blühte eine Rose.

Der Pfarrer lachte herzlich.

»Du hast wirklich was los! Aber warum soll das denn der Ritter Sebaldus sein? Ich wüßte nicht, daß ich mit dem edlen Ritter verwandt wäre.«

Der Pepperl druckste ein wenig herum.

»Ich soll halt für morgen den Sebaldus malen für den Schnitzenbaumer, und da mir nichts Rechtes eingefallen ist, da —«

»Darf ich das behalten?«

»Lieber net.«

Aber Hochwürden hatte das Blatt schon eingesteckt, dann nickte er dem Pepperl freundlich zu und ging.

Er machte einen Umweg, ehe er zum Pfarrhaus zurückging. Er wanderte an dem Platz vorbei, den der Schwammerl wie geschaffen für eine Bühne bezeichnet hatte.

Lange stand er reglos da und sah in diese wunderschöne natürliche Kulisse, die sich dem Besucher darbot. Die steil aufragenden Berghänge rahmten das Bild ein. Im Hintergrund, auf halber Höhe, lag die verfallene Schloßklause der Baronesse als wirksame Dekoration. Ein heller Quell sprudelte aus den Felsen, und Silberwolken spiegelten sich im lauteren Kristall der Quelle, die hier ein wenig verweilte, bis sie in den Wiesenhang hinab eilte. Ringsum waren hohe Tannen, und jetzt, da die Sonne hindurch fiel, hätte man sich wirklich vorstellen können, daß wie im Scheinwerferlicht eine Vorstellung begann.

Vielleicht, überlegte Bruckner, wäre die Idee wirklich eine Möglichkeit, Leben und Schwung nach Seeried zu bringen, und vielleicht wäre allen damit geholfen. Er lauschte dem Raunen des Windes, dem Zwitschern der Vögel und schrak erst auf, als sich an der Schloßklause oben etwas bewegte. Die Baronesse führte ihre Ziege Berta spazieren.

Leise kam der Abend.

Die Sonne war zur Ruhe gegangen. Ein schmaler violetter Streifen säumte den Himmel im Westen. Das Abendläuten verklang. Tiefer Friede lag über Seeried. Aus einzelnen Kaminen stieg Rauch auf, denn sobald die Sonne sank, wurde es empfindlich kühl. Dunkler und dunkler färbte sich der Himmel, und dann erwachten die Sterne. Auch im Dorf wachten die Lichter auf. Langsam erhob sich der Mond über den Baumwipfeln, verströmte sein mildes Licht über das schlafende Dorf und spiegelte sich in den Nebelschleiern, die über den Wiesen hingen.

Hochwürden stand am Fenster seines Pfarrhauses und das alte Lied ging ihm durch den Sinn:

Der Mond ist aufgegangen,
die goldnen Sternlein prangen,
am Himmel hell und klar.
Der Wald steht schwarz und schweiget
und aus den Wiesen steiget
der weiße Nebel wunderbar.

Leichte Schritte kamen über den kiesbestreuten Weg zum Pfarrhaus. Das Gartentor knarrte leicht, als es geöffnet wurde. Hochwürden beugte sich ein wenig vor. Im Mondlicht erkannte er draußen die Cordel.

Er wartete nicht erst, bis die Glocke anschlug und Stasi öffnen ging, er eilte selbst zur Türe.

»Guten Abend, Cordel.«

»Guten Abend, Hochwürden.«

»Dein Vater schickt dich, nicht wahr? Du bringst mir den Chronikband vom Ritter Sebaldus?«

»Ja. Da ist er.«

»Vielen Dank, Cordel.«

Sie streckte ihm den Chronikband hin und wollte hastig gehen. Aber Bruckner fiel es rechtzeitig ein, daß der Schwammerl ihn doch gebeten hatte, einmal bei Gelegenheit ein Wort mit Cordula zu reden.

»Willst du nicht einen Augenblick hereinkommen, Cordel?« fragte er.

Sie nickte zögernd. Sie war schon oft im Pfarrhaus gewesen, wenn sie der alten Stasi geholfen hatte, aber noch nie war sie im Studierzimmer des Pfarrherrn. Staunend sah sie sich um.

»Mei, die vielen Bücher!«

»Sie sind gute Freunde, Cordula.«

»Haben Sie die denn alle schon gelesen, Hochwürden?«

»Alle. Manche sogar mehr als einmal.« Er wußte nicht recht, wie er mit seiner Mission beginnen sollte. Er stand nur und sah die Cordel an, und die Cordel sah ihn an.

»Ja, also –«, schlug er endlich vor, »wollen wir uns nicht setzen?«

Die Cordel ließ sich nur auf der äußersten Kante des Sessels nieder, der gegenüber dem Schreibtisch stand, als fürchtete sie sich.

»Dein Vater ist heute mittag bei mir gewesen, Cordel«, begann Bruckner und dachte, daß es wohl am besten war, frisch von der Leber weg zu reden. »Er hat mir gesagt –«

»Ich kann mir schon denken, was er gesagt hat«, unterbrach ihn da die Cordel kein bißchen ehrerbietig und warf das Köpfchen in den Nacken.

»Und den Herrn Dominikus Schnitzenbaumer nehm' ich trotzdem nicht zum Mann!«

Hochwürden fühlte sich restlos überrumpelt. Das war ja eine schöne Geschichte. Davon hatte ihm der alte Schwammerl freilich nichts gesagt, und daß es um so etwas ging, hatte er nicht erwartet.

»So, der Herr Schnitzenbaumer«, murmelte er, und dann mußte er erst einmal schlucken.

»Ich weiß«, fuhr die Cordel temperamentvoll fort, »daß der Herr Dominikus ein braver und anständiger Mensch ist und eine sichere Stellung hat und alles so. Das stimmt schon, da hat der Herr Vater schon ganz recht, aber zum Mann will ich ihn trotzdem nicht.«

»Und warum nicht?«

»Weil ich eben net will!«

Das war auch eine Antwort.

Hochwürden brauchte eine ganze Weile, bis er sich in der Situation zurechtgefunden hatte.

»Da hat der Herr Dominikus Schnitzenbaumer also um deine Hand angehalten, Cordel?«

»Leider!«

»Wann denn?«

»Heute!«

»Aber – ich versteh' dich net ganz, der Herr Dominikus ist wirklich ein sehr ehrenwerter Mann! Wenn er ein Mädchen zu seiner Frau machen will, dann ist das doch ein ehrenvolles Angebot, das man sich reiflich überlegen sollte.«

Die Cordel antwortete nichts. Sie preßte nur die frischen Lippen zusammen und vermied es, Hochwürden anzusehen.

»Er hat wirklich sehr viele Vorzüge, der Herr Dominikus«, fuhr Bruckner fort und überlegte krampfhaft, was er jetzt alles anführen könnte. Ihm selbst war der Lehrer nämlich nicht allzu sympathisch. Er hatte ihm zu viele Grundsätze und war ihm nicht der Jugend gegenüber aufgeschlossen genug. Aber das konnte er jetzt doch nicht gut sagen.

»Er ist sehr gewissenhaft«, fuhr er darum fort, »und er liebt seine Arbeit. Er ist sehr tüchtig, und er wird es gewiß einmal zu etwas bringen. Soweit ich unterrichtet bin, komponiert er sogar. Ich muß schon sagen, Cordel, einen Antrag des Herrn Dominikus, den sollte man nicht so einfach in den Wind schlagen.«

Cordel schluckte, und er sah, daß in den Haselnußaugen Tränen glänzten. Er mußte schlucken, aber dann sagte er rasch: »Und da es nun einmal der aufrichtige Wunsch deines Vater ist –«

»Ich nehme ihn aber net!« stieß die Cordel hervor und

wischte sich schnell die Tränen fort. »Ich nehme ihn net, und ich nehme ihn net!« Es hätte wirklich nicht viel gefehlt, und sie hätte mit dem Fuß aufgestampft.

Hochwürden lächelte flüchtig.

»Wenn deine Abneigung gegen eine Ehe mit Herrn Dominikus so groß ist, Cordel, dann darf ich vielleicht doch einmal nach dem Grund fragen. Denn einen Grund mußt du doch dazu haben.«

»Weil –« Die Cordel konnte die Tränen wirklich nicht mehr zurückhalten, »weil ich ihn eben net liebhab'.«

Das klang so rührend, so unbeholfen und ehrlich in einem, daß Hochwürden nicht mehr wußte, was er darauf sagen sollte. Er sagte nur:

»Ja, dagegen ist halt nichts zu machen, Cordel.« Er zögerte, dann fragte er es doch. »Hast du denn einen anderen lieb?«

Da fing die Cordel erst recht zu weinen an. Der Pfarrer war sehr erschrocken. Mit dieser Wirkung hatte er nicht gerechnet. Da trug die Cordel doch sichtlich eine unglückliche Liebe in ihrem Herzen. Er überlegte, wer es wohl sein mochte, den sie liebhatte? Es wollte eben keiner der jungen Bruschen, die er kannte, so recht zu Cordel passen.

Sie tat ihm in der Seele leid, und es war ihm bitter arg, daß er ihr nicht helfen konnte. Die Cordel schluchzte wirklich zum Steinerbarmen. »Nicht weinen«, bat er herzlich. »Bitte nicht weinen, Cordel!«

Aber die Cordel schluchzte nur noch verzweifelter.

»Ist es denn gar so eine aussichtslose Sache, deine Liebe?« fragte er vorsichtig.

Die Cordel nickte heftig, und die Tränen liefen ihr übers Gesicht.

»Liegt es vielleicht daran, daß er dich nicht liebhat?«

Die Cordel nickte und zuckte mit den Schultern. Da sollte nun ein Mensch schlau daraus werden.

»Darf er dich nicht liebhaben?« fragte Bruckner sanft.

»Genau so ist es«, stieß die Cordel hervor.

»Dann ist er also an eine andere gebunden?«

»Nein!« sagte die Cordel, »das ist er sicher nicht!«

Da wußte Hochwürden sich keinen Rat mehr. Das kam ihm nun sonderbar vor. Das Herz wurde ihm schwer.

»Ich glaube, du solltest jetzt nach Hause gehen, Cordel.« Er ging mit ihr zur Tür. Jetzt standen sie am Gartenpförtel. Der Mond schien, und die Sterne funkelten am Himmel.

»Gute Nacht, Cordel«, sagte Bruckner leise.

Sie weinte immer noch. »Gute Nacht!« flüsterte sie, und ihre Stimme war halb erstickt von Tränen.

Er streckte die Hand aus und berührte sanft und tröstend die vom unterdrückten Schluchzen bebenden Schultern seines Pfarrkindes. In diesem Augenblick raschelte es im Gebüsch, und als er sich erschrocken umwandte, tauchte der hochrote Kopf des Pepperl auf. Das war wieder einmal dumm ausgegangen. Der Pepperl hatte halt manchmal ein richtiges Pech. Nun war er gekommen, um die Sache vom Mittag wiedergutzumachen. Er hatte ein wunderschönes Bild gemalt, farbig, von der Kirche, und das hatte er durch das offene Fenster der Studierstube schieben wollen. Aber dann hatte er die Stimmen gehört und sich nicht weitergetraut. Schließlich hatte er sich im Gebüsch versteckt. Ausgerechnet im falschen Moment war ihm das Papier heruntergerutscht, und jetzt stand er da und wußte nicht, wie er alles erklären sollte. Stumm streckte er dem Herrn Pfarrer sein Bild hin, und der verstand ihn auch ohne Worte, denn er murmelte ein Dankeschön! Unterdessen lief die Cordel weinend davon. Das alles war schon ein rechtes Durcheinander, in dem sich der Pepperl auch nicht mehr auskannte. Er machte sich schleunigst aus dem Staub.

Nachdenklich kehrte Bruckner in seine Studierstube zurück. Auf dem Schreibtisch lag der Chronikband. Er setzte sich hin und fing an zu lesen.

Es war eine recht interessante Geschichte, die sich, wie da in der alten Chronik verzeichnet stand, in Seeried ereignet haben sollte. Die Geschichte lag schon so weit zurück, daß sie Menschengedanken gar nicht mehr erreichten. Nicht einmal die ältesten, verwittertsten Steine auf dem Gottesacker zeugten von jener Zeit.

Es war also geschehen zur Zeit der Bauernkriege, damals, in den Jahren 1524/25.

Bereits seit dem vierzehnten Jahrhundert gärte es im Bauernstand. Gegenüber dem Vordringen der Landesherrschaft berief sich ein Teil der Bauern auf das alte Recht und Herkommen.

Diese forderten eine Neuordnung aufgrund des Evangeliums. Ihr Symbol war der Bundschuh.

Der Bundschuh war ein Stück Leder, das, durch Riemen um den Knöchel befestigt, als Schuh von den Germanen und später von den deutschen Bauern als Schuh getragen wurde.

Die Bauernkrieger trugen also die Fahne mit dem Bundschuh. Sie zogen mordend, plündernd und kriegführend durch die Lande. Nur gezwungen, so hieß es, übernahm der Ritter Sebaldus von Seeried die Führung der Aufständischen in seinem Bereich. Und so kam eines Tages seine Horde auch nach Seeried.

Angstvoll hatte sich alles in die Wälder geflüchtet, denn es wurde sehr viel von den Greueltaten berichtet, die allerorten verübt wurden und gar manchem friedfertigen Mann, Weib oder gar Kind das Leben kosteten.

Nur die Frau Bürgermeisterin war in Seeried zurückgeblieben. Sie war ein Weib, wie es der liebe Herrgott nur einmal in der Sonntagslaune schuf: voll Anmut, Würde, Schönheit, und was das wichtigste war, Mut!

Ja, sie hatte mehr Mut als zehn Männer zusammen, und sie hatte die Mannsbilder selbst noch fortgeschickt. Ganz allein trat sie dem Anführer der Horde gegenüber, und dieser war ein gar finster dreinschauender Mann, in eiserner Rüstung, hoch zu Roß. Er verlangte Unterkunft und Verpflegung für seine Männer und die Auslieferung der kampffähigen Männer des Dorfes.

Gerade dies war es aber, was die kluge, schöne und mutige Frau Cordula verhindern wollte.

So sagte die Frau Bürgermeisterin, daß die Männer alle schon in den Kampf gezogen seien und nicht einer mehr im Ort wäre, der etwas tauge zum Kampf. Aber der Anführer glaubte ihr nicht und ließ Haus um Haus, Scheune um Scheune, Keller um Keller durchsuchen – ergebnislos. Was sie vorfanden, waren alte, zahnlose Greise.

Eigenhändig schaffte Frau Cordula zu essen und zu trinken herbei und sorgte dafür, daß die Humpen nicht leer blieben.

Aber als die Horde fortzog, da gebot der finstere Anführer, Frau Cordula zu fesseln, und er drohte, daß sie auf der Stelle ihr Leben lassen müsse, wenn sie ihm nicht verrate, wo sie die Männer verborgen halte.

Das ganze Dorf, so sagte er, würden sie niederbrennen. Er wollte ihr dadurch beweisen, daß ihre Angaben nicht stimmten, und er verlangte, daß sie alles auf ihren Eid nehmen sollte.

Da nahm die brave Bürgermeisterin es auf ihren Eid, aber um sich nicht gegen den lieben Herrgott zu versündigen, sagte sie: »Wenn ich nicht die Wahrheit gesagt habe, dann soll sogleich der Ritter Sebaldus vor mir stehen!«

Der Mann in der eisernen Rüstung war Sebaldus von Seeried. Aber er zog weiter. So grausig das Leben war, das er geführt hatte, eines hatte er immer getan:

Er hatte den Mut geehrt. Und die schöne, tapfere Bürgermeisterin hatte eine wirkliche Probe ihres Mutes abgelegt.

Ein Jahr später freilich war auch Seeried nicht vom Krieg verschont geblieben, aber immerhin, ein ganzes Jahr hatte Frau Cordula die Menschen gerettet. Ein ganzes Menschenjahr. Und wieviel wog dies schon, wenngleich auch wie wenig, gemessen an der Ewigkeit ...

Langsam ließ Bruckner den Chronikband sinken. »Cordula ...«, murmelte er selbstvergessen. »Cordula ...«

Oliver Bruckner ging nicht zur Schule. Vom Fenster seines Spielzimmers aus konnte er durch die Bäume des gepflegten Parkes hinweg die Dächer der Stadt erblicken, über die sich Rauch, Ruß und Dunst wie eine Glocke stülpten.

An diesem Morgen sah Oliver lange auf die Stadt hinab, und seine dunklen Augen waren von dem unkindlich ernsten Ausdruck gezeichnet, den sein Vater heimlich fürchtete.

Er seufzte, setzte den Rollstuhl in Bewegung und steuerte ihn geschickt zu seinem Schreibpult.

Er lauschte nach dem Nebenzimmer. Deutlich unterschied er die Stimme seines Vaters und die Stimme Hochwürden Onkel Stephans, der an diesem Sonntagmorgen überraschend zu Besuch gekommen war. Aber was sich die beiden unterhielten, konnte Oliver nicht verstehen.

Durch die Gardinen fiel gedämpft das Sonnenlicht in das Spielzimmer, über die Staffelei, die Farbkästen, Töpfe und Pinsel und über die begabten Malereien Olivers.

Er kramte in den Skizzen auf seinem Schreibpult, setzte den Rollstuhl wieder in Bewegung und steuerte ihn zu seiner Staffelei. Andächtig griff er zu einem Kohlestift. Sein elfenbeinfarbenes Knabengesicht spannte sich an. Sorgfältig und eifrig fing er an zu malen.

Auf das Gespräch im Nebenzimmer achtete er nicht mehr.

Dort schilderte Hochwürden seinem Bruder Robert in bewegten Worten die Situation seiner kleinen Gemeinde. Er legte ihm eindringlich dar, wie es um Seeried stand, wie die Leute zu kämpfen hatten, um durchzukommen, und wie sie langsam den Mut verloren.

»Mit geistlichem Trost allein ist es da nicht getan«, bemerkte Hochwürden unter anderem. »Da muß man tatkräftig helfen. Sonst verlieren die Leute den Glauben und das Vertrauen.«

Robert Bruckner lauschte den Worten seines Bruders sehr aufmerksam und sehr interessiert.

Die beiden Brüder ähnelten sich sehr. Sie glichen sich nicht nur in der Statur, sondern auch im markanten Schnitt des Gesichts. Beide hatten das gleiche widerspenstige dunkelblonde Haar, das gleiche Lächeln und die gleiche steile Grübelfalte zwischen den Brauen.

Robert war der Jüngere. Er war zwei Jahre jünger als sein Bruder, obwohl sein Blondhaar schon an den Schläfen silbern schimmerte.

»Jetzt weißt du alles, Robert«, schloß Hochwürden seinen Bericht. »Ich brauche deine Hilfe. Allein schaffe ich es nicht.«

Robert streifte bedächtig die Asche seiner Zigarette ab und lehnte sich tiefer in den Clubsessel zurück. Er hatte dem Plan, den sein Bruder ihm erörtert hatte, wirklich mit gesammelter Aufmerksamkeit gelauscht.

»Deine Idee begeistert mich, Stefan! Vorausgesetzt, daß du die Geschichte richtig anpackst, glaube ich, daß dir der Erfolg sicher sein wird.«

Stefans Augen leuchteten auf.

»Ich hatte so sehr gehofft, daß du mich verstehen wirst, Robert, sonst wäre ich heute nicht gleich Hals über Kopf zu dir gefahren. Es ist mir übrigens nicht ganz leichtgefallen, zu kommen. Schließlich war es immer ein ungeschriebenes Gesetz unter uns Brüdern, daß wir einander gegenseitig nie um Hilfe gebeten haben, vor allem nicht um finanzielle Hilfe.«

»Rede keinen Unsinn! Du bittest ja nicht für dich! Und außerdem kann von einer Bitte in dem Sinn ja nicht die Rede sein!«

Impulsiv griff Robert zu dem immer bereitliegenden Notizbuch und fing an, einzelne Punkte aufzuzeichnen. »Betrachten wir die Sache doch einmal mit den nüchternen Augen eines Geschäftsmannes, Stefan.«

»Die habe ich leider nicht«, meinte Hochwürden bedauernd.

»Dafür bist du ja auch kein Industriemanager wie ich«, stellte Robert richtig.

»Du weißt so gut wie ich, Stefan, wenn ich nicht das Glück gehabt hätte, Isabellas Mann und somit Besitzer der Romnacher Werke zu werden, hätte ich mir meinen Aufstieg wahrscheinlich bedeutend härter erarbeiten müssen und hätte es auch nie so weit gebracht. Ich bin immer dankbar für diese gütige Fügung des Schicksals geblieben, und ich freue mich, wenn ich endlich einmal Gelegenheit habe, dem Schicksal ein wenig Dankesschuld abzutragen.«

»Jetzt redest du aber gar net wie ein Geschäftsmann, Robert!«

»Vielleicht, weil ich im tiefsten Grund meines Herzens ein heimlicher Romantiker geblieben bin. Aber lassen wir das, Stefan. Klipp und klar: Ich steige in das Geschäft ein. Ich finanziere die Seerieder Bauernspiele, sozusagen als stiller Teilhaber. Keine Sorge, Stefan, ohne Gewinnbeteiligung. Alles, was ich mir vorbehalte, ist das Recht der Beratung nur für den Fall, daß irgend etwas schiefgehen sollte. Wollen wir einen Vertrag aufsetzen?«

Stefan zögerte. »Wenn ich Alleinveranstalter der Bauernspiele wäre, würde ich das nicht für nötig halten, Robert. Aber ich bin sozusagen ja Abgesandter eines ganzen Dorfes.«

»Du hast wirklich recht. Wir wollen den Vertrag also gleich aufstellen.«

Robert hielt sekundenlang inne. Unwillkürlich wanderte sein Blick zu dem lebensgroßen Gemälde über dem Kamin. Dieses Gemälde einer schönen Frau mit nachtschwarzem Haar und zartem Gesicht schien die Atmosphäre dieses Raumes zu bestimmen.

»Isabella«, sagte Robert Bruckner leise, »hätte ihre helle Freude an diesem Plan!«

Auch Hochwürdens Augen wanderten zu dem Gemälde. Arme Isabella, dachte er tiefbewegt, armer Robert – armer Oliver.

»Wie geht es dem Jungen, Robert?« fragte er aus diesem Gedankengang heraus.

»Unverändert.« Robert nahm das Notizbuch wieder vor und fing an, die einzelnen Punkte des Vertrages exakt aufzusetzen.

»Haben die Ärzte keine Hoffnung?«

Robert hob müde die Schultern. »Ich gebe die Hoffnung nicht auf. Ich darf sie nie aufgeben, Stefan.«

»Und wie trägt es Oliver?«

»Mit unvergleichlicher Geduld und Tapferkeit. Die Haltung des kleinen Burschen ist erschütternd. Du erinnerst dich doch noch daran, daß er ein wilder, verwegener Junge war? Das ist nun alles vorbei. Seine Malerei bedeutet ihm alles, und ich lasse ihn natürlich gewähren. Nur fürchte ich manchmal, daß die Einsamkeit zu groß für ihn wird.«

Angesichts des Gemäldes von Frau Isabella wagte Hochwürden es nicht, seinen Bruder zu fragen, ob er nicht daran denke, Oliver wieder eine Mutter zu geben?

»Kann ich einmal nach ihm sehen, Robert?« sagte er statt dessen.

»Gerne. Er ist nebenan. Wir halten uns jetzt nur noch in diesen beiden Räumen auf. Von meinem Zimmer aus kann Oliver seinen Rollstuhl unmittelbar auf die Terrasse und in den Park lenken. Das ganze übrige Haus ist unbewohnt. Oliver erträgt keine fremden Menschen um sich. Wir begnügen uns mit den Dienstleistungen der alten Rosina, die den Haushalt schon führte, als Isabella noch da war.«

Oliver war Hochwürdens Patenkind. Es drängte ihn, nach dem Jungen zu sehen und mit ihm zu sprechen. Er stand auf.

»Von Verträgen verstehe ich doch nicht viel. Ich überlasse das alles dir, Robert.«

»Oliver freut sich ganz bestimmt sehr, dich zu sehen. Du weißt, wie sehr der Junge an dir hängt, Stefan.«

Hochwürden klopfte an die Verbindungstür zum Nebenzimmer. Niemand bat ihn, einzutreten. Leise drückte er die Klinke nieder.

»Hallo, Oliver?«

Der Knabe an der Staffelei wandte langsam den Kopf. »Oh, Onkel Stefan! Fein, daß du da bist. Ich habe dich vorhin vom Fenster aus kommen sehen.« Er legte den Kohlestift weg und gab Hochwürden die Hand; eine überschmale, zarte Knabenhand.

»Entschuldige, daß ich nicht gleich zu dir gekommen bin, aber ich hatte erst mit deinem Vater etwas Wichtiges zu besprechen.« Hochwürden unterdrückte die Frage, wie es Oliver gehe, und warf einen überraschten Blick auf die Staffelei.

»Darf man deine Arbeit ansehen?«

»Ja, es ist nichts Besonderes. Erkennst du, was es sein soll?«

»Natürlich. Es ist der Baum da draußen, vor deinem Fenster.«

»Ja«, sagte Oliver glücklich. »Aber ich versuche, ihn so wiederzugeben, wie ich ihn sehe.«

»Eine interessante Arbeit, Oliver. Hast du Unterricht?«

»Der Professor der Akademie kommt jede Woche zweimal zu mir.«

Hochwürden dachte an den Pepperl. Er hatte dessen Konterfei noch in der Brieftasche, zog es lächelnd heraus und gab es Oliver.

»Wie gefällt dir das?« fragte er.

»Großartig! Hast du das gemacht?«

»Nein. Ein Junge aus meiner Gemeinde. Ich halte ihn für sehr begabt.«

Oliver studierte die Skizze des Pepperl mit intensiver Aufmerksamkeit. »Das ist wirklich Klasse! Bei wem studiert der Junge?«

»Oh, nirgends, er gehört zu den ärmsten Familien meiner Gemeinde. Mit neun Kindern. Ich glaube kaum, daß er je dazu kommen wird, zu studieren.«

Oliver war von der Zeichnung fasziniert.

»Willst du das Blatt behalten?« fragte Hochwürden lächelnd.

»Wenn du es mir gibst? Ich hätte es sehr gerne.«

»Natürlich. Behalte es nur. Vielleicht kommst du einmal nach Seeried, dann kannst du den Pepperl kennenlernen. Er ist ungefähr in deinem Alter. Wie alt bist du jetzt?«

»Zehn, Onkel Stefan.«

»Na ja, der Pepperl ist erst sieben, er wird jetzt acht.« Beinahe hätte er hinzugefügt: und er ist ein rechter Lausejunge. Aber er bezwang sich noch rechtzeitig. Schließlich war Oliver auch einmal ein rechter Lausejunge gewesen, ehe das große Unglück über die Familie hereinbrach.

»Ich werde Papa bitten, daß wir einmal nach Seeried fahren«, sagte Oliver sofort. »Ich möchte diesen Jungen kennenlernen. Wie heißt er?«

»Pepperl, Pepperl Wiesmayr.«

Langsam hob Oliver den Blick seiner ernsten dunklen Augen zu seinem Onkel empor. »Es ist sehr einsam bei uns, weißt du.«

»Ich glaube es, Oliver.«

»Wir sind immer ganz allein, der Papa und ich.«

»Kommen deine früheren Spielgefährten denn nicht mehr zu dir?«

»Sie wollen es schon, sie kämen sicher gerne, aber ich will sie nicht mehr. Es würde ihnen auf die Dauer doch langweilig, hier bei mir herumzusitzen. Ich spüre das. Im Grunde sind sie immer froh, wenn sie wieder fortgehen können. Außerdem haben sie Mitleid mit mir.« Zornig funkelten seine Augen auf.

»Ich verstehe, Oliver. Nun, vielleicht ergibt sich sogar bald eine Möglichkeit, daß du mit deinem Vater nach Seeried kommst. Wir haben nämlich gerade einen interessanten Plan entworfen. Wir wollen in Seeried ein Bauerntheater gründen.«

»Oh, erzähle, Onkel Stefan!«

Die Begeisterung des Jungen rührte Hochwürden. Er zog sich einen Sessel zur Staffelei, setzte sich zu dem gelähmten Jungen und erzählte ihm ausführlich von dem großen Seerieder Plan.

Die Begeisterung für den »Plan« hielt die Leute von Seeried gefangen. Sie waren mit lobenswertem Eifer und ehrlicher Besessenheit bei der Sache. Wieviel Hoffnung setzten sie alle auf das Unternehmen!

Hochwürden konnte mit seiner Gemeinde zufrieden sein. Er setzte sich auch mit seiner ganzen Persönlichkeit dafür ein, um dem Plan zu einem guten Gelingen zu verhelfen.

Keine Stunde hatte er mehr für sich allein, und Stasi stellte mit heimlicher Sorge fest, daß er nicht einmal mehr die Mahlzeiten richtig einhielt. Unermüdlich war er tätig, nicht zuletzt auch deshalb, weil er dadurch gar keine Zeit hatte, eigenen Gedanken nachzuhängen.

Draußen am idyllischen Felshang, an der Schloßklause, hoben sie die Erde aus und ebneten den Boden für die Bühne. Beim Maler wurden die Kulissen gebastelt. Meister Böckle schneiderte die Gewänder. Der Tischler hatte vollauf mit der Bestuhlung zu tun. Hochwürden beriet und half. Er war hier und dort, überall zur gleichen Zeit.

Er nahm die Verbindungen mit den Fremdenverkehrsvereinen und den Reisebüros der Städte auf. Er sorgte dafür, daß die Reklametrommel gerührt und prächtige Prospekte gedruckt wurden, außerdem half er Mario Pinelli beim Schreiben seines Stückes und Herrn Dominikus beim Komponieren. Seine ganz besondere Aufmerksamkeit aber schenkte er dem Pepperl, der mit seiner erstaunlichen Begabung die Dekoration entwarf.

Schließlich mußte das Stück vervielfältigt werden, dann ging es an die Rollenverteilung und die Einstudierung. Wer sollte schon die Regie übernehmen – außer Hochwürden.

Die Besetzung machte keine Schwierigkeiten. Cordula, da kam nur die Cordula in Frage. Und auch die Magd der Frau Bürgermeisterin, diese Rolle war Schneider Böckles Kathi wie auf den Leib geschnitten.

Auch die Männer waren im Dorf leicht zu finden. Der Bürgermeister, der Pfarrer, der Schneidermeister, der Barbier, für jeden fand sich eine echte Type, die gleichsam für diese Rolle wie geboren schien.

Nur mit dem Ritter Sebaldus – haperte es! Als Ritter schien keiner geboren zu sein. Soviel sich Hochwürden auch den Kopf zerbrach, fand er schließlich doch keinen anderen Ausweg, als einen Berufsschauspieler zu verpflichten, denn schließlich war der Ritter die tragende Rolle des Stücks, und Gelingen oder Nichtgelingen hingen in erster Linie davon ab, wie der Sebaldus gestaltet wurde.

Hochwürden war übrigens so manches Mal erstaunt darüber, wie die Leute mit ihren Rollen fertig wurden, obwohl sie keine Ahnung vom Theaterspielen hatten, ja, meist selbst noch nicht einmal im Theater gewesen waren.

Aber auch das Privatleben der guten Seerieder war, seit das Bauerntheater eine beschlossene Sache war, empfindlich gestört.

Auch Mario Pinellis Gemüt war von diesem Aufruhr angesteckt, als er vom Gottesdienst nach Hause kam. In der Küche stand die braunäugige Wiesmayr-Anna und richtete den Sonntagsschmaus für Herrn Mario, und sie tat es mit ganz besonderer Liebe und mit echtem, gutem Butterschmalz.

Das Herdfeuer warf einen warmen Schein über ihr frisches, hübsches Gesicht, aber Herr Mario achtete nicht darauf. Er ging mit weitausholenden Schritten in der Küche auf und ab. Er war sehr zufrieden mit sich! Sein letztes Gedicht war wirklich wunderschön geworden, er konnte es – ohne sich dessen zu schämen – der Cordula überreichen!

Plötzlich wandte er sich an die Wiesmayr-Anna und fragte ernst: »Wenn ein Mann – sagen wir ein Mann wie ich –, also wenn der ein Mädchen liebt, was soll er da tun?«

Die Anna wurde rot wie ein Granatapfel.

»Was soll er tun?« wiederholte Mario Pinelli, und dies in einem Ton, als ob von Annas Antwort sein ganzes Seelenheil abhinge.

»Ja«, sagte die Anna leise, »ich meine, da müßte er es dem Mädchen sagen, daß er es liebt und erst einmal in Erfahrung bringen, ob er wiedergeliebt wird.«

Mario atmete erleichtert auf. »Sehen S', das hab' ich mir auch gedacht.«

Die Anna beugte sich rasch über die Töpfe und Pfannen auf dem Herd, und wenn sie nicht noch im letzten Augenblick den Braten übergossen hätte, dann wäre er doch tatsächlich angebrannt.

Sie wußte Bescheid. Sie gehörte zu den Wiesmayrs. Jeder wußte, daß die arm waren wie die Kirchenmäuse. Jeder wußte, daß der Vater ein Trinker war und den Hof unter den Hammer gebracht hatte. Es gab wenig Hoffnung für die Anna, daß sie jemals ein Mann in Seeried zu seiner Eheliebsten erkor.

Mario aber machte am hellen Sonntagnachmittag in seinem schönsten Sonntagsrock seine Aufwartung beim Ratsschreiber Schwammerl, und nachdem er eine Weile herumgedruckst und viel über das Theaterstück geredet hatte, rückte er mit dem heraus, weshalb er eigentlich gekommen war.

Er tat es etwas plötzlich, und der Ratsschreiber war ganz verdattert. »Ich wollte nämlich – ja, also Herr Schwammerl – ich wollte um die Hand Ihrer Tochter Cordula anhalten.«

Das war ein bissel viel für den alten Toni. Gleich zwei Freier auf einmal! Im Moment kam ihm sogar der böse Gedanke, daß sich da vielleicht schon länger eine Liebschaft angesponnen hatte und daß die Cordel deswegen die Bewerbung des Herrn Dominikus abgelehnt hatte.

»Ja – was meint denn meine Tochter dazu?« erkundigte er sich darum zunächst einmal vorsichtig.

Mario senkte den dunklen Lockenkopf.

»Mit Fräulein Cordel hab' ich freilich noch gar net gesprochen. Ich hab' gedacht, daß der Herr Vater da eher ein Wort reden könnte, und was ich zu bieten habe, das wissen S' ja: Ein schuldenfreies Geschäft mit einer guten Kundschaft und einem stattlichen Lager, ein Haus, Acker, Wald und ein wenn auch bescheidenes Barvermögen.«

Der Schwammerl atmete erleichtert auf. Er sah seine Cordel natürlich lieber als Lehrersfrau statt hinter der Theke eines Kramladens, obwohl der Pinelli als Freier auch nicht zu verachten war. Er versuchte Zeit zu gewinnen, indem er sagte: »Sind noch andere Bewerber da, Mario. Muß mir das alles erst einmal gründlich überlegen. Sind auch brave Männer mit einem guten Einkommen, und letzten Endes liegt die Entscheidung doch bei der Cordel.«

Jetzt war der Mario einigermaßen verdutzt, daran hatte er gar nicht gedacht, daß auch noch andere um die Cordel freien könnten. Blitzgeschwind überflog er, wer da wohl in Frage kommen könnte? Doch nicht am Ende auch der Dominikus? Nein, der Adamsapfel konnte als ernsthafter Rivale wohl kaum in Frage kommen. Auf jeden Fall ließ er einmal sein Gedicht für die Cordel da und bat den Schwammerl, ihm ein guter Fürsprecher zu sein.

Höflich brachte der Schwammerl seinen Besucher zur Tür.

Kopfschüttelnd las er die Verse, die Mario im Schweiße seines Angesichts aufgeschrieben hatte.

Ich wandere in die dunkelnde Nacht und bin so bitter allein.

Kein Gruß ward' mir von dir gebracht und es muß wohl alles so sein!

Du bedeutest für mich wirklich all mein Glück soviel wie der Sonnenschein!

Wann kommt mir die Antwort zurück? Bleibe ich weiter allein?

»O Sakra, Sakra!« machte der Schwammerl und kratzte sich hinterm Ohr, denn für dichterische Ergüsse hatte er gar keine Ader.

Er nahm das kostbare Gedicht und riß es in kleine Fetzen, und damit ja keiner davon übrigblieb, hielt er auch noch ein Streichholz daran.

Der Mario ahnte nicht, welch schlimmes Schicksal sein geliebtes Geisterkind erlitt, und hochgemut schritt er über die sonntagsstille Dorfstraße zu seinem Haus zurück und traf Hochwürden, der ihm gerade die ersten Korrekturen des Stückes überbrachte.

Mit seinem Stück ging es übrigens weitaus besser als mit den Gedichten, der Mario war entschieden eher ein Dramatiker denn ein Poet.

Verliebt wie er war, packte er die Gelegenheit beim Schopf und bat den jungen Geistlichen treuherzig: »Wenn sich einmal Gelegenheit dazu ergibt, Hochwürden, dann wäre ich Ihnen sehr dankbar, wenn Sie bei der Cordula ein gutes Wort für mich einlegten. Ich möchte die Cordel nämlich heiraten!«

»Heiraten?« fragte Hochwürden. »Das ist ja was ganz Neues.«

»Für mich net«, versicherte der Mario.

»Ich hab' nur jetzt erst den Mut gefunden, um die Hand der Cordel anzuhalten, seit das mit dem Theater läuft. Seit ich das Stück schreibe.«

»Ich werd' es mir durch den Kopf gehen lassen, Mario«, versprach Hochwürden, und mit einem Male hatte er es sehr eilig. Er murmelte etwas von dringenden Amtsgeschäften und war, ehe der Mario richtig begriff, seinen Blicken entschwunden.

Hochwürden rannte beinahe über die Dorfstraße, und er warf weder einen Blick nach rechts noch nach links.

Schneider Böckle sah ihn vorbeilaufen und blickte ihm kopfschüttelnd nach. Seine Familie saß traut am Kaffeetisch, und das Jaköble aß wieder zuviel Streuselkuchen.

Der Böckle zündete sich eine von den Zigarren an, die er sich nur sonntags genehmigte, und warf dem kuchenstopfenden Jaköble einen strafenden Blick zu. Aber dann huschte ein Lächeln über sein griesgrämiges Gesicht.

»Na, Mutter. Jetzt gibt es wieder Aufträge genug. Das Theater braucht doch Wämse. Sogar einen Gesellen haben wir eingestellt. Und die Kammer können wir wieder vermieten. Und wer weiß, Kathi, vielleicht findet sich, wenn das Theater erst läuft, auch ein feiner Hochzeiter für dich!«

Das Jaköble schnitt eine Grimasse und prustete mit vollem Mund: »Mei, die Kathi will ja gar keinen Hochzeiter net! Die ist doch verliebt in den Adamsapfel!«

Die Kathi fuhr wie eine Viper hoch, und ehe sich das Jaköble versah, hatte sie ihm eine Ohrfeige verpaßt. Er schrie wie am Spieß. Aber die Kathi kannte kein Erbarmen. Sie schickte der ersten Ohrfeige noch eine zweite hinterdrein, und der Böckle sah sich gezwungen, den Sonntagsfrieden wieder mit Gewalt herzustellen.

Er tat es, indem er das verfressene Jaköble aus der Stube beförderte und sich dann grimmig an seine Tochter wandte: »Was war das? Der Adamsapfel? Das ist doch der Herr Lehrer Dominikus? Na, na! Ich bitte schon sehr, Kathi, mach mir keinen Unsinn und setz dir keine Flöhe in den Kopf!«

Kathi war ihrer Mutter ganzer Stolz.

»Was heißt hier Flöhe in den Kopf setzen, Mann?« fuhr sie hitzig auf. »Der Adamsapfel könnte froh sein, wenn er eine Frau wie unsere Kathi überhaupt kriegen könnte!«

Die Kathi fing unvermittelt zu schluchzen an und rannte aus der guten Stube.

»Jetzt können wir wenigstens in Ruhe Kaffee trinken«, sagte der Böckle gemütlich und nahm sich noch ein großes Stück Streuselkuchen.

Auch die Wannemachers sahen von ihrem Fenster aus den Hochwürden vorbeilaufen.

»Hat's der aber eilig!« Der Wannemacher rauchte sein Pfeifchen.

»Er wird jetzt eben viel zu tun haben wegen des Theaters«, gab die Wannemacherin zu bedenken.

»Ja, das Theater!« Die müden Augen des Wannemacher leuchteten auf. »Das ist schon eine großartige Sach'! Sicher wird es jetzt mit Seeried endlich aufwärtsgehen und mit uns auch. Jetzt braucht man doch Perücken! Das ist doch einmal etwas Richtiges und nicht immer nur die eine Perücke für –«

»Pst! Mann!« beschwörend legte die Wannemacherin den Finger auf den Mund. »Das weiß doch kein Mensch im ganzen Dorf, daß der eine Perücke trägt!«

»Eine schöne Perücke«, betonte der Wannemacher. »Eine Prachtperücke! Wenn der die nicht hätte, dann wäre er verloren!«

Nach diesen bedeutungsvollen Worten sahen sich der Wannemacher und die Wannemacherin wie zwei Verschwörer in die Augen.

Die Wiesmayrs sahen den Hochwürden nicht vorbeirennen, und zwar deswegen nicht, weil keiner von ihnen zum Fenster hinaussah. Die Kinder waren auf dem Sportplatz. Bis auf Pepperl, der hockte in einem Winkel im Stall und malte. Der Wiesmayr-Ferdl schlief in der Kammer seinen Rausch vom Vorabend aus. Die Wiesmayrin war mit Anna allein, und das war kein Vergnügen, denn die Anna hockte wie ein Häuflein Elend auf der Kücheneckbank und schluchzte zum Steinerbarmen.

Zur Feier des Sonntags hatte die Wiesmayrin einen guten Kaffee gekocht. Sie schob ihrer Tochter die Tasse hin.

»Trink erst einmal, Anna, und dann mache endlich einmal den Mund auf und sage mir, was für eine Laus dir über die Leber gelaufen ist.«

Die Anna schüttelte heftig den Kopf.

»Wenn du es für dich behältst, davon wird es auch net besser!« Die Wiesmayrin seufzte. Sie war eine gute Mutter. Aber manchmal war es nicht einfach, mit den Kindern fertig zu werden, vor allem, wenn sie in ein gewisses Alter kamen, so, wie die Anna jetzt. »Ist es vielleicht wegen dem Pinelli?«

Die Anna schluchzte noch heftiger als zuvor, das war aber auch ihre einzige Antwort.

»Wegen dem Pinelli also!« Die Wiesmayrin nickte.

»Also, wenn der net gut zu dir ist, dann gibst du die Stellung eben wieder auf, obwohl wir das Geld wahrlich gut gebrauchen können«, fuhr die Mutter fort.

»Er – will – heiraten!« würgte Anna mühsam hervor.

»Heiraten?« Die Wiesmayrin begriff nicht sofort, was da los war.

»Ja, dann soll er doch heiraten! So schnell wirst' deine Stelle schon nicht verlieren, denn so rasch geht es net mit der Heiraterei. Wen will er denn heiraten?«

»Mich – mich – net!« stieß Anna hervor.

Und da wußte die Wiesmayrin Bescheid. Sie nahm die Anna fest in ihre Arme, obwohl sie sonst für Zärtlichkeit nicht viel übrig hatte, aber zu sagen wußte sie nichts, denn gegen Liebeskummer, da halfen keine Worte. Damit mußte man eben selbst fertig werden. Wer hätte aber auch gedacht, daß Anna sich ausgerechnet in den Pinelli verlieben würde.

Vielleicht, dachte die Wiesmayrin bekümmert, wäre es das beste, wenn die Anna fortginge, denn hier, wo jeder Bescheid über uns weiß, wird sie nie einen anständigen Mann kriegen …

Unterdessen hatte Hochwürden den Wald erreicht. Er lief jetzt etwas langsamer, weil ihm trotz allen sportlichen Trainings die Luft ausging. Gewaltsam zwang er sich zur Ruhe. Obwohl himmlische Stille um ihn war, dröhnten die Worte Mario Pinellis ihm in den Ohren: »Ich möchte die Cordel nämlich heiraten!«

War denn das ganze Dorf verrückt darauf, die Cordel zu heiraten. Warum glaubte jeder, daß er, ausgerechnet er, den Brautwerber bei der Cordel spielen könnte?

Natürlich! Er war der Hochwürden! Eine Respektsperson, deren Wort Gewicht besaß! Sehr einfach machten sich das die Leute, kamen einfach zu ihm und sagten: »Bitt' schön, mache den Brautwerber für mich.«

Es hätte nicht viel gefehlt, und Hochwürden hätte etwas getan, was er in seinem ganzen Leben noch nicht getan hatte: Er hätte kräftig geflucht! Im letzten Augenblick besann er sich noch, schluckte den Fluch hinunter und – sah sich ganz unvermittelt der Cordula gegenüber.

»Guten Abend!« sagte er verwirrt.

Die Cordel saß auf einem Baumstumpf und sah nicht eben glücklich drein.

»Guten Abend, Hochwürden!« stammelte auch sie, obwohl doch heller Nachmittag war.

Hochwürden räusperte sich; er war sich seiner Stimme nicht ganz sicher.

»Hast du dir den Theaterplatz einmal anschauen wollen, so richtig in Ruhe, Cordel?«

»Ja. Nein. Das heißt – vielleicht.«

Da konnte er sich jetzt heraussuchen, was ihm am besten paßte.

»Oder bist du fortgelaufen, weil dir die Stube zu eng wurde, weil du einmal ganz allein sein wolltest, um Ordnung in dir selber zu schaffen? War es vielleicht so, Cordel?«

»So war es genau.«

Hochwürden kämpfte gegen ein unvorschriftsmäßiges Herzklopfen an, das sicher vom raschen Laufen kam.

»Cordel! Du weißt doch, daß ich dir gerne mit Rat und Tat zur Seite stehe. Du hast mir gesagt, daß du den Herrn Dominikus net magst und einen anderen liebst. Sieht du, und ich weiß jetzt auch, wer es ist, den du liebst.«

Sie riß mit einem Ruck den Kopf hoch und starrte ihn entsetzt an.

»Es ist der Mario Pinelli!« erklärte Hochwürden triumphierend.

Cordulas Blick wurde fassungslos, dann füllten sich ihre Augen ganz langsam mit Tränen.

Hochwürden sagte rasch und eindringlich: »Wenn man so jung ist und so hübsch wie du, Cordel, dann ist es gar kein Wunder, daß die Männer hinter dir her sind. Natürlich ist nichts Unehrenhaftes dabei, wenn sie um deine Hand anhalten. Einmal mußt du dich ja entscheiden, denn du willst doch

nicht allein bleiben, net wahr? Und wenn der Herr Dominikus dir halt gar net gefällt, dann ist vielleicht der Mario genau
der Richtige!«

Die Cordel senkte das Köpfchen. Tiefe Mutlosigkeit überfiel sie und ein seltsames Gefühl, so, als ob sie in ein tiefes, eis-
kaltes Wasser sänke und als ob keiner ihr zu Hilfe käme, sie da
je wieder herauszuholen.

»Ja«, würgte sie schließlich mühsam heraus, »wenn Sie meinen, Hochwürden, dann wird der Mario schon der Richtige
sein!«

»Siehst du, Cordel, man muß nur einmal ruhig und vernünftig über eine solche Sache nachdenken. Du brauchst ja
nichts zu überstürzen, Cordel. Der Mario wird schon ein wenig Geduld haben.«

Cordel stand plötzlich auf. Mit einem Male war sie müde,
und außerdem konnte sie die Tränen nicht zurückhalten,
wenn sie nicht gleich davonlief.

So war es ein rechtes Glück, als in diesem Augenblick der
Pepperl wie ein Pfeil hinter der Felswand vorgeschossen kam
und schrie: »Ich hab's, Hochwürden, ich hab's!«

Atemlos vor Eifer prustete er los: »Ich hab' gemalt, daheim,
im Stall. Und da ist mir eingefallen, daß ich der Baronesse versprochen hab', die Berta zu konterfeien. Und da bin ich in die
Klause 'raufgelaufen, und jetzt hab' ich's.«

»Was hast du denn?« fragte Hochwürden einigermaßen irritiert.

»Warum die Baronesse nicht in die Kirche gekommen ist.«

»Warum denn nicht?« Hochwürden war im Augenblick an
der Baronesse nur wenig interessiert.

»Weil die Berta krank ist, die Ziege! Kommen Sie mit,
Hochwürden. Vielleicht können Sie ihr helfen!«

Auf diese Weise gelang es der Cordel, unbemerkt mit ihren
Tränen zu entkommen.

*

Der Abend kam früh. Es wurde rasch dunkel. Wolken zogen auf. Richtige Wolkengebirge, die schwer zwischen den Felsgiganten über Seeried hingen.

Die Baronesse war wieder allein in ihrer Schloßklause. Hochwürden und der Pepperl waren gegangen. Sie hatten der Ziege Berta nicht helfen können. Hochwürden hatte freilich versprochen, den Viehdoktor heraufzuschicken.

Die Baronesse preßte beide Hände an die hämmernden Schläfen. So elend hatte sie sich schon lange nicht mehr gefühlt. Ihre Augen brannten. Tränen? Nein! Die letzten Tränen hatte sie geweint, als der Vater starb.

Mit bebenden Händen zündete sie die Laterne an, die griffbereit auf dem Küchentisch stand. Ein Nachtfalter flatterte zum Fenster herein und strebte zuckend auf das Kerzenlicht zu. Die Baronesse erschauderte. Sie wußte nicht, wieviel Zeit verrann, da sie so reglos stand und mit Augen, die doch nichts wahrnahmen, dem Falter zusah.

Dann raffte sie sich auf, nahm die Laterne und verließ die Küche. Sie ging durch den kahlen Korridor, dessen steinerne Wände immer feuchte Kühle ausströmten, hinaus auf die Terrasse.

Das sanfte Mondlicht war versunken. Immer drohender zogen sich die Wolken am Horizont zusammen. Die Landschaft lag gespenstisch still und dunkel zu Füßen der einsamen Schloßklause. Nichts regte sich. Die Stille hatte etwas Lähmendes.

Mühsam schöpfte die Baronesse Atem. Sie erschrak vor ihrem eigenen Schatten, den das Laternenlicht auf die Steinstufen der Terrasse warf. Angst packte sie plötzlich.

Aus dem Stall klang ein klägliches Meckern, das die Stille durchbrach.

Die Baronesse flüchtete zu dem einzigen Lebewesen, das in ihrer Nähe weilte, zu der kranken Ziege Berta. Sie kauerte sich neben Berta auf das Heu.

»Armes Tier! Gutes Tier! Tut es denn immer noch weh?

Warum willst du auch die Wärmflasche nicht? Ich habe sie doch extra für dich geholt! Und nicht einmal bezahlen habe ich sie können!«

Zutraulich rieb Berta ihren zottigen Kopf an der Schulter der Baronesse.

»Ja, du bist auch allein«, murmelte die Baronesse. »Genauso allein wie ich. Als der Vater noch lebte, war alles anders. Wer hätte auch denken können, daß er uns nichts anderes hinterließ als Schulden. Man muß eben damit fertig werden, Berta, hörst?«

Durch die Luke des Stalles geisterte ein fahler Lichtstrahl.

Unwillkürlich zuckte die Baronesse zusammen. Sie mußte ihren ganzen Mut aufbieten, um gegen das Bangen, das sie beschlich, anzukämpfen.

»Wetterleuchten, Berta! Nichts weiter! Es wird ein Gewitter geben. Das schlägt auf die Nerven. Horch nur, wie still es ist ...«

In diesem Augenblick schwoll ein dumpfes Donnergrollen in der Ferne an und verebbte im schauerlichen Echo.

»Mußt keine Angst haben, Berta! Ein Gewitter ist eine ganz natürliche Sache. Warte, ich werde einmal nachsehen, was los ist!«

Im Dorf waren die Lichter schon erloschen. Einsam stand die Baronesse mit einer Laterne vor dem Stall der Ziege Berta. Fahle Blitze zuckten durch die zerklüftete Wolkenlandschaft des Himmels.

Der Sturm setzte ganz plötzlich ein. Er kam aus dem Nichts. Seine Riesenpranke fegte der Baronesse die Laterne aus der Hand, klirrend zerschellte sie auf der Erde, und die Baronesse flüchtete mit einem erstickten Aufschrei in den Stall.

Die meisten im Dorf überhörten im Schlaf das drohende Rütteln dieses ersten Sturmstoßes an Fenster und Türen der Häuser.

Krachend splitterten die ersten Ziegel vom Ratsschreiberhaus. Die Fahnenstange vor dem Schulhaus knickte der Sturm wie ein Streichholz, und dann raste er ungehindert die Dorf-straße von Seeried hinunter, dem Armenwinkel zu.

Er rempelte den Mann, der torkelnd heimstrebte, in den Rücken, stieß ihm die Mütze vom Kopf und brachte ihn beinahe zu Fall.

Fluchend raffte sich der Wiesmayr-Ferdl auf. Beide Fäuste schüttelte er gegen den Sturm, aber das half ihm nichts. Blindwütend, haltlos in seiner Trunkenheit, stolperte der Wiesmayr heimwärts. Höhnisch pfiff ihm der Sturm in den Nacken.

»Halts Maul!« schrie der Wiesmayr. »Fortkommen sie alle miteinand'! Kann keine unnützen Esser im Haus brauchen! Zu allererst schmeiß ich den Pepperl 'raus –«

Staub wirbelte auf und erstickte sein wüstes Schreien. Ein rasender Wirbel trommelte auf ihn herab, berstende Zweige, krachende Äste – und dann kam ein schwankender Riesenschatten auf ihn zu und begrub ihn unter sich, ehe er Zeit fand zu einem Hilfeschrei.

Der erste krachende Donnerschlag ließ das Dorf erzittern. Fenster klirrten, Türen sprangen auf. Eilig wurden die Lichter angezündet.

Noch immer fiel kein Tropfen Regen.

Es war jetzt tödlich still. Der Sturm holte Atem.

Auch in den Hütten des Armenwinkels flackerten Lichter auf. Zitternd vor Angst flüchteten die Wiesmayr-Kinder aus ihren Kammern zur Mutter in die Küche.

»Habt ihr alle Läden dicht?« Die Wiesmayrin saß blaß mit gefalteten Händen am Küchentisch.

»Der Sturm reißt sie los!« Die Anna kauerte sich dicht neben die Mutter.

»Wo ist der Vater?« fragte der Pepperl.

Müde hob die Wiesmayrin die Schultern. Sie wußte es nicht.

Dicht gedrängt hockten sie nebeneinander. Durch die Ritzen der Küchenläden zuckten die Blitze. Krachend jagten sich die Donnerschläge. Wütend setzte der Sturm wieder ein.

Und dann endlich fiel der Regen. Körnig prasselte er gegen die dünnen Wände des Hauses.

»Hagel! Ein Hagelschlag!« murmelte die Wiesmayrin.

Im gleichen Augenblick riß ein flammender Lichtstrahl das Dunkel entzwei. Ohrenbetäubendes Krachen übertrumpfte das gellende Schreien der Kinder.

»Feuer! Feuer!«

Der Schreckensschrei hallte über Seeried. Das friedliche Tal verwandelte sich in ein Inferno. Mitten in dem Armenwinkel hatte der Blitz eingeschlagen, und der Sturm streute die gefräßigen Funken in höllischem Wirbel umher.

Der alte Feuerwehrwagen kam vom Dorf herunter. Hilfreiche Menschen drängten sich zu den gefährdeten Hütten. Ganz Seeried war auf den Beinen.

Allen voran war Hochwürden. Er übernahm das Kommando, er sorgte dafür, daß die Fauen und Kinder zuerst in Sicherheit gebracht wurden, daß man die notwendigste Habe aus den gefährdeten Hütten rettete.

Gierig griff das Feuer um sich. Trotz des verzweifelten Einsatzes der Löschmannschaft ging eine Hütte nach der anderen in Flammen auf.

Nur die Wiesmayr-Hütte blieb wie durch ein Wunder unversehrt. Die Wiesmayrin stand mit ihren Kindern bei den jammernden Alten des Armenwinkels und sah mit starren Augen auf das grausige Schauspiel.

Und derweil toste das Unwetter über Seeried hinweg, und der erbarmungslose Hagelschlag vernichtete die zarten Blüten und begrub die Hoffnungen auf eine gesegnete Obsternte.

Den Wiesmayr-Ferdl fanden sie erst, als der Morgen graute, als die erschöpften Männer von ihrem Rettungswerk ins Dorf zurückkehrten.

Er lag auf der Straße. Eine vom Sturm entwurzelte Buche hatte ihn erschlagen.

*

Die Schatten des Unwetters lagen über Seeried. Und hätten sie ihr Theater, ihr Stück nicht gehabt, die Seerieder hätten jetzt bestimmt alle Hoffnung aufgegeben.

So aber rissen sie sich zusammen und schafften Ordnung und arbeiteten verbissen weiter, denn mehr als je zuvor hing nun das Wohl der Seerieder von dem Gelingen ihres Unternehmens ab!

Allmählich wurde es ernst. Die vorbereiteten Arbeiten schritten rasch vorwärts, die Proben fielen an, und an einem strahlenden Sonnentag holten die Seerieder den Schauspieler, der ihren Ritter Sebaldus spielen sollte, in einem blumengeschmückten Wagen feierlich von der benachbarten Bahnstation ab.

Er hieß Gisbert Olmershaus, war ein stattlicher Mann mit volltönendem Organ, blitzenden Blauaugen, einem rötlich schimmernden Vollbart und einigem Selbstbewußtsein: Er war der geborene Ritter Sebaldus.

Er war beglückt über den begeisterten Empfang, der ihm in Seeried zuteil wurde. Er hatte nichts gegen einen kräftigen Willkommenstrunk im Wirtshaus einzuwenden und ließ sich dann von Hochwürden zu seinem Quartier bringen.

Mit seiner Rolle, die man ihm zugeschickt hatte, war er schon gut vertraut, und er sparte nicht mit fachlichen Regietips, für die Hochwürden sehr aufgeschlossen war. Im Vorbeigehen besichtigten sie die Naturtribüne, und Gisbert Olmershaus zeigte sich ehrlich begeistert.

Aber völlig außer dem Häuschen vor Begeisterung war er, als sie sein Quartier erreicht hatten: die Schloßklause.

Sekundenlang stand er erschauernd still, dann breitete er mit einer weitausholenden Geste die Arme aus und schmetterte: »Seid mir gegrüßt, ihr Täler und ihr Höhen, ihr Berge, ihr geliebten Triften, ihr Wiesen, die ich wässerte – Schiller!« unterbrach er sich. »Frei nach Schiller, Jungfrau von Orléans.«

Die Ziege Berta, der es wieder etwas besser ging, meckerte. Auf der Terrasse erschien die Baronesse.

Hochwürden konnte sich eine Vorstellung ersparen, denn Herr Olmershaus eilte die Stufen zu der verfallenen Terrasse empor, ergriff die Hände der Baronesse und zog sie an seine Lippen. Die Baronesse war sichtlich etwas verwirrt. Einen solch eleganten Herrn wie Gisbert Olmershaus hatte sie seit ihren Jugendtagen nicht mehr zu Gesicht bekommen.

Geflissentlich überhörte sie das warnende Meckern der Ziege Berta und fragte: »Darf ich Sie vielleicht zu einem Täßschen Tee einladen, ich meine, bis Ihr Gepäck kommt.« Sie wandte sich an Bruckner. »Sie bleiben natürlich auch, Hochwürden!« Es klang ungefähr so einladend wie: Sie gehen hoffentlich gleich wieder?

»Vielen Dank, Baronesse. Aber mich ruft die Pflicht!« Beinahe sprach Hochwürden schon wie Olmershaus. Er verabschiedete sich rasch und ging.

Die beiden blieben allein in der romantischen Schloßklause zurück.

Hochwürden schritt langsam ins Tal. Die Sonne sank. Es duftete nach Heu und Erde. Es duftete wundervoll süß, und die Amseln sangen um die Wette.

Lange stand Bruckner versonnen vor der leeren Bühne. Es war wirklich eine großartige Naturkulisse. Er lauschte dem Vogelzwitschern und dachte, wie herrlich unbeschwert die kleinen gefiederten Geschöpfe waren, wie beneidenswert unbeschwert; sie säten nicht, sie ernteten nicht, und der himmlische Vater ernährte sie doch ...

In diesem Augenblick wurde ihm erst bewußt, daß er nicht allein war. Versunken in sein Betrachten, beschäftigt mit seinen Gedanken, hatte er die Anwesenheit Cordels nicht bemerkt.

»Verzeihung. Ich wollte Sie net stören, Hochwürden. Ich bin nur noch einmal hier herausgekommen, um meine Rolle durchzusprechen ...« Sie verstummte. Sie standen schweigend voreinander. Langsam hatten sie jetzt schon Übung darin.

Hochwürden zwang sich endlich etwas zu sagen.

»Gut, daß wir uns einmal treffen, Cordel. Wie steht es denn nun mit dem Herzen? Du hast dich so tapfer in deiner Rolle zurechtgefunden, da sollte man doch meinen, daß du mit deinen eigenen Problemen auch fertig wirst.«

Die Cordel hatte offensichtlich wieder einmal die Sprache verloren.

»Also ist der Mario Pinelli doch der Richtige?« fragte Hochwürden leise. Es mußte sein. Es hatte keinen Sinn, den Dingen nicht ins Gesicht zu sehen. Er gab sich einen entschlossenen Ruck.

»Siehst du, Cordel, ich habe ja gleich gemeint, daß der Mario der Richtige ist!«

»Ja«, stimmte die Cordel mit einer ganz dünnen Stimme zu, »wenn Hochwürden meinen, dann wird es wohl doch so sein.«

»Und wann feiern wir Verlobung?«

»Darüber hab' ich noch net nachgedacht.«

»Nun, dann werde ich einmal mit dem Herrn Vater sprechen! Denn eine Liebe, die wirklich eine Liebe ist und zu einem rechten und gottgefälligen Ehestand führen soll, die darf man nicht allzulange geheimhalten, net wahr?«

»Ja.«

Der Cordel saß schon wieder das Weinen in der Kehle, und sie machte, daß sie davonkam.

Zu Hause war sie an diesem Abend noch stiller als in der letzten Zeit, der Schwammerl stellte mißvergnügt fest, daß seine Tochter schon wieder rotverweinte Augen hatte, als sie das Abendbrot auf den Tisch stellte.

»So geht das nicht weiter«, brummte er ungehalten, »ich glaube fast, die Theaterspielerei ist nichts für dich! Wenn ich das gewußt hätt', hättest du die Rolle nie übernehmen dürfen! Diese ewige Heulerei fällt einem ja auf die Nerven!«

»Ja.«

»Ja! Sonst weißt wohl gar nix mehr zu sagen? Oder ist es die Liebe, die dich drückt? In Kuckucks Namen, dann mache doch endlich den Mund auf!«

Die Cordel machte den Mund nur auf, um einen Löffel Erbsensuppe hineinzutun.

Der Schwammerl wurde grimmig. »Hat eigentlich der Hochwürden mal mit dir gesprochen?«

»Ja.«

»Und was hat er gemeint?«

»Er hat gemeint ...«, die Cordel schluckte schnell noch einen Löffel Erbsensuppe, »daß der Mario Pinelli wohl der Richtige sei.«

Also das paßte dem Schwammerl nicht. Aber besser den Mario als keinen von beiden.

Seit seine Frau tot war, legte der Schwammerl die Besorgnis von zwei Müttern an den Tag, sein Küken unter die richtige Haube zu bringen.

»Und du? Was meinst du?«

»Wenn der Hochwürden es meint, dann meine ich halt auch, daß der Mario der Richtige ist.«

Wäre es um den Herrn Dominikus gegangen, so hätte bestimmt am nächsten Tag die Verlobung stattgefunden. Aber so. Der Schwammerl war nicht gewillt, seinen Lieblingsplan, die Cordel als Lehrersfrau zu sehen, so schnell aufzugeben. Die Hauptsache war, daß das Mädel überhaupt einmal Vernunft annahm und einsah, daß es Zeit war zu freien. Darum beschloß er, diplomatisch vorzugehen.

»Wollen wir dem Pinelli gleich Bescheid tun?«

»Ganz wie du meinst«, antwortete die Cordel unerwartet sanft und ergeben.

Damit war der Schwammerl in diesem Fall gern zufrieden. Salomonisch beschloß er: »Warten wir, bis die Premiere vorbei ist!«

Bis dahin war es noch etwas Zeit, und vor der Premiere kam sowieso erst mal die Generalprobe. Je näher der Tag dieser Generalprobe rückte, um so heftiger grassierte ein unheimliches Fieber in Seeried: das Lampenfieber!

Das war eine Krankheit, gegen die der alte Landdoktor kein Mittel verschreiben konnte, allenfalls – Baldrian.

Alle Seerieder waren vom Lampenfieber befallen. Der Herr Dominikus aber lag sozuagen in den letzten Zügen, und seine Buben hatten in diesen Tagen ein saures Leben.

Der Herr Dominikus war nämlich nur noch ein Schatten. Er strich wie sein eigenes Gespenst umher. Er hatte eine fürchterliche Angst, daß er am Ende mit seiner ganzen Musik durchfallen könnte. Wie schrecklich wäre das gewesen für ihn, seinen Ruf, seine Respektierlichkeit und natürlich – seine Werbung bei der Cordel.

Zumal als die ersten Sommergäste eintrafen und viel zahlreicher, als man erwartet hatte. Nein, also so anstrengend hatten es sich die von Seeried doch nicht vorgestellt, einen Rummel zu machen.

Nur Hochwürden bewahrte die Ruhe.

Und außerdem schien nur noch eine einzige Person in Seeried die Ruhe für sich gepachtet zu haben: die Baronesse.

Sie thronte in ihrer Schloßklause über Seeried wie eine Königin, und sie war in den Tagen, seit Herr Olmershaus bei ihr Einzug gehalten hatte, bedeutend schöner und jünger geworden.

Sie trug auch keine Männerhosen und keine Reitstiefel mehr, sondern kleidsame Röcke und Blusen, die ihr sehr gut standen – obwohl sie natürlich schon ein wenig aus der Mode waren. Sie stammten aus den früheren, besseren Zeiten der Baronesse, als sie sich noch nicht verbittert in die Einsamkeit zurückgezogen hatte. Und statt Zigarillos rauchte sie jetzt Zigaretten.

Gisbert Olmershaus war es gelungen, die verbitterte Baronesse langsam, aber sicher wieder dem Leben zuzuführen.

Abend für Abend hörte sie ihn die Rolle ab und gab ihm die Stichworte. Berta wurde in dieser Zeit sträflich vernachlässigt.

Am Abend vor der Generalprobe, wollte Olmershaus nicht abgehört werden, denn er wollte entspannen. Im Mondschein saßen sie auf der Terrasse, die zu Füßen der Klause lag, den Blick auf die romantische Kulisse des Theaters gerichtet, und über ihren Häuptern funkelten die Sterne.

»Meine Liebe«, erklärte Olmershaus, »morgen ist also der Tag der Entscheidung: die Generalprobe! Sie ist fast noch wichtiger als die Premiere. Die Generalprobe ist der Prüfstein. Da entscheidet sich Wert oder Unwert!«

Die Baronesse fröstelte es vor Ergriffenheit.

Und während sich sämtliche Darsteller, Olmershaus inbegriffen, in dieser Nacht unruhig hin- und herwälzten, zogen die Sterne ihre urewige Bahn, ganz gleichgültig über die Generalprobe des Seerieder Bauerntheaters, die am nächsten Morgen stattfinden sollte.

*

Am nächsten Morgen regnete es!

An alles hatte man gedacht, nur an das nicht. Unablässig und nadelfein tropfte es vom Himmel.

Und auch sonst ging ziemlich alles daneben.

Die Kostüme und die Perücken waren nicht alle fertig, da der Barbier Wannemacher und der Schneidermeister Böckle maßgebende Rollen in dem Stück zu spielen hatten.

Der Schwammerl lief von einem zum anderen und verkündete, daß er ganz allein schuld sei an dem ganzen Unglück, und das machte die Stimmung auch nicht besser.

Der Pepperl sauste wie ein geölter Blitz herum und erklärte, daß das Barometer ein Sturmtief anzeigte.

Am schlimmsten aber war der Mario Pinelli. Er brachte sogar den sturmerprobten Olmershaus aus der Fassung, und zwar nur durch sein pures Dasein.

Durch die Nervosität, von der sie alle befallen waren, verloren sie nämlich den Text, der bisher wie am Schnürchen lief, und verwirrten zum Überfluß noch die Partner, indem sie falsche Stichworte gaben. Wenn sich dann einer der Schauspieler ein wenig gefangen hatte, warf er vielleicht zufällig einen Blick auf den Pinelli, und dann vergaß er wieder sein Sprüchlein, ob er wollte oder nicht.

Mario Pinelli nämlich saß da, tropfnaß, in ein Regencape gehüllt, wie der verkörperte Unglücksrabe, mitten in dem leeren Raum des Zuschauerrunds, und verzog das Gesicht. Man konnte meinen, er hätte Zahn- oder Ohrenschmerzen.

Sogar Hochwürden machte er nervös. »Nun machen S' doch kein solches Gesicht, Mario! Die Sache wird schon klargehen!«

Aber der Pinelli hörte auf keinen Zuspruch. Mit einer geradezu boshaften Genauigkeit kannte er seinen Text, und bei jeder Verstümmelung zuckte er zusammen, als quälte ihn ein fürchterlicher Schmerz.

Stundenlang zog sich die Generalprobe im strömenden Regen hin.

Hochwürden versuchte immer wieder verzweifelt das Unheil zu bannen. Er griff ein, er half textlich aus, übernahm selbst die Stelle des Souffleurs, es half alles nichts. Er ließ wiederholen. Er hoffte dadurch den Leuten ihre Sicherheit wiederzugeben.

Vergebens.

Wie verscheuchte Hühner standen sie herum, die tapferen Seerieder, und schwangen ihre Banner gar kläglich.

Einige Neugierige hatten sich eingefunden und sparten nicht mit ermunternden Zurufen.

Der Apotheker wollte in die Erde versinken, wenn er daran dachte, daß er da vor seiner ganzen ehrenwerten Kundschaft mitten im Text gar steckenbleiben würde!

Net hängenbleiben, befahl er sich, net hängenbleiben – und hing schon!

Hoffnungslos, so verzweifelt, daß er nicht einmal mehr die lauten Worte Hochwürdens vernahm.

Es war schlicht gesagt eine Katastrophe!

»Der Prüfstein!« murmelte die Baronesse verzweifelt und

zog die Kapuze in die Stirn, denn es tropfte scheußlich von den Bäumen.

Der Prüfstein! Das war ja fürchterlich, und dies war die Entscheidung, hatte Gisbert Olmershaus gesagt, der es ja wissen mußte.

Sie war so versunken in ihre abgrundtiefe Verzweiflung, daß sie erst zu sich kam, als eine melodiöse Frauenstimme fragte: »Verzeihen Sie bitte, wo kommt man hier zu den Garderoben?«

Die Baronesse wandte sich um und stand einer blonden, sehr eleganten Dame gegenüber, die Lippen, angemalte Augen und ein Lächeln wie auf einer Zahnpastareklame hatte.

Die Baronesse runzelte die Brauen und erklärte mit ihrer tiefen Stimme verweisend: »In den Garderoben hat außer den Spielern niemand etwas zu suchen!«

»Oh, natürlich nicht! Ich weiß das! Aber ich will doch nur zu meinem Mann!«

Es regnete scheußlich. Wolkenbruchartig.

Der Baronesse dämmerte nichts.

»Die Männer sind alle vom Dorf!« stellte sie richtig.

»Sicher! Aber – Gisbert doch nicht!« kicherte die Fremde.

Und dies war vielleicht die größte Katastrophe, die sich ganz im geheimen vollzog. Ein Traumpalast stürzte ein.

Da stand die Baronesse im Regen und sagte höflich: »Ja – dann entschuldigen Sie bitte, das ist natürlich etwas anderes.«

Ganz im Hintergrund stand noch ein Fremder, der nicht zu den Neugierigen gehörte und auch nicht zu den Seeriedern.

Er trug einen gutsitzenden Autocoat und eine Baskenmütze. Er hatte ein markant geschnittenes Gesicht, in dem unter dichtem Blondhaar zwei eisblaue Augen blitzten. Mit gespannter Aufmerksamkeit verfolgte er, an seiner Zigarette ziehend, die verkrachte Generalprobe. Er war keineswegs so entsetzt wie die andern. Ganz im Gegenteil. Je schlechter die Generalprobe, dachte er sich, desto besser wird die Aufführung.

Vor allem ein Spiel verfolgte er mit besonders wachen, aufmerksamen Augen. Das Spiel der Bürgermeisterstochter Cordula. Er war fasziniert, als Cordula ihre große Auseinandersetzung mit dem Ritter Sebaldus hatte.

Dem Fremden war Olmershaus kein Unbekannter; schließlich war er ja nicht so ganz unbeteiligt an dem Auftreten des bekannten Schauspielers in Seeried. Er hatte Olmershaus schon in großen Rollen mit bekannten Partnerinnen gesehen, aber er mußte zugeben, daß diese Cordula, diese prachtvolle Bürgermeisterstochter, von Olmershausen nicht an die Wand gespielt wurde.

Endlich, endlich war die Generalprobe zu Ende.

Die Schauspieler standen ganz bunt durcheinander auf der Bühne, um noch einmal die genauen Anweisungen ihres Regisseurs zu empfangen.

Langsam ging der Fremde zu seinem Wagen. Er zündete sich eine Zigarette an und wartete. Es dauerte noch eine ganze Weile, bis sich die Menge auf der Bühne einig wurde. Dann verzogen sich die Schauspieler in die Garderoben zurück. Hochwürden kam erschöpft von der Bühne herab.

»Hallo!« rief der Fremde.

Im ersten Augenblick war Hochwürden, noch ganz in die Katastrophe seiner Generalprobe versenkt, wie vor den Kopf geschlagen. Aber dann rief er freudig überrascht: »Robert!«

Mit weitausholenden Schritten eilte er auf den Bruder zu und schloß ihn herzlich in die Arme. »Das ist großartig, daß du gekommen bist!«

»Man hat doch nur einen Bruder, der ein Bauerntheater gründet«, lachte Robert. »Außerdem hat mir Oliver keine Ruhe gelassen. Steige ein, der Junge wartet im Pfarrhaus auf uns. Warum machst du denn so ein zerquältes Gesicht?«

»Es wird eine Katastrophe geben!« stöhnte Hochwürden und ließ sich in die Polster des Wagens sinken. »Eine Katastrophe, sage ich dir!«

»Unsinn! Es wird großartig werden! Das Stück ist gut. Der Stoff ist klar. Die Handlung ist stark und vorwärtstreibend.

Viele haben bei der Generalprobe versagt. Nun gut, das ist das beste Omen für eine gute Premiere, glaube es mir!«

»Aber der Regen!«

»Bis morgen kann längst wieder die Sonne scheinen. Du hast übrigens ganz prachtvolle Typen für die Rollen eingesetzt! Wenn ich mir die prächtige Gestalt dieses Schneiders ansehe – ich bin fest davon überzeugt, er ist auch in Wirklichkeit Schneider?«

»Ist er auch! Der Meister Böckle!«

»Natürlich. So kann nur ein Schneider spielen. Und der Barbier?«

»Ja, der Wannemacher. Der ist Barbier.«

»Du hast Glück gehabt, daß du in deiner kleinen Gemeinde so ausgeprägte Typen finden konntest.«

»Und die Frauenrollen?« fragte Hochwürden gespannt. »Wie haben dir die gefallen?«

»Ausnahmslos gut.«

»Wie findest du die Cordula?«

»Heißt sie auch in Wirklichkeit Cordula?«

»Jaja, sie heißt Cordula …«

Der Wagen hielt vor dem Pfarrhaus.

Die Brüder stiegen aus. Stasi öffnete die Tür und erklärte, daß Oliver ungeduldig in der Studierstube warte.

Das erste, was Oliver sagte, als sie eintraten war: »Hast du den Jungen mitgebracht, Onkel Stefan?«

»Welchen Jungen denn?« fragte Hochwürden verdutzt.

»Den, der die Zeichnung gemacht hat!« Oliver schüttelte ungeduldig den Kopf. »Erinnerst du dich denn nicht mehr? Du hast mir doch damals die Zeichnung mitgebracht, als du bei uns warst?«

»Der Pepperl! Entschuldige, daß ich es vergessen habe, Oliver. Ich habe im Moment so furchtbar viel um die Ohren, aber ich werde ihn gleich rufen lassen. Wie war denn die Reise?«

»Prima! Und ich bin so gespannt auf das Stück und das ganze Theater und natürlich auf den Jungen. Ich hab' meinem Professor die Zeichnung gezeigt. Er fand sie auch dufte.«

»Du wirst es nicht für möglich halten, Stefan, aber Oliver denkt an nichts mehr als an diesen Jungen, der die Zeichnung gemacht hat«, sagte Robert.

»Ich werde Stasi Bescheid sagen, daß sie den Pepperl rufen läßt.«

»Nein, laß nur, Onkel Stefan. Ich rolle selbst hinaus und sage es ihr!« Oliver setzte schon seinen Rollstuhl in Bewegung. Hochwürden öffnete ihm die Tür und schob den Stuhl über die Schwelle.

Die beiden Brüder waren allein.

»Nimm doch Platz«, bat der Pfarrer. »Darf ich dir etwas zu trinken anbieten?«

»Ich hätte nichts dagegen.«

»Einen Enzian?«

»Mit Vergnügen.«

Hochwürden holte den Enziankrug und die Gläser. Er hatte selbst dringend eine Aufmunterung nötig. Er war vollkommen durchgedreht. Es ging ihm ganz ähnlich wie seinen Seeriedern: Gar so arg strapaziös hatte er es sich eben doch net vorgestellt.

Robert trank seinem Bruder heiter und aufmunternd zu. Interessiert sah er sich in der Studierstube um.

»Es gefällt mir bei dir. Ich begreife, daß du so sehr an deiner Gemeinde hängst. Hier in Seeried kann man sich wohl fühlen, und erst recht in diesem gemütlichen Pfarrhaus. Ich habe den Eindruck, die alte Stasi sorgt rührend für dich, nicht wahr?«

»Ja, das tut sie.«

»Ist die Einsamkeit manchmal nicht doch recht groß?« fragte Robert vorsichtig. Er vermied es, dieses Thema sonst anzuschneiden, aber er fand keinen rechten Übergang, um auf sein eigenes Problem zu sprechen zu kommen.

Hochwürden sah ihn erstaunt an.

»Ich habe die Einsamkeit freiwillig gewählt, Robert. Vielleicht ...«, gab er zögernd zu, »ist es manchmal nicht immer ganz leicht zu ertragen, aber damit muß man fertig werden.« Er lenkte rasch ab mit einer Gegenfrage.

»Aber wie steht es mit dir? Du hast die Einsamkeit nicht freiwillig gewählt. Entschuldige, ich möchte nicht an einer Wunde rühren, die sicher kaum vernarbt ist. Aber Isabella ist vor über vier Jahren gestorben. Manchmal denke ich, es wäre gut, wenn Oliver wieder eine Mutter hätte.«

Robert wurde sehr ernst. Schließlich sagte er: »Du hast recht, Stefan. Es ist nur alles so schwer. Ich kann Isabella nicht vergessen.«

»Das begreife ich gut. Isabella war eine großartige Frau. Ich habe sie selbst sehr verehrt.«

»Siehst du, und eine würdige Nachfolgerin für Isabella zu finden, das ist beinahe unmöglich. Natürlich merke ich, daß der Junge, so sehr er noch immer an seiner Mutter hängt, sich doch wieder danach sehnt, Wärme, Häuslichkeit und Liebe um sich zu haben. Ich gebe mir bestimmt die größte Mühe, um Oliver ein guter Kamerad zu sein; ich glaube auch, das bin ich ihm wirklich schuldig. Es fehlt ihm an nichts. Wir werden von unserer Wirtschafterin trefflich versorgt. Aber es ist auf die Dauer gesehen nicht das Richtige, nicht für einen kleinen kranken Jungen wie Oliver, und auch nicht für einen Mann wie mich. Ich sehe das allmählich selbst ein. Aber ...«, er unterbrach sich und sah seinen Bruder offen an. »Stefan, wir beide brauchen ja keine Geheimnisse voreinander zu haben. Du wirst mich jetzt vielleicht einen Narren schelten, aber mir ist etwas Merkwürdiges geschehen. Als du mich vorhin gefragt hast, wie mir die Frauenrollen des Stückes gefallen haben, da habe ich dir darauf noch gar keine richtige Antwort gegeben. Tatsache ist, daß ich nur eine gesehen habe, und zwar das Mädchen, das die Bürgermeisterin spielt, diese Cordula ...«

Fassungslos sah Hochwürden seinen Bruder an.

»Um Himmels willen, sieh mich bitte nicht an, wie das Gespenst des Ritters Sebaldus«, wehrte Robert. »Ich verstehe natürlich, daß ich dir verrückt vorkommen muß. Es ist ja auch irgendwie verrückt. Aber vorhin im Theater, da hatte ich tatsächlich das Gefühl, das Schicksal hat mich hierhergeführt. Entsetzlich große Worte, nicht wahr? Ich schätze es sonst nicht, große Worte zu machen. Du kennst mich ja. Ich bin im Grunde ein sehr nüchterner Mensch. Aber ...« Er beugte sich vor und bat sehr herzlich: »Ich möchte dieses Mädchen kennenlernen, Stefan, und ich glaube, sie ist ein feines Menschenkind mit einem lebendigen Herzen. Stefan, du glaubst mir nicht, wie froh ich bin, daß ich hierherkam. Vielleicht habe ich unter deinen Schäfchen das Mädchen gefunden, das Olivers Mutter sein könnte.«

»Die Cordula«, murmelte Hochwürden.

»Also leider ist das so, Robert, die Cordula ist sozusagen vergeben. Sie hat viele Bewerber!«

»Bewerber?« fragte Robert. »Wie meinst du das? Was für Bewerber denn?«

»Oh, sehr ehrenwerte Männer, die sie heiraten wollen, der Herr Lehrer Dominikus beispielsweise ...«

»Der Musikus mit dem Adamsapfel?« unterbrach ihn Robert.

»Ja. Oder der Mario Pinelli, unser Dichter ...«

»Der im Regencape mit den Italieneraugen? Nichts gegen die Begabung dieser Leute, ich bewundere sie. Sie sind auch sicher ehrenwerte Männer. Aber entschuldige, Stefan – Konkurrenten für mich sind das doch nicht im Ernst. Willst du es wirklich zulassen, daß dieses prachtvolle, außergewöhnliche Geschöpf von einem Mädchen – irgendeinen Dutzendmann heiratet? Und eine Dutzendehe führt?«

»Wenn sie es aber doch will, und wenn sie meint, daß einer von denen der Richtige ist?« beharrte Hochwürden eigensinnig.

Robert lächelte flüchtig.

»Das kann ich mir eigentlich nicht vorstellen. Aber, wenn es so ist, dann wird es eben deine Aufgabe sein, ihr klarzumachen, daß unter ihren Bewerbern nicht der Richtige ist. Sie ist doch dein Pfarrkind. Wirklich, Stefan, ich möchte das Mädchen kennenlernen. Ich will auch, daß Oliver sie kennenlernt. Bitte, du wirst das alles arrangieren, du wirst sozusagen – mein Brautwerber sein!«

Vernichtet sank Hochwürden in einen grünen Ledersessel und umspannte mit kraftlosen Händen die Lehne. Er saß da und starrte vor sich hin ins Leere. Er war bestimmt ein tapferer und ein gläubiger Mensch. Er lehnte sich so schnell gegen nichts auf. Aber daß das Schicksal ausgerechnet ihn dazu ausersehen hatte, wiederholt und immer wieder den Brautwerber bei der Cordel zu spielen, das konnte jeden Menschen zur Verzweiflung treiben!

*

Der Pepperl kam am Nachmittag. Er hatte sein schönstes Wams an und war furchtbar aufgeregt, weil er beim besten Willen nicht wußte, was er verbrochen hatte. Irgend etwas Besonderes mußte doch sein, wenn der Hochwürden ihn zu sich beorderte.

Zu seinem Erstaunen begrüßte Hochwürden ihn sehr freundlich.

»Hallo, Pepperl! Fein, daß du gleich gekommen bist. Ich habe Besuch. Mein kleiner Neffe Oliver ist gekommen. Er malt auch so schön wie du. Ich habe ihm das Bild gezeigt, das du von mir gemacht hast. Er ist ganz begeistert davon und will dich gern kennenlernen.«

Der Pepperl wurde rot bis unter die Haarwurzeln. Er war scheu vor fremden Leuten. Am liebsten wäre er auf und davon gerannt. Aber das ging ja wohl nicht gut.

»Oliver ist im Gartenhäuschen draußen«, sagte Hochwürden. »Geh nur gleich hinaus zu ihm. Übrigens – Oliver ist gelähmt. Bitte, beachte es gar nicht. Er mag es nämlich net, wenn man Mitleid mit ihm hat!«

Nachdenklich schlenderte der Pepperl durch den regen-feuchten Pfarrgarten zu dem kleinen Gartenhaus, das von wil-dem Weinlaub umrankt war. Ein Junge, der gelähmt war und malte und der ihn kennenlernen wollte, das war schon eine kuriose Sache. Aber es war jedenfalls richtig gewesen, daß er auf die Mutter gehört hatte und sein gutes Wams angezogen hatte.

Zögernd trat er ein.

Oliver saß in seinem Rollstuhl und hatte einen Bildband aus Hochwürdens Bibliothek auf den Knien.

Der Pepperl erstarrte vor Ehrfurcht! So etwas Feines wie diesen Jungen hatte er in seinem ganzen Leben noch nicht ge-sehen.

»Guten Tag«, sagte er schüchtern.

Oliver hatte ihn nicht kommen hören, er war so sehr in den Bildband vertieft gewesen. Plötzlich sah er auf.

»Ah, da bist du ja!« Freudig streckte er dem Pepperl die Hand hin, als kenne er ihn schon eine ganze Weile. »Fein, daß du gekommen bist. Du heißt Pepperl?«

»Ja. Und du Oliver?«

»Ja. Eigentlich bin ich nämlich nur wegen dir gekommen, aber das darfst du Onkel Hochwürden nicht sagen. Er meint natürlich, ich sei wegen des Theaters hier, wegen des Bauern-theaters, des Stückes.«

»Ja, mei!« machte der Pepperl und schüttelte den Kopf. Der Gedanke, daß dieser feine Junge seinetwegen nach Seeried ge-kommen war, versetzte ihn in heillose Bestürzung.

»So setz dich doch, Pepperl!« Eifrig rollte Oliver seinen Rollstuhl auf die hölzerne Eckbank zu.

»Ich finde es prima, daß Onkel Hochwürden uns hier 'rausgeschickt hat. Hier ist es nämlich viel gemütlicher als im Haus, und wir können uns ganz ungestört unterhalten.«

Nur zögernd setzte sich der Pepperl hin. Seine Augen ruh-ten noch immer unverwandt und in fassungslosem Staunen auf Oliver.

»Warum siehst du mich so an?« Ein Anflug von Gereiztheit war in Olivers Stimme.

»Mei! Weil du so fein bist!«

»Fein? Ich?« Oliver schüttelte verdutzt den Kopf.

»Wie meinst du denn das?«

»Na, so – überhaupt. Du siehst aus wie ein richtiger Herr!«

»Quatsch! Ich bin kein Herr! Da ist übrigens die Zeichnung, die du von Onkel Hochwürden gemacht hast. Aber ich gebe sie nicht mehr her. Ich habe sie meinem Professor gezeigt …«

»Professor?« unterbrach der Pepperl ehrfürchtig staunend.

»Du kennst einen ganz richtigen Professor?«

»Er gibt mir Unterricht. Er kommt jede Woche zweimal zu mir. Er ist riesig nett. Von deiner Zeichnung war er ganz begeistert. Er möchte dich auch gerne einmal kennenlernen.«

»Mich? Mich will ein Professor kennenlernen?«

Für den Pepperl stand die Welt auf dem Kopf.

»Der Professor hat gesagt, du hast Talent!« erklärte Oliver. »Er meint, du müßtest unbedingt ausgebildet werden. Können deine Eltern dich nicht auf so eine Schule schicken?«

»Du bist gut, Mann!« seufzte der Pepperl.

»Einmal habe ich nur noch eine Mutter, und die hat außer mir noch acht Kinder. Ich muß in die Fabrik und Geld verdienen, wenn ich mit der Schule fertig bin.«

Solche Probleme waren Oliver fremd. »Aber du bist doch ein großes Talent«, beharrte er.

»Weißt', davon kann man net 'runterbeißen«, antwortete der Pepperl mit beachtlicher Logik.

»Möchtest du denn nicht auf eine Akademie und dann ein richtiger Maler werden?«

Pepperls Augen leuchteten sehnsüchtig auf.

»Das wär' eine Sache, Mann! Ein richtiger Maler werden! Mit richtigen Farben malen …«

»Mit was malst du denn sonst?« fragte Oliver verdutzt.

»Ja mei, meist mit dem Stift, mit dem Kohlestift, oder was

ich halt grad' da hab'. Jetzt, bei dem Bauerntheater, da hab' ich mithelfen dürfen. Da hab' ich richtige Farben gehabt. Aber sonst …«, er stockte, druckste herum und meinte schließlich: »Du malst mit richtigen Farben, ja?«

»Natürlich. Und wenn ich gewußt hätte, daß du keine Farben hast, dann hätte ich dir welche mitgebracht.«

»Menschenskind«, seufzte der Pepperl, »du bist zu beneiden!«

Es war das erstemal seit dem großen Unglück, daß Oliver von jemandem beneidet wurde. Fassungslos beugte er sich vor und fragte: »Du beneidest mich?«

»Na, klar!« Pepperl seufzte abermals brunnentief. »Du hast Farben. Du kannst studieren. Du hast einfach alles. Du bist wirklich zu beneiden. Hast du Zeichnungen von dir da?«

Oliver errötete leicht. »Es ist nichts Besonderes«, wehrte er ab und gab die Blätter nur zögernd heraus.

Der Pepperl betrachtete sich die Arbeiten eingehend, und dann meinte er fachmännisch: »Das ist ja etwas Besonderes! Das ist gut, was du da gemacht hast. Du malst keine Menschen?«

»Nein. Ich habe es schon versucht, aber ich kann es nicht.«

»Es ist ganz einfach, ich zeige es dir!« Der Pepperl zog seinen Zeichenstift aus der Rocktasche und fing an, lustig draufloszukritzeln.

Wie gebannt sah Oliver ihm zu. Dann rief er: »Das bin ja ich!«

»Beinahe, gell?«

»Du hast nur den Rollstuhl vergessen!«

»Der gehört ja net zu dir.«

»Doch! O doch, er gehört zu mir.« Oliver lehnte sich zurück.

»Paß mal auf«, sagte er. »Paß mal auf, Pepperl! Ich glaube es nicht, daß ich jemals wieder gehen kann. Die Ärzte und der Vater, die reden ja immer davon, daß ich wieder gesund werde, aber ich glaube es nicht.«

»Das ist dumm«, sagte der Pepperl und kritzelte weiter.

»Wenn du net dran glaubst, dann kann es ja auch net werden. Warst du immer so?« fragte er beiläufig.

»Nein. Wir haben einen Autounfall gehabt«, murmelte Oliver. »Meine Mama und ich. Meine Mama ist gleich tot gewesen, und ich kann seither nicht mehr gehen.«

»Das tut mir leid«, sagte der Pepperl. »Weißt', ich hab' auch Pech gehabt mit meinem Vater. Er hat getrunken, und während eines Unwetters ist er von einem Baum erschlagen worden.«

»Das ist mächtiges Pech«, sagte Oliver.

Für den Pepperl war sein Vater schon von jeher etwas wie ein pesönliches Gebrechen, unter dem er heimlich unsagbar litt. Vor Oliver brauchte er sich nicht zu schämen. Und das gleiche empfand Oliver. Vor dem Pepperl brauchte er sich seiner gelähmten Beine nicht zu schämen.

Als Hochwürden und Robert nach einer Weile kamen, um nach den Buben zu sehen, fanden sie die beiden in ein eifriges Gespräch vertieft. Sie ließen die Kinder gewähren und kehrten unbemerkt in das Haus zurück.

Stasi hatte in der Wohnstube einen gemütlichen Kaffeetisch gedeckt. Robert war sehr nachdenklich, sehr schweigsam, schließlich meinte er: »Der Kleine gefällt mir! Er wäre der richtige Spielgefährte für Oliver. Was meinst du dazu – wenn ich den Burschen mitnehmen würde?«

»Wen?« fragte Hochwürden verdutzt.

»Na, diesen Pepperl!«

»Den Pepperl? Den Wiesmayr-Pepperl willst du mitnehmen?«

»Warum denn nicht? Oliver wäre nicht mehr so allein. Er hätte einen Gefährten beim Schulunterricht und bei seinen Zeichenstudien. Was hältst du von der Idee?«

Hochwürden dachte eine Weile nach, dann meinte er ehrlich: »Ich finde die Idee großartig, Robert!«

»Natürlich«, schränkte Robert ein, »kommt es darauf an, wie Cordula sich dazu stellen wird!«

»Natürlich«, murmelte Hochwürden. »Darauf kommt es an.«

*

Die Premiere des Seerieder Bauerntheaters war für den kommenden Sonntag auf fünfzehn Uhr angesetzt.

Schon seit dem frühen Morgen herrschte ein geradezu unglaubliches Leben und Treiben in Seeried.

Der Wirt hatte alle Hände voll zu tun, um die Wünsche seiner ungewöhnlich zahlreichen Gäste zu erfüllen.

Von den Nachbardörfern kamen sie, truppenweise und mit Vereinsfahnen, und aus den umliegenden Städtchen trafen laufend Busse ein.

Auf dem Marktplatz spielte die Blaskapelle.

Und – die Sonne schien.

Es war kaum zu glauben, und doch war es so: Die Sonne schien! Petrus hatte ein Einsehen gehabt und den grauen Wolkenvorhang zur Seite gezogen. Gigantisch erhoben sich die im Sonnenlicht funkelnden Felsgruppen rings um Seeried, und über all dieser Herrlichkeit wölbte sich ein durchsichtig klarer, seidenblauer Himmel.

Leider sah es in den Herzen der Seerieder nicht ganz so klar und seidenblau aus. Die Angst vor dem bevorstehenden Theaterstück äußerte sich in der verschiedensten Weise.

Während sich nach der Generalprobe des vergangenen Regentages schwarze Mutlosigkeit über die Häupter der Seerieder gesenkt hatte, ergriff nun wieder, je näher die große Stunde rückte, fieberhafte Nervosität Besitz von ihnen.

Bei Schneider Böckles ging es drunter und drüber. Was nur Hände hatte, um eine Nadel zu halten, heftete noch Gewänder und Wämse zusammen. Dazwischen erteilte der Meister seine Weisungen und murmelte Fetzen seines Textes, von dem er die Stichworte laut hinauszuschreien pflegte, um sie ja zu behalten.

Die Böckles-Kathi aber war ganz und gar verdreht und spinnert. Sie bangte um den heimlichen Liebsten ihres Herzens, um den Herrn Dominikus! Erschauernd dachte sie immer wieder an den Augenblick zurück, als sie zum erstenmal seine Komposition für das Stück gehört hatte. Es war gewesen, als Kathi zu dem Herrn Dominikus mußte, um das Jaköble in der Schule zu entschuldigen.

Sie war ins Lehrerhaus gekommen, eine unheimliche Melodienfülle quoll aus dem erleuchteten Fenster. Der Herr Dominikus spielt auf dem Harmonium. Kathi hatte andächtig gelauscht und es fast nicht gewagt, an der Klingelschnur zu ziehen. Der Herr Dominikus hatte ihr mit verstörter Miene geöffnet, er hatte die ganze Nacht über kein Auge zugetan, er hatte komponiert – und dementsprechend sah er aus.

»Das Jaköble ist krank«, hatte die Kathi gesagt. »Die Mutter hat gleich den Doktor gerufen, aber ich glaube, es war nur ein verdorbener Magen.«

»So!« hatte der Herr Dominikus gesagt und war schon wieder in höheren musikalischen Sphären entschwebt.

Eigentlich wäre ja Kathis Mission nun beendet gewesen, aber sie hatte mit hochrotem Kopf gestammelt: »Also die Musik, die Sie da komponiert haben – die finde ich wunderschön! Ich hab' eben am Fenster gelauscht! Das war wirklich wie im Himmel!«

»Wenn Sie es sich einmal anhören wollen?« hatte der Herr Dominikus glücklich über dieses Lob gefragt. »Ich arbeite gerade an den Chören!«

Mit klopfendem Herzen war die Kathi dem Herrn Dominikus in die Stube gefolgt. Es war keine sehr schöne Stube. Man sah, daß ein Junggeselle darin hauste. Die Kathi stellte im Geist die Möbel um, während sie bescheiden Platz nahm.

Der Herr Dominikus aber ließ sich am Harmonium nieder und fing an zu spielen, und da freilich hörte Kathi auf, die Möbel umzustellen. Sie lauschte mit glänzenden Augen, und als der Herr Dominikus sein Spiel beendet hatte, seufzte sie: »Das war wirklich so schön wie im Himmel!«

Die Frage war jetzt nur, ob auch die Leut' die Musik des Herrn Dominikus wie Sphärenklänge fanden.

Kathi hatte allen Grund zu seufzen und zu bangen, so daß der Böckle seine Älteste ärgerlich anfuhr: »Harmst dich schon wieder um den Adamsapfel? Is' dös denn auch ein Mannsbild? Dös einzige, was der hat, sind seine Locken! Statt an den zu denken, pack lieber mit an, du spinnerte Wachtel!«

Nicht besser ging es bei dem Barbier Wannemacher zu. Der Spitz kläffte wütend zwischen zahllosen Perücken herum.

Unterdessen läuteten die Glocken zum Hochamt.

Der Hauptaltar der barock ausgeputzten Dorfkirche schwamm in einem himmlischen Nebel von Weihrauch und farbendurchfunkeltem Sonnenlicht. Wie eingesponnen von aller Erdenschwere erlösten Heiterkeit fühlte sich Hochwürden, als er die Messe zelebrierte.

Freilich sah er an diesem merkwürdigen Sonntag nicht alle seine gläubigen Schäflein um sich versammelt, kaum war der letzte Orgelton verklungen, raste auch schon mit Riesenschritten der Herr Dominikus davon.

Es schien ihnen allen irgendwie in den Magen gefahren zu sein!

Der Wannemacher schob die von seinem Weib bereiteten Knödel zur Seite und empfing den hastigen Besucher, der nach der Kirche kam und ihm noch etwas in die Hand drückte.

Es war der Herr Dominikus, und er flehte: »Aber, um Himmels willen, daß es rechtzeitig fertig wird!«

»Wird schon erledigt«, knurrte Wannemacher. »Meine Frau kommt dann vorbei.«

»Aber rechtzeitig, es ist äußerst wichtig!«

»Alles ist heute von äußerster Wichtigkeit«, fauchte der Wannemacher und stapfte in seine Werkstatt, hantierte lärmend mit Kleister, Haaren, Töpfen und Tiegeln, umkläfft von dem Spitz.

»Also jetzt mach schon, daß du rauskommst, Hund! Heute garantiere ich für nix!« brüllte er das Tier an.

Nirgendwo in Seeried schien heute die Sonntagsmahlzeit zu munden. Allenfalls im Wirtshaus, wo die Fremden lärmend und fröhlich an den Tafeln saßen, oder im Garten draußen unter den großen Sonnenschirmen. Aber der Wirt kam gar nicht dazu, sich über die prächtigen Einnahmen zu freuen, so viel schaffen mußte er. Er bekam nicht einmal die Zeit, sich mit einem Taschentuch den Schweiß von der Stirn zu wischen.

Anna hatte eine leichte Eierspeise bereitet, denn Mario Pinelli hatte Bauchschmerzen. Es war schon mehr Lampenfieber. Seit der Generalprobe wand er sich vor Schmerzen, und Anna konnte nicht genug Salbei-Wermut und Kamillentee kochen.

»Etwas sollten S' jetzt essen, Herr Mario! Das ist besser als das lapprige Zeug!«

»Ich kann kein Essen sehen!« stöhnte Mario bleich aus den Kissen. »Glauben S' mir doch, Anna! Mir wird es ganz elend, wenn ich es nur rieche.«

»Eben weil Sie einen leeren Magen haben!«

Unerbittlich schob Anna dem geplagten Dichter Löffel für Löffel Eierkuchen in den Mund wie einem kleinen kranken Jungen.

Im Ratsschreiberhaus sah es auch nicht viel besser aus. Nach der Kirche war der alte Doktor da, der sich ins Fäustchen lachte und seine derben Späße machte. Er fragte, ob einer Baldrian-Pillen brauchen könne? Dann hatte der Bürgermeister noch bleich und verwirrt hereingesehen. Jetzt saßen sie sich am Tisch gegenüber, der Schwammerl und die Cordel.

»Es ist alles meine Schuld«, stöhnte der Schwammerl. »Ganz allein meine Schuld! Hätte ich diese blöde Idee nicht gehabt …«, dabei vertilgte er unglaubliche Mengen Knödel mit Sauerbraten. Er mußte immer essen, wenn er sich aufregte.

»Nun beruhige dich doch, Vater«, sagte Cordel gereizt.

»Du hast gut reden!« fauchte der Schwammerl. »Du stehst da oben und sagst einfach deinen Text her. Aber ich trage die Verantwortung! Ich bin der Urheber! Ich bin schuld an dem ganzen Unglück!«

»Bis jetzt ist es noch gar kein Unglück. Es kann höchstens noch eins werden. Jedenfalls scheint die Sonne.«

»Die Sonne!« jammerte der Schwammerl, als ob er jetzt selbst die himmlischen Gewalten dafür verantwortlich machen müßte für das Riesenunglück, das da hereinbrach.

»Und zu allem ist auch noch dieser Kapitalist gekommen, der die ganze Geschicht' finanziert hat, dieser na, na wie heißt er ...«, fuhr Schwammerl fort.

»Bruckner vermutlich, denn er ist der Bruder von unserem Hochwürden.«

»Nun werd net noch patzig! Also dieser Herr Bruckner. Hast du ihn schon gesehen?«

»Nein. Wo hätt' ich ihn denn sehen sollen?« Die Cordel stand einfach auf und ging hinaus. Sie war an und für sich ganz ruhig, aber dieses ewige Gebeiße vom Vater machte sie langsam verrückt.

Aber da polterte er schon hinter ihr her und schimpfte: »Um Himmels willen, wo sind denn meine Kragenknöpfe?«

Auch der Herr Apotheker Hyazinth hatte die Ruhe nicht gepachtet. Er saß vor einem gewaltigen Berg Linsen mit Speck, aber Appetit hatte er keinen. Da klopfte es auch noch an die Ladentür. »Herrgottsakra...«, er besann sich, daß das Fluchen vielleicht nicht ganz angebracht war in einem Augenblick, wo man so leicht stolpern konnte. Also stand er auf und öffnete.

Draußen stand die Baronesse. Sie sah erbarmungswürdig aus.

»Die übliche Mischung«, flüsterte sie. »Ich halte es nicht mehr aus!«

Sie mußte entsetzlich von Kopfschmerzen geplagt sein, denn sie war ganz bleich unter der Sonnenbräune ihrer Haut, und ihre sonst so klaren Augen blickten trübe.

Den Apotheker packte das Erbarmen.

»Kommen Sie herein, Baronesse.« Er holte ein Päckchen der üblichen Mischung und ein Glas Wasser.

In Wirklichkeit hatte die Baronesse überhaupt keine Kopfschmerzen. Nur das Familienglück da oben in ihrer Schloßklause, das machte sie verrückt. Diese Frau Olmershaus, die machte sie einfach fertig mit ihrem ewigen: »Iß noch ein wenig, Männe! Ruh dich nur aus, mein Liebling. Willst du noch etwas, Schatzilein, soll ich dir deine Rolle abhören?«

Der Apotheker schluckte auch ein Päckchen der üblichen Mischung, teils zur Gesellschaft und teils gegen das Lampenfieber. Dann bat er die Baronesse, ihm doch bei seinem bescheidenen Mahl Gesellschaft zu leisten. Erstaunlicherweise lehnte sie nicht ab, und so saßen sie sich dann einträchtig in der Küche gegenüber und aßen Linsen mit Speck.

*

Die große Stunde rückte immer näher.

In den Garderoben fanden sich bleich und verstört die Mimen ein, von fieberhafter Unruhe geplagt. Der Wannemacher hatte alle Hände voll zu tun, um die vielen Gesichter zu schminken, die Perücken aufzusetzen und die Bärte anzukleben.

Der Böckle steckte die Gewänder zusammen. Im Grunde genommen waren diese beiden noch am besten dran. Sie hatten alle Hände voll zu tun. Deshalb hatten sie keine Zeit, sich selbst Angst zu machen, denn draußen strömten die ersten Zuschauer in das Halbrund des Theaters.

Die Musik stellte sich schon auf, harrend ihres Herrn und Meisters, denn Herr Dominikus war noch nicht da.

Auch im Pfarrhaus machte man sich auf den Weg. Hochwürden war still, etwas blaß und in sich gekehrt.

Stasi rückte ihren Sonntagshut zurecht. Sie hatte trotz der strahlenden Sommersonne ihr Schwarzseidenes angezogen, denn nach Stasis Meinung konnte man zu einem solch großen Ereignis nur in Schwarz gehen. Auch Robert Bruckner und sein Sohn Oliver erschienen im feierlichen dunklen Anzug.

Pünktlich auf die Minute erschien der Pepperl im Pfarrhaus, um seinen neugewonnenen Freund ins Theater zu begleiten. Oliver, der sonst sehr empfindlich war, hatte gar nichts dagegen einzuwenden, daß der Pepperl seinen Rollstuhl erst zum Wagen und später zu den Theaterplätzen steuerte. Der Pepperl machte das ganz unauffällig und sehr geschickt. Robert beobachtete den Jungen heimlich: Es konnte kein Zweifel daran bestehen, daß die beiden Jungen sich prächtig verstanden. In Gesellschaft des Pepperl blühte der stille, schwermütige Oliver richtig auf.

Am Theaterplatz herrschte schon ein lebhaftes Durcheinander.

Mit irrem Blick wandelte Mario Pinelli durch die Zuschauerreihen, die sich immer dichter füllten. Er überlegte sich krampfhaft, in seiner zweifellos lebhaften Phantasie, wie diese jetzt harmlosen Menschen sich gleich in eine wütende brodelnde Meute verwandeln würden, wenn sie sein Stück auspfiffen und austrampelten.

Er hatte sich nach der stärkenden Eierspeise langsam wieder erholt. Aber er schien noch immer leicht getrübt zu sein. Schüttelfrost packte ihn. Er schlug den Kragen seines Jackett hoch und ließ die Anna, die treulich an seiner Seite ausharrte, einfach stehen und schlich wie ein geprügelter Hund in die Garderoben.

Die Mimen waren nicht sehr erfreut, ihn zu sehen, denn er vergrößerte ihre Angst nur noch mehr. Und dann tat der Mario das Dümmste, was er überhaupt tun konnte. Es war sozusagen ein Rettungsseil, an das er sich wie ein Ertrinkender klammerte: Wenn das gutging, dann würde alles gutgehen.

Er ging zur Garderobe der Cordel und fragte gleichsam, um sich selbst seinen Mut zu beweisen, mit einer Miene, als frage er das Orakel von Delphi: »Willst' meine Frau werden?«

Ausgerechnet jetzt, fünf Minuten vor dem Auftritt!

Aber da kam er schön an!

Die Cordel wurde nämlich auch nervös, zumal die Dame Olmershaus, die es zweifellos ja gut mit ihr meinte, ihr ständig gute Ratschläge erteilte, wie sie bühnengerecht gehen, stehen und sprechen solle.

»Nein!« sagte die Cordel. »Bestimmt net. Und jetzt geh raus, Mario, ich muß mich nämlich umziehen!«

Da war der Mario total vernichtet: Jetzt mußte alles schiefgehen.

Das war fünf Minuten vor drei.

Der Herr Bürgermeister räusperte sich schon verschiedentlich. Bleich, mit gefurchter Stirn überlas er immer wieder den Text seiner Begrüßungs- und Eröffnungsansprache, um dann, ganz unvermittelt, Hochwürden das Blatt Papier in die Hand zu drücken.

»Sprechen Sie, Hochwürden! Ich kann nämlich net!« Es schien ihm ein menschliches Rühren ins Gedärm gefahren zu sein, denn er verschwand und ward vorläufig nicht mehr gesehen.

Hochwürden war scheinbar die Ruhe selbst. Er gab vernünftige Anweisungen an die Schauspieler, rief ihnen ermunternde Worte zu, unterstützt von seinem Bruder Robert, der ihm mit Zigaretten, Zigarren und diversen Schnäpsen tatsächlich kräftig zur Seite stand.

Dazwischen versicherte der Schwammerl jedem, der es hören wollte, daß sich keiner Sorgen zu machen brauche, nur er sei ganz allein schuld an dem Unglück.

Hochwürden überflog rasch die Rede des Bürgermeisters, er änderte sie etwas ab. Es war nicht ganz einfach, in letzter Minute eine Rede zu übernehmen.

Und da schlug es von der Dorfkirche deutlich vernehmbar drei.

Es war drei Uhr. Sie konnten anfangen. Ja, sie konnten nicht nur, sie mußten sogar.

»Was ist denn los?« fragte Hochwürden jetzt doch etwas nervös.

Da standen die Musiker und starrten ihn verzweifelt an.

Wo war der Herr Dominikus?

Was in aller Welt war in Herrn Dominikus gefahren? War er verrückt geworden oder hatte er einen Schlag erlitten?

»Spielen!« gebot Hochwürden den verstörten Musikanten. »Immerzu spielen. Ihr könnt euer Stück ja auswendig. Wir sind gleich wieder da.«

Robert hatte schon den Wagenschlüssel in der Hand.

Ohne den Herrn Dominikus konnte es schließlich nicht losgehen, denn er mußte die Musik dirigieren und den Chören die Einsätze geben. Was war nur in Herrn Dominikus gefahren, in ihn, ein lobenswertes Muster der Pünktlichkeit? Als sie eben in den Wagen stiegen, drängte sich eine schmale scheue Gestalt zu ihnen, im Bundschuhkostüm und schön geschminkt: Böckles Kathi.

»Ich fahre mit!« erklärte sie entschlossen.

»Wenn nun dem Herrn Dominikus etwas passiert ist?« fragte sie angstvoll.

Hochwürden war viel zu verstört, um sich darüber zu wundern.

Sie fuhren zurück ins Dorf. Robert gab Gas. Die Bäume flogen nur so vorbei. In wenigen Minuten hielten sie vor dem stillen Lehrerhaus, das verträumt auf dem Marktplatz stand. Hochwürden sprang aus dem Wagen, gefolgt von der guten Kathi. Er hämmerte mit der Faust gegen die Tür und riß gleichzeitig an der Klingelschnur.

»Aufmachen, Herr Dominikus! Was ist denn los? Sind Sie krank? Wir müssen anfangen! Aufmachen!«

Zaghafte Schritte näherten sich der Tür, und dann flüsterte eine heisere, ganz verzerrte Stimme: »Ich kann net kommen, Hochwürden. Ich kann net. Es muß eben ohne mich gehen.«

»Es geht aber nicht ohne Sie, Herr Dominikus!« Hochwürden bewahrte nur mit Mühe die Ruhe. Er war langsam auch am Ende seiner Nervenkräfte angelangt. »Sie müssen kommen!«

Hinter der Tür flüsterte es gequält: »Ich kann aber net.«

»Aufmachen!« schrie Hochwürden. »So machen Sie doch schon auf!«

Da drückte sich die Kathi an ihm vorbei und bat leise: »Lassen S' wenigstens mich hinein, Herr Dominikus!«

Diese Worte wirkten Wunder. Der Schlüssel drehte sich im Schloß, die Kette rasselte, dann wurde die Tür einen Spalt weit aufgemacht, gerade so viel, daß die Kathi hineinschlüpfen konnte.

Hochwürden wischte sich den Schweiß von der Stirn und trat einen Schritt zurück. Er war fix und fertig.

»Nun rege dich nicht auf«, tröstete Robert gutmütig. »Wenn es gar nicht geht, mußt du eben die Einsätze geben!«

»Ich habe keine Ahnung von den Einsätzen. Es gibt eine Katastrophe, du wirst es erleben!«

Hinter Kathi schloß sich die Tür.

In dem dämmerigen Flur des Lehrerhauses stand sie zitternd und mit klopfendem Herzen vor einem völlig verwandelten Herrn Dominikus, an dem nur der Adamsapfel erkenntlich war, der heftig auf und nieder wogte. Um seinen Kopf, um den Schmuck seines prächtigen Lockenhauptes, hatte der Herr Dominikus unbegreiflicherweise einen weißen Turban gewickelt, ein Handtuch. Der arme Mann sah richtig elend aus.

»Was ist denn um Himmels willen los?« fragte die Kathi angstvoll. »Haben Sie doch Vertrauen zu mir, Herr Dominikus. Sie können uns doch nicht alle im Stich lassen, wo Sie eine so schöne Musik komponiert haben!«

Herr Dominikus weinte fast. Seine guten Augen hinter den Brillengläsern schimmerten verdächtig feucht, und dann löste sich doch eine Träne und rollte langsam die spitze Nase hinab über die hagere Wange und tropfte schließlich auf das sorgfältig gebügelte Chemisett.

»Ich kann net kommen«, flüsterte er verzweifelt. »Der Wannemacher ist an allem schuld! Da – sehen's!«

Mit einer heroischen Geste öffnete er die Zimmertür.

Auf dem Deckel des Harmoniums lag eine dunkle Perücke.

Kathi starrte die Perücke an. Sie begriff wirklich überhaupt nichts mehr.

»Ja, aber – Sie brauchen doch gar keine Perücke, Herr Dominikus«, stammelte sie verwirrt. »Sie spielen doch net mit. Sie dirigieren doch nur. Und Sie haben selbst so schöne Haare …«

»Schöne Haare«, erklärte Herr Dominikus bitter und nahm mit einer trostlosen Gebärde den Turban ab. Er stand im Schmuck einer mattpolierten Glatze vor der entsetzten Kathi.

»Ja … aber …«, stammelte sie.

»Das ist es ja!« stöhnte der Herr Dominikus. »Ich hab' gar keine Haare net. Nicht ein einziges Haar habe ich. Und der Wannemacher hat mir eine falsche Perücke geschickt. Ich kann doch nicht plötzlich schwarz herumlaufen!«

Sekundenlang, aber wirklich nur eine winzige Sekunde lang rührte die Kathi ein fürchterlicher Lachreiz. Tapfer kämpfte sie dagegen an. Ihre Stimme klang weich und gut, als sie sagte: »Sie können es, Herr Dominikus! Es ist ja heute alles Theater! Während der Aufführung wird sicher kein Mensch darauf achten. Und die Fremden wissen ohnehin net, ob Sie blond oder schwarz sind. Unsere Seerieder aber denken sicher, daß Sie sich eben auch maskiert haben, und wenn es erst vorbei ist, hat der Wannemacher ja gleich die richtigen Haare herbeigeschafft.«

Mit einem energischen Schwung beförderte sie die schwarze Perücke vom Harmoniumdeckel auf die Glatze des Herrn Dominikus.

»Gott sei Dank!« seufzte sie erleichtert, »Sie paßt.«

Herr Dominikus wehrte sich nur noch schwach. »Ich bin unsterblich blamiert«, stöhnte er.

»Darauf kommt es im Augenblick net an«, eröffnete ihm

die Kathi mit beachtlicher Logik. »Es geht jetzt um viel mehr. Los, kommen Sie schon!«

Draußen stand Hochwürden im prallen Sonnenschein und wischte sich immer noch den Schweiß von der Stirn.

Vom Theater herüber erklang die Blasmusik.

»Sie sind mit ihrem Repertoire fertig«, stöhnte Hochwürden.

»Dann fangen sie halt wieder von vorne an«, tröstete Robert mit himmlischer Ruhe. »Und wenn gar nix hilft, muß es eben ohne den Herrn Dominikus gehen!«

»Aber die Kathi!« jammerte Hochwürden. »Die müssen wir doch wieder haben!«

In diesem Augenblick wurde die Tür des Lehrerhauses geöffnet, und heraus trat Kathi, an ihrer Seite Herr Dominikus im Schmuck wallender schwarzer Haare.

Hochwürden bemerkte es in seiner Aufregung gar nicht.

»Was machen Sie nur für Geschichten?« fuhr er den verstörten Dominikus an. »Wir können doch net die Aufführung platzen lassen! Los, steigen Sie ein!«

Als sie zum Festplatz kamen, fingen die Musikanten mit hochroten Köpfen tatsächlich gerade ihr Repertoire von vorne an.

Hochwürden winkte ab.

Er sprang auf die Bühne und hielt eine flammende Rede aus dem Stegreif.

Seine letzten Worte waren: »Also kann das Spiel beginnen!«

*

Es begann mit einem kernigen Bauernlied während eines turbulenten Markttages. Mitten in das fröhliche Treiben hinein platzte die Schreckensbotschaft, daß sich eine Bundschuh-Horde auf den Weg zum Dorf befand.

Die Cordel hatte ihre erste große Szene, in der sie die Fäden des Geschehens in ihre Hände nahm. Anfangs klang ihre

Stimme noch ein wenig unsicher, aber bald hatte sie sich gefangen. Ihre natürliche Anmut und Würde, ihre klare Schönheit und Frische zwangen die Zuschauer in ihren Bann, atemlos lauschten sie dem Plan, den die tapfere Frau Bürgermeisterin entwickelte.

Echte Rührung lag über der Szene, als die Männer Abschied von ihren Frauen nahmen und in die Wälder eilten, um sich vor der nahenden Horde zu verstecken.

In Wirklichkeit eilten sie natürlich hinter die Kulissen, stürzten in ihre Garderoben, um sich in fliegender Hast von friedlichen Dorfbürgern in rauhe Landsknechte zu verwandeln.

Das ging nicht ganz ohne Getöse, und deshalb spielte die Musik in weiser Voraussicht eine schmetternde Landsknechtsweise, die dieses Geräusch übertönte. Herr Dominikus schwang den Dirigentenstab mit Leidenschaft; sein Haupthaar hatte er vergessen, und die Musiker waren zu sehr mit ihrer Aufgabe beschäftigt, um groß darauf zu achten, daß der Dirigent sich in einen Schwarzkopf verwandelt hatte.

Während die Musik spielte, werkte die Bürgermeisterin Cordula mit ihrer Magd Kathi zusammen emsig und ruhig, um der nahenden Horde ein friedliches, alltägliches Dorfleben vorzutäuschen. Sie schöpfte Wasser am Brunnen. Die Bürgermeisterin saß am Spinnrad.

Es war ein zauberhaftes Bild, das an den Herzen rührte. Die Zuschauer fühlten sich um Jahrhunderte zurückversetzt. Die Musik wurde leiser. Herr Dominikus schwang seinen Dirigentenstab jetzt mit inniger Behutsamkeit.

Die Bürgermeisterin, die herzzerreißenden Abschied von ihrem Mann genommen hatte, sang eine schlichte, ergreifende Weise:

Ade! Es muß geschieden sein.
Ade, du heller Sonnenschein.
Und Mondenschein und Sternenschein,
Ade ...

Die Berge herab kam die Horde gezogen.

Keiner der Zuschauer konnte sich der starken Atmosphäre dieses Bildes verschließen.

Sogar Mario Pinelli war langsam davon überzeugt, daß doch alles gut werden würde. Er saß bleich und zusammengekrümmt, als sei er noch immer von heftigen Leibschmerzen geplagt, im Zuschauerrund und hielt krampfhaft die tröstende Hand der Anna fest.

Die große Szene zwischen Olmershaus und Cordel verdichtete die Spannung und trieb durch ihre starke Ausdruckskraft das Spiel seinem Höhepunkt zu. Olmershaus spielte hinreißend, und die Cordel war ihm eine würdige Partnerin.

Die Landsknechte fügten sich großartig in den stimmungsvollen Rahmen ein. Sie wirkten echt und überzeugend.

Die komische Charge unter den Landsknechten war mit dem Apotheker besetzt, und er erntete für sein mit überwältigender Komik vorgetragenes, kraftstrotzendes, saftiges Landsknechtslied stürmischen Sonderapplaus.

Damit war der Bann gebrochen, und der unmittelbare Kontakt zum Publikum war hergestellt. Die Schauspieler hatten sich freigespielt, und der Erfolg des »Bundschuh« war sicher.

Reibungslos, ohne Zwischenfall und in gedrängter Fülle rollten in bunter praller Folge die einzelnen Szenen ab. Sogar die Sonne war in das Spiel mit einbezogen, denn ihre Strahlen vergoldeten die Mitte der Bühne, als die Männer heimkehrten und mit ihren Frauen und Müttern ein herzbewegendes Wiedersehen feierten.

Nach der großen Schlußszene herrschte sekundenlang eine ergriffene Stille, dann brandete tosender Beifall auf. Der »Bundschuh« hatte sich die Herzen der Zuschauer erobert, der »Bundschuh« war ein großartiger Erfolg geworden!

Wieder und wieder mußten sich die Schauspieler verbeugen. Die Zuschauer hörten nicht auf zu klatschen und zu trampeln. Der Cordel und Olmershaus wurde ein prachtvolles Blumengebinde überreicht. Blitzlichter flammten auf.

Auch der Bürgermeister war mit einem Male wieder aufgetaucht und stand hocherhobenen Hauptes neben Hochwürden, dem er verschwiegen die Hand drückte, wegen der Rede, die dieser ihm abgenommen hatte.

Dazwischen war auch der Ratsschreiber Schwammerl und versicherte jedem, daß es wirklich nur ihm allein zu verdanken sei, daß der »Bundschuh« das Licht der Welt erblickt hatte.

Frau Olmershaus umarmte gerührt ihren göttlichen Gatten, den Ritter Sebaldus von Seeried, der gerade von den Herren der Presse interviewt wurde. Die Baronesse sah es, und sie hörte auch, wie Frau Olmershaus die Fragen der Presseleute schlagfertig beantwortete, während Herr Gisbert sich in ritterliches Schweigen hüllte. Sie wandte sich ab und ging auf den Apotheker zu, der einen leeren Humpen in der Hand hielt und in seiner Landsknechtstracht gar männlich und kraftstrotzend dreinschaute.

»Sie waren großartig!« sagte die Baronesse ehrlich.

Er strahlte.

»Ich habe mein möglichstes getan«, versicherte er mit anerkennenswerter Bescheidenheit.

»Sie haben als einziger Sonderapplaus gehabt!«

»War auch ein kernig' Lied!« Der Herr Apotheker stellte den Humpen an die Seite und erhob sich. Er sah der Baronesse fest in die Augen und wiederholte mit bemerkenswertem Baß die letzten Worte der letzten Strophe:

So frage ich dich, Liebchen,
Willst du die Meine sein?

»Ja«, sagte die Baronesse einfach.

Im ersten Augenblick begriff der Apotheker sein Glück noch gar nicht recht, aber dann nahm er, ungeachtet der vielen Menschen rundherum, die Baronesse in seine Arme und drückte ihr einen gar herzhaften Verlöbniskuß auf die Lippen.

In dem allgemeinen Durcheinander achtete überhaupt niemand darauf; das Paar konnte sich ungestört an den Händen halten und in die Augen sehen.

Es achtete auch niemand auf die heftige Auseinandersetzung, die im hintersten Winkel der Garderobe zwischen dem erfolgreichen Komponisten und dem Meister Wannemacher stattfand.

»Sie sind einfach der gemeinste Mensch, der mir je unter die Augen gekommen ist«, schrie der Herr Dominikus, der, seit der letzte Ton verklungen war, beharrlich einen breitkrempigen Hut aufhatte, der ihm nicht einmal gehörte, sondern dem Meister Böckle, und den ihm die Kathi schnell zugesteckt hatte.

»Sie haben mich in eine unmögliche Situation gebracht, mein Herr! Unmöglich habe ich gesagt!« brüllte er aufgebracht.

Der Wannemacher war total am Boden zerstört. Die Größe des Unheils, das er ungewollt heraufbeschworen hatte, wurde ihm erst jetzt recht bewußt. Aber als der Herr Dominikus dann seine richtige Perücke aufhatte und wieder im stolzen Schmuck seines hellen Haupthaares glänzte, war auch dieser Schmerz vergessen. Er kam gerade noch zur rechten Zeit, als die Fotoaufnahmen gemacht wurden. Er stand dabei neben Kathi, die in ihrem Bundschuhkostüm allerliebst aussah. Obwohl die Kathi einen schönen Erfolg gehabt hatte, machte sie ein einigermaßen unglückliches Gesicht, denn die Enttäuschung mit der Glatze war doch recht bitter.

»Bühne frei!« schrie der Fotograf. Er brauchte die Szene für die Presseaufnahmen von der Cordel und Olmershaus.

Herr Dominikus war der Kathi dabei behilflich, von der Bühne herunterzuklettern. Er hielt ihre Hand ganz fest in der seinen, und eine sonderbare Wärme überströmte ihn dabei.

Plötzlich fiel ihm ein, daß es Kathi gewesen war, die ihm Mut gemacht hatte, als er den Glauben an sich verlieren wollte, damals, nach jener durchkomponierten Nacht. Und Kathi war es auch gewesen, die ihm in der Perückenkatastrophe tatkräftig zur Seite stand. Er warf einen Blick auf die Cordel. Sie posierte auf der Bühne in einer Szene mit Olmershaus, der sich für die Aufnahme wieder auf sein Roß geschwungen hatte. Die Cordel, dachte der Herr Dominikus bitter, sie, der ich mein Herz zu Füßen legte, hat in der ganzen vergangenen Zeit kein Wort und keinen Blick für mich gehabt.

Er räusperte sich. »Prinzipiell, Fräulein Kathi, ich bin nicht dafür, etwas zu überstürzen. Es widerspricht sozusagen meinen Grundsätzen. Aber nach all dem was geschehen ist, nach all dem was Sie für mich getan haben – möchte ich mir erlauben, Sie zu fragen, ob Sie sich vielleicht dazu entschließen könnten, meine Frau zu werden?«

Die Kathi sah mit leuchtenden Augen zu ihm empor. Glatze hin, Glatze her. Sie hatte den Herrn Dominikus schon angeschwärmt, als sie noch bei ihm die Schulbank drückte, und so sagte sie schlicht und einfach: »Ja!«

Die Zuschauer zerstreuten sich langsam.

Mitten in den leeren Bankreihen saß entrückt der Mario und neben ihm die Wiesmayr-Anna. Anscheinend hatten die beiden noch gar nicht recht begriffen, daß das Stück zu Ende war. Mario hatte sich standhaft geweigert, auf der Bühne zu erscheinen, um sich zu verneigen.

»Schön war es!« Die Anna hatte ganz verklärte Augen.

»Wunderschön, Herr Mario!«

In diesem Augenblick kam ihm ein abenteuerlicher Gedanke; abenteuerlich deshalb, weil er noch vor wenigen Stunden um die Hand der Cordel angehalten hatte.

Aber ganz abgesehen davon, daß die Cordel ihn hatte abblitzen lassen, schien sie weltenweit von ihm entfernt zu sein. Wer hatte ihm in seinem Dichterwehen beigestanden, fragte er sich? Die Cordel vielleicht? Wer hatte ihn gepflegt, als er mit Bauchkrämpfen im Bett lag? Die Cordel vielleicht? Wer hatte ihm Kamillentee gekocht? Die Cordel? Und wer hatte ihm schließlich Mut zugesprochen, als er zu verzweifeln drohte?

»Anna«, sagte der Pinelli, »ich meine, wir zwei verstehen uns doch recht gut. Sie haben Verständnis für einen Dichter!

Doch, das haben Sie, das haben Sie bewiesen! Sie besitzen das notwendige Einfühlungsvermögen. Und Sie haben sich schön in meinen Haushalt eingewöhnt, daß ich mir überhaupt net vorstellen kann, daß da auf einmal eine andere am Herd stehen tät. Ja, also, wie wäre es – wollen Sie – ich meine, könnten Sie sich dafür entschließen, Frau Pinelli zu werden?«

»Ist das Ihr Ernst, Herr Mario?« fragte die Wiesmayr-Anna atemlos. »Ihr richtiger heiliger Ernst?«

»Mein heiliger Ernst«, beteuerte der Mario, und so war es ja wirklich.

Da fing die Anna zu schluchzen an, daß es hätte einen Stein erweichen können, und als der Mario sie bestürzt in die Arme zog, um genauer zu erfahren, warum sie eigentlich weinte, da schloß sie ganz fest die Arme um seinen Hals und preßte ihr tränenfeuchtes Gesicht an seine Wange. Da merkte der Dichter, daß es nur Tränen des Glücks waren, Tränen der Seligkeit …

Ja, so hatte die Cordel auf einmal zwei Freier verloren, und das in einer knappen halben Stunde. Sie wußte es nicht, aber selbst wenn sie es gewußt hätte, sie wäre nicht traurig darum gewesen.

Sie war immer noch in Kostüm und Maske. Sie fühlte sich richtig elend, ja, sie war so erschöpft, daß sie nicht einmal die Kraft aufbrachte, sich über den Erfolg des »Bundschuh« zu freuen. Es war ihr, als hätte das Spiel alle Kraft aus ihr fortgezogen. Am liebsten hätte sie ganz einfach geweint.

Sie sah einen der Presseleute mit gezückter Kamera auf sich zueilen und wandte sich rasch ab. Vor der Neugier der Presseleute empfand sie eine unbestimmbare Scheu. Sie flüchtete hinter die Kulisse, hier war es wenigstens still. Sie setzte sich auf einen Baumstumpf, und dann weinte sie doch.

Robert, der sie nicht aus den Augen verlor, war es gewohnt, mit Presseleuten umzugehen; er hielt den Reporter, der Cordula folgen wollte, freundlich aber bestimmt zurück. »Wohin, mein Freund?«

»Ich möchte die Bürgermeisterin interviewen, meine Zeitung hat für dieses Interview zwei Spalten freigehalten.«

»Fräulein Cordula wird Ihnen später sicher gerne Rede und Antwort stehen. Gedulden Sie sich, bitte.«

»Aber ich habe nicht viel Zeit.«

»Vergessen Sie bitte nicht, daß es sich um Laienschauspieler handelt. Ich habe den Eindruck, daß die ›Bürgermeisterin‹ im Augenblick einfach erschöpft ist.« Er nickte dem verdutzten Reporter liebenswürdig zu und verschwand gleichfalls hinter den Kulissen.

Da saß Cordula, die tapfere Bürgermeisterin des »Bundschuh« auf einem Baumstumpf, und die Tränen zogen dünne Rinnsale durch die Schminke.

Sie war so versunken in ihren Schmerz, in ihren Jammer, daß sie Robert gar nicht kommen hörte.

Sein Lächeln war sehr gütig und verständnisvoll. »Meinen Glückwunsch«, sagte er leise. »Sie haben sich tapfer gehalten. Sie waren gut.«

Der Cordel war es, als fiele ein winziger Sonnenstrahl in den Abgrund ihrer Hoffnungslosigkeit. Das war doch seine Stimme? Er ist also doch gekommen, um mir zu gratulieren, dachte sie. Um mir Glück zu wünschen, nachdem er mir zuvor geflissentlich aus dem Weg gegangen war, ich habe es genau gemerkt.

»Ich habe mir viel Mühe gegeben«, flüsterte sie und schluchzte noch immer.

Roberts Lächeln vertiefte sich. »Deshalb brauchen Sie nicht zu weinen! Ein solcher Erschöpfungszustand nach der übergroßen Anstrengung einer Premiere ist ganz normal. Fast allen Theaterleuten geht es so. Wissen Sie, ich kenne das von früher her. Meine Frau war Schauspielerin, begnadete Schauspielerin …«

Die Cordel glaubte nicht recht zu hören. Sekundenlang befürchtete sie tatsächlich, ihr Geist könne sich verwirrt haben. Was redete er denn da? Denn daß es seine Stimme war, da war sie ganz gewiß. Vorsichtig, ganz langsam hob sie den Kopf, und – das war er! Das war er ganz sicher! Sein Gesicht verschwamm ein bisserl hinter dem Tränenschleier, der noch immer über ihren Augen war. Und als er nun fortfuhr zu sprechen, da war sie sich auf einmal nicht mehr so ganz sicher, ob er es wirklich war.

Er sagte nämlich: »Ich denke an meinen armen gelähmten Jungen, an mein großes leeres Haus. Fräulein Cordel, Sie haben durch Ihr Spiel heute den Menschen sehr viel gegeben. Meine Frau hat immer gesagt, daß die Schauspieler gleichsam ein Licht in den Herzen der Menschen anzünden. Wenn sie das können, dann sind es wirklich Künstler. Sie haben es gekonnt. Sie haben heute in den Herzen der Menschen ein Licht angezündet.«

Die Cordel wischte sich energisch die Tränen ab und versuchte der Sache auf den Grund zu kommen. Irgend etwas stimmte da nicht. Der da vor ihr stand und redete, der hatte zwar die Stimme von Hochwürden und sah aus wie Hochwürden – aber inzwischen zweifelte sie doch, ob er es wirklich war.

»Wer sind Sie überhaupt?« fragte sie.

Er warf den Kopf zurück und lachte, jetzt war sich die Cordel ganz sicher, daß es nicht Hochwürden war, so herzhaft lachte der Hochwürden nie.

»Pardon«, sagte er. »Ich habe ganz vergessen, mich vorzustellen. Ich habe vorausgesetzt, daß Sie mich kennen, wie dumm von mir. Außerdem kennt man mich meistens gleich, wenn man meinen Bruder kennt.«

»Ah, da schau her«, murmelte die Cordel, der die Zusammenhänge langsam dämmerten. »Sie sind der Bruder von unserem Herrn Hochwürden?«

»Ja, der bin ich.« Er verbeugte sich. »Robert Bruckner. Da muß es Ihnen ja reichlich konfus vorgekommen sein, was ich Ihnen gesagt habe. Aber es stimmt schon alles. Mein Bruder hat Ihnen nie von mir erzählt?«

Die Cordel schüttelte stumm den Kopf. Nein, Hochwürden hatte nie etwas von seinen Angehörigen gesprochen.

»Es ist eine sehr traurige Geschichte«, sagte Robert Bruckner ernst. »Ich habe meine Frau vor einigen Jahren auf eine grausame Weise verloren. Mein kleiner Sohn ist seither gelähmt. Man wird verbittert, wenn einem so etwas widerfährt. Wissen Sie, man verliert das Vertrauen, den Glauben und die Hoffnung. Im Grunde genommen hat mich nur mein kleiner Sohn aufrechterhalten, weil ich mich für ihn verantwortlich fühlte, weil ich für ihn dasein mußte. Aber die Worte Freude oder Glück haben in meinem Lebenslexikon nicht mehr existiert.« Seine Stimme wurde noch ernster, aber sie klang weich, sanft. »Das hat sich alles geändert, als ich hierher nach Seeried kam. Da hat in meinem Herzen das Licht der Hoffnung wieder angefangen zu brennen. Und auf einmal habe ich wieder glauben können, daß nun vielleicht doch noch alles gut wird.«

Er redete jetzt liebevoll weiter. »Ich habe sogar wieder einen Entschluß gefaßt. Wissen Sie, was ich tun möchte? Ich möchte diesen Pepperl als Gefährten für meinen kleinen gelähmten Sohn mit nach Hause nehmen.«

»Da schau her«, murmelte die Cordel. »Der Pepperl! Im Grund, im allertiefsten Grund, ist ja der Pepperl an allem schuld …«

Robert Bruckner sah die Cordel verständnislos an. Er konnte ja nicht wissen, was sich damals, als der Pepperl wieder einmal malte, aus seinen kindlichen Phantasien alles entwickelt hatte.

*

Die Seerieder feierten den Erfolg ihres »Bundschuh«, und sie feierten ausgiebig.

Wein und Bier flossen in Strömen. Köstliche Speisen wurden aufgetragen und Reden wurden gehalten. Das ganze Dorf feierte ein einziges großes Fest! Auf dem Marktplatz standen die Festtafeln, die Musikanten spielten unermüdlich, und die Humpen wurden nicht leer.

Die Sonne freilich wurde müder über so viel festlichen Lärm und Trubel. Sie sank hinter den Baumwipfeln hinab.

Jetzt wurden die Lampions angezündet. Wie farbige Sterne schwebten die bunten Lampions an unsichtbaren Fäden in der Luft. An der Honoratiorentafel zündete der Wirt sogar Kerzen an.

Der Schwammerl sah tiefsinnig und ausdauernd in sein Glas. Er hatte etwas läuten hören von den verlobten Freiern seiner Cordel. Manchmal warf er einen schiefen Blick auf seine Tochter. Sie saß ihm genau an der Tafel gegenüber, neben dem Fremden, dem Bruder des Hochwürden. Und ein Gesicht machte sie, die Cordel, wie sieben Tage Regenwetter.

Die Musik spielte zum Tanz auf. Aber ehe das junge Volk sich erheben konnte, kam es zu einer kleinen Verzögerung. Die Musikanten setzten ihre Instrumente wieder ab, denn der Herr Apotheker erhob sich feierlich und klopfte an seinen Humpen. Das nützte nun freilich nicht allzuviel, aber wenigstens an der Tafel wurde es still, und aller Augen richteten sich gespannt auf Herrn Hyazinth, der in wohlgesetzen Worten seine Verlobung mit der Baronesse bekanntgab.

»Ein Hoch auf das Brautpaar! Hoch! Hoch! Hoch!«

»Hoch!« echote der Schwammerl erleichtert und setzte schnell seinen Krug wieder an die Lippen.

Aber er hatte sich zu früh gefreut!

Die Musikanten kamen immer noch nicht zum Spielen, denn als nächster erhob sich der Herr Dominikus zu feierlicher Größe.

Der Schwammerl sank in sich zusammen. Jetzt kam es. Natürlich. Auch der Herr Dominikus gab seine Verlobung mit Schneider Böckles Kathi bekannt.

Tusch! Einen Tanz für die Brautpaare!

Nein – noch nicht!

Der Pinelli mußte seine große Neuigkeit auch noch loswerden.

Trink, Schwammerl, trink!

Hand in Hand nahmen der Mario und die Wiesmayr-Anna die Hochrufe entgegen, und der Schwammerl brachte den Krug gar net mehr von den Lippen. Da liefen ihm die Freier davon, und dieses Unglücksgeschöpf von einer Tochter, dieses verflixte Madl, saß ihm gegenüber und ging leer aus, ehe sie noch Körbe verteilt hatte.

Eine Schmach war das! Eine Schande, die man nur in Reben ersäufen konnte.

Einen gesegneten Durst entwickelte der Schwammerl, während er tapfer seine Glückwunschsprüchlein für die Brautpaare aufsagte, so wie sich das gehörte. Zwischen jedem Wort beinahe setzte er den Krug an die Lippen, und der Wirt sorgte dafür, daß es wie im Märchen war: Der Krug wurde nie leer.

Nachdem der Schwammerl sich endlich gesetzt hatte, stand der Hochwürden auf. Feierliche Stille! Der Hochwürden sprach. Er sprach allerdings nur wenige Worte und setzte sich gleich wieder.

Tusch und nochmals Tusch! Und dann endlich – Musik! Das junge Volk drängte zum Tanz. Die Brautpaare sahen sich glücklich in die Augen. Da schwebten sie dahin, der Hyazinth und seine Baronesse, der Dominikus mit der Kathi und der Pinelli mit seiner Anna.

Und der Schwammerl trank. Die Cordel sah er jetzt schon doppelt. Es war kein Vergnügen, zwei Töchter zu haben, denen die Freier davonliefen, noch ehe sie einen Korb erhalten hatten.

Dann war die Cordel plötzlich fort.

Das war dem Schwammerl auch egal.

Die Cordel tanzte mit dem Bruder vom Hochwürden. Die beiden waren ein schönes Paar. Hochwürden sah es von der Tafel aus, und er tat es dem Schwammerl gleich, er griff auch zu seinem Humpen, und der Wirt stand schon bereit, um dem Hochwürden nachzuschenken.

Leicht wie eine Feder tanzte die Cordel in Roberts Armen dahin. Sie waren wirklich ein schönes Paar. Die beiden waren wie geschaffen füreinander.

»Prost, Hochwürden!« rief der Schwammerl über den Tisch herüber.

Das war ein gutes Wort zur rechten Stunde.

Hochwürden griff zum Krug und tat dem Schwammerl kräftig Bescheid.

Der Herr Dominikus tanzte vorbei, Auge in Auge mit der Kathi, und er lächelte ganz verklärt.

Auch der Pinelli schwenkte seine Anna nicht schlecht im Kreis herum. Den beiden lachte das Glück aus den Augen.

Der Apotheker hatte sich ja nicht um die Cordel beworben, aber es paßte dem Schwammerl gar net, daß auch der Pillendreher mit seiner Baronesse glücklich war.

Alle waren sie glücklich.

Nur die Cordel nicht. Die Cordel war komplett verdreht. Sie wußte überhaupt net mehr, was mit ihrem Herzen los war. Sie ließ sich von Robert aus dem Kreis der Tanzenden fortführen. Das aber war verkehrt, denn da war schon wieder der Reporter zur Stelle, der am Mittag nichts erreicht hatte.

»Jetzt kann ich aber wirklich nicht mehr länger warten«, wandte er sich an Robert. »Bitte, nur einige kurze Fragen.«

»Bitte.« Robert hielt Cordels Arm fest und lächelte ihr aufmunternd zu.

Der Reporter zückte die Kamera, ein Blitzlicht flammte auf, und Cordel und Robert Bruckner waren Arm in Arm auf die Platte gebannt. Ein zweitesmal klickte die Kamera. Dann holte der Mann von der Presse seinen Schreibblock.

»Fräulein Cordel, Sie spielten heute zum erstenmal Theater?«

»Ja.«

»Hatten Sie Ihre Liebe für die Theaterspielerei schon früher entdeckt?«

»Nein.«

»Sie haben Ihre Sache großartig gemacht. Ich könnte mir vorstellen, daß der Erfolg, den Sie errungen haben, Ihre Zukunftspläne beeinflussen wird. Vielleicht, so denke ich, könnten Sie sich entschließen, sich ganz der Theaterspielerei zuzuwenden?«

»Nein!« wehrte die Cordel entsetzt. »Ich spiele nur für Seeried. Nur für unser Seerieder Theater.«

»Aber Naturtalente sind gesucht! Wenn sich nun der Film für Sie interessieren würde ...«

»Nein, niemals!«

»Was sagen Ihre Eltern zu dem phantastischen Erfolg, den Sie hatten?«

»Ich habe nur noch einen Vater. Meine Mutter lebt nicht mehr.«

Die Cordel warf einen raschen Blick zur Festtafel, an der ihr Vater saß und den Humpen schwang. Jetzt fiel es ihr erst auf, daß der Vater ihr zu ihrem großen Erfolg gar nicht gratuliert hatte. Und auch die beiden Freier nicht, die davongelaufen waren, und sie lächelte flüchtig. Dann antwortete sie dem Reporter auf seine Frage: »Ich glaube net, daß mein Vater sehr davon beeindruckt ist.«

»Und was tun Sie, wenn Sie nicht Theater spielen, Fräulein Cordel?«

Sie sah den Reporter kopfschüttelnd an. »Arbeiten, natürlich.«

»Wie soll ich das verstehen, was arbeiten Sie?«

»Na, das Haus versorgen, den Garten bewirtschaften, auf dem Feld helfen, und manchmal helfe ich auch dem Vater mit Schreibarbeiten.«

»Drei Verlobungen wurden heute gefeiert. Denken Sie nicht auch daran, zu heiraten?«

Die Cordel errötete. Sie wußte beim besten Willen nicht, was sie darauf antworten sollte, sie empfand die Frage als einigermaßen zudringlich.

Robert schaltete sich rasch und geschickt ein.

»Über ihre Zukunftspläne möchte Fräulein Cordel noch nicht sprechen. Ich denke auch, das gehört nicht zur Sache.«

Der Reporter verbeugte sich. Abermals flammte ein Blitzlicht auf. Die Kamera klickte.

»Vielen Dank«, damit war der emsige Mann von der Presse verschwunden.

Die Cordel atmete auf. »Dieser Rummel ist schrecklich.«

»Sie werden sich daran gewöhnen«, tröstete Robert lächelnd. »Es werden noch mehr Reporter kommen, solange der ›Bundschuh‹ in Seeried gespielt wird. Dafür daß es Ihr erstes Interview war, haben Sie Ihre Sache großartig gemacht.«

»Ja, finden Sie?«

»Ja, das finde ich. Und ich finde überhaupt, daß Sie eine großartige Person sind. Denken Sie darüber nach, was ich Ihnen heute gesagt habe, Cordel, daß seit ich nach Seeried gekommen bin, in meinem Herzen wieder das Licht der Hoffnung angezündet wurde. Sie waren es, die das getan hat, Sie haben es angezündet. Vergessen Sie es nicht. Wollen Sie mir das versprechen?«

»Ja«, murmelte die Cordel. »Ja, das verspreche ich«, und sie wußte wirklich überhaupt nicht mehr, was in ihrem Herzen los war, es tat ihr auf einmal richtig weh, und sie wußte nicht, warum. Weil es von einer Schwärmerei Abschied nehmen mußte? Von einer Schwärmerei, die sehr süß gewesen war. Und weil da ein ganz neues Gefühl in ihr Herz drängte, zu einem fremden Mann, der doch dem anderen so sehr ähnlich war? Aber so schnell ging das natürlich nicht. Es brauchte alles seine Zeit.

Sie fügten sich wieder in den Kreis der Tanzenden ein. Es war ein wundervoller Tanz unter dem freien Sternenhimmel, unter den bunten Lampions.

An der Honoratiorentafel hoben sie gerade einen putzigen kleinen Kerl im Trachtenwamserl auf den Tisch und ließen ihn kräftig dreimal hochleben: den Pepperl von Seeried.

Als der Morgen graute, erloschen die Sterne und die bunten Lampions, das Fest war vorbei. Der Alltag hielt wieder Einzug, und die Zeit verging.

Aber es geschah doch so allerlei. Der famose Plan des Schwammerl brachte der kleinen Gemeinde wirklich das große Glück.

Das Seerieder Bauerntheater erfreute sich eines regen Zuspruchs. Fremde strömten von überall her in das idyllische Dorf, und das Gemeindesäckel füllte sich prall. Und zu alledem brachte die Geschichte noch klingende Hochzeitsglocken.

Die Hochzeitsglocken kamen sozusagen in diesem Sommer gar nicht zur Ruhe. Das erste Paar, das eingesegnet wurde, war der Herr Apotheker und die Baronesse.

Den Sonntag darauf gelobten der Herr Dominikus und die Kathi vor dem Altar des Herrn Liebe und Treue bis daß der Tod sie scheide.

Auch der Pinelli zögerte nicht lange und führte seine Anna für immer heim.

Dann freilich hatten die Hochzeitsglocken ein Weilchen Ruhe.

Der Sommer zog vorüber, die Ernte wurde eingebracht. Sie füllte Scheunen, Keller und Faß, und trotz des unguten Frühlings war es ein gar gesegnetes Jahr geworden.

Dann wehte der Herbstwind über die Stoppelfelder. Drachen stiegen auf, und das Dorf rüstete sich auf den nahenden Winter.

Das Theater wurde geschlossen, aber es wurden bereits eifrig Pläne für das kommende Jahr geschmiedet, die den heimischen Künstlern von Seeried erneut Arbeit gaben.

Am ersten Herbstsonntag fanden die Hochzeitsglocken dann wieder Arbeit, und sie klangen weithin über Tal und Höhen. Eine blasse Herbstsonne schien, in der dünnen Luft glitzerten die ersten Marienfäden.

Die Stasi trug ihr Schwarzseidenes und hatte rotgeweinte Augen vor Rührung.

Der Schwammerl fand beim besten Willen seine Kragenknöpfchen net, wie immer in aufregenden Augenblicken seines Lebens. Ganz Seeried war auf den Beinen.

In seinem besten Sonntagsstaat, in einem Wams mit Silberknöpfen, führte der Pepperl seinen Freund Oliver in die Kirche. Oliver ging noch an zwei Krücken, und er mußte sich fest auf den Arm des Pepperl stützen, aber er brauchte den Rollstuhl nicht mehr. Er mußte doch dabeisein, wenn sein Vater die neue Mutter, mit der Oliver sehr einverstanden war, zur Frau nahm.

Wieder verschwamm der Hauptaltar der barock ausgeputzten Dorfkirche von Seeried in einem himmlischen Nebel von Weihrauch und farbendurchfunkelten Sonnenlicht, als Hochwürden das Paar einsegnete, das wirklich Treue und Liebe für ein ganzes Leben gelobte: die Cordel und Robert Bruckner.

Und wenn man es so recht genau betrachtete, war der Pepperl an allem schuld. Denn wenn der Pepperl den Ritter Sebaldus nicht auf das Kuvert gemalt hätte, das er dem Schwammerl hatte bringen müssen, dann wäre Seeried nie zu seinem Bauerntheater gekommen, und vier glückliche Paare hätten sich nicht gefunden. Aber so sollte das nun einmal geschehen, und wenn es darauf ankam, dann erkor das Schicksal auch einen kleinen Buben zu seinem Gesendboten, so wie den Pepperl von Seeried.

KATHRIN SINGER
Heiraten, wie geht denn das?

ROMAN

Weltbild

»Opa, wann kommt der Zug denn endlich?« Benedikt hüpfte aufgeregt von einem Bein auf das andere.

»Er müßte schon längst da sein«, murmelte der Großvater vor sich hin. Die gedrehten Spitzen seines mächtigen Schnauzbartes zitterten leicht.

Jeder, der Simon Schubert kannte, wußte, daß das bei ihm ein Zeichen höchster Erregung war.

Seit einer halben Stunde stand der alte Schwalbenhof-Bauer bereits auf dem Bahnsteig. An der einen Hand hielt er seine Enkelin Annerl und an der anderen ihren Bruder Benedikt.

Annerl sprach kein Wort. Ihre Augen waren weit aufgerissen, und die sonst roten Wangen zeigten eine ungewöhnliche Blässe.

Endlich war in der Ferne der Triebwagen zu erkennen, und kurze Zeit später fuhr der Zug in den Bahnhof ein.

Benedikt hatte keinen Blick für die Lokomotive, obwohl er sich sonst alles, was mit der Eisenbahn zusammenhing, sehr genau ansah.

Heute war ein besonderer Tag für die Kinder: Der Vater sollte nach längerer Abwesenheit wieder einmal nach Hause kommen.

Mit weitausgreifenden Schritten ging Simon Schubert über den Bahnsteig. Er und die Kinder musterten jeden Aussteigenden.

Plötzlich stieß Benedikt einen Schrei aus. »Papa!«

Er riß sich von der Hand des Großvaters los und lief auf einen hochgewachsenen, braungebrannten Mann mit dunklem Haar zu.

»Beni, Bub! Wie schön, daß ich dich endlich wiederseh'.« Martin Schubert hatte Tränen in den Augen, als er seinen Sohn in die Arme schloß. Dann wandte er sich seiner Tochter zu.

»Mei, Annerl, bist du aber groß geworden.«

Das Madl errötete vor Stolz. Die Blässe war jetzt gänzlich verschwunden, und das niedliche Gesichterl glühte vor Aufregung und Freude.

Der Vater nahm Annerl in die Arme und drückte sie fest gegen seinen breiten Brustkorb.

Die Kinder klammerten sich an ihn. Erst nach Minuten fand Martin Schubert die Zeit, seinen Vater zu begrüßen.

Die beiden Männer tauschten einen festen Händedruck.

Die Augen des alten Schwalbenhof-Bauern waren feucht. Verstohlen wischte er sich mit dem Handrücken über die Lider.

»Bub! Wie schön, daß du endlich wieder einmal heimkommst. Deine Mutter ist vor Freude fast außer sich.«

Simon Schubert verschwieg, daß es ihm ähnlich ging wie seiner Frau, denn er war noch in dem Geist erzogen, daß es unschicklich war, wenn Männer ihre Gefühle offen zeigten.

Die vier strebten dem Ausgang zu. Simon Schubert ging mit seinem Sohn voran, die Kinder folgten.

»Bub, wie lange bleibst' denn diesmal?« fragte der Alte, und seine Stimme schwankte leicht bei diesen Worten.

Benedikt hatte seiner Schwester leise eine Frage gestellt, doch Annerl winkte hastig ab. Sie wollte die Antwort des Vaters hören.

»… mehrere Monate«, hörte sie ihn gerade noch sagen und atmete erleichtert auf. Doch dann verdunkelte sich ihre Miene wieder. Wenn der Vater auch mehrere Monate daheim blieb, so bedeutete das doch, daß er irgendwann wieder fortging.

»Warum sagt der Opa zu unserem Papa allweil noch Bub?« wiederholte Benedikt nun seine Frage. »Der Papa ist doch ein erwachsener Mann und kein Bub mehr.«

Annerl schaute ihn ärgerlich an.

Darauf wußte sie keine Antwort, aber das wollte sie nicht zugeben, deshalb erklärte sie von oben herab: »Du stellst immer so dumme Fragen.«

»Meine Fragen sind net dumm«, protestierte Benedikt. Er überlegte einen Moment lang angestrengt, und dann leuchteten seine Augen auf. »Meinst', der Opa sagt Bub zu unserem Papa, weil er ihn net richtig sehen kann? Du weißt doch, wie ungern er seine Brille trägt, und die Oma sagt immer, er wird noch einmal über seine eigenen Füß' stolpern.«

Annerl schüttelte entschieden den Kopf. »Gewiß kann er ihn auch ohne Brille sehen. Er sagt halt Bub zu ihm, weil es ja sein Sohn ist. Das ist doch ganz einfach.« Sie war zutiefst erleichtert, daß ihr diese Antwort eingefallen war.

Benedikt wirkte zwar noch nicht ganz überzeugt, aber er stellte keine Fragen mehr zu diesem Thema, denn es gab soviel anderes, was ihm durch den Kopf ging.

Er lief etwas rascher und griff nach der Hand des Vaters. Die Erwachsenen unterbrachen ihr Gespräch, und Martin Schubert beugte sich zu seinem Sohn hinunter. Stolz schaute er ihn an. »Ich freu' mich ja so sehr, dich wiederzusehen, Beni. Was hast denn in der letzten Zeit gemacht, als ich fort war?«

»Net viel«, antwortete der Kleine treuherzig.

Der Vater lachte laut auf. Jetzt legte er den Arm um Annerl, die sich zwischen ihn und den Großvater drängte.

»So, nun erzählt mir erst einmal, was ihr euch wünscht.«

Annerl schluckte. Sie hatte einen ganz bestimmten Wunsch, aber sie ahnte, daß er nicht in Erfüllung gehen würde.

»Ich wünsch' mir eine elektrische Eisenbahn«, erklärte Benedikt sofort.

»Und was möchtest du haben, Schatzerl?« Liebevoll strich Martin Schubert seiner Tochter über das blonde, lockige Haar.

»Ich … ich wünsch' mir so sehr, daß du für immer daheim bleibst, Papa.«

Ein Schatten fiel über das Gesicht des jungen Schwalbenhof-Bauern. Er bemerkte nicht, daß auch sein Vater ihn gespannt von der Seite anschaute und auf seine Antwort wartete.

»Du weißt doch, daß ich einen Vertrag unterschrieben hab', Annerl«, meinte er schließlich. »Ich hab' jetzt mehrere Monate Urlaub, aber dann muß ich wieder zurück. Sie brauchen mich dort, verstehst du?« fügte er eindringlich hinzu.

Das Madl schüttelte den Kopf.

Wußte der Vater denn nicht, daß sie ihn auf dem Schwalbenhof genauso brauchten wie dort irgendwo in einem fremden Land?

Vor drei Jahren war Annerls und Benedikts Mutter gestorben, und Martin Schubert hatte den Verlust seiner Frau noch immer nicht überwinden können. Sie waren so glücklich miteinander gewesen auf dem Schwalbenhof und in dem kleinen Ort Talbrunn, in dem er geboren worden war und zeit seines Lebens gelebt hatte. Dort erinnerte ihn nun alles an Susanne.

Oft hatte er das Gefühl, der Schmerz zerreiße ihn. Selbst das Zusammensein mit seinen Kindern machte ihn traurig. Sie fragten oft nach der Mutter, und er war immer um eine Antwort verlegen.

Warum hatte der Herrgott Susanne auch so früh zu sich gerufen? Sie war so lebensfroh und liebenswert gewesen.

Martin Schubert wußte selbstverständlich, daß es zu einfach war, die Verantwortung für alles, was auf dieser Welt geschah, dem lieben Gott zuzuschieben. Doch so sehr er auch grübelte und nach dem Sinn des Lebens forschte, er fand keine Antwort.

Der junge Schwalbenhof-Bauer hatte es daheim nicht mehr ausgehalten. Er hatte nur noch einen Wunsch gehabt: Fortzugehen und vergessen, daß auf dem kleinen Kirchhof in Talbrunn seine geliebte Susanne begraben lag. Niemals wieder würde er ihr Lachen hören, niemals mit ihr die langen, vertrauten Gespräche führen, die sie einander so nahe gebracht hatten. Und niemals mehr würde sie in seinen Armen liegen!

Martin hatte schließlich einen Entschluß gefaßt und so fiel es ihm nicht schwer, einen Posten als landwirtschaftlicher Berater in einem Entwicklungsland zu finden.

Dort – fern von der Heimat, unter fremden Menschen, inmitten einer anderen Kultur – fiel es ihm nicht mehr ganz so schwer, all das zu verdrängen, was ihn bedrückte.

Regelmäßig kam der junge Schwalbenhof-Bauer heim. Er

wußte, daß seine Eltern und seine Kinder sehnsüchtig auf ihn warteten.

Und manchmal fühlte er sich schuldig. Machte er es sich nicht zu einfach, indem er einfach fortlief?

Annerl und Beni sind bei ihren Großeltern sehr gut aufgehoben. Sie vermissen mich net, sagte er sich immer wieder.

Mit diesen Gedanken versuchte er das nagende, schlechte Gewissen zu betäuben und wußte doch, daß er sich selber belog.

*

»Bub, mei wie schön, daß du endlich einmal wieder daheim bist.«

Maria Schubert umarmte ihren Sohn. Sie reichte ihm gerade bis zum Kinn. Er drückte sie fest an sich.

»Hörst', die Oma hat auch Bub zum Papa gesagt«, tuschelte Annerl ihrem Bruder zu. »Und sie kann noch sehr gut sehen, auch ohne eine Brille. Erkennst' jetzt endlich, wie dumm du bist.«

»Ich bin net dumm«, protestierte der Bub halblaut. Aber sein Protest klang recht schwach, weil ihm so viel anderes durch den Kopf ging. Er hätte den Papa am liebsten mit Fragen überschüttet, doch Beni kannte die Erwachsenen gut genug, um zu wissen, daß sie sich erst einmal sehr viel zu erzählen hatten.

Und so war es auch. Die Familie setzte sich in die Stube. Nachdem Martin Schubert das Gesinde begrüßt hatte, servierte eine der Mägde ein reichhaltiges Abendessen.

»Nun erzähl erst einmal, was du in den letzten Monaten erlebt hast«, bat die Großmutter.

Die Kinder warteten gespannt auf das, was der Vater berichten würde.

Doch der junge Schwalbenhof-Bauer winkte ab. »Da gibt's net viel zu erzählen, Mutter. Bei mir läuft alles immer im gleichen Trott. Die Arbeit ist net leicht.« Seine Miene verdüsterte sich »Und ich wünscht', wir bekämen mehr Unterstützung und mehr Gelder von unserem Staat.«

Er schaute zum Fenster hinaus. »Man kann die Landwirtschaft in einem Entwicklungsland net mit der unsrigen vergleichen. Wir arbeiten hier viel rationeller, und unsere Ernten fallen auch entsprechend aus.«

»Hast denn net oft Heimweh, Martin?« fragte der alte Schwalbenhof-Bauer.

»Ja, das hab' ich«, gab der Sohn zu und lächelte seine Kinder und seine Eltern an. »Ihr glaubt gar net, wie sehr ich mich freu', endlich wieder daheim zu sein.«

»Aber warum bleibst du denn net allweil bei uns?« wandte die Mutter ein. »Dein Vater wird alt, und eigentlich solltest du den Hof übernehmen.«

»Dann braucht der Papa aber eine Frau!« rief Benedikt. »Das hat die Frau vom Krämer gesagt«, fügte er ein wenig verlegen hinzu, als er die Betretenheit der Erwachsenen sah.

Martin Schubert lachte kurz auf. »Die Frau vom Krämer soll sich um ihre eigenen Angelegenheiten kümmern.«

Unbehagliches Schweigen trat ein, bis Simon Schubert sich schließlich räusperte. »Komm, Bub«, meinte er und stand auf. »Wir zwei gehen jetzt ins Wirtshaus. Du willst doch gewiß die anderen Leute aus dem Dorf wiedersehen!«

»Das ist eine gute Idee«, stimmte sein Sohn zu. »Ich hätt' schon Lust auf eine schöne, frische Maß Bier mit einer gehörigen weißen Schaumkrone drauf.«

»Opa, dann singst heut nacht wieder, gell?« fragte Annerl.

»Und morgen früh verlangst von der Oma einen sauren Hering zum Frühstück und stöhnst, daß dein Kopf dir weh tut«, fügte Beni unschuldig hinzu.

»Geh, Kinder redet net so einen Schmarrn«, erwiderte der Großvater unwirsch.

»Wenn's doch aber stimmt«, murmelte Benedikt vor sich hin.

Die Großmutter warf ihm einen strengen Blick zu, doch um ihren Mund spielte ein Lächeln.

372

»Für euch wird es Zeit, ins Bett zu gehen«, sagte sie resolut. »Sagt eurem Vater gute Nacht, und dann marsch ab ins Bad. In einer halben Stunde komm' ich und sprech' mit euch das Nachtgebet.«

»Ooooh … och …«, kam es einstimmig zurück. »Wir haben geglaubt, wenn der Vater da ist, dann könnten wir länger aufbleiben.«

»Es ist schon später als gewöhnlich«, gab die Großmutter zu bedenken. »Aber weil heut' ein besonderer Tag ist, bekommt ihr auch noch ein leckeres Guterl.«

Das versöhnte Annerl und Benedikt ein wenig mit dem frühen Zubettgehen, gegen das sie jeden Abend heftigst protestierten. Allerdings immer ohne Erfolg.

Der Vater gab beiden noch ein liebes Busserl, und Annerl legte für einen Moment die Arme um seinen Nacken und preßte ihr Gesichterl gegen seine rauhe Wange.

»Spielst morgen früh mit uns, Papa?«

»Ja, das mach' ich«, versprach er.

Eine halbe Stunde später gingen er und sein Vater aus dem Haus. Am Hoftor drehte Martin sich noch einmal um und schaute zurück. Mit einem langen Blick betrachtete er alles. Das behäbige alte Bauernhaus, die sorgfältig instandgehaltenen Ställe und die große Scheune, in der das Heu und Stroh für den Winter lagerte.

Schweigend stand der Vater neben ihm und schaute ihn still von der Seite an. Simon Schubert wünschte sich so sehr, daß sein Sohn wieder daheimbleiben würde. Doch er kannte Martin gut genug, um zu wissen, daß jedes Drängen ihn eher dazu bringen würde, länger fortzubleiben.

Doch irgendwann mußte die Wunde, die Susannes Tod hinterlassen hatte, ja einmal verheilen. Auf diesen Tag wartete der alte Schwalbenhof-Bauer. Dann würde sein Sohn daheimbleiben, den Hof übernehmen, und er konnte sich in Ruhe aufs Altenteil zurückziehen.

Nebeneinander schritten sie die stille Dorfstraße entlang.

Einige der Bauern kamen gerade von ihren Feldern zurück und begrüßten die Männer vom Schwalbenhof freundlich.

In Talbrunn kannte jeder jeden, und man wußte über die Verhältnisse der Nachbarn oft besser Bescheid als über die der eigenen Familie.

Simon Schubert erzählte auf dem Weg seinem Sohn den neuesten Dorfklatsch. »Der Bärenwirt hat eine neue Kellnerin, ein blitzsauberes Madl, das will ich dir sagen, Bub. Vielleicht könnt' sie dir ja gefallen.«

Leise Hoffnung sprach aus seiner Stimme. Er dachte an die Worte, die sein Enkel beim Abendbrot geäußert hatte. So dumm war es ja gar nicht, was der Beni gesagt hatte. Wenn Martin eine passende Frau fand, die er gern hatte, dann würde er gewiß bleiben und die traurige Vergangenheit vergessen.

Doch sein Sohn brummte nur etwas Unverständliches vor sich hin.

Bald hatten sie ihr Ziel erreicht und stiegen die Stufen, die zur Eingangstür des Wirtshauses führten, hinauf. Martin öffnete die schwere Tür und ließ seinem Vater den Vortritt.

Der alte Schwalbenhof-Bauer wurde mit großem Hallo begrüßt. Am Stammtisch in der Ecke saßen einige Bauern und spielten Schafkopf.

Als Simon Schubert sich mit seinem Sohn zu ihnen setzte, legten sie die Karten fort.

»Mei, Martin, daß wir dich auch einmal wiedersehen. Warst ja lang fort.«

Der junge Bauer nickte und bestellte eine Runde Bier für alle.

Sein Vater gab ihm einen Stoß in die Seite, als die Kellnerin an den Tisch trat.

Walli war tatsächlich außerordentlich kurvenreich gebaut, und die Männer am Stammtisch bekamen Stielaugen, als sie sich über den Tisch beugte, um die Maßkrüge zu verteilen.

Plötzlich stieß sie einen Quietscher aus, drehte sich mit einer unglaublich schnellen Bewegung herum und schlug einem der Burschen auf die Hand.

»Untersteh dich noch einmal, mich zu kneifen, Dieckner-Bauer!« rief sie zornig.

»Geh, Walli, stell dich net so an«, brummte er. »Ich weiß doch, daß du es gern hast, wenn ein Mannsbild dich anfaßt.«

»Von wem ich mich anfassen laß' und von wem net, das bestimm' allweil noch ich«, fauchte sie ihn an.

»Da hörst es wieder, Dicker. Die Frauen stehen net auf dich«, meinte einer der jüngeren Bauern.

Benjamin Dieckner verzog sein Gesicht. Er konnte es nicht ausstehen, wenn man ihn Dicker rief, denn er war ausgesprochen schlank. Diesen Spitznamen besaß er schon seit vielen Jahren, und jeder Protest hatte sich bisher als nutzlos erwiesen. Doch auch heute konnte er es nicht unterlassen zu murmeln: »Ich heiß Dieckner und net Dicker.«

Warum seine Eltern ihn auch noch auf den Namen Benjamin getauft hatten, wußte niemand. Man fragte auch nicht danach, denn schließlich war man daran gewöhnt.

Es wurde ein lustiger und langer Abend beim Bärenwirt. Walli mußte sich noch öfter gefallen lassen, daß eins der Mannsbilder ihr zuzwinkerte und es nicht unterlassen konnte, sie dorthin zu kneifen, wo sie es gar nicht mochte.

Spät in der Nacht stellte sich heraus, daß Annerl mit ihrer Prophezeiung recht gehabt hatte. Der alte Schwalbenhof-Bauer sang laut, wenn auch nicht gerade sehr melodiös, als er am Arm seines Sohnes heimkam.

*

»Net so laut, Kinder«, brummte der Großvater und faßte sich mit beiden Händen an den Kopf, als hätte er Angst, ihn zu verlieren.

Benedikt wollte eine freche Bemerkung machen, doch ein strenger Blick der Großmutter hieß ihn schweigen. Trotzig schob er die Unterlippe vor. Die Erwachsenen waren manchmal wirklich kompliziert. Was man auch tat oder sagte, allweil hatten sie etwas dagegen.

»Geht schon hinaus und spielt«, bat der Vater. »Ich komm' dann später zu euch.«

Die Kinder verließen das Haus durch die Hintertür und gingen durch den Hühnerhof. Die Hennen kamen gackernd angelaufen, weil sie sich Futter erhofften, doch sie wurden enttäuscht. Annerl, die ihnen sonst gewöhnlich eine Schaufel Körner hinwarf, hatte jetzt etwas anderes im Sinn.

Sie winkte Benedikt und er folgte ihr. Nebeneinander überstiegen sie den Zaun, hinter dem sich eine große, saftig-grüne Wiese erstreckte.

Hier spielten die Kinder oft miteinander. Annerl wand sich Kränzchen aus Gänseblümchen und Benedikt tat es ihr nach, obwohl er es eigentlich für »Weiberkram« hielt, wie er sagte.

Annerl konnte nämlich wunderbare Geschichten erzählen, und für den Buben gab es nichts Schöneres, als ihr zuzuhören.

Doch heute sprach das Madl kaum ein Wort.

»Ich hab' nachgedacht«, verkündete sie nach einer Weile des Schweigens.

»Worüber hast du nachgedacht?« fragte Benedikt.

»Darüber, wie wir es schaffen können, daß der Papa für immer bei uns bleibt.«

»So? Und weißt du jetzt, was wir machen können?« fragte er eifrig.

Sie nickte gewichtig mit dem Kopf. »Ja, ich weiß es. Wenn der Vater wieder heiratet, dann bleibt er gewiß hier.«

»Aber das hab' ich doch gestern schon gesagt!« Benedikt war empört. Annerl sollte sich unterstehen zu behaupten, das sei ihre Idee. Schließlich war es seine.

Und wenn man es ganz genau nahm, kam dieser Vorschlag ja von der Krämersfrau.

»Ist doch egal, wer es zuerst gesagt hat«, begehrte das Madl auf. »Wichtig ist doch nur, daß wir eine passende Frau für den

Papa finden. Uns muß sie gefallen. Oder willst gar eine böse Stiefmutter haben?«

Der Bub schluckte, als er an die vielen Märchen dachte, die die Großmutter ihm vorgelesen hatte. Alle Stiefmütter, die darin vorkamen, waren böse.

»Ist es denn wirklich so?« fragte er kleinlaut.

»Was?«

»Na ja, daß die neue Frau vom Papa uns vielleicht net mag.«

»Wie kommst denn darauf?« fuhr Annerl ihn an.

Der Bub schwieg verstört. Wie sollte er der Schwester auch seine Gedanken erklären? Schließlich waren es Märchen, an die er dachte. Trotzdem hatte er plötzlich ein unbestimmtes Angstgefühl. Sein Mund wurde ganz trocken.

»Vielleicht ist es doch besser, wenn der Papa net wieder heiratet«, meinte er.

»Aber dann geht er doch allweil wieder fort!« rief Annerl ärgerlich. Begriff Beni denn nicht, wie wichtig es war, daß der Vater eine neue Frau fand?

Eigentlich gefiel ihr diese Idee ja auch nicht, aber irgend etwas mußte geschehen.

»Wir müssen eine finden«, überlegte sie laut.

»Was müssen wir finden?« fragte Benedikt.

»Eine Frau, die uns gefällt und dem Vater auch. Davon red' ich doch die ganze Zeit«, rief sie ungeduldig.

Der Bub ärgerte sich jetzt noch mehr. Annerl war heute wirklich unausstehlich. Am liebsten hätte er sich mit ihr gebalgt, aber er wußte ja, daß sie stärker war als er, und deshalb ließ er es sein.

»Und wo willst' sie finden?« fragte er statt dessen.

Das Madl seufzte. »Weiß ich doch auch net.«

Benedikt dachte an all die Frauen, die er kannte. Aber ihm fiel keine ein, die er gern zur Mutter haben wollte.

»Und wenn wir die Frau vom Kramer fragen, ob sie den Papa heiratet?« schlug er unentschlossen vor.

Annerl schüttelte den Kopf und sah ihn stirnrunzelnd an.

377

»Mei, die hat doch schon einen Mann. Nein, es muß eine ledige Frau sein.«

»Die Veronika Burger ist noch net verheiratet.« Benedikt strahlte vor Stolz, weil er diesen Gedanken gehabt hatte.

Aber auch diesmal schüttelte Annerl nur den Kopf. »Die Burger-Veronika ist viel zu jung. Die muß doch noch zur Schul' gehen.«

»Ach so, dann geht es auch net.« Der Bub überlegte angestrengt. »Wie geht das eigentlich, heiraten?« fragte er nach einer Weile.

»Das weißt du doch«, erklärte die Schwester ungeduldig. »Wenn ein Mann und eine Frau sich gern haben, dann gehen sie zusammen in die Kirche, und dann erzählt ihnen der Pfarrer etwas. Anschließend essen und trinken sie und viele Leute kommen ins Haus, und dann legen sie sich in ein Bett.«

»Und warum gehen sie zusammen ins Bett?« wollte Benedikt wissen.

»Na ja, weil das halt so ist.« Annerl zuckte mit den schmalen Schultern. Sie wurde immer ungeduldiger. Benedikt war ja noch so dumm. Gewiß, er kam erst in die Schule, aber manchmal war es doch sehr schwer, mit ihm umzugehen.

Immer wollte er alles wissen und stellte furchtbar viele Fragen. Obwohl sie selbst ja jetzt schon in die zweite Klasse ging und sehr viel gelernt hatte, wußte sie doch nicht auf alle Fragen eine Antwort. Das ärgerte sie mächtig, denn sie war sehr ehrgeizig.

»Komm, wir gehen zum Waldrand und spielen Verstekken«, schlug der Bub jetzt vor.

»Papa kommt doch gleich«, wandte Annerl ein.

Ihr Bruder winkte ab. »Das dauert noch lang', bis er kommt. Du weißt doch, die Erwachsenen haben sich allweil soviel zu erzählen.«

»Vielleicht hast du recht«, stimmte das Madl zu. Sie liefen durch das saftige grüne Gras und erreichten atemlos die Bank am Waldrand, einem ihrer Lieblingsplätze. Im Sommer war es schön kühl unter den schattigen Baumkronen.

Manchmal kamen auch Wanderer an diesen Ort, um zu verschnaufen. Oft waren es Fremde, die Urlaub im Sporthotel vonTalbrunn machten.

Annerl und Benedikt hatten schon manche interessante Unterhaltung mit ihnen geführt. Die Fremden sprachen so komisch, daß die Kinder immer darüber lachen mußten.

Auch heute saß eine junge Frau auf der Bank am Waldrand. Sie lächelte den Kindern zu.

Benedikt, der rasch Vertrauen zu Fremden faßte, setzte sich ohne zu fragen neben sie und ließ die Beine baumeln.

Annerl baute sich vor der Frau auf und blickte sie scheu an.

»Seid ihr hierhergekommen, um zu spielen?« fragte die Fremde.

Das Madl nickte.

»Ja, wir kommen oft hierher«, erklärte Benedikt betont laut und deutlich, als sei er überzeugt, die Frau neben ihm könne ihn nur schwer verstehen. »Wir spielen Verstecken. Das ist meine Schwester, sie heißt Annerl.«

»Und wie heißt du?«

»Benedikt.« Er blickte die Frau von der Seite an. Würde sie jetzt ihren Namen sagen?

Seine Erwartung wurde erfüllt »Ich heiße Silke«, stellte sie sich vor. »Silke Jentsch. Und ich mache Ferien in Talbrunn. Aber ihr wohnt doch gewiß hier, net wahr?«

»Ja. Dort unten auf dem Hof, da leben wir mit unseren Großeltern.« Annerl wies mit der Hand in die Richtung des Schwalbenhofes.

»Mit euren Großeltern?« wunderte sich Silke Jentsch. »Wo sind denn eure Eltern?«

Die Stimme des Madls zitterte nicht, als es antwortete: »Unsere Mama lebt net mehr, und unser Papa ist nur selten daheim.«

Benedikt hatte nicht zugehört. Er war tief in Gedanken versunken und zog dabei die kleine Bubenstirn kraus. Plötzlich stellte er eine überraschende Frage:

»Wie alt bist du?«

Silke Jentsch drehte sich zu ihm herum. »Meinst du mich?« fragte sie erstaunt.

Er nickte. »Ja, dich mein' ich. Wie alt bist du?« wiederholte er beharrlich.

»Ich bin vierundzwanzig«, antwortete sie.

»Bist du verheiratet?«

Sie lachte. »Nein, das bin ich noch nicht.«

»Würdest denn heiraten?« Benedikt ließ nicht locker, denn in seinem Köpfchen hatte sich eine Idee festgesetzt, von der er ganz begeistert war.

Die junge Frau hob verwundert die Augenbrauen. »Du hast aber eine ungewöhnlich direkte Art, Leute auszufragen«, meinte sie. »Aber um dir auch darauf eine Antwort zu geben: Ja, ich würd' schon irgendwann gern heiraten, wenn ich den richtigen Partner finde.«

Benedikt strahlte. Er sprang auf und stellte seine letzte Frage: »Bist du oft hier auf dieser Bank?«

»Ja, ich komm' gern hierher. Von hier hat man so einen schönen Blick über das Tal.« Silke Jentsch schmunzelte. Dieser Bub verhielt sich zwar ein wenig eigenartig, aber sie mochte ihn und seine Schwester auf den ersten Blick. Die Kinder hatten so etwas Treuherziges, Liebes, das sie bezauberte.

Als sie davonliefen, drehten sie sich noch einmal um und winkten ihr zu.

Silke Jentsch winkte fröhlich zurück. Sie ahnte nicht, daß sie in Benedikts Zukunftsplänen eine entscheidende Rolle spielte. Aber sie sollte es bald erfahren.

*

Der junge Schwalbenhof-Bauer stand neben dem Großknecht im Stall. Sie unterhielten sich über das Vieh.

»Wir sollten mehr Milchkühe anschaffen«, meinte der Großknecht. »Wir haben genug Wiesen, und für Milch und Butter würden wir einen guten Preis erzielen.«

»Ich weiß«, stimmte Martin Schubert zu. »Aber ich denk', es ist zuviel für meinen Vater, den Hof noch zu vergrößern.«

Der Großknecht sah ihn von der Seite an. Er sagte nichts, doch seinem Gesicht war anzusehen, was er dachte.

Warum bleibt der Jungbauer net daheim? überlegte Peter. Was muß er irgendwo in einem fremden Land arbeiten, wenn er hier dringend gebraucht wird?

Doch dieses Thema war tabu auf dem Schwalbenhof.

Martin Schubert sprach noch eine Weile mit dem Großknecht, dann ging er zurück ins Haus.

»Wo sind die Kinder?« fragte er seine Mutter.

»Sie werden gewiß bald zurück sein«, meinte sie. »Sie freuen sich ja schon darauf, daß du mit ihnen spielst, wie du es versprochen hast.«

Einige Minuten später polterten Annerl und Benedikt in die Küche. Der Bub hatte eine geheimnisvolle Miene aufgesetzt. Er lief zum Vater hinüber und fragte eifrig: »Kommst du mit uns an den Waldrand? Dort können wir Verstecken spielen.«

»Gut, das können wir machen«, stimmte Martin Schubert zu.

Er wollte gerade mit den Kindern aufbrechen, da kam einer der Knechte aufgeregt in die Küche gelaufen. »Die Kühe auf der oberen Wies' sind ausgebrochen und laufen nun auf die Landstraße zu. Wir müssen sie so rasch wie möglich einfangen und den Zaun reparieren.«

Sofort sprang der junge Bauer auf und folgte ihm. Über die Schulter rief er den Kindern zu: »Ihr müßt leider noch eine Weile auf mich warten.«

Annerl und Benedikt nickten betreten. Sie waren sehr enttäuscht, aber sie wußten auch, daß auf einem Bauernhof die Arbeit immer vorging. Und wenn die Kühe Schaden anrichteten, dann konnte es bösen Ärger geben. Soviel verstanden die beiden schon.

Martin Schubert kam mit den Knechten erst zum Mittagessen zurück. Bald saßen sie alle um den blankgescheuerten Küchentisch. Die Knechte und Mägde lachten und plauderten, und der Jungbauer beteiligte sich lebhaft an der Unterhaltung.

Nur der Großvater machte ein mürrisches Gesicht. Heute ärgerte er sich, daß er am Tag zuvor allzuviel Bier und Schnaps getrunken hatte. Dieser verflixte Kopf schien bald zu platzen, und der Magen rebellierte immer noch. Selbst der saure Hering hatte nicht geholfen!

Nach dem Mittagessen endlich erfüllte Martin Schubert sein Versprechen und ging mit den Kindern zum Waldrand.

Benedikt erlebte eine große Enttäuschung, denn er hatte insgeheim gehofft, daß Silke Jentsch vielleicht noch droben auf der Bank sitzen würde. Mit langem Gesicht entdeckte er, daß der Platz leer war.

Doch bald hatte er seinen Kummer vergessen. Es machte soviel Spaß, mit dem Vater zu spielen, denn der war lustig und wurde überhaupt nicht müde.

Der Großvater hingegen sagte immer schon nach wenigen Minuten: »Nun spielt mal allein, ihr zwei. Ich hab' noch zu tun.«

Doch die Kinder wußten, daß er sich dann häufig in der Stube auf die Couch legte, um ein Nickerchen zu machen.

Als Benedikt und Annerl an diesem Abend im Bett lagen, sagte der Vater ihnen gute Nacht. Heute waren sie todmüde und sie hörten schon nicht mehr das Ende des Märchens, das er ihnen vorlas. Ihnen fielen einfach die Augen zu, und sie waren schon eingeschlafen, als der Vater hinausging.

Der junge Schwalbenhof-Bauer beschloß, noch einen Spaziergang zu machen. Die Luft war mild, lau und voller altbekannter Düfte.

Martin verließ das Haus und strebte gemächlichen Schrittes der Koppel zu, auf der die Pferde standen.

Ganz langsam lief er und schaute zu den majestätischen Berggipfeln hinüber, die sich deutlich vom dunklen Abendhimmel abhoben. Es war windstill, und das Läuten der Kuhglocken von den Almen war bis ins Tal hinunter zu hören.

Ein wehmütiger Zug lag um Martin Schuberts Mund. Wie sehr hatte er sich in den Monaten in der Fremde nach dem Anblick der vertrauten Berge gesehnt, wie sehr hatte er es vermißt, die reine, würzige Luft einzuatmen!

Dort, wo er jetzt arbeitete, herrschte ein ganz anderes Klima, und es war ihm anfangs nicht leichtgefallen, sich daran zu gewöhnen.

Doch das war nicht das schlimmste gewesen. Das Schrecklichste war das Gefühl der Einsamkeit.

»Ach, Susanne, wenn du doch jetzt neben mir gehen würdest«, flüsterte der Mann vor sich hin. »Ich bin so allein und weiß, auch die Kinder vermissen dich. Aber was können wir tun?«

Er schrak zusammen, als in diesem Moment eine dunkle Frauenstimme fast direkt neben ihm erklang.

»Reden Sie immer mit sich selber?«

Martin Schubert wandte sich überrascht zur Seite.

Dort, am Zaun der Koppel, stand eine bildhübsche Fremde, die ihn belustigt anlächelte.

»Nein, nein, selbstverständlich führ' ich normalerweise keine Selbstgespräche«, meinte er ein wenig verwirrt. »Ich hab' gar net gemerkt, daß ich laut gesprochen hab'«, fügte er leicht beschämt hinzu.

Die Frau reichte ihm spontan die Hand. »Ich verspreche Ihnen, niemandem davon zu erzählen.«

Martin war jetzt noch mehr durcheinander. Er nahm ihre kühlen, schlanken Finger in die seinen und hielt sie viel zu lange fest.

Erst als die Fremde ihn darauf aufmerksam machte, ließ er sie wieder los – jetzt völlig durcheinander.

Sie schaute zu den Pferden hinüber, die friedlich auf der Weide grasten. »Sind das Ihre Tiere?«

Der junge Schwalbenhof-Bauer nickte.

»Eine wunderschöne Stute«, sagte die Frau anerkennend und wies mit der Hand auf ein Pferd, auf das er immer besonders stolz gewesen war.

»Sie verstehen etwas von Pferden.« Es war mehr eine Feststellung als eine Frage.

»Ja, das tue ich«, gab sie lächelnd zu. »Ich bin eine begeisterte Reiterin.« Sie seufzte. »Nur kann ich mir leider in der Stadt kein Pferd halten.«

»Hätten Sie net Lust, mit mir morgen einmal auszureiten?« fragte Martin spontan.

Sie schaute ihn aus großen, dunklen Augen an und antwortete langsam: »Ich könnte mir nichts Schöneres vorstellen.«

Ihre offen gezeigte Freude tat Martin gut und wärmte sein Herz. Er wunderte sich ein wenig über sich selber, denn gewöhnlich war er kein Mann, der rasch mit einem fremden Menschen vertraut wurde. Wenn er mit dieser Frau ausritt, dann würden sie sich selbstverständlich näher kennenlernen.

Aber wünschte er sich das nicht auch?

Was für eine dumme Idee, überlegte er. Ich bin doch niemals ein Träumer gewesen. Und jetzt – nachdem ich ein paar Worte mit einer schönen Frau gesprochen habe – stelle ich mir schon Dinge vor, die doch niemals Wirklichkeit werden!

»Soll ich morgen wieder hierherkommen?« fragte die Frau jetzt.

Er nickte und schlug eine Zeit vor.

Sie war einverstanden und reichte ihm noch einmal die Hand, bevor sie mit raschen Schritten davonging.

Der junge Schwalbenhof-Bauer blieb minutenlang an den Zaun gelehnt stehen und blickte ihr nach.

Wie graziös ihr Gang war!

Das Herz des jungen Mannes klopfte plötzlich rascher. Die Stunden, bis er die schöne Fremde endlich wiedersah, würden ihm lang werden, das wußte er jetzt schon.

Und ihm fiel plötzlich ein, daß er sie gar nicht nach ihrem Namen gefragt hatte.

Er schüttelte über sich selber verärgert den Kopf. »Kaum seh' ich ein hübsches Madl, da vergeß' ich alles andere!«

*

Am nächsten Morgen gleich nach dem Frühstück verließen die Kinder das Haus. Jetzt, da Annerl Ferien hatte, wollten sie jede Minute Freiheit dazu benutzen, um gemeinsam zu spielen und draußen herumzutoben.

Ohne daß sie es miteinander abgesprochen hatten, liefen Annerl und Benedikt dem Waldrand zu. Und ihre Hoffnung erfüllte sich. Auch heute saß Silke Jentsch wieder auf der Bank. Lächelnd schaute sie den Kindern entgegen.

»Guten Morgen, ihr zwei.«

Beni runzelte die Stirn. »Bei uns heißt es grüß' Gott«, erklärte er gewichtig.

Die junge Frau schmunzelte. »Gut, wenn du es möchtest, dann sage ich grüß' Gott. Bist du jetzt zufrieden?«

Der Bub nickte eifrig und starrte sie unverwandt an. Unter seinem bohrenden Blick begann die junge Frau sich unbehaglich zu fühlen.

Was überlegt dieser Bub jetzt, fragte sie sich. Irgend etwas geht ihm durch den Kopf, das kann ich sehen. Wenn ich nur wüßte, was es ist!

Doch Benedikt hatte nicht vor, seine Gedanken laut zu verkünden. Er erinnerte sich an das, was er an diesem Morgen noch vor dem Frühstück mit seiner Schwester besprochen hatte. Annerl hatte ihn davor gewarnt, gleich mit der Tür ins Haus zu fallen. Und außerdem mußten sie sich diese Silke auch erst einmal etwas genauer ansehen. Annerl hatte recht. Schließlich kannten sie sie überhaupt nicht und wußten deshalb auch nicht, ob sie wirklich so nett und lieb war, wie sie ausschaute.

Doch so leicht ließ der Bub sich von einem einmal gefaßten Vorhaben nicht abbringen. Er fragte die junge Frau, ob sie mit ihnen spielen wolle.

Silke Jentsch zögerte einen Moment, dann stimmte sie zu.

Annerl, die bis jetzt erst wenige Worte gesagt hatte, schlug vor, miteinander Verstecken zu spielen.

Die nächste Stunde verlief lustig und verging wie im Flug. Silke Jentsch verstand es, auf die kindlichen Bedürfnisse einzugehen, und die Kinder faßten immer mehr Vertrauen zu ihr. Immer wieder tönte lautes Lachen durch den sonst so stillen Wald.

Später unterhielten die drei sich noch ein Weilchen, und Beni hörte interessiert zu, als die junge Frau von ihrem Leben in der Stadt erzählte.

Er bedauerte sie ein bisserl, daß sie nicht wie er und seine Familie auf dem Land leben konnte.

»Ist es net viel schöner hier bei uns?« fragte er treuherzig. Silke nickte. »Gewiß ist es schöner hier, und deshalb verbring' ich ja auch meinen Urlaub in Talbrunn.«

»Bleibst du noch lange?« wollte Annerl wissen.

»Ja, noch vier Wochen«, antwortete Silke Jentsch lächelnd.

Spontan bat Benedikt: »Magst net einmal auf unseren Hof kommen und unsere Großeltern und den Vater besuchen?«

»Hm, ich weiß nicht so recht.« Die junge Frau war unsicher. Schließlich wußte sie nicht, ob sie auf dem Schwalbenhof willkommen war.

Annerl und Benedikt aber verstanden ihre Bedenken nicht. »Unser Vater freut sich gewiß, wenn du zu uns kommst«, behaupteten sie einstimmig.

Der drängende Tonfall machte die junge Frau stutzig. Wieder hatte sie das Gefühl, hinter dieser Bitte stecke ein besonderer Grund, den sie jedoch noch nicht entschlüsseln konnte.

Benedikt begann von seinen Spielsachen zu erzählen und hoffte so, seine neugewonnene Freundin davon zu überzeugen, daß es sich lohnte, auf den Schwalbenhof zu kommen.

Annerl glaubte die Erwachsenen besser zu kennen. Sie wußte, daß sie an anderen Sachen Interesse hatten, und so erzählte sie von den Pferden auf dem Hof.

Silke Jentsch's Augen leuchteten auf. Sie war eine passionierte Reiterin, doch in der Stadt hatte sie nur selten Gelegenheit, diesen Sport auszuüben. Das erzählte sie nun auch den Kindern.

Das Läuten der Kirchturmglocken aus dem Dorf zeigte die Mittagsstunde an. Die Kinder fuhren erschrocken zusammen.

»Au weia«, rief der Bub. »Wir müssen sofort heim. Die Oma hat das Mittagessen schon gekocht, und sie schimpft allweil, wenn wir net pünktlich sind.«

Eilig liefen sie den Berghang hinunter. Silke Jentsch blieb auf der Bank sitzen und winkte ihnen nach. Ein gedankenvoller Ausdruck erschien auf ihrem Gesicht, als die Kinder sie nicht sehen konnten.

Beim gemeinsamen Mittagessen konnte Benedikt sich nicht enthalten, mit seinen Neuigkeiten herauszuplatzen.

»Was sagst du da?« Der Kopf des Vaters fuhr ruckartig hoch. »Du hast eine junge Frau kennengelernt, die gern reitet?«

»Ja, Papa«, sprudelte der Bub begeistert hervor. »Sie heißt Silke Jentsch, und sie ist furchtbar nett.«

»Soooo«, meinte Martin Schubert gedehnt. »Du findest sie also nett.«

»Ja, sie ist sehr nett«, bestätigten die Kinder wie aus einem Mund.

Der junge Schwalbenhof-Bauer schmunzelte. »Dann kann ich euch ja eine erfreuliche Mitteilung machen«, erklärte er, »ich bin heute nachmittag mit dieser jungen Dame verabredet, und wir werden gemeinsam ausreiten.«

Benedikts Mund blieb vor Überraschung offen stehen, und Annerls Augen wurden kreisrund. Mei, was war der Papa doch für ein Geheimniskrämer!

Die Großeltern hörten interessiert zu, als ihr Sohn von seiner kurzen Begegnung mit der Urlauberin erzählte.

Maria Schubert machte bei seinen Worten ein bedenkliches Gesicht. Doch ihr Mann fuhr sich zufrieden mit der Zungenspitze über die Lippen, als der Sohn erzählte, wie hübsch und sympathisch er die junge Frau fand. Simon Schubert war gespannt darauf, diese Silke Jentsch kennenzulernen.

Nach dem Mittagessen blieben Annerl und Benedikt ständig in der Nähe des Vaters, so neugierig waren sie darauf, das Zusammentreffen zwischen ihm und der jungen Frau mitzuerleben.

Dem Vater paßte die Neugier seiner Kinder eigentlich nicht, doch er wollte die beiden nicht kränken, und so ließ er sie gewähren.

Schließlich war es ja verständlich, daß Annerl und Benedikt alles aus nächster Nähe sehen wollten. Obwohl dadurch natürlich dem Treffen mit der fremden Frau eine Bedeutung beigemessen wurde, die ihm eigentlich nicht zukam.

Der junge Schwalbenhof-Bauer wunderte sich über seine eigene Ungeduld. Was war nur mit ihm los? Seit dem vergangenen Abend dachte er fast unentwegt an diese Frau, mit er nur ein paar Worte gewechselt hatte und deren Namen er erst jetzt aus dem Mund seiner Kinder erfahren hatte.

Silke Jentsch hieß sie also. Ein hübscher Name, überlegte Martin und schalt sich im selben Augenblick selbst einen Narren.

Doch er konnte es nicht vermeiden, daß sein Herz heftig klopfte, als er am Nachmittag zu der Pferdekoppel ging, bei der er sich mit der jungen Frau verabredet hatte.

Benedikt und Annerl folgten ihm mit einigem Abstand.

Eine junge Frau kam ihnen mit graziösen Schritten entgegen, und bei ihrem Anblick erschien ein Lächeln auf dem Gesicht des jungen Schwalbenhof-Bauern.

Die Kinder blieben wie erstarrt stehen und beobachteten, daß der Vater auf die Fremde zuging.

»Grüß Gott, Frau Jentsch«, meinte er augenzwinkernd und drehte sich dann halb zu Annerl und Benedikt herum, die wie angewurzelt dastanden und die Frau sprachlos anschauten.

»Von meinen Kindern habe ich Ihren Namen erfahren«, fuhr Martin Schubert lächelnd fort.

Erst nach Sekunden spürte er, daß irgend etwas nicht stimmte.

Sein Lächeln erlosch. Er wollte gerade etwas sagen, da erklärte die junge Frau mit einem leisen Lachen, das tief in ihrer Kehle zu sitzen schien: »Sie müssen sich irren. Ich heiße nicht Silke Jentsch, mein Name ist Marion Feldhaus. Die Bekanntschaft Ihrer reizenden Kinder habe ich leider noch nicht gemacht. Hier muß ein Mißverständnis vorliegen.«

*

Nach einigen Minuten war das Mißverständnis aufgeklärt. Marion Feldhaus war überhaupt nicht ärgerlich über die Verwechslung. Sie lachte amüsiert, und Martin betrachtete bewundernd ihr hübsches Gesicht.

Die leicht schrägstehenden Augen, deren Iris in einem seltenen grün-goldenen Ton leuchtete, verliehen ihrem interessant geschnittenen Gesicht einen fremdländischen Ausdruck, der von den hohen Jochbögen noch unterstrichen wurde. Die vollen Lippen verrieten Sinnlichkeit, und jeder Mann, der Marion anschaute, empfand unwillkürlich den Wunsch, diesen roten, verlockenden Mund zu küssen.

Auch Martin erging es nicht anders. Es kostete ihn einige Beherrschung, sich seine Gefühle nicht anmerken zu lassen. Doch einem aufmerksamen Beobachter wäre nicht entgangen, wie fasziniert er von Marion war.

Annerl und Benedikt standen schweigend neben den Erwachsenen. Sie waren enttäuscht, obwohl sie sich eigentlich nicht erklären konnten, warum.

Die junge Frau benahm sich ihnen gegenüber sehr freundlich. Doch Benedikt, der sonst rasch Vertrauen zu anderen Menschen faßte, war diesmal merkwürdig zurückhaltend.

Der junge Schwalbenhof-Bauer schickte seine Kinder schließlich ins Haus. »Geht, laßt euch von der Oma ein Schmankerl geben. Ich werd' derweil mit Frau Feldhaus ausreiten.«

Die zwei nickten stumm, faßten einander an den Händen und liefen, ohne sich noch einmal umzudrehen, über die Wiese zum Hintereingang des Bauernhauses.

Martin winkte einem Knecht. Der führte die Stute, die Marion Feldhaus am Tag zuvor so sehr bewundert hatte, zum Stall, während der junge Bauer seinen Hengst, den er immer ritt, wenn er daheim war, mit einem Zuckerstück zu sich heranlockte.

Die Pferde wurden gesattelt. Geschmeidig und mit ungewöhnlicher Grazie schwang sich Marion in den Sattel.

In der nächsten Stunde bewies sie, daß sie eine vorzügliche Reiterin war. Der junge Schwalbenhof-Bauer konnte den Blick nicht von ihr wenden.

Nach einem raschen Galopp, der ihnen beiden viel Spaß machte, ließen sie die Pferde in langsamen Schritt gehen und jetzt fanden sie Gelegenheit, sich miteinander zu unterhalten.

Marion war eine aufmerksame Zuhörerin, und ohne daß es ihm bewußt wurde, begann Martin Dinge aus seinem Leben zu erzählen, die er nur selten einem anderen anvertraut hatte.

Er sprach von Susanne, von der glücklichen Ehe, die sie geführt hatten und davon, welch tiefen Einschnitt ihr plötzlicher Tod in seinem so sicheren und festgefügten Leben bedeutet hatte.

Aus jeden seiner Sätze sprach eine tiefe Einsamkeit. Marion war klug und lebenserfahren genug, um das zu spüren, obwohl der junge Mann an ihrer Seite es nicht direkt aussprach.

Nebeneinander ritten sie den schmalen von blühenden Heckenrosen gesäumten Feldweg entlang, der durch das Tal führte. Rechts und links stiegen die Berghänge an, sanft zuerst, dann immer steiler. Die Luft war sonnendurchtränkt. Das emsige Summen der Bienen und das Zwitschern der Vögel unterstrich noch die Stille dieser fast unberührten Naturlandschaft.

Martin zügelte sein Pferd, und Marion brachte ihre Stute zum Stehen.

Er schaute sich mit einem langen, beinahe andächtigen Blick um. Dann sah er zu seiner Begleiterin hinüber.

»Es ist so wunderschön, wieder daheim zu sein«, sagte der junge Schwalbenhof-Bauer leise. »Sie glauben gar net, wie oft ich in der Fremde an die Heimat denk', und doch …« Er brach ab.

Die junge Frau sprach kein Wort. Sie schaute ihn nur an, und Martin glaubte, in ihren Augen Verständnis und Mitgefühl zu lesen.

Sein Herz, das sich inzwischen etwas beruhigt hatte, begann wieder heftiger zu klopfen.

»Sie sind eine geduldige Zuhörerin, Marion«, fügte er ein wenig befangen hinzu und ihr Vorname ging ihm dabei wie selbstverständlich über die Lippen.

Sie lächelte leise. »Ich glaube, ich kann Sie verstehen.« Plötzlich wurde ihr Gesicht ernst, ihr Blick war nach innen gerichtet.

»Ich kann Sie sogar sehr gut verstehen«, wiederholte sie leise, aber auch eindringlicher. »Denn ich weiß, was Einsamkeit bedeutet.«

Der junge Bauer war erschüttert. Welche Traurigkeit und Verzweiflung steckte hinter den Worten dieser jungen Frau! Am liebsten hätte er sie jetzt in den Arm genommen, ihr ein Busserl gegeben und sie tröstend an sich gedrückt.

Marion schien seine Gefühle zu erkennen, und ihre nächsten Worte nahmen ihm die Befangenheit.

»Es ist, als ob ich Sie schon sehr lange kenne …, Martin.«

Nach kurzem Zögern hatte sie seinen Vornamen ausgesprochen, und Martin wurde immer leichter ums Herz; seine Augen begannen vor Freude zu leuchten.

»Mir geht es genauso wie Ihnen«, antwortete er impulsiv. »Und ich hoffe sehr, daß wir uns in der nächsten Zeit häufig sehen.«

»Was halten Sie davon, wenn wir heute abend im Sporthotel zusammen essen?« fragte die junge Frau sofort.

»Das ist eine sehr gute Idee!« rief der junge Schwalbenhof-Bauer begeistert und wunderte sich im selben Moment über seine Überschwenglichkeit.

Bis jetzt war es nicht seine Art gewesen, so übereilt Freundschaften zu schließen. Doch heute hatte er nur den einen Wunsch, soviel Zeit wie nur möglich mit Marion zu verbringen.

Langsam ritten sie zum Schwalbenhof zurück. Erst jetzt wurde Martin bewußt, daß er bisher in der Hauptsache über sich und sein Leben gesprochen hatte, und er entschuldigte sich wegen seiner Unhöflichkeit. Die verständnisvolle Marion aber schüttelte den Kopf und lächelte. »Ich habe Ihnen gern zugehört«, sagte sie.

Martin räusperte sich. Wie konnte er der jungen Frau klarmachen, daß ihn ihr Leben genauso sehr interessierte wie sie offensichtlich das seine?

Doch er brauchte kein Wort darüber zu verlieren, Marion schien auch so zu wissen, was er dachte.

Ruhig und sachlich sprach sie über ihre Vergangenheit. Sie hatte die Eltern früh verloren und war bei einer verwitweten Tante aufgewachsen.

»Ich bin streng, aber gerecht erzogen worden. Meine Erinnerungen an die Kindheit sind weder traurig noch besonders glücklich. Später habe ich dann eine kaufmännische Schule besucht, und heute arbeite ich als Chefsekretärin in einem großen Unternehmen.«

Sie schwieg einen Moment lang und fuhr dann fort: »Mein Beruf macht mir viel Spaß, und mir fehlt es an nichts. Ich habe eine gemütlich eingerichtete Wohnung, und zweimal im Jahr fahre ich in Urlaub. Diese Wochen genieße ich natürlich immer sehr.«

Martin lag es auf der Zunge, sie zu fragen, ob nicht ein Mann eine Rolle in ihrem Leben spiele. Doch er hielt sich zurück.

Irgendwann würde Marion ihm gewiß mehr über ihre Gedanken und Gefühle erzählen. Die zwei Stunden, die er heute mit ihr verbracht hatte, waren wie im Flug vergangen. Und als die junge Frau sich von dem jungen Schwalbenhof-Bauern verabschiedete, da wußte er, daß er sich regelrecht in sie verliebt hatte.

Zum erstenmal seit langer Zeit fühlte Martin sich gelöst und glücklich. Er konnte es kaum erwarten, Marion am Abend wiederzusehen …

Marion und Martin sahen sich von nun an täglich. Schon bald schwand die anfängliche Fremdheit zwischen ihnen, und sie wurden sehr vertraut miteinander.

Der junge Bauer wirkte plötzlich verändert. Er lachte häufiger als früher und schien das Leben weitaus mehr zu genießen.

Das entging selbstverständlich seinen Eltern nicht, und auch die Kinder spürten, daß der Vater nun viel glücklicher war.

Martin brachte Marion auf den Schwalbenhof und stellte sie seiner Familie vor. Die Augen seines Vaters leuchteten auf, als er die junge, bildschöne Frau sah. Mei, mein Sohn hat wirklich einen guten Geschmack, dachte der Alte. Wenn ich diese Marion anschau', dann wünsch' ich mir, dreißig Jahre jünger zu sein.

Martins Mutter benahm sich der jungen Frau gegenüber jedoch reserviert. Offensichtlich hatte diese Marion es verstanden, ihren Sohn zu faszinieren, aber irgend etwas störte sie an der jungen Frau. Sie hätte gar nicht genau zu sagen gewußt, was es war.

»Die Silke ist viel netter«, vertraute der Bub seiner Schwester unter vier Augen an, und von dieser Meinung konnte ihn niemand abbringen.

Marion versuchte mit allen Mitteln, die Kinder für sich zu gewinnen, denn sie hatte erkannt, daß sie nur so Martin ganz erobern konnte. Sie bemühte sich, mit ihnen zu spielen, und solange einer der Erwachsenen in der Nähe war, schien sie an allem, was die Kinder taten und dachten, sehr interessiert.

Doch kaum war sie mit ihnen allein, dann erlosch ihr Interesse. Ein wenig mißmutig – ganz im Gegensatz zu ihrem üblichen Benehmen – sagte sie dann nur kurz: »Nun spielt mal ein wenig allein weiter!«

Annerl und ihr Bruder widersprachen nicht. Sie schauten die Frau, die sie insgeheim immer noch »die Fremde« nannten, dann nur mit großen Augen an. Was wollte diese Marion auf dem Schwalbenhof? Sie interessierte sich doch gar nicht für die Landwirtschaft und auch nicht für das, was den naturverbundenen Menschen hier in den Bergen so wichtig war.

Marion zog es vor, mit Martin auszugehen. Sie wollte sich amüsieren. Und der junge Schwalbenhof-Bauer, dem eigentlich nie etwas daran gelegen hatte, in Restaurants zu dinieren und die Nächte in Bars zu verbringen, gab ihr in fast all ihren Wünschen nach.

Er war über alle Maßen verliebt in diese Frau aus der Stadt, der seine Welt doch so fremd war. Das bemerkte er wohl, aber er tröstete sich mit dem Gedanken, daß sie gewiß eines Tages einen Sinn dafür entwickeln würde.

Martin war blind für die Tatsachen. Das Verliebtsein hatte seinen Kopf vernebelt, doch niemand spürte das ... außer seiner Mutter.

Sie machte hin und wieder ziemlich deutliche Bemerkungen.

»Ich bin sicher, Frau Feldhaus fühlt sich net wohl auf unserem Hof«, sagte sie. »Sie zieht das Stadtleben vor.«

Sofort protestierte Martin heftig, und sein Vater stimmte ihm zu.

»Woher willst du das wissen, Maria? Du kennst Marion doch kaum.«

Der alte Bauer warf seinem Sohn einen Blick zu, der ausdrückte, was er dachte: Daß Frauen nun einmal nicht fähig seien, die Dinge des Lebens realistisch zu sehen.

Martin war der gleichen Meinung, obwohl er seiner Mutter nicht gern widersprach.

Doch augenscheinlich war Marion eine Frau, die von ihren eigenen Geschlechtsgenossinnen nicht sehr geschätzt wurde, von den Männern dafür um so mehr. Das stellte sich immer wieder heraus. Denn nicht nur der alte und der junge Schwalbenhof-Bauer waren hingerissen von ihr, auch die Knechte konnten den Blick nicht von ihr abwenden, wenn sie sich mit ihnen in einem Raum aufhielt.

Die Mägde waren wütend, und das kollegiale Einvernehmen, das bislang immer zwischen dem Gesinde geherrscht hatte, war zerstört.

Marion Feldhaus schien das nicht zu bemerken. Freizügig verschenkte sie ihr Lächeln an alle männlichen Bewunderer. Zu Martins Mutter war sie unverändert höflich, und die Mägde behandelte sie mit gelassener Sachlichkeit.

Doch gerade dieses Benehmen brachte alle Frauen auf dem Schwalbenhof gegen sie auf.

Martin bemerkte die Spannungen, die plötzlich herrschten, nicht. Er sah nur das, was er sehen wollte … Und so erkannte er auch nicht, wie unglücklich seine Kinder waren.

»Meinst, der Papa heiratet diese Frau?« fragte Beni seine Schwester eines Abends niedergeschlagen.

Annerl antwortete nicht gleich. Ihre großen Blauaugen wirkten dunkel. »Ich könnt' es mir schon vorstellen«, meinte sie nach einigen Minuten bedrückt.

»Mei, das will ich aber net.« Der Bub stampfte heftig mit dem Fuß auf. »Ich mag die Marion net«, fügte er lautstark hinzu. »Sie tut allweil, als ob sie so freundlich wär', dabei ist sie es gar net.«

»Du hast recht«, stimmte die Schwester zu. »Aber was können wir tun? Dem Papa gefällt sie nun einmal so gut.«

Benedikt überlegte lange, doch ihm fiel nichts ein, was er tun könnte, um diese »dumme Ziege«, wie er Marion nannte, wieder loszuwerden.

So sehr die Kinder auch überlegten, sie fanden keinen Weg, um den Vater zu überzeugen, daß Marion nicht zu ihm paßte.

Doch so leicht gab Benedikt sich nicht geschlagen. So oft es ihm möglich war, ging er mit seiner Schwester zum Waldrand, und dort trafen die Kinder zu ihrer Freude meistens Silke Jentsch.

Die einfühlsame Silke erkannte, daß die Kinder bedrückt waren. Benedikt sprach zwar nicht mehr so offen über das, was ihn bewegte, wie bei ihrem ersten Treffen. Aber gerade daran erkannte Silke, daß ihn etwas beschäftigte, mit dem er nicht fertig wurde.

Wie gern hätte sie den Kindern geholfen. Doch was konnte sie tun?

Silke Jentsch war eine ruhige, zurückhaltende junge Frau. Sie war äußerst warmherzig und verständnisvoll, ohne jedoch jemals einem anderen Menschen eine nicht gewünschte Hilfe aufzudrängen.

Die Kinder mochten sie und erkannten schon bald, daß ihre Zuneigung erwidert wurde. Sie lachten und spielten mit Silke und freuten sich über jede Stunde ihres Zusammenseins.

Immer wieder drängte Benedikt die neue Freundin, doch endlich einmal auf den Schwalbenhof zu kommen.

Silke lehnte diese Bitte anfangs ab. Doch die Enttäuschung der beiden war jedesmal so groß, daß sie sich schließlich doch überreden ließ.

So stimmte sie eines Abends zu, als Benedikt sie wieder einmal eindringlich fragte, ob sie denn nicht mit ihnen kommen wollte.

Silke überlegte nur ganz kurz, ob es nicht zu unverschämt sei, ohne Einladung auf den Schwalbenhof zu gehen. Doch die offenkundige Freude der Kinder ließ sie ihre Bedenken beiseite schieben.

Und so kam es, daß Annerl und Benedikt voller Begeisterung und Freude ihre neue Freundin heimbrachten und sie dem Vater und den Großeltern vorstellten.

Die junge Frau wurde höflich empfangen und gebeten, an der gemeinsamen Mahlzeit teilzunehmen.

Silke gefiel es auf dem Schwalbenhof. Sie mochte die Großeltern der Kinder auf den ersten Blick, dem jungen Bauern gegenüber benahm sie sich jedoch zurückhaltend.

Und auch er schien nur ein oberflächliches Interesse für sie zu haben.

Mit ihrem untrüglichen Instinkt erkannten Annerl und Benedikt das augenblicklich, und sie waren enttäuscht. Doch noch waren sie nicht bereit, ihre Pläne aufzugeben, auch wenn es so ausschaute, als hätte die hübsche, stille Silke keine Chance gegen die attraktive Marion.

*

Silke Jentsch saß in ihrem Hotelzimmer auf einem der hübschen, chintzbezogenen Sessel. Sie hielt ein Buch in den Händen, doch sie las nicht.

Einige Minuten lang blickte sie nachdenklich vor sich hin, dann schlug sie das Buch zu, legte es auf den Tisch und stand auf. Mit kurzen, nervösen Schritten ging sie zweimal in dem gepflegt eingerichteten Raum hin und her, dann stellte sie sich an das große Fenster und schaute hinaus.

Das Sporthotel in Talbrunn war an einen Hang gebaut worden. Durch die riesigen Panoramafenster dieses modernen Gebäudes hatte man einen wunderbaren Blick auf die umliegenden Berge.

Die Bauernhöfe lagen tiefer im Tal verstreut. Das sie umgebende Land war sehr fruchtbar. Die Kornähren wogten leicht im Wind.

Das kräftige Rot der Mohnblumen und das tiefe Blau der Kornblumen leuchtete zwischen den goldenen Ähren auf.

Weiter oben an den Berghängen wuchs saftiges Gras, durchsetzt mit Kleepflanzen und bunten Wiesenblumen.

Dann schloß sich ein breiter Waldgürtel rund um die Berghänge an, und noch weiter oben lagen die Almen, auf denen im Sommer die Kühe weideten.

Silke betrachtete fast andächtig die Schönheiten der Natur, die sie schon so oft bewundert hatte. Dort war der Gipfel des Großkopfer zu sehen, des größten Berges der Umgebung. Seine Spitze war das ganze Jahr über mit Schnee bedeckt.

Im Schein der untergehenden Sonne leuchteten die Eiskristalle auf, und es schien, als sei das strahlende Weiß mit Milliarden von Brillantensplittern übersät.

Langsam versank die Sonne hinter den Bergen. Alles leuchtete plötzlich in einem tiefen Rot. Von den Wiesen stieg leichter Nebel auf und hüllte alles ein wie mit einem federleichten Schleier.

Die junge Frau atmete mehrere Male tief durch. Wie wunderschön war es doch hier in Talbrunn, und wie friedlich! Die Stille wurde nur hin und wieder vom Läuten der Kirchenglocken unterbrochen, und gelegentlich war das laute Muhen einer Kuh zu hören.

Die Dämmerung brach herein, und die Konturen verschwammen.

Silke wandte sich vom Fenster ab und ging zur Tür. Sie hatte beschlossen, hinunter in die Hotelbar zu gehen und etwas zu trinken.

Während sie mit langsamen Schritten die teppichbelegten Stufen der breiten Treppe hinunterstieg, dachte sie an das, was in den letzten Stunden geschehen war.

Zum zweitenmal war sie am heutigen Tag auf dem Schwalbenhof gewesen. Annerl und Benedikt hatten ihr begeistert alles gezeigt und lachend mit ihr herumgetollt. Doch auch die Großeltern schienen sich über ihren Besuch zu freuen.

Die alte Schwalbenhof-Bäuerin hatte Silke Kaffee und Kuchen angeboten, und dann hatten die beiden im Alter so unterschiedlichen Frauen über eine Stunde zusammengesessen und sich in aller Ruhe unterhalten.

Auch Martin Schubert hatte den Gast freundlich begrüßt. Doch er benahm sich weiterhin zurückhaltend.

Wie hätte er auch ahnen können, daß Silke nicht nur wegen der Kinder auf den Schwalbenhof kam. Ihr hatte der junge Bauer vom ersten Augenblick an außerordentlich gefallen.

Selbstverständlich behielt die junge Frau ihre Gedanken und Gefühle für sich, denn sie erkannte sehr rasch, daß Martin kein besonderes Interesse für sie zeigte.

Silke war sich aber auch bewußt, daß Annerl und Benedikt eine gewisse Hoffnung hegten. Immer wieder sprachen sie sehnsüchtig davon, wie schön es doch sein würde, wenn der Vater endlich für immer daheim bei ihnen bliebe.

Und Benedikt hatte in aller Offenheit erklärt, daß er sich so sehr eine Mutter wünschte.

Es gibt nun einmal Dinge im Leben, die man nicht ändern kann, dachte die junge Frau und fühlte plötzlich eine tiefe Traurigkeit in sich aufsteigen.

Doch dann schalt sie sich selber eine Närrin. War sie nicht genauso naiv wie Annerl und Benedikt, wenn sie darauf hoffte, daß deren Vater ein Interesse für sie entwickeln würde? Schließlich kannte sie ihn kaum, und er sie ebensowenig … Diesen Gedanken führte Silke nicht weiter aus. Sie wußte, daß sie mit ihrem Verstand nicht gegen die Gefühle ankämpfen konnte.

Laute Stimmen und helles Lachen waren aus der Hotelbar zu hören. Silke zögerte einen Moment. Der Wunsch, sich unter fremde Menschen zu begeben, war plötzlich nicht mehr so stark. Doch dann dachte sie an die Einsamkeit ihres Zimmers und ging weiter.

Alle Barhocker waren besetzt. Viele der Gäste nahmen noch einen Drink, ehe sie sich zum Essen in den Speisesaal begaben.

Silke suchte sich einen Barhocker ganz in der Ecke aus. Sie bestellte sich einen Martini und betrachtete die Anwesenden.

Plötzlich fiel ihr Blick auf ein junges Paar, das Hand in Hand an einem der kleinen Ecktische saß und nur Augen füreinander hatte.

Die junge Frau zuckte unwillkürlich zusammen. Sie sah Martin Schuberts lachendes Gesicht, und sie sah die Frau neben ihm, die offensichlich etwas erzählte, was ihn sehr amüsierte.

Jetzt wußte Silke, warum der junge Bauer ihr gegenüber so gleichgültig war. Es gab eine Frau in seinem Leben, die er offensichtlich liebte und bewunderte.

Silke erinnerte sich, daß sie Martin Schuberts Begleiterin schon häufig im Sporthotel getroffen hatte. Auch sie schien eine Urlauberin zu sein. Hatten sie und der junge Schwalbenhof-Bauer sich hier in Talbrunn kennengelernt, oder war diese junge Frau gekommen, um sich hier mit ihm zu treffen?

Das alles geht mich nichts an, sagte Silke sich. Doch sie konnte das Gefühl der Enttäuschung, das plötzlich stark in ihr aufwallte, nicht unterdrücken.

Rasch trank sie ihr Glas aus, legte einen Geldschein auf die Bartheke, stand auf und ging eilig hinaus.

Einige der Herren drehten sich nach ihr um und betrachteten sie mit bewundernden Blicken. Doch Martin Schubert bemerkte sie auch jetzt nicht. Er war zu sehr mit seiner Begleiterin beschäftigt.

Silke ging hinauf in ihr Zimmer. Jetzt hatte sie keinen Appetit mehr auf das Abendessen. Wieder stellte sie sich vor das Fenster und blickte hinaus. Tief unten im Tal waren die vereinzelten Lichter der Straßenlaternen zu sehen, und aus den Fenstern der Häuser schimmerte schwaches Licht in die Vorgärten hinaus.

Mit ineinander verschlungenen Händen stand die junge Frau lange in der Dunkelheit und starrte hinaus. Sie bemühte sich, ihre Traurigkeit niederzukämpfen, und immer wieder sagte sie sich, daß ihre Träume und Hoffnungen doch unsinnig seien.

Doch das alles half nicht gegen die in ihr aufsteigende Verzweiflung.

Silke Jentsch wußte nun, daß sie den Vater von Beni und Annerl liebte. Doch sie war überzeugt, daß ihre Liebe niemals Erfüllung finden würde.

War es also nicht besser, wenn sie so rasch wie möglich aus Talbrunn fortfuhr?

Doch dann dachte sie an die beiden Kinder, an die Freude, die die beiden zeigten, wenn sie mit ihr zusammen waren.

Silke schluckte. Mit Mühe hielt sie die Tränen zurück.

»Sei endlich vernünftig«, murmelte sie vor sich hin und schüttelte dann den Kopf. Denn es war gewöhnlich nicht ihre Art, Selbstgespräche zu führen.

Nach einer halben Stunde hatte sie sich wieder gefangen. Jetzt wußte sie, was sie tun würde. Sie würde in Talbrunn bleiben, ihren Urlaub genießen und mit Annerl und Benedikt, die sie in ihr Herz geschlossen hatte, viel Zeit verbringen.

An Martin Schubert jedoch wollte sie nicht mehr denken, jedenfalls nicht in der Art und Weise, wie sie es bisher, entgegen ihrer eigenen Vernunft, getan hatte.

*

Martin Schubert saß hinter seinem Schreibtisch und las angespannt in den vor ihm liegenden Papieren. Plötzlich hellte sich seine Miene auf.

»Es geht also«, murmelte er vor sich hin.

Der junge Schwalbenhof-Bauer war so sehr mit dem vor ihm liegenden Schreiben beschäftigt, daß er nicht hörte, wie die Tür aufging. Erst als sein Vater direkt hinter ihm stand und ihm schwer die Hand auf die Schulter legte, hob er den Kopf und wandte sich halb um.

Simon Schubert blickte seinem Sohn über die Schulter. Er sah das vor ihm liegende Dokument an.

»Dein Arbeitsvertrag?« meinte er erstaunt. »Gibt es Probleme?«

Martin schüttelte den Kopf. »Nein, ich hab' ihn mir noch einmal genau angesehen, um zu erfahren, ob es möglich ist, daß ich mein Dienstverhältnis schon bald kündigen kann.«

Der alte Schwalbenhof-Bauer hielt den Atem an. Seine buschigen Augenbrauen fuhren ruckartig hoch, und der überraschte Ausdruck auf seinem Gesicht verwandelte sich in einen freudigen. »Heißt das …«, er stotterte ein wenig, weil er die Neuigkeit noch immer nicht fassen konnte, »heißt das, du willst nicht mehr zurück?«

»Nein, Vater«, bestätigte der junge Bauer. »Ich möcht' gern hierbleiben, daheim«, setzte er nachdrücklich hinzu.

»Wunderbar.« Ein tiefes, erlöstes Aufatmen war die Antwort. »Endlich nimmst du Vernunft an.« Der Alte klopfte seinem Sohn mit kräftigen Schlägen auf die Schulter. »Ich hab' ja immer gewußt, daß du eines Tages einsiehst, wohin du gehörst.«

Martin nickte, aber jetzt wirkte er ein wenig unsicher.

Der Vater blickte ihn mit gerunzelter Stirn an. »Liegt der Grund für deinen plötzlichen Entschluß darin, daß du dich verliebt hast?«

»Hm«, die Antwort kam zögernd. »Ja, ich denke, ich bin lang' genug allein gewesen und würd' mich jetzt gern wieder an eine Frau binden. Außerdem wäre es sicherlich gut für Annerl und Beni, wenn sie eine Mutter hätten.« Es klang, als müsse er seine Pläne rechtfertigen.

»Denkst' an die Dunkelhaarige oder an die Blonde?« fragte Simon Schubert gespannt.

Sein Sohn verstand ihn zuerst nicht. »Welche Blonde meinst' denn, Vater?«

»Du weißt ganz genau, von wem ich red', nämlich von dieser Silke Jentsch. Die junge Frau, die die Kinder zu uns ins Haus gebracht haben. Sie ist sehr nett.«

»Hm«, kam es undeutlich zurück. »Nein, an Frau Jentsch denk' ich nicht«, fügte Martin dann mit leichtem Kopfschütteln hinzu.

Der alte Schwalbenhof-Bauer schmunzelte. »Hab' ich's mir doch gleich gedacht. Dir gefällt die Marion. Sie ist aber auch ein rassiges Weibsbild«, meinte er anerkennend.

»Marion ist eine bildschöne Frau«, bestätigte sein Sohn.

»Mei, wenn ich mir vorstell', daß sie allweil bei uns im Haus lebt ... Bub, du glaubst gar net, wie ich dich beneid'. Ich wünscht', ich wär' noch einmal dreißig Jahre jünger.«

»Dann würd' ich gewiß net ans Heiraten denken«, erwiderte Martin trocken. »Außerdem bin ich der Meinung, du solltest diese Worte die Mutter net hören lassen«, fügte er augenzwinkernd hinzu.

»Ja, ja, ich weiß«, brummte Simon Schubert. »Frauen sind nun einmal grundsätzlich anders eingestellt als Männer. Net, daß ich mit deiner Mutter net die Jahre sehr, sehr glücklich gewesen bin«, fügte er hastig hinzu, »ich könnt' mir keine bessere Frau wünschen. Und doch«, sein Mund verzog sich zu einem schiefen Grinsen, und er verschwieg lieber, was er noch hatte sagen wollen.

Der junge Schwalbenhof-Bauer schaute den Alten kopfschüttelnd an. »Wenn man dich reden hört, dann könnt' man glauben, du wärst zeit deines Lebens hinter jedem Weiberrock hergewesen.«

Sein Vater grinste verschmitzt. »Glaub was du willst«, erklärte er. »Ich hab' allweil das getan, was ich für richtig hielt, und ich muß gestehen, ich hab' nichts versäumt.«

Martin ärgerte sich ein wenig über die Worte seines Vaters. Er empfand sie kränkend für die Mutter, denn er wußte ja nicht, daß Simon Schubert nur ein großer Maulheld war. Er liebte seine Frau von ganzem Herzen und war ihr während der Ehe immer treu gewesen.

Das wußte Maria Schubert, und deshalb störte es sie nicht, wenn ihr Mann große Sprüche machte, wie sie seine Worte oft bei sich nannte.

Martin kam nun zu einer Frage, die ihm schwer auf der Seele lag. »Meinst', daß die Mutter mit Marion als Schwiegertochter einverstanden ist?«

Sein Vater dachte einen Moment nach, dann schüttelte er den Kopf. »Ich glaub' es net. Ihr gefällt diese Silke besser. Ist ja auch ein nettes Madl«, gab er zu. »Und hübsch ist sie auch. Aber die Marion, die hat halt so etwas Gewisses, so etwas ...« Er suchte nach einem passenden Wort und fand es nicht. »Etwas, das uns Männern den Kopf verdreht«, schloß er dann vage.

»Ja, das stimmt«, bestätigte sein Sohn. Man sah ihm an, daß die Gedanken hinter seiner Stirn heftig arbeiteten.

»Meinst', daß die Marion eine gute Stiefmutter für Annerl und Beni sein wird?«

»Darauf kann ich dir auch keine Antwort geben«, brummte sein Vater. »Am besten ist es, wenn du einmal mit den Kindern redest, und selbstverständlich auch mit deiner Mutter. Oft hat sie ja viel gesunden Menschenverstand bewiesen«, sagte er, und es schien, als fiele es ihm nicht leicht, diese Worte auszusprechen. Er seufzte tief auf. »Vielleicht solltest' doch das tun, was deine Mutter dir rät«, fügte er nachdrücklich hinzu. »Sie ist gescheiter als ich.«

Martin lächelte in sich hinein. Dieses Eingeständnis des Vaters war ein seltenes.

»Ganz so leicht, wie du es jetzt sagst, ist es net, Vater«, wandte Martin ein. »Schließlich kann ich ja nur eine Frau heiraten, die ich liebe.«

»Und diese Silke liebst du net?« fragte der alte Schwalbenhof-Bauer trocken.

Der Sohn schüttelte den Kopf, ein wenig zu heftig vielleicht. »Natürlich lieb' ich sie net«, antwortete er entrüstet. »Ich hab' dir doch gerade versucht zu erklären, daß ich mich in Marion verliebt hab'.«

»Hast sie denn schon gefragt, ob sie dich überhaupt heiraten will?« erkundigte sich der Alte.

»Nein, das hab' ich noch net«, gab der Sohn zu. »Bisher war

ich mir ja selber über meine Gefühle net im klaren. Außerdem sind da ja noch die Kinder. Erst einmal werd' ich mit ihnen und mit Mutter reden, und dann werden wir weitersehen.«

»So ist's recht«, meinte Simon Schubert gemächlich. »Du wirst sehen, es kommt eh' alles so, wie es kommen soll.«

Wie recht der alte Schwalbenhof-Bauer mit diesen Worten hatte, ahnte er selber nicht. Und vor allen Dingen wußten weder er noch sein Sohn, welche Verwicklungen in der nächsten Zeit auf sie warteten. Denn hätten sie es gewußt, dann wäre manches anders gekommen ...

*

Vor sieben Jahren war das Sporthotel in Talbrunn gebaut worden. Während der Planung hatte es heftige Proteste gegeben. Viele der Dörfler wollten nicht, daß zu viele Fremde in den idyllisch gelegenen Ort kamen.

Doch der Bürgermeister, der das Projekt unterstützte, hatte die Einwohner Talbrunns schließlich davon überzeugt, daß es für sie alle von Vorteil war, wenn der Tourismus auch hier im Tal Einzug hielt.

Die Geschäftsleute erkannten als erste, wie richtig diese Entscheidung gewesen war. Der Kramer baute seinen Laden aus und führte von nun an auch andere Waren als zuvor.

Die Dorfbewohner machten wohl hin und wieder eine abschätzige Bemerkung über die Souvenirs, die der Kramer auf einem verschnörkelten Bord nahe der Eingangstür seines Ladens ausgestellt hatte. Doch viele der Touristen kauften gern die oft recht hübsch gearbeiteten Holzschnitzereien und Porzellanmalereien.

Inzwischen hatten sich die Alteingesessenen an das ständige Kommen und Gehen der Urlauber gewöhnt. Manche der älteren Bäuerinnen warf allerdings immer noch den recht auffällig gekleideten Touristinnen mißbilligende Blicke hinterher.

Und es gab auch heute noch einige Leute, denen der Wandel im Dorfleben gar nicht paßte. Einer von ihnen war Gendarmeriehauptwachtmeister Rudolf Schmitz. Er war von jeher gegen den Bau des Sporthotels gewesen, denn es war ihm klar, daß durch den Zustrom der Touristen seine Arbeit umfangreicher und schwieriger werden würde.

Diese Meinung wurde dem Rudolf auch heute wieder bestätigt. Er saß gerade mit seiner Familie beim Essen, da klopfte es hart an die Tür.

Ärgerlich schaute der Gendarmeriehauptwachtmeister von seinem Teller auf und tauschte einen Blick mit seiner Frau.

Elisabeth Schmitz nickte ihm beruhigend zu, dann stand sie auf und ging zur Haustür. Ihr Mann schnitt ein Stück von dem saftigen Schweinsbraten ab, steckte es mit der Gabel in den Mund und begann zu kauen.

Doch sein Eßvergnügen wurde jäh gestört. Hinter seiner Elisabeth betrat ein junger Mann in einem gutgeschnittenen, eleganten Anzug die Küche.

»Grüß' Gott«, sagte er und setzte dann noch höflich hinzu: »Guten Appetit.«

»Was willst denn, Markus?« brummte Rudolf Schmitz.

Markus Wenninger war der Manager des Sporthotels.

Rudolf hatte ihn schon als kleinen Buben gekannt, und für ihn spielte es keine Rolle, ob der junge Wenninger in kurzen Lederhosen oder in einem teuren Maßanzug vor ihm stand.

»Ich möcht' eine Anzeige erstatten«, sagte der Hotelmanager nun. »Leider gibt es im Moment bei uns …«

»Eine Anzeige kannst' während der Dienststunden erstatten«, schnitt Elisabeth Schmitz ihm das Wort ab. »Du siehst doch, daß mein Mann jetzt beim Essen sitzt.«

Der Gendarm seufzte. »Geh, Elisabeth, du weißt doch, ein Beamter ist allweil im Dienst.« Er schob seinen Teller ein Stück zurück und stand auf. »Komm, wir gehen in die Dienststube«, sagte er zu Markus Wenninger. »Dort können wir alles in Ruhe besprechen.«

Der junge Hotelleiter atmete erleichtert auf. Es fiel ihm nicht immer leicht, seine neue Position auszufüllen. Das hätte er selbstverständlich niemals zugegeben, aber manchmal fragte er sich insgeheim, ob es nicht besser gewesen wäre, den Bauernhof seines Vaters zu übernehmen, statt die Hotelfachschule zu besuchen und alles zu tun, damit seine ehrgeizigen Pläne in Erfüllung gingen.

Der junge Wenninger folgte dem Gendarm, der mit wuchtigen Schritten die Treppe hinunterstieg. Die Diensträume lagen im Erdgeschoß des Hauses. Oben wohnte die Familie Schmitz, so war der Beamte in Notfällen jederzeit zu erreichen.

Im Büro des Gendarmeriehauptwachtmeisters berichtete Markus Wenninger nun in aller Ausführlichkeit, aus welchem Grund er gekommen war.

»Bei uns im Hotel hat es einen Diebstahl gegeben«, erklärte er bedrückt. »Einem unserer weiblichen Gäste wurde die Schmuckkassette gestohlen. Verständlicherweise ist die Dame sehr aufgeregt. Bitte, Schmitz, sieh zu, daß du den Dieb erwischst. Es ist wirklich wichtig.«

»So, es ist wichtig«, knurrte der Gendarm. »Und deshalb …«

»Ja, die Gäste sind sehr aufgeregt«, fiel der junge Hotelmanager ihm ins Wort. »Und ich möchte auf jeden Fall verhindern, daß sich noch mehr Diebstähle ereignen.«

»Dann müßt ihr euch halt eure Gäste genau anschauen«, erklärte der Beamte kühl.

»Wie sollen wir das denn machen?« rief Markus aufgebracht. »Du weißt doch ganz genau, daß es alles Fremde sind, die zu uns ins Hotel kommen. Uns ist es nur wichtig, daß sie ihre Rechnung bezahlen können.«

Der Gendarm stand auf und stützte sich mit beiden Händen auf den Schreibtisch. »Ich war von Anfang an dagegen, daß in unser schönes Dorf lauter Fremde kommen. Ich wußte ja, daß es Probleme geben würd'. Aber damals hat niemand auf mich gehört. Und jetzt bin ich gut genug, um für euch die Probleme zu lösen.«

Der junge Manager rutschte unruhig auf seinem Stuhl hin und her. Am liebsten hätte er Rudolf Schmitz klar und deutlich gesagt, daß es seine Aufgabe sei, den Diebstahl im Sporthotel aufzuklären. Schließlich war er ein Staatsbeamter und bezog sein Gehalt für die Bekämpfung und Verhinderung von Verbrechen.

Andererseits kannte Markus den Älteren ganz genau und wußte, daß solche Worte ihn nur noch unnötig aufbringen würden. Folglich warf er ihm einen bittenden Blick zu, Rudolf nickte ein wenig ungnädig. »Komm«, meinte er. »Wir gehen hinauf ins Hotel. Ich werd' die Sachlage an Ort und Stelle prüfen.«

Und so geschah es dann auch. Der Gendarmeriehauptwachtmeister nahm mit Hilfe seines Assistenten verschiedene Protokolle auf. Die Bestohlene wurde gehört, und anhand der Gästebücher prüfte man, ob es etwa einen Vorbestraften im Hotel gab. Doch die Untersuchung hatte keinen Erfolg und der Beamte war danach ebenso schlau wie zuvor.

Als er das Hotel wieder verließ, traf er auf den jungen Schwalbenhof-Bauern, den er freundlich begrüßte.

Rudolf blickte erstaunt auf die junge, bildschöne Frau an Martin Schuberts Seite.

»Wohnen Sie hier im Hotel, gnädige Frau?«

Marions Augenlider zuckten nervös. »Ja«, antwortete sie, und ihre Stimme zitterte dabei ganz leicht.

»Und was machst du hier?« fragte der junge Schwalbenhof-Bauer den Beamten. »Du bist doch gewiß net gekommen, um im Hotel zu speisen.«

»Nein, um Himmels willen«, wehrte der Gendarmiehauptwachtmeister ab. »Niemals würde ich auf die Idee kommen, hier was zu essen. Die verstehen es ja noch net einmal, einen ordentlichen Schweinsbraten zuzubereiten. Mei, wenn ich da an die Kochkünste meiner Elisabeth denk'.« Er seufzte tief und dachte sehnsüchtig an die inzwischen wohl warmgestellte Mahlzeit.

Dann richtete er seinen Blick auf Marion Feldhaus, und seine nächsten Worte ließen die junge Frau leicht zusammenzukken.

»Ich möcht' Sie bitten, auf Ihre Sachen gut achtzugeben«, sagte der Beamte. »Hier im Sporthotel ist Schmuck gestohlen worden. Wir bemühen uns, den Täter zu finden, aber es kann noch einige Zeit dauern.«

»Oh, wie schrecklich«, meinte Marion, aber ihr Ton wirkte gekünstelt. Sie warf Martin einen ratsuchenden Blick zu.

Er legte den Arm um ihre Schultern und drückte sie sanft an sich. Dann nickte er Rudolf Schmitz zu. »Ich hoffe, daß ihr den Dieb bald erwischt.«

»Das hoffe ich auch«, meinte der Gendarmeriehauptwachtmeister und ging nach einem letzten raschen Blick auf Marion Feldhaus weiter.

»Ist es net ein Skandal, daß sich die Diebe jetzt sogar bis hierher wagen?« flüsterte die junge Frau Martin zu und schaute sich mit einem scheuen Blick noch einmal nach dem Gendarm um.

»So ist es nun einmal auf der Welt«, erwiderte Martin philosophisch. »Doch Gott sei Dank sind wir net betroffen.«

Ihm fiel nicht auf, daß Marion zutiefst verunsichert wirkte und seinem Blick auswich, wann immer er sie ansah.

Erst nach einer halben Stunde hatte sie sich so weit gefaßt, daß sie die unterbrochene Unterhaltung wieder aufnehmen konnte. Doch Martin war so geblendet von ihrer Schönheit, daß ihm ihr eigentümliches Verhalten überhaupt nicht bewußt wurde.

*

Silke Jentsch warf einen nervösen Blick zum Fenster hinaus, dann schaute sie auf ihre Armbanduhr.

»Ich werde mich jetzt verabschieden«, erklärte sie.

Sofort erhob sich heftiges Protestgeschrei. »Bitte, Silke, bleib noch ein bisserl. Wir möchten doch so gern noch mit dir spielen.«

Die junge Frau warf einen ratsuchenden Blick zur Großmutter der Kinder hinüber. Maria Schubert schüttelte mahnend den Kopf.

»Annerl, Benedikt, es ist net recht, daß ihr Frau Jentsch so bedrängt. Wenn sie gehen möcht', dann müßt ihr sie auch gehen lassen.«

Doch die Kinder konnten ihre Enttäuschung trotzdem nicht verbergen.

Der Bub schaute Silke mit einem treuherzigen Blick an. »Du willst doch noch gar net gehen, net wahr?«

Die junge Frau schluckte. »Doch, Benedikt, ich möcht' schon gehen«, antwortete sie und bemühte sich, ihrer Stimme einen festen Klang zu geben.

Die Schwalbenhof-Bäuerin schaute ihre Besucherin mit einem langen Blick an. Verständnis sprach daraus, aber auch eine leise Enttäuschung.

Maria Schubert besaß eine gute Menschenkenntnis. Genau wie ihre Enkel schätzte sie die junge Frau, die jetzt etliche Male auf dem Hof gewesen war, sehr. Wieviel erfreulicher wäre es gewesen, wenn Martin sich in Silke verliebt hätte anstatt in die aufgeputzte Marion, aus der niemand so recht klug wurde!

Die Altbäuerin war der Meinung, daß Marion nicht zu ihrem Sohn paßte, ohne allerdings begründen zu können, warum sie so dachte. Es war nur so ein Gefühl, doch Maria Schubert kannte die Welt und die Menschen gut genug, um zu wissen, daß sie sich nicht täuschte. Gewiß, Marion war bildschön, und das Interese der Männer an ihr war durchaus verständlich. Aber Mannsbilder waren nun einmal in mancher

Beziehung blind, vor allen Dingen dann, wenn eine Frau es verstand, ihre Verliebtheit auszunutzen.

Weil die Schwalbenhof-Bäuerin – genau wie alle Mütter – nur das Beste für ihren Sohn wollte, wünschte sie sich sehr, daß Martin bald die Augen aufgehen würden. Aber sie war lebenserfahren genug, um zu wissen, daß nur er allein entscheiden konnte, was er für sich wollte.

Und es sah ganz so aus, als ob Martin sich entschlossen hätte, die attraktive Städterin zu heiraten.

Silke ahnte nichts von den Gedanken der älteren Frau. Im Grunde wäre sie gern noch ein wenig auf dem Hof geblieben, aber sie wußte, daß der junge Bauer bald kommen würde, und sie wollte ihm nicht begegnen.

Silke war unzufrieden. War es nicht dumm von ihr, sich in einen Mann zu verlieben, der sich überhaupt nicht für sie interessierte? Aber was konnte sie schon gegen ihre Gefühle tun? Das Wichtigste war jetzt, es auf jeden Fall zu verbergen, obwohl das nicht immer leicht war.

So verabschiedete sie sich nun, trotz des heftigen Widerspruchs der Kinder. Es war schwer, in ihre enttäuschten Gesichter zu schauen, aber es gab nun einmal Dinge, die traurig machten. Das mußte man akzeptieren, denn wer konnte die Welt ändern?

Nachdem ihre neue Freundin den Hof verlassen hatte, gingen Annerl und Benedikt in das Kinderzimmer. Doch sie spielten nicht miteinander, etwas anderes beschäftigte sie.

Benedikt nahm die Lok der Spielzeugeisenbahn in die Hand, schaute sie jedoch nicht an und stellte sie dann achtlos auf einen anderen Platz. »Schad', daß die Silke schon gegangen ist. Ich hätt' mir so sehr gewünscht, daß der Papa sie noch getroffen und mit ihr gesprochen hätt'.«

»Du weißt doch ganz genau, daß der Papa nur Augen für die Marion hat«, wandte Annerl bedrückt ein. »Er interessiert sich doch gar net für die Silke. Ich glaub', er will die Marion heiraten.«

»Nein, das laß' ich net zu!« rief der Bub und stampfte trotzig mit dem Fuß auf. »Marion ist gar net nett. Sie tut zwar allweil so, wenn der Papa in der Näh' ist, aber wenn sie mit uns allein ist, dann kümmert sie sich gar net um uns. Ich bin sicher, daß sie uns überhaupt net mag.«

Annerl widersprach nicht, denn sie war der gleichen Meinung wie ihr Bruder. Doch was konnten sie tun, um dem Vater das begreiflich zu machen?

Die zwei saßen schweigend da und würdigten die Spielsachen, an denen sie sonst soviel Freude hatten, keines Blickes.

»Komm, wir gehen hinaus und spielen am Waldrand Verstecken«, schlug Benedikt vor.

Annerl nickte. Sie hatte zwar dazu auch keine große Lust, aber es war immer noch besser, etwas zu unternehmen, als hier im Kinderzimmer zu sitzen und sich den Kopf zu zerbrechen.

Der junge Schwalbenhof-Bauer kam gerade mit seinem Auto auf den Hof gefahren. Er war mit Marion in der Stadt gewesen, weil sie sich wieder einmal gewünscht hatte, mit ihm fortzufahren.

Annerl und Benedikt liefen auf ihn zu, als er aus dem Auto stieg. Freudig bemerkten sie, daß er allein war. Auch der junge Boxerrüde Alex kam aus dem Haus gelaufen und sprang an seinem jungen Herrn hoch.

Lachend wehrte Martin ihn ab und wandte sich dann an die Kinder. »Na, ihr zwei, habt ihr schön miteinander gespielt?« Es klang ein wenig schuldbewußt, denn der Vater warf sich vor, daß er in den letzten Tagen wirklich viel zu wenig Zeit für seine Kinder gehabt hatte. Gern hätte er sie mit in die Stadt genommen, aber Marion hatte darauf bestanden, mit ihm allein zu sein.

»Die Silke war hier«, posaunte Beni laut heraus. »Es ist schad', daß du net früher gekommen bist. Sie hätt' sich gewiß gefreut, dich zu sehen und mit dir zu reden.«

Die Worte gaben Martin einen feinen Stich. Ein paarmal hatte er Silke bereits getroffen und sich mit ihr unterhalten. Er mußte zugeben, daß sie eine äußerst sympathische Frau war, und es war unübersehbar, daß die Kinder sehr an ihr hingen.

Doch dann wandten sich seine Gedanken von Silke ab und wieder Marion zu.

»Ja, das ist ja sehr schön«, meinte er gleichgültig. »Aber ihr wißt doch, daß ich mit der Marion in der Stadt war. Sie wär' gern noch mit mir heimgekommen, um mit euch zu spielen.«

Er schämte sich ein wenig für diese Lüge, denn er sah sofort, daß die Kinder wußten, was von seinen Worten zu halten war. Marion hatte kein Interesse, mit Annerl und Benedikt zu spielen. Das bedrückte Martin selbstverständlich, aber er wußte nicht, wie er mit seinen zwiespältigen Gefühlen in dieser Sache fertig werden sollte; und so war er im Grunde erleichtert, als die Kinder nichts darauf erwiderten, sondern ihm nur sagten, daß sie zum Wald gehen und dort Verstecken spielen wollten.

Mit einem nachdenklichen Blick schaute der Vater ihnen nach, als sie, gefolgt von dem Hund, über die Wiesen zum Waldrand liefen. Dann ging der junge Bauer langsam ins Haus.

Alex legte sich auf ein weiches Moosbett, während Benedikt sich hinter einem der großen Bäume versteckte und Annerl ihn suchen mußte.

Doch schon bald waren die Kinder des Spiels überdrüssig. Wieder langweilten sie sich und wußten selber nicht warum.

»Was sollen wir jetzt machen?« fragte Benedikt etwas lustlos.

Seine Schwester zuckte mit den Schultern. »Ich weiß es net.«

Während sie noch überlegten, hoben sie plötzlich beide gleichzeitig die Köpfe. Stimmen waren zu hören, und eine davon klang ihnen sehr vertraut.

»Das ist doch die Marion«, flüsterte das Madl ihrem Bruder zu.

»Meinst', sie trifft sich mit unserem Papa im Wald?« raunte Benedikt.

Annerl hob den Arm und bedeutete ihm, still zu sein. Eine fremde Männerstimme war laut und deutlich zu vernehmen. Es schien sich um einen Streit zu handeln. Nach Minuten verloren sich die Stimmen im Wald.

Annerl wollte zurück auf den Hof, doch Benedikt sträubte sich.

»Komm, wir gehen der Marion und dem fremden Mann nach«, schlug er vor.

»Warum?« wollte seine Schwester wissen.

Doch darauf wußte Benedikt selbst noch keine Antwort. Hinter seiner kleinen Bubenstirn arbeitete es angestrengt. Er lief voraus, und Annerl folgte ihm, widerstrebend zuerst, doch dann immer neugieriger werdend.

Der Boxerrüde Alex streckte seinen kräftigen Körper noch einmal auf dem weichen Moos, dann sprang er auf und lief hinter den Kindern her.

Bald hatten Annerl und Benedikt die Erwachsenen eingeholt, die sich immer noch zu streiten schienen. Jetzt waren die Kinder so nah, daß sie jedes der Worte verstehen konnten. Und was sie hörten, entsetzte sie so, daß sie einander bei der Hand faßten, sich stumm anschauten und nicht wußten, was sie tun sollten.

*

Annerl und Benedikt standen wie erstarrt. Ihre Finger krampften sich ineinander, während sie dem heftigen Streitgespräch zwischen Marion und dem fremden Mann lauschten.

»Hast du mich denn immer noch nicht verstanden?« fragte die junge Frau mit scharfer Stimme. »Ich will nicht mehr, hörst du? Ich will nicht mehr! Wie oft muß ich es dir denn noch sagen, bis du endlich begreifst, daß ich keine Lust mehr habe, das zu tun, was du von mir verlangst.«

»Haha!« Der Mann lachte bösartig. »Du willst also nicht

mehr meine Partnerin sein? Aber mein Geld, das nimmst du noch!«

»Ich will nur das, was mir zusteht«, erwiderte Marion erregt. »Schließlich habe ich dir bis jetzt geholfen, und dafür muß ich auch meinen Lohn bekommen.«

»Wenn du glaubst, du kannst dich so einfach absetzen und mich im Stich lassen, dann hast du dich getäuscht.« Seine Augen glitzerten vor Wut. »Ich bin kein solcher Trottel wie dieser Schwalbenhofbauer, den du becirct hast. Vergiß nicht, ich kenn' dich durch und durch. Mir kannst du nichts vormachen.«

»Ich hab' auch net vor, dir ...«

»Pscht.« Der Mann hob den Kopf, sein Blick wurde angespannt. »War da nicht ein Geräusch«, fragte er leise. Die Kinder im Gebüsch begannen vor lauter Angst zu zittern.

»Ich habe nichts gehört«, meinte Marion unwirsch.

»Na ja.« Er zuckte mit den Schultern. »Vielleicht hab' ich mich ja getäuscht. Paß auf!« Seine Stimme wurde ruhiger und sachlicher. »Ich denke, es ist hier weder der richtige Ort, noch die richtige Zeit, uns über solche Sachen zu unterhalten. Komm heut nacht in mein Zimmer, dann reden wir weiter.«

Sie maß ihn mit einem unbeschreiblichen Blick, sagte jedoch nichts, sondern drehte sich nur um und ging mit raschen Schritten davon.

Der Mann blieb einige Minuten lang auf der gleichen Stelle stehen und schaute ihr nach. Er verzog dabei das Gesicht, und am Ausdruck seiner Augen konnte man erkennen, daß er sehr unzufrieden war. Er zuckte noch einmal mit den Schultern und murmelte leise etwas Unverständliches vor sich hin. Dann drehte er sich um und ging ein paar Schritte weiter zu einer Erhöhung zwischen zwei Bäumen, die aussah wie ein Ameisenbau.

Mit raschen, entschiedenen Bewegungen räumte er einige Erd- und Steinbrocken fort, bückte sich dann und zog unter großer Kraftanstrengung etwas heraus, das aussah wie ein Koffer.

Annerl und Benedikt beobachteten ihn gespannt, und der Bub preßte die Hand seiner Schwester so fest, daß sich seine Fingernägel in ihre Handflächen gruben.

»Au«, entfuhr es Annerl.

Der Fremde hatte den Schmerzensschrei gehört. Sofort stieß er den Koffer zurück in die Öffnung, richtete seinen Oberkörper auf und schaute in die Richtung, in der die Kinder standen.

Den Kopf lauschend vorgeneigt, ging er mit langsamen Schritten zu den Bäumen hin, hinter denen Annerl und Benedikt standen. Der Körper des Buben verkrampfte sich vor Angst. Er wollte davonrennen, doch seine Füße blieben wie angewurzelt auf dem gleichen Fleck stehen. Das Madl dagegen löste sich aus seiner Erstarrung und begann zu laufen.

Benedikt schrie laut auf, als sich die Hand seiner Schwester aus der seinen löste. Jetzt war der Mann mit zwei Schritten bei ihm. Seine Augen weiteten sich vor Überraschung. »Was macht ihr denn hier, ihr ...« Er suchte nach einer passenden Bezeichnung für die Kinder. »Ihr kleinen Schnüffler, ihr«, fügte er dann abfällig hinzu.

Benedikt schluchzte trocken auf. Seine Angst drohte ihn zu ersticken.

Als der Fremde den Buben grob am Arm faßte und näher zu sich heranzog, da wurde plötzlich ein lautes Knurren vernehmbar. Der äußerst gutmütige Boxerrüde Alex hatte bis jetzt der Szene ruhig zugeschaut. Doch als jemand sein kleines Herrchen anfaßte, da sprang er auf und stellte sich mit einem wütenden Knurren vor dem Bedroher hin.

Der Mann war einen Augenblick lang verwirrt, dann hatte er sich gefaßt. »Sei still, du Bestie«, fuhr er den Hund an, und Alex, der eigentlich kein Schutzhund war, wurde durch den scharfen Ton verunsichert.

Der Fremde ließ den Hund nicht aus den Augen. Sein Griff

um Benedikts Arm wurde fester. Er winkte Annerl, die einige Meter von ihm entfernt ängstlich stehengeblieben war und die Szene mit entsetzten Augen beobachtete, zu sich. Die Knie des Madls zitterten. Wie gern wäre Annerl fortgelaufen, doch sie konnte ja den Bruder nicht allein lassen.

Alex setzte sich auf die Hinterpfoten und begann erneut zu knurren.

»Sag dem Hund, er soll ruhig sein«, wies der Mann Annerl an.

Die Stimme gehorchte dem Madl kaum, als es sagte: »Sei stad, Alex, bitte, sei stad.«

»So, und nun erzählt mir erst einmal, warum ihr hinter mir hergeschnüffelt habt!«

»Wir haben net hinter Ihnen hergeschnüffelt«, widersprach Benedikt. Doch sein Protest war nur kläglich. Er hatte so große Angst wie nie zuvor in seinem Leben.

Der Fremde kümmerte sich nicht um die Antwort des Buben. Seinem Gesicht sah man an, daß er angestrengt nachdachte.

»Auf jeden Fall werd' ich dafür sorgen, daß ihr mir nicht im Weg steht, wenn ich abhauen will«, murmelte er vor sich hin, mehr zu sich selber sprechend, als zu den Kindern. »Kommt jetzt.« Er stieß erst Annerl und dann Benedikt mit der Hand in den Rücken.

Die zwei taumelten vorwärts.

Der Boxerrüde knurrte wieder warnend. Ein scharfer Befehl ertönte: »Platz.«

Dann trieb der Fremde die Kinder vor sich her.

Stolpernd und immer wieder hinfallend liefen sie durch den Wald, die Augen blind vor Tränen. Nach einer Stunde hatten sie das von dem Mann angestrebte Ziel erreicht.

Eine alte, windschiefe Holzhütte stand zwischen Bäumen versteckt auf einer kleinen Lichtung.

Der Fremde schaute die Kinder mit einem gefährlichen Blick an. Dann stieß er mit dem Fuß die Tür auf, schubste die beiden ins Innere und sagte mit eiskalter Stimme: »Hier könnt ihr keine Dummheiten machen.«

Er zog die Tür, die aus alten, von Wind und Wetter steinhart gewordenen Holzbohlen gefertigt war, hinter sich zu. Das knirschende Kratzen verriet, daß der rostige Schlüssel im Schloß herumgedreht wurde.

Annerl und Benedikt standen in der Dunkelheit und wagten vor Angst und Entsetzen kaum zu atmen.

Erst nach Minuten begann der Bub laut zu schluchzen. Tröstend legte seine Schwester den Arm um die schmalen, zukkenden Schultern und zog ihn an sich.

»Ich hab' solche Angst, Annerl«, flüsterte er mit tränenerstickter Stimme. »Was sollen wir bloß tun?«

»Wir müssen heimlaufen«, antwortete das Madl.

»Aber wir sind eingesperrt«, erinnerte sie der Bub. »Wie kommen wir nur hier heraus?«

*

Alex war noch ein sehr junger Hund. Er war gutmütig, verspielt und den Kindern sehr zugetan.

Ein halbes Jahr zuvor hatte ihn der alte Schwalbenhof-Bauer auf Drängen seines Enkels von einem Züchter geholt. Annerls und Benedikts Freude war riesig groß gewesen, und der Boxer war zu ihrem liebsten Spielgefährten geworden.

Alex, der bisher nur liebevolle Menschen kennengelernt hatte, verstand plötzlich die Welt nicht mehr. Ein bösartiger Fremder bedrohte die Kinder, an denen er so sehr hing. Doch der Hund war nicht abgerichtet und hatte daher in diesem Fall auch nicht gewußt, wie er sich verhalten sollte.

Doch eines war ihm klar. Er durfte Annerl und Benedikt nicht allein lassen. So folgte er den Kindern und ihrem Entführer in einem gehörigen Abstand, ohne daß der Mann es bemerkte. Alex wartete, bis er sich entfernt hatte. Dann lief er zur Tür der Waldhütte und begann mit den Pfoten zu scharren.

Eine Weile blieb es still. Der Boxer begann zu jaulen.

Und endlich hörte er die Stimmen der Kinder. »Alex!« riefen sie. »Alex, hilf uns.«

Das Jaulen wurde lauter und das Scharren heftiger, aber die starke Tür konnte Alex mit seinen Pfoten nicht zerstören.

Annerl und Benedikt, die wieder etwas Hoffnung geschöpft hatten, als sie bemerkten, daß ihr Hund und Spielgefährte in der Nähe war, gerieten von neuem in Verzweiflung.

Sie hatten alles versucht, um ein Schlupfloch aus der Hütte zu finden. Doch so windschief das Häuserl auch von außen wirkte, es war dicht abgeschlossen, und für die Kinder gab es keine Möglichkeit zur Flucht.

Das Madl versuchte dem Bruder Mut zu machen, doch Benedikt bekam immer mehr Angst.

Er weinte laut und rief immer wieder nach seinem Papa.

Auch Annerl hätte gern ihren Tränen freien Lauf gelassen, aber sie fühlte sich verantwortlich für Benedikt und hielt sich mit letzter Kraft aufrecht.

Plötzlich hatte sie eine Idee.

»Alex muß heimlaufen!« rief sie aufgeregt. »Wir müssen ihn dazu bringen, daß er zu den Großeltern läuft und zum Papa und ihnen zeigt, wo wir sind.«

Benedikt war zu verstört, um zu verstehen, was sie damit sagen wollte. Zusammengekauert saß er auf dem kalten Boden, hatte das Gesicht in den Händen vergraben, und sein kleiner Körper erzitterte vor Schluchzen.

Draußen vor der Tür kratzte Alex immer weiter. Er jaulte laut, doch niemand hörte ihn.

Annerl beschwor den Hund: »Geh heim, Alex. Lauf heim und hol Hilfe.«

Es schien eine endlose Zeit zu dauern, bis Alex verstand, was sein junges Frauchen von ihm wollte. Und nun lief er in weit ausgreifenden Sprüngen durch den Wald den Berg hinunter und dem Schwalbenhof zu.

Die Hintertür des Hauses stand offen. Alex lief hinein,

doch niemand empfing ihn wie sonst. Nur Henny, die Jungmagd, stand in der Küche.

Mit dem Schürzenzipfel wischte sie sich die Tränen aus den Augenwinkeln. Der Boxerrüde lief zu ihr hin und sprang an ihr hoch.

»Pfui, Alex!« rief Henny. »Geh auf deine Decke!«

Dann wandte sie sich wieder ihrer Arbeit zu. Leise schluchzend murmelte sie vor sich hin: »O Gott, o Gott, mei, wo mögen nur die Kinder sein? Wenn ihnen nur nix passiert ist.«

Die Jungmagd Henny war nicht gerade die hellste, und im Moment war sie vollkommen außer sich, weil der Jungbauer und seine Eltern inzwischen entdeckt hatten, daß Annerl und Benedikt verschwunden waren. Alle Knechte und Mägde des Schwalbenhofes waren an der Suche beteiligt, nur Henny hatte man daheim zurückgelassen.

Wenn das Madl ein bisserl gescheiter gewesen wäre, hätte es gewiß einen Zusammenhang zwischen dem plötzlichen Auftauchen des Hundes und dem Verschwinden der Kinder gesehen. Aber auf diese Idee kam Henny gar nicht.

Während Alex sich resigniert seufzend auf seine Decke legte, nachdem er einen ganzen Napf Wasser ausgetrunken hatte, suchte Martin Schubert verzweifelt nach seinen Kindern. Auf dem Hof war jede Scheune, jeder Stallwinkel durchforscht worden. Doch von Annerl und Benedikt fand sich keine Spur.

Der Vater durchkämmte nun mit den Knechten auch den Wald, während die Großeltern und die Mägde im Dorf herumfragten.

Nach einiger Zeit überließ Martin Schubert die Suche den Knechten und ging heim. Seine inständige Hoffnung, daß Annerl und Benedikt inzwischen heil zurückgekehrt sein könnten, bestätigte sich jedoch nicht.

In kurzer Zeit würde die Dämmerung hereinbrechen. Der junge Schwalbenhof-Bauer überlegte hilflos und voller Angst, was er noch unternehmen konnte, um Annerl und Benedikt zu finden.

Silke Jentsch fiel ihm ein, und ohne Zögern ging er zum Sporthotel.

Doch Annerl und Benedikt waren weder bei Silke noch bei Marion.

Martin fuhr sich mit einer verzweifelten Handbewegung durch den widerspenstigen Schopf. Er stand in der Empfangshalle des Sporthotels. Alle Gäste waren bereits befragt worden, ob einer von ihnen die beiden Kinder gesehen hätte.

Marion versuchte, den besorgten Vater mit einigen simplen Redensarten zu trösten.

»Du mußt dir nicht so viele Sorgen machen, Martin. Sie sind doch schon recht groß. Wahrscheinlich haben sie einfach beim Spielen die Zeit vergessen. Komm, wir trinken einen Schluck, danach geht's dir schon besser.«

Entgeistert starrte er sie an. »Verstehst du denn net, daß ich mir Sorgen machen muß?« erwiderte er in einem ungewohnt scharfen Ton. »Beni ist erst gerade fünf und Annerl ist sieben. Noch niemals sind sie so lang' von daheim fort gewesen. Immer haben sie in der Nähe des Hofes gespielt. Und nun sind sie plötzlich verschwunden. Es muß ihnen einfach etwas geschehen sein.«

Marions einzige Antwort auf seinen leidvollen Ausbruch war ein leichtes Schulterzucken.

Silke dagegen verstand voll und ganz, daß der junge Schwalbenhof-Bauer aus Sorge um seine Kinder außer sich war. Auch sie bemühte sich, ihn zu beruhigen, doch im Gegensatz zu Marion machte sie praktische Vorschläge.

Als sie fragte: »War der Hund nicht mit den Kindern zusammen?« da nickte er.

»Ja, aber Alex ist auch verschwunden.«

»Wir sollten auf den Hof zurückgehen und nachschauen, ob nicht jemand mit einer Nachricht dort ist. Und wenn die Kinder immer noch nicht gefunden worden sind, sollte man die Gendarmerie einschalten«, schlug Silke vor.

Martin nickte. Seine Anspannung und Angst verbarg er

hinter einer ausdruckslosen Miene. Nur ein Mensch mit großem Einfühlungsvermögen konnte erkennen, daß er kurz vor dem Zusammenbruch stand.

Marion sagte nichts mehr. Sie blieb ruhig stehen, als ihr Liebster das Hotel verließ. Silke folgte ihm. Auch sie sorgte sich entsetzlich um Benedikt und Annerl.

Während alle Leute in Talbrunn nach den beiden Verschwundenen suchten, saßen die zwei verstört in der dunklen Hütte. Hunger und Durst quälten sie. Das Weinen war verebbt.

Es war kalt und feucht und roch nach Moder. Kaum ein Lichtstrahl drang ins Innere. Die Kinder klammerten sich schutzsuchend aneinander. Sie hatten resigniert und alle Hoffnung aufgegeben, daß der Vater vielleicht doch noch kommen und sie heimbringen würde.

*

Marion Feldhaus ging mit langsamen Schritten durch die Hotelhalle dem Fahrstuhl zu. Sie nickte nur kurz, als der Liftboy mit ihr ein oberflächliches Gespräch über das Wetter begann und sie dabei mit offensichtlicher Bewunderung anschaute.

Viele Gedanken gingen der jungen Frau durch den Kopf, und sie hatte den Wunsch, einige Zeit allein zu sein.

Sie schloß die Tür ihres Zimmers auf und trat ein. Ein dunkles, unterdrücktes Männerlachen war zu hören, und Marion zuckte heftig zusammen. Ihre Augen weiteten sich. »Was machst du denn hier, Werner? Wie bist du hereingekommen?«

»Ich will mit dir reden«, erwiderte er, ohne ihre Frage zu beantworten. Während er noch sprach, ging er mit zwei Schritten zur Tür und drehte nachdrücklich den Schlüssel im Schloß herum.

»Wie bist du denn nun hereingekommen?« wiederholte Marion ihre Frage. »Die Tür war doch abgeschlossen.«

Er grinste. »Du weißt doch ganz genau, daß eine verschlossene Tür für mich kein Handikap ist. Wo ich hin will, da komm' ich auch hin.« Es klang sehr von sich selbst überzeugt.

»Ja, ich weiß«, murmelte die junge Frau vor sich hin. »Schließlich kenn' ich dich gut genug, um zu wissen, daß du auf krummen Wegen immer das erreichst, was du erreichen willst.« Sie wirkte niedergeschlagen und wich Werner Siegens Blick aus.

Nach einigen Minuten des Schweigens fuhr sie resigniert fort: »Nun red endlich. Ich weiß ja, daß du nicht eher gehst, bis du mir gesagt hast, was du von mir willst.«

»Ja, ich will etwas von dir«, bestätigte der Mann.

Marion lachte freudlos. Sie kannte den jungen Mann als rücksichtslosen Egoisten, der niemals auf die Gefühle anderer Menschen Rücksicht nahm.

Plötzlich schoß ein Gedanke durch den Kopf der jungen Frau, der sie entsetzte.

»Sag mal, Werner«, die Worte kamen langsam und gedehnt, »hast du etwas mit dem Verschwinden der Kinder vom Schwalbenhof zu tun?«

Sie bemerkte nicht, daß er leicht zusammenzuckte, denn schon Sekunden später hatte er sich wieder in der Gewalt.

»Ich versteh' deine Frage nicht«, erwiderte er ruhig. »Was gehen mich irgendwelche Kinder von irgendeinem Hof an?«

Die junge Frau atmete erleichtert auf. Sie glaubte ihm, denn es paßte einfach nicht zu ihm, sich mit so etwas Unwichtigem wie Kinder zu beschäftigen.

Martins Sorgen um seinen Sohn und seine Tochter waren gewiß unbegründet. Die beiden spielten wahrscheinlich irgendwo und hatten keine Lust, nach Hause zu gehen. So dachte jedenfalls Marion über Annerls und Benedikts unerklärliches Verschwinden, und deshalb hatte sie Martins Angst auch nicht verstanden.

Jetzt seufzte sie tief auf.

»Hast du etwa Probleme mit deinem neuen Freund?« fragte Werner Siegen spöttisch.

Sie hob den Kopf und blickte ihn ärgerlich an. »Was geht dich das an? Kümmere dich lieber um deine eigenen Angelegenheiten und laß mich in Ruhe.«

»Na, na.« Er hob den Arm, und machte eine abwehrende Handbewegung. »So einfach laß' ich dich nicht gehen. All die Jahre haben wir gut zusammengearbeitet, und jetzt willst du mich plötzlich im Stich lassen?«

»Bitte, Werner! Kannst du denn nicht verstehen, daß ich keine Lust mehr habe?« entgegnete Marion gequält.

Seine Augen wurden schmal, und um seinen Mund erschien ein verkniffener Zug.

»Verstehen kann ich das schon, aber schließlich muß ich auch an mich denken.«

»Ich will nicht mehr«, brach es aus der jungen Frau heraus. »Ich will einfach nicht mehr.«

Werner Siegen überlegte eine Zeitlang, dann sagte er, und seine Stimme schloß jeden Widerspruch aus: »Von mir aus kannst du machen, was du willst. Nur heut' abend mußt du mir noch einmal helfen. Dann kannst du deiner eigenen Wege gehen, und ich laß' dich in Ruhe.«

Sie blickte ihn ein wenig unsicher an. »Stimmt das wirklich, Werner?«

»Natürlich stimmt das«, behauptete er großspurig. »Hast du schon jemals Grund gehabt, an meinen Worten zu zweifeln?«

Marion sagte nichts, doch ihrer Miene konnte man deutlich ansehen, daß sie ihm nicht glaubte.

Das interessierte ihren Partner jedoch nicht. Er trat etwas näher zu ihr heran und erklärte ihr in klaren, leidenschaftslosen Worten, was er an diesem Abend von ihr erwartete.

Während Marion Werner Siegen zuhörte, waren der junge Schwalbenhof-Bauer und Silke auf dem Weg nach Hause. Unterwegs trafen sie Martins Eltern.

Die Angst und die Sorge um die Enkel war deutlich von ihren Gesichtern abzulesen.

»Ich war bei der Gendarmerie«, berichtete der Großvater

atemlos. »Wir werden wohl eine Großaktion einleiten müssen. Wenn nur Annerl und Beni nichts passiert ist!«

»Wart ihr inzwischen wieder daheim und habt nachgefragt, ob es etwas Neues gibt?« fragte Martin.

Seine Mutter schüttelte den Kopf. »Nein, aber einige Knechte und Mägde, die sich an der Suche beteiligt hatten, sind wieder auf dem Hof. Wenn Annerl und Beni inzwischen gekommen wären, dann hätten sie uns schon Bescheid gegeben.«

Silke hatte dem Gespräch teilnahmsvoll zugehört. Sie verstand, wie verzweifelt Martin sein mußte, und sie hätte ihm gern die Hand auf den Arm gelegt, um ihm durch diese Geste zu verstehen zu geben, wie sehr sie mit ihm fühlte. Doch sie tat es nicht, denn sie befürchtete, er könnte es mißverstehen.

Die vier gingen zusammen zum Schwalbenhof. Gerade, als sie ankamen, trat Henny, die Jungmagd, aus der Küche und lief ihnen entgegen, als sie sie sah. »Habt ihr die Kinder gefunden?« rief sie.

»Dann sind sie also net hier auf dem Hof?« sagte der junge Schwalbenhof-Bauer dumpf.

Henny schaute ihn begriffsstutzig an. »Wenn die Kinder hier wären, dann brauchte doch niemand nach ihnen zu suchen.«

»Wir wollten ja auch nur wissen, ob sie inzwischen gekommen sind«, meinte die Altbäuerin geduldig.

»Wir müssen weitersuchen«, meinte Martin, als sie in der Küche angelangt waren, und warf einen Blick zum Fenster hinaus. »Bald bricht die Dunkelheit herein, und dann ist es zu spät.«

Er wollte gerade einen Plan machen, wie sie die Suche am besten organisieren könnten, da war ein heftiges Kratzen und Schaben zu hören.

»Was ist denn das?« fragte der Großvater verwirrt.

»Das ist der Hund«, erklärte Henny, »ich hab' ihn in die Kammer gesperrt, weil er so furchtbar unruhig war.«

Martins Kopf fuhr ruckartig hoch. »Heißt das etwa, Alex ist zurückgekommen?«

»Ja, vor zwei Stunden schon!« Henny verstand nicht, wieso das so wichtig war und warum es den Bauern so aufregte.

Er sah sie an, und einen Augenblick lang schien es, als sei er versucht, sie wüst zu beschimpfen. Doch dann lief er zur Tür der Kammer, in der der Boxer eingesperrt war, und öffnete sie.

Alex sprang sofort heraus. Aufgeregt sprang er an seinem Herrn hoch und lief zur Tür.

»Wo sind Annerl und Benedikt?« rief Martin.

Selbstverständlich konnte der Hund nicht antworten, aber an seinem Hin- und Herlaufen sah man, daß er ihnen auf seine Art etwas mitteilen wollte.

»Wir sollten ihn laufenlassen und ihm folgen«, schlug Silke vor.

Den gleichen Gedanken hatte der junge Schwalbenhof-Bauer auch schon gehabt. Er rief seinen Eltern noch etwas zu und lief eilig hinter Alex her, der ein bestimmtes Ziel zu haben schien.

Silke überlegte sekundenlang. Dann entschloß sie sich, mit Martin zu gehen. Vielleicht führte der Hund sie ja zu den Kindern. Die junge Frau hoffte es so sehr ...

*

Alex lief – gefolgt von Martin und Silke – zum Waldrand. Dann machte er eine leichte Rechtsbiegung, und zehn Minuten später blieb er auf einer Waldlichtung stehen, drehte sich zu seinem Herrchen herum und jaulte.

Martin und Silke, die sehr rasch gelaufen waren, mußten erst einmal eine Weile ausruhen, um ihren fliegenden Atem unter Kontrolle zu bringen. Der Boxerrüde legte sich ins Moos.

Ratlos schaute der junge Schwalbenhof-Bauer sich um.

»Annerl, Beni!« rief er laut, doch nur das Echo, das sich an den Bergwänden brach, kam zurück.

»Hier sind die Kinder net«, sagte er zu Silke. Sie erkannte an seinem Tonfall, daß er kurz davor war, die Nerven zu verlieren.

Jetzt hielt sich die junge Frau nicht länger zurück. Sie legte ihre warme, weiche Hand auf Martins unbedeckten Arm und strich sanft und tröstend darüber hin.

Diese Berührung schien ihm neue Kraft zu geben. Er atmete mehrere Male hintereinander tief durch, dann erklärte er entschlossen: »Wir müssen weitersuchen.«

Als hätte der Hund diese Worte verstanden, sprang er auf und lief nun weiter, immer tiefer in den Wald hinein.

Die Dämmerung war hereingebrochen, es wurde rasch dunkel.

»Glaubst du wirklich, daß der Hund weiß, wo die Kinder sind?« fragte Martin die junge Frau, und bemerkte gar nicht, daß er sie plötzlich mit dem vertrauten »Du« ansprach.

»Alex hat eine Spur, das ist sicher«, erwiderte sie im Brustton der Überzeugung.

»Hoffentlich verschwenden wir hier nicht nur unsere Zeit«, murmelte der junge Schwalbenhof-Bauer vor sich hin, aber dann wischte er seine Zweifel fort und schritt zügig aus.

Der Weg kam den beiden Menschen endlos vor, und das silberne Licht des Mondes beschien schon die dunklen Waldkronen, als Alex endlich bei einer kleinen, versteckt liegenden Hütte stehenblieb. Abwartend schaute er seinen Herrn an.

Martin drückte die verrostete Klinke herunter, doch die Tür war verschlossen.

Wieder rief er die Namen der Kinder, aber auch jetzt kam keine Antwort.

Mit hilflos herabhängenden Armen und verzweifeltem Blick drehte er sich zu Silke herum und schaute sie an. »Hier ist niemand«, sagte er. »Diese Hütte steht schon seit vielen

Jahren leer, und warum sollten Annerl und Beni gerade hier sein?«

»Aber der Hund hat uns doch hergeführt«, wandte die junge Frau ein.

»Ja, das stimmt«, gab Martin zu. »Doch Alex ist noch sehr jung. Er hat keine Ausbildung als Wach- und Schutzhund und ist eigentlich immer nur ein Spielgefährte der Kinder gewesen.«

»Meinst du nicht, daß er gerade deshalb auf Annerl und Beni achtet?« meinte sie. »Jeder Hund hat doch einen gewissen Schutztrieb.«

Der junge Schwalbenhof-Bauer zuckte mit den Schultern. »Mir ist es ja selber unverständlich, warum Alex uns hergeführt hat. Vielleicht waren die Kinder einmal hier zum Spielen«, überlegte er laut. »Allerdings kann ich mir das nicht vorstellen, denn gewöhnlich gehen sie niemals so weit von daheim fort.«

Er drehte sich ein wenig zur Seite, blickte das alte Holzhäusl an, und einen Augenblick schien es, als wolle er mit seinen Schultern die Tür einrennen. Doch dann entschied er sich anders. »Komm, wir gehen zurück, Silke«, sagte er. »Es ist am besten, wenn wir die Gendarmerie verständigen.«

Die junge Frau nickte nur. Sie hätte Martin so gern geholfen und ihm gesagt, wie sehr sie mit ihm fühlte, aber sie schwieg.

Silke wußte nicht, wie dankbar er ihr war, weil sie ihn begleitete. Er erkannte, daß Silke seine Kinder sehr gern hatte, und fühlte sich nun in seiner Angst nicht so allein. An Marion dachte er in diesem Moment überhaupt nicht.

Mit einem letzten verzweifelten Blick starrten die beiden Menschen auf das Holzhäuserl, das dunkel und unzugänglich im Mondlicht lag.

Dann drehten sie sich um und wollten davongehen. Silke hatte schon zwei Schritte vorwärts getan, da blieb sie plötzlich stehen. Ein nachdenklicher Ausdruck lag auf ihrem Gesicht, sie wandte sich um, ging zu der Hütte zurück und schlug ein paarmal mit der geballten Faust gegen das Holz. »Annerl, Beni!«

Die Stille des Waldes wurde nur vom dunklen Ruf eines Nachtvogels unterbrochen.

Doch dann waren plötzlich andere Laute zu vernehmen, die Silke und Martin stutzen ließen. Es klang wie das Wimmern eines Tieres in Not.

Mit bebender Stimme rief der junge Schwalbenhof-Bauer: »Annerl, Beni, hört ihr uns? Hier ist der Papa!«

»Papa«, kam es zurück. »Papa.«

Mit einem Satz war Martin bei der Tür und rammte seine mächtigen, muskulösen Schultern gegen das Holz. Mehrere Male stieß er dagegen, ohne auf den Schmerz zu achten. Dann folgte ein Splittern und Krachen, und die Tür brach aus den Angeln.

Annerl und Benedikt saßen dicht aneinandergedrängt auf dem Boden in einer Ecke des dunklen, kalten, feuchten Raumes. Sie hatten geschlafen. Ihre Gesichter waren von Tränen verschmiert, ihre Augen blickten furchtsam.

Martin und Silke liefen auf sie zu, zogen sie hoch und nahmen sie in die Arme.

Minutenlang konnten Annerl und Benedikt kein Wort sagen. Ein wildes Schluchzen schüttelte ihre kleinen Körper.

»O Gott, Kinder. Wie seid ihr denn bloß hierhergekommen?« rief der Vater erschüttert.

Ruhig und sachlich meinte Silke: »Die Fragen sollten wir uns für später aufheben. Erst einmal ist es wichtig, daß Annerl und Benedikt heimkommen. Sie müssen etwas essen und trinken und sich beruhigen. Dann können sie uns sagen, was geschehen ist.«

Der Schwalbenhof-Bauer gab der jungen Frau recht. Er war dankbar für ihre Geistesgegenwart, nahm seine Tochter auf den Arm, während Silke den Buben trug. Sie liefen so rasch wie möglich durch den dunklen Wald zurück zum Schwalbenhof.

Zwei Stunden später lagen Annerl und Benedikt in ihren Betten. Jetzt erst waren sie fähig, dem Vater das zu erzählen, was sie erlebt hatten.

Martin wurde ganz blaß, als er hörte, was geschehen war. Doch er bemühte sich, seine Erschütterung nicht zu zeigen.

»Jetzt müßt ihr keine Angst mehr haben«, sagte er und streichelte Annerl und Beni über die weichen, warmen Wangen.

Er wartete noch, bis sie eingeschlafen waren, dann verließ er leise das Kinderzimmer. Silke war während der ganzen Zeit bei ihm gewesen, und Martin war sich ihrer Nähe dankbar bewußt.

Er schämte sich ein wenig vor der jungen Frau, denn er erkannte erst jetzt, wie warmherzig und liebenswert sie war und wie sehr sie an den Kindern hing.

Unwillkürlich kam ihm der Gedanke: Sie ist so ganz anders als Marion.

Marion! Jetzt erst fielen ihm die Erzählungen der Kinder wieder ein. Sie hatten berichtet, daß Marion sich mit einem fremden Mann im Wald getroffen und gestritten hatte. Und dieser Mann hatte Annerl und Benedikt dann in die Hütte gebracht und eingesperrt.

Was ging hier vor sich? Wem waren die Kinder gefährlich geworden?

Es mußte mit den Diebstählen im Hotel zuammenhängen, und Martin erkannte, daß es höchste Zeit war, die Gendarmerie zu benachrichtigen.

Silke stimmte ihm zu, und gemeinsam gingen sie durch das stille Dorf zur Gendarmiestation.

Rudolf Schmitz wollte gerade zu Bett gehen. Er hatte den Fernseher ausgeschaltet und war auf dem Weg zum Badezimmer, da wurde er durch ein lautes Klopfen an der Haustür gestört.

»Was ist denn nun schon wieder los?« brummte er vor sich hin und öffnete.

»Der Schwalbenhof-Bauer«, begrüßte er Martin verwundert. »Ich denk', deine Kinder sind wieder daheim?« fuhr er fort, denn einer der Knechte hatte ihm Bescheid gegeben.

»Ja, das sind sie, Gott sei Dank«, antwortete Martin. »Aber es ist wichtig, daß ich dir die ganze Geschichte erzähl'.«

Der Gendarm warf einen fragenden Blick auf Silke, doch er erhob keinen Einspruch, als sie neben dem jungen Bauern sein Büro betrat. Und nun berichtete Martin in aller Ausführlichkeit das, was die Kinder ihm erzählt hatten.

Der Gendarm hörte ihm gespannt zu. Er strich sich mehrere Male mit dem Zeigefinger über seinen Schnauzer, räusperte sich laut und sagte dann grimmig: »Genauso etwas habe ich mir schon vorgestellt. Aber paßt auf, diesen Kerl und seine Komplizin werden wir erwischen!«

Silke bemerkte, daß Martin heftig zusammenzuckte.

Er tat ihr leid, denn nun war es offensichtlich, daß er auf eine Betrügerin hereingefallen war.

Und so kam es, daß in dieser Nacht in dem sonst so ruhigen, romantischen Ort Talbrunn eine Verbrechensserie aufgeklärt wurde, die schon seit langem die Polizei in vielen Teilen des Landes beschäftigte.

Aufregende Ereignisse bahnten sich an …

*

Werner Siegen war ein skrupelloser Mensch, der sich niemals um die Gefühle anderer kümmerte.

Vor sechs Jahren hatte er die damals achtzehnjährige Marion kennengelernt. Das hübsche Madl war begeistert von dem – wie es glaubte – erfolgreichen Mann, der durchaus charmant sein konnte, wenn er wollte.

Werner Siegen hatte gleich erkannt, daß sich ihm hier eine gute Gelegenheit bot, eine gefügige Partnerin zu bekommen. Marion war jung und unwissend. Sie ließ sich leicht beeinflussen, und schon nach kurzer Zeit tat sie alles, was er ihr sagte.

Das Gaunerpärchen lebte davon, in exklusiven Hotels abzusteigen und in gemeinschaftlicher Tätigkeit die Hotelgäste zu bestehlen.

Marion übernahm oft den Part des Ablenkens der reichen Herren und Damen der Gesellschaft. Werner nutzte dann die Gelegenheit, in die Zimmer zu gehen und Geld oder Schmuck zu stehlen. Er achtete darauf, immer ein unantastbares Alibi zu haben.

Bis jetzt hatten sie mit dieser Methode großen Erfolg gehabt. Einige Male waren sie zwar verdächtigt worden, doch keine polizeiliche Untersuchung hatte sie überführen können.

Doch immer mehr wurde Marion bewußt, daß Werner sie ausnutzte. Anfangs hatte er vorgegeben, sie zu lieben. Doch nach und nach war das Zynische seines Wesens immer mehr zum Vorschein gekommen.

Die junge Frau wollte sich von ihm trennen und einen eigenen Weg gehen, doch das war nicht leicht. Was konnte sie tun? Ihre Eltern waren tot, sie hatte keinen Beruf gelernt und war im Grunde unsicher, obwohl sie sich nach außen hin den Anschein einer selbständigen Frau gab.

In Talbrunn hatte sie Martin Schubert kennengelernt und sich tatsächlich ein wenig in den feschen jungen Bauern verschaut. Als sie erkannte, daß er sich in sie verliebte, hatte sie sich immer mehr für die Idee begeistert, ihn zu heiraten.

Sicher, da waren die Kinder, und Marion hatte keine Lust, Mutter zu spielen, wie sie es nannte. Doch sie war sich klar darüber, daß Martin sie niemals heiraten würde, wenn sie nicht vorgab, Interesse an Annerl und Benedikt zu haben.

Es war ihr nicht leichtgefallen, obwohl sie sich sehr bemüht hatte, denn in einer Ehe mit Martin sah sie die Chance, ihrem bisherigen Leben zu entrinnen.

Am liebsten hätte sie sich sofort von Werner Siegen getrennt und ihn niemals wiedergesehen. Doch wie immer verstand er es, sie für seine Zwecke einzuspannen.

So auch heute. Er wollte Talbrunn auf dem schnellsten Weg verlassen, weil ihm der Boden unter den Füßen zu heiß geworden war. Doch auf keinen Fall hatte er vor, das Diebesgut zurückzulassen, im Gegenteil. Er wollte sogar noch eine Gelegenheit wahrnehmen, seine Beute zu vermehren, und dabei sollte Marion ihm helfen.

An die Kinder dachte Werner Siegen nicht mehr. Es interessierte ihn nicht, was mit ihnen geschah. Für seine Begriffe waren sie so versteckt, daß sie vorerst niemand finden konnte, und wenn man sie entdeckte, dann war er schon längst über alle Berge.

Der Gauner wußte nicht, wie sehr er sich täuschte. Er hatte die Gendarmen in Talbrunn unterschätzt. Mit Marions Hilfe hatte er den Schmuckkasten einer älteren Dame gestohlen, während Marion diese abgelenkt hatte. Nun wollte er mitten in der Nacht das im Wald versteckte Diebesgut holen und dann sofort aus Talbrunn verschwinden.

Doch als Werner Siegen seinen Koffer mit den gestohlenen Sachen aus der gut getarnten Felsenhöhle auf der Waldlichtung holte, da warteten die Polizisten mit mehreren Helfern schon auf ihn.

Der Gendarmeriehauptwachtmeister Rudolf Schmitz stand mit seinen Leuten hinter den Bäumen versteckt. Es war verabredet, den Gauner erst dann zu fassen, wenn er seine Diebesbeute in der Hand hatte.

Im Wald war es dunkel und still. Die Baumkronen rauschten leise im Nachtwind, und nichts verriet die Anwesenheit der vielen Menschen.

So fühlte Werner Siegen sich sehr sicher, als er seinen Koffer aus dem Versteck holte und die in der heutigen Nacht gestohlenen Gegenstände noch mit hineinpackte.

Dann ging er mit weitausgreifenden Schritten über die Lichtung. Als er fast zwischen den Bäumen verschwunden war, wurden die Gendarmen und ihre Helfer aktiv.

Doch sie hatten sich geirrt, wenn sie glaubten, es sei eine

Kleinigkeit, den Gauner zu fassen. Werner Siegen erkannte blitzschnell, daß nur in der Flucht seine Rettung lag. Er lief los, so schnell er konnte, versuchte Haken zu schlagen und sich in der Dunkelheit hinter den Bäumen zu verstecken.

Sicher wäre ihm die Flucht auch gelungen, wenn er den Koffer zurückgelassen hätte.

Der schwere Gegenstand behinderte ihn, und es war unausbleiblich, daß er damit in der Dunkelheit stürzen mußte. Aber er war fest entschlossen, nur mit der Beute zu fliehen. Irgendwann kam, was kommen mußte: Er stolperte über eine Baumwurzel, schlug lang hin, und seine Verfolger nahmen ihn fest, während er noch hilflos am Boden lag.

Kurz darauf wurde er auf die Gendarmeriestation gebracht.

Martin Schubert war dabei, als Werner Siegen vernommen wurde. Der Gauner grinste ihn frech an.

»Na, jetzt erfährst' endlich die Wahrheit über deine Marion«, sagte er zynisch.

Martin zuckte zusammen. »Was wollen Sie damit sagen?« fragte er heiser.

»Verstehst du es denn immer noch net?« erwiderte der Gauner brutal. »Ich bin nicht allein der Schuldige, auch wenn es jetzt so aussieht. Und ich hab' keine Lust, allein hinter Gitter zu wandern«, fügte er mit einem grausamen Unterton hinzu.

Der Gendarmeriehauptwachtmeister hatte dem jungen Hilfsgendarm schon vorher ein Zeichen gemacht, und der verstand, daß er Marion Feldhaus ebenfalls zur Vernehmung holen sollte.

Martin wäre am liebsten fortgegangen. Aber bedeutete das nicht, den Kopf in den Sand zu stecken?

Er schämte sich, denn er hatte das Gefühl, wie ein dummer Bub dazustehen, der sich von der Frau, in die er so verliebt gewesen war, betrogen fühlte.

Eine halbe Stunde später traf Marion Feldhaus im Vernehmungszimmer der Gendarmeriestation ein.

Sie maß Werner Siegen mit keinem Blick, sondern sah nur Martin Schubert an.

In seinen Augen las sie deutliche Verachtung. Sie sprach kein Wort, setzte sich ruhig auf den ihr zugewiesenen Stuhl und blickte dann nur noch auf ihre im Schoß verschränkten Hände.

Der Gendarm forderte das Gaunerpärchen auf, ein Geständnis über ihre Taten abzulegen.

Zynisch und rücksichtslos gab Werner Siegen alles zu, denn er wußte, daß es für ihn die beste Möglichkeit war, mit einer leichteren Strafe davonzukommen.

Er belastete Marion schwer, und sie widersprach ihm nicht. Alle Kraft schien sie verlassen zu haben. Immer wieder sah sie mit einem ratsuchenden Blick zu dem jungen Schwalbenhof-Bauern hinüber. Doch der schaute sie nicht an.

Am frühen Morgen wurden Marion Feldhaus und Werner Siegen mit einem Polizeiwagen in die Stadt ins Untersuchungsgefängnis gebracht.

Martin Schubert ging mit hängenden Schultern nach Hause. Er fühlte sich zutiefst beschämt und wünschte sich jetzt nur eins:

So rasch wie möglich wollte er wieder aus Talbrunn fort, seine Tätigkeit in der Fremde aufnehmen und all das vergessen, was in den letzten Wochen hier geschehen war.

*

»Gestern fand der Prozeß gegen den mehrfach vorbestraften Hoteldieb Werner S. und seine langjährige Partnerin Marion F. statt. Der Angeklagte wurde zu fünf Jahren Haft ohne Bewährung verurteilt. Marion F. dagegen bekam eine sechsmonatige Freiheitsstrafe mit Bewährung.

Der Staatsanwalt erkannte an, daß die Partnerin des Werner S. als ihm hörig angesehen werden müsse. Marion F. bereute offensichtlich die Taten der Vergangenheit und war dankbar für die Chance, einen veränderten Lebensweg einzuschlagen.

Die schöne Angeklagte sprach mit ruhiger Stimme, und ihre Worte beeindruckten den Richter und die Zuhörer im Gerichtssaal außerordentlich. Wird diese junge Frau es schaffen, sich von ihrem kriminellen Partner loszusagen und …«

Der junge Schwalbenhof-Bauer verzog das Gesicht und schlug die Zeitung zu. Auch heute fiel es ihm noch nicht leicht, an Marion zu denken. Er wußte jetzt zwar, daß seine Verliebtheit nur aus Einsamkeit geborene Verblendung gewesen war. Aber noch immer spürte er ein Schamgefühl, wenn er daran zurückdachte.

Ein Mann meines Alters und meiner Erfahrung sollte erkennen, mit wem er es zu tun hat, dachte er reuig. Doch dabei übersah er, daß alle Menschen irgendwann Fehler machen, die sie sich jedoch vergeben mußten, um wieder ein neues Glück zu finden.

Ein Klopfen an der Stubentür ließ Martin aufblicken: Silke trat ein, und ihr Lächeln wirkte ein wenig gekünstelt, als sie zu Martin trat und ihm die Hand entgegenstreckte.

»Ich möcht' mich verabschieden.«

»Du fährst also heute?« Es klang traurig, ohne daß er es wußte.

»Ja, ich fahre wieder nach Hause«, bestätigte die junge Frau, und Martin bemerkte nicht das kurze Zögern in ihren Worten. »Schließlich bin ich lange genug hiergeblieben«, fügte Silke hinzu. »Ich hab' ja sogar meinen Urlaub verlängert. Aber einmal muß ich schließlich fahren.«

In den letzten Wochen war Silke täglich auf den Schwalbenhof gekommen. Annerl und Benedikt freuten sich über jede Stunde des Zusammenseins mit ihr.

Auch der junge Bauer hatte erkannt, daß Silke ihm nicht gleichgültig war. Doch er wagte es nicht, ihr das zu sagen, denn er hatte Angst, zurückgewiesen zu werden.

Was mußte sie von ihm denken? Schließlich wußte sie von

seinem Verhalten Marion gegenüber, und gewiß verachtete sie ihn für seine Blindheit.

Silke wollte gerade wieder gehen, da stürmten die Kinder in die Stube. Sie sahen die betretenen Gesichter der Erwachsenen und hielten abrupt in ihrer Bewegung inne.

»Silke, fährst du heute wirklich fort?« riefen sie einstimmig, und tiefe Enttäuschung war aus ihren Worten herauszuhören.

Die junge Frau beugte sich zu ihnen hinunter und zog sie in ihre Arme. »Gewiß fahre ich, ihr beiden. Ich hab' euch doch erklärt, daß ich nicht immer in Talbrunn bleiben kann.«

»Warum denn net?« wollte Benedikt wissen. Silke lächelte wehmütig. »Ich habe meinen Beruf und meine Arbeit in der Stadt. Außerdem lebe ich dort.«

»Aber du könntest doch bei uns auf dem Hof wohnen«, schlug der Bub eifrig vor.

Annerl schaute von Silke zu ihrem Vater hinüber, doch der wich dem Blick seiner Tochter aus. »Das geht doch net, Kinder«, sagte er mahnend. »Ihr habt doch gehört, daß die Silke wieder zurück in die Stadt möcht'!«

Der Bub schüttelte den Kopf. »Ich glaub' net, daß sie das wirklich will«, behauptete er treuherzig. »Denn ich weiß, daß sie dich liebhat, Papa, und du hast sie doch auch gern, net wahr?« Für Benedikt war alles einfach und sonnenklar.

Martin und Silke wurden verlegen. Keiner von ihnen wußte etwas zu sagen.

Und plötzlich faßte Annerl einen Entschluß. Sie griff nach der breiten, kräftigen Rechten des Vaters und legte sie in Silkes schmale Hand.

Kein Wort wurde gesprochen. Die Stille im Raum war beinahe greifbar ... bis Martin sich schließlich räusperte und mit rauher Stimme sagte: »Es tut mir leid, Silke, daß die Kinder dich in eine solch' unangenehme Situation bringen. Aber du mußt sie verstehen, sie mögen dich nun einmal.«

»Aber das ist für mich keine unangenehme Situation«, antwortete die junge Frau und hatte das Gefühl, als ob ihre Stimme ganz fremd klänge. »Ich würd' ja gern hierbleiben. Wenn du mich allerdings gar nicht magst, Martin, dann muß ich selbstverständlich heimfahren.«

Er starrte sie mit fassungslosem Erstaunen an. »Heißt das … heißt das etwa, daß du mich ein bisserl gern hast?«

»Ja, das heißt es«, bestätigte sie lächelnd. »Sogar noch mehr als das. Ich liebe dich.« Der hoffnungsvolle Ton schwand. Ernst und traurig fuhr die junge Frau fort: »Aber meine Liebe zu dir kann nur Erfüllung finden, wenn du sie erwiderst.«

Sekundenlang stand der junge Schwalbenhof-Bauer regungslos. Dann begannen seine Augen zu leuchten. »Himmelherrgott«, rief er laut. »Was bin ich doch für ein Dummkopf.«

»Das bist du wirklich, Martin«, sagte in diesem Moment eine tiefe Männerstimme hinter ihm. »Aber Selbsterkenntnis ist der erste Weg zur Besserung.«

Keiner der Anwesenden hatte bemerkt, daß Simon Schubert hereingekommen war. Jetzt wandte er sich an Silke.

»Nun bekomm' ich also eine bildhübsche, liebenswerte Schwiegertochter, und Annerl und Benedikt haben endlich wieder eine Mutti.«

»O prima! Fein!« Das Jubelgeschrei der Kinder füllte den ganzen Raum und war überall auf dem Schwalbenhof zu hören.

Martin hob abwehrend die Hand. »Jetzt ist es aber genug«, erklärte er mit einem hilflosen Lachen. »Erst einmal muß ich mit Silke in aller Ruhe sprechen, und dann teilen wir euch mit, was wir beschlossen haben.«

Er nahm die junge Frau an die Hand und führte sie hinaus. Silkes schmaler Körper zitterte leicht. Was war in den letzten Minuten geschehen? Sie konnte es noch gar nicht fassen. Vor einer halben Stunde war sie noch darauf eingestellt gewesen, aus Talbrunn fortzufahren und vielleicht niemals wieder herzukommen.

Und nun schien es, als ob alle ihre Träume und Hoffnungen sich doch noch erfüllen würden!

Langsam gingen Silke und Martin nebeneinander durch den Gemüsegarten und den daran anschließenden schmalen Feldweg entlang.

Die Sonne schien warm, doch die ersten Anzeichen des Herbstes waren schon zu spüren. Die funkelnden Sonnenstrahlen ließen die bunten Blätter aufleuchten.

Lange Zeit sprachen Martin und Silke kein Wort. Dann fragte er, und seine Stimme klang rauh: »Ist es wirklich wahr, daß du mich liebst und daß du meine Frau werden willst?«

Silke lachte zärtlich. »Warum glaubst du mir nicht?« fragte sie. »Du mußt es doch spüren.«

»Ich habe Angst, meinen Gefühlen zu vertrauen«, gestand er. »Außerdem bin ich überzeugt, daß du mich verachtest.«

»Warum sollte ich dich verachten?« Silke fragte es ehrlich verwundert.

»Weil ... weil, du weißt doch, da war die Sache mit Marion.«

Ein Schatten fiel über Silkes hübsches Gesicht. »Liebst du sie denn immer noch?« fragte sie leise.

»Nein«, kam die rasche Antwort. »Ich hab' sie auch niemals geliebt. Damals war ich dumm und blind, und es hat sehr lange gedauert, bis ich es erkannt hab'. Aber gerade für meinen Irrtum schäm' ich mich.«

»Es ist oft nicht leicht, einen Fehler einzugestehen«, gab Silke zu. »Aber gerade das zeichnet doch einen reifen Menschen aus, wenn er vor sich selber und vor anderen zugeben kann, daß er nicht perfekt ist. Wer von uns hat noch niemals in seinem Leben etwas falsch gemacht? Und wie könnten wir jemals einem anderen verzeihen, wenn wir uns selber nicht verzeihen?«

Martin blieb stehen. Er schaute sie mit einem langen Blick an, und aus seinen Augen sprach seine ganze Liebe. »Du bist wunderbar, Silke«, flüsterte er. »Und jetzt ... jetzt bin ich froh, daß alles so gekommen ist. Denn wie hätt' ich jemals die

Wahrheit erkennen können, wenn mir nicht erst durch eine Lüge die Augen geöffnet worden wären?«

Er zog sie in seine Arme, und ihre Lippen trafen sich zu einem ersten Kuß. Eine lange Zeit standen sie dort, umgeben von hohen, majestätischen Bergen, und waren sich sehr, sehr nahe. Sie mußten nicht mehr viel miteinander reden, weil sie wußten, daß sie sich liebten.

Martin löste seine Lippen von Silkes weichem, warmem Mund und schaute sie zärtlich an.

»Komm, laß uns nun ins Haus gehen und allen die wundervolle Neuigkeit mitteilen.«

*

Der Diecker-Bauer saß am Stammtisch im Wirtshaus und starrte angelegentlich in sein Bier. An diesem Abend hatte er keine Lust zum Kartenspielen.

Die anderen Bauern, die mit ihm zusammensaßen, redeten unentwegt miteinander. Das einzige Gesprächsthema bildete die Verlobung des jungen Schwalbenhof-Bauern mit einer Städterin, die er hier in Talbrunn kennengelernt hatte.

»Ich weiß net«, meinte einer und schüttelte bedächtig den Kopf, »Aber ich denk', es ist net richtig, so rasch eine Frau zu heiraten, die man kaum kennt! Wer weiß, wie sie sich benimmt, wenn sie erst einmal den Ring am Finger hat.«

»Eine Frau lernt man nie kennen, auch dann net, wenn sie im selben Dorf aufgewachsen und in dieselbe Schul' gegangen ist wie man selber«, behauptete Benjamin Diecker in einer fast philosophischen Erkenntnis.

Seine Stammtischbrüder grinsten. »Denkst wohl an deine Helga, Dicker, net wahr?«

Der Diecker-Bauer ärgerte sich, und deshalb erwiderte er gar nichts. Warum mußten ihm die andern nur immer mit seinem Namen aufziehen?

Die Wirtshaustür ging auf, und der alte Schwalbenhof-Bauer trat mit seinem Sohn ein. Die beiden wurden freudig begrüßt, denn manch einer hoffte, daß es jetzt für alle eine Runde geben würde.

Genau so war es auch. Martin bestellte für alle etwas zu trinken.

»Wo hast denn deine zukünftige Frau gelassen?« riefen die Wirtshausbesucher.

»Sie ist daheim, wie es sich gehört«, antwortete Simon Schubert anstelle seines Sohnes.

Martin maß ihn mit einem ärgerlichen Blick. »Silke wird später nachkommen.«

Schon eine halbe Stunde später kam Silke zum Bärenwirt.

Martins Augen leuchteten auf, als sie die Wirtsstube betrat. Er ging auf sie zu, legte den Arm um ihre Schultern und führte sie stolz zu dem Tisch, an dem er mit seinem Vater saß.

»Was möchtest du trinken, Silke?«

»Ein Glas Wein«, bat sie.

Die Gespräche in der Gaststube verstummten. Neugierig wurde die junge Frau von allen Seiten gemustert. Anfangs fühlte sie sich etwas unbehaglich, doch dann begann sie zu lächeln.

»Hier beim Bärenwirt ist es viel gemütlicher als droben im Sporthotel«, sagte sie laut und hatte mit diesen Worten die Herzen der Bauern gewonnen.

Martin war glücklich, als er sah, daß es Silke leichtfallen würde, sich in die Dorfgemeinschaft einzuleben. Sie besaß einen unverfälschten Sinn für das Landleben, und die liebenswerten, wenn auch manchmal etwas starrköpfigen Bauern hatte sie im Sturm erobert.

Auch Simon Schubert war stolz auf seine zukünftige Schwiegertochter. Silke paßte zu Martin, sie würde eine tüchtige Bäuerin werden. Im Gegensatz zu dieser Marion.

Wenn der alte Schwalbenhof-Bauer an die schöne Betrügerin dachte, dann trat ein schuldbewußter Ausdruck in seine

Augen. Wie hatte er sich nur so in einer Frau täuschen können!

Das Bier und der Enzian schmeckten ihm an diesem Abend hervorragend, und so blieb er noch sitzen, als Martin und Silke das Wirtshaus verließen.

Die Dorfstraße lag dunkel und still, nur beleuchtet von einigen weit auseinanderstehenden Straßenlaternen. Hand in Hand gingen Silke und Martin heim.

In zwei Wochen sollte die Hochzeit stattfinden, doch schon jetzt lebte die junge Frau auf dem Schwalbenhof. Silke war so glücklich wie nie zuvor in ihrem Leben. Martin liebte sie und seine Kinder brachten ihr Vertrauen und Zuneigung entgegen.

»Möchtest du noch einmal mit mir zur Pferdekoppel gehen?« fragte er jetzt.

»Ja, gern«, stimmte Silke zu.

Sie stellten sich an den Zaun und beobachteten die schlanken Tiere, deren Silhouetten sich gegen den mondhellen Himmel deutlich abhoben.

Martin erinnerte sich an sein erstes Zusammentreffen mit Marion. Hier hatte er sie zum erstenmal gesehen und sich sofort in sie verliebt. Doch jetzt wußte er, daß diese vermeintliche Liebe nur Schein gewesen war. Ihre Schönheit hatte ihn geblendet. Das, was Silke ihm gab, hätte Marion ihm niemals geben können. Sie waren einander immer fremd geblieben.

»Woran denkst du jetzt?« fragte die junge Frau leise und schob ihre Hand in seine warme Rechte.

Er drückte sanft ihre Finger. »Ich denk' an die Vergangenheit«, antwortete Martin.

»An Marion?«

»Ja, auch an sie.«

»Sie tut mir leid«, meinte Silke. »Ich wünsche ihr, daß sie doch noch den richtigen Weg findet. Sie hat es im Leben gewiß nicht leicht gehabt. Dieser Werner Siegen, oder wie immer er heißt, hat sie ins Verderben geführt.«

Weder Martin noch Silke ahnten, daß die Frau, von der sie sprachen, nur wenige hundert Meter entfernt stand. Marion war noch einmal nach Talbrunn zurückgekehrt. Sie versuchte, sich über die widerstrebenden Gefühle, die sie hatte, klarzuwerden. Vieles im Leben hatte sie falsch gemacht.

Sie fragte sich, ob es noch eine Zukunft für sie gab. In den letzten Wochen hatte sie all die Stätten ihrer Kindheit und Jugend besucht, in der Hoffnung, herauszufinden, welchen Lebensweg sie nun einschlagen sollte. Sie fühlte sich einsam. In den letzten Jahren war immer Werner bei ihr gewesen. Er hatte ihr gesagt, was sie tun mußte. Jetzt stand sie zum erstenmal auf eigenen Füßen.

Es war sehr schwer für die junge Frau. Wie sehnte sie sich nach einer breiten Schulter zum Anlehnen. Sie dachte an Martin, doch dann schüttelte sie unwillkürlich den Kopf. Es wäre ein großer Fehler gewesen, einen Mann zu heiraten, um versorgt zu sein.

Stolz warf sie den Kopf in den Nacken. Sie mußte lernen, sich selber zu vertrauen. Dann würde auch sie endlich das Glück finden. Gleich morgen früh wollte sie Talbrunn verlassen. Irgendwo würde sie sich eine Arbeit suchen. Marion fühlte sich plötzlich seltsam getröstet. Lag es an der Stille dieses kleinen Ortes, in dem sie so viel erlebt hatte? Oder lag es daran, daß sie jetzt hier zum erstenmal in ihrem Leben empfand, daß das Glück in einem selber lag und nicht von außen kam?

Die Stute lief unruhig auf der Pferdekoppel hin und her. Sie stieß ein helles Wiehern aus. Marion lächelte unwillkürlich und ging mit langsamen Schritten davon.

Silke fröstelte. Martin legte den Arm um ihre Schultern. »Komm, laß uns ins Haus gehen, Schatzerl.«

Sie nickte. Dann küßten sie sich noch einmal unter dem eindrucksvollen Sternenhimmel, bevor sie sich in die behagliche Wärme des Hauses zurückzogen. Sie saßen in der Stube und sprachen über die gemeinsame Zukunft, als eine laute Männerstimme ertönte. »Heimat, deine Sterne ...«, sang der alte Schwalbenhof-Bauer, eher laut als schön, während er durch den Vorgarten zur Haustür schritt.

Er bemerkte nicht, daß noch Licht in der Stube brannte. Und er hörte auch nicht, wie über seinem Kopf ein Fenster geöffnet wurde und eine Kinderstimme leise sagte: »Pscht, Beni, es ist der Großvater. Paß auf, morgen früh verlangt er wieder einen sauren Hering von der Großmutter ...«

KATHRIN SINGER
Zwei, die sich nach Liebe sehnen

ROMAN

Weltbild

»Mami, guck mal! Ist die Burg net schön, die ich gebaut hab'?«
Die Hose über und über voll Sand, lief Bastian auf seine Mutter zu.

»So, eine Burg hast du gebaut?« fragte Susanne lächelnd.

»Ja, komm mit.« Er zog sie bei der Hand. »Ich zeig's dir. Riesig groß ist sie, mit einem Burggraben rundherum.«

Sie setzte sich schon in Bewegung, als eine dunkle Stimme ertönte. »Hast nix besser's zu tun, als mit dem Buben zu spielen?« meinte Susannes Vater mißmutig, der gerade in diesem Augenblick aus der Stalltür trat.

»Geh, Vater, ich muß mir doch anschauen, was der Bastian gebaut hat. Er ist doch so stolz auf sein Werk.«

»So, er ist stolz auf sein Werk«, brummte der Alte. »Und du bist stolz auf ihn, gell?«

»Ja, Vater«, sagte Susanne leise und bestimmt. »Vergiß net, er ist mein Sohn.«

»Und wo ist der Vater von dem Kind?«

Susanne lief vor Zorn rot an.

Bastian hörte dem Gespräch der Erwachsenen aufmerksam zu. »Mein Vater ist unterwegs«, meinte er trotzig. »Er will ein neues Zuhause für uns suchen. Die Mutter hat's mir erzählt.«

»Ja, Bastian. Er wird sicher bald zurückkommen.« Susanne nahm den Kleinen in ihren Arm.

»Warum erzählst dem Buben eine solche Mär?«

»Bastian, geh wieder in den Sandkasten. Ich komm' auch gleich und schau' mir deine Burg an.«

»Kommst du auch ganz bestimmt?« Bastian sah sie traurig an. »Ich möcht's dir doch so gern zeigen.«

»Ich komm' ganz bestimmt! Doch nun geh. Baust' halt noch einen Stall dazu.«

»Auf einer Burg gibt's doch keinen Stall«, rief Bastian empört. »Eine Burg ist doch kein Bauernhof.«

»Ja, mein Kleiner.« Sacht strich Susanne ihrem Sohn über die feinen blonden Haare. »Aber eine Kemenate gibt's, dort leben die Burgfräuleins.«

»Ja, Mami, ich bau' noch so eine Matte. Jetzt fahr' ich mit dem Auto zum Sandkasten.« Das Geräusch eines Autos nachahmend lief er davon.

Franz Reindl, Susannes Vater, sah ihm stirnrunzelnd nach. »Er wird seinem Vater von Tag zu Tag ähnlicher. Auch das Temperament hat er von ihm.«

»Und das ist gut so«, sagte Susanne ruhig. »Der Reinhold ist ein guter Mann. Hoffentlich wird sein Sohn so wie er.«

Franz kniff die Augen zusammen. »Hast' denn vergessen, was er dir angetan hat. Denk doch nur an die Geschicht' mit der Marianne.«

»Manchmal denk' ich, wir haben ihm Unrecht getan«, seufzte Susanne. »Bist' denn so sicher, daß er damals auch mit der Marianne ein Gspusi hatte.«

»Ich hab's dir doch bewiesen.«

»Ja, Vater.« Susanne senkte den Kopf. Doch dann blickte sie ihren Vater fest an. »Um etwas möcht' ich dich jetzt bitten: Laß den Bastian nie dafür büßen, daß er ein uneheliches Kind ist. Der Bub soll sich normal entwickeln. Wennst' noch einmal so grantig zu ihm bist wie eben, dann verlaß' ich mit Bastian den Hof.«

Franz zuckte zusammen. »Ich war doch net grantig zu dem Buben. Bist denn in der Kuchel schon mit der Arbeit fertig?« fragte er zusammenhanglos.

»Bitte, lenk jetzt net ab, Vater. Du solltest vor Bastian nicht schlecht von Reinhold sprechen. Der Bub hat sich ein Bild von ihm gemacht, ein strahlendes Bild. Sein Vater ist ein Held für ihn. Und wenn du noch einmal versuchst, dieses Bild zu zerstören, dann …«

»Aber der Reinhold ist doch kein Held.«

»Nein, das ist er nicht. Aber wenn der Junge schon seinen Vater net kennt, dann soll er sich wenigstens ein positives Bild von ihm machen können. Und noch eins: Die Arbeit auf dem Hof steht hinter der Kindererziehung. Für mich ist mein Sohn das Wichtigste auf der Welt. So, und nun geh' ich zum Sandkasten und spiel' mit ihm.«

Susanne wandte sich um und ging hinter das Haus. Auf dem kleinen Spielplatz saß Bastian gedankenverloren auf der Schaukel. Die Unterlippe weit vorgeschoben bewegte er seinen Oberkörper langsam vor und zurück.

»Bastian, du wolltest mir doch deine Burg zeigen.«

»Ach, Mami, sie war doch net so schön. Da hab' ich sie kaputt gemacht.«

»Du hast sie zerstört?« rief Susanne. »Aber warum denn?«

»Wir können ja nie drin wohnen. Ach, wenn der Vater doch bald einen Hof finden würd', auf dem wir alle leben könnten. Du, ich und der Vater.«

»Bastian«, fragte Susanne ruhig, »bist denn so unglücklich hier.«

»Nein.« Seine Unterlippe schob sich noch weiter vor. »Aber der Großvater ist allweil so brummig, und ich möcht' doch auch mit meinem Vater zusammen sein.«

»Das wirst du auch. Paß auf, jetzt bauen wir die Burg wieder gemeinsam auf, und dann mach' ich dir ein schönes Schmankerl zum Mittagessen.«

»Au fein, einen Eierschmarren?«

»Ja, einen Eierschmarren.«

Susanne und Bastian spielten nun im Sandkasten. Dem Buben machte das Spiel mit seiner Mutter einen Riesenspaß. Doch Susanne mußte sich zuammenreißen, daß ihre Gedanken nicht abgelenkt wurden.

»Bist auch traurig, gell, Mami?« fragte Bastian altklug.

»Nein, ich bin net traurig, mein Kleiner. Und du sollst glücklich sein. Du bist doch das Wichtigste auf der Welt für mich. Aber jetzt muß ich in die Kuchel, sonst schimpft der Großvater. Die Leut' warten doch aufs Essen. Und du willst ja auch deinen Eierschmarren haben. Spiel noch ein Weilchen, dann kommst' ins Haus und wäschst dich.«

Begeistert stürzte der Kleine sich wieder in den Sandkasten. Er wollte der Mutter eine wunderschöne Burg bauen. Dann lachte sie wieder. Und wenn seine Mami lachte, dann war auch

Bastian glücklich. Er schämte sich jetzt, das erste Bauwerk zerstört zu haben. Susanne beobachtete ihn noch eine Weile liebevoll, dann ging sie ins Haus.

»Wir haben Besuch«, empfing ihr Vater sie. »Der Reisinger-Michael ist da.«

»Was will er denn?«

»Er hat mich gefragt, ob ich ihm die Mähmaschin' einen Tag ausleihen könnte. Aber ich glaub', das ist nur ein Vorwand. Er will dich sehen, net mich.«

»Ach, was du nur wieder redest, Vater«, wehrte Susanne verlegen ab.

»Doch, doch, ich müßt' mich schon arg täuschen. Der Michael ist in dich verliebt. Und er wär' auch net der Schlechteste. Warum heiratest du ihn net?«

»Bis jetzt hat er mich noch net gefragt«, sagte Susanne kurz.

»Dann geh halt zu ihm. Er sitzt in der Stube.«

Langsam drückte Susanne den Türgriff hinunter. Eigenartig, Michael Reislinger kam in der letzten Zeit fast täglich. Ob es stimmte, was der Vater behauptete? Als Susanne die Tür langsam aufdrückte, stand er vor dem Fenster und starrte gedankenverloren auf die Bergwelt.

»Grüß Gott, Michael«, sagte das Madel leise.

Hastig fuhr er herum. »Susanne, wie freu' ich mich, dich zu sehen.«

»Setz dich, Michael. Magst' ein Stamperl Schnaps?«

»Da sag' ich net nein.«

Schweigend saßen sie sich eine Weile gegenüber. Michael starrte sie nur an, ohne ein Wort zu sagen. Susanne meinte nach eine Weile: »Hast mit dem Vater über die Mähmaschin' geredet, gell. Er leiht sie dir.«

Michael räusperte sich. »Ja, und ich bin ihm dankbar dafür.«

Susanne fühlte sich unbehaglich. Warum nur kam kein Gespräch mit Michael zustande? Sie stand auf. »Ich muß jetzt in die Kuchel. Die Leut' warten aufs Essen. Kann ich noch irgendwas für dich tun?«

Er schaute sie offen an. »Ja, Susanne. Magst' net … Ich mein', magst' net mit mir nächsten Samstag zum Tanz gehen?«

Sie lachte. »Um mich das zu fragen, hast so lange gebraucht. Gewiß, gern geh' ich mit dir tanzen. Wir können nur erst nach acht gehen. Du weißt ja, der Bub muß ins Bett. Und eh er net schläft, geh' ich net aus dem Haus.«

»Ah ja, der Bastian.«

Susanne blickte ihn verwundert an. Was war nur in den Michael gefahren? Er war doch sonst nicht so schüchtern. Sie kannte ihn von klein auf, doch nie hatte er sich für sie besonders interessiert. Sicher, sie hatten als Kinder herumgetollt, doch später hatte Michael ihr nicht den Hof gemacht – im Gegensatz zu manch anderen Bauernsöhnen.

»Ich geh' jetzt. Wennst noch ein Schnapserl trinken willst, die Flasche steht auf dem Tisch. Ich schick' dir den Vater zur Unterhaltung.«

»Nein, nein.« Michael stand hastig auf. »Ich muß gehen. Bis zum Samstag also.«

»Ja.« Sie drückte ihm fest die Hand. Michaels Rechte war schweißnaß. Ohne sich noch einmal umzudrehen, verließ er fast im Laufschritt das Haus.

Franz Reindl kam zu seiner Tochter in die Kuchel. »Na, was hat der Reislinger von dir gewollt?« fragte er neugierig.

»Zum Tanz hat er mich eingeladen. Am Samstagabend.«

»Wirst' mit ihm gehen?«

»Ja, warum auch net.«

»Und sonst hat er nichts gesagt?« wollte der Bauer nun wissen.

»Nein. Was sollte er auch sagen?«

Franz wandte sich ab.

Susanne sah ihn nachdenklich an. »Vater, nun sag schon, was du willst. Du hast doch etwas auf dem Herzen. Ich spür's doch.«

»Du weißt, was ich möcht'«, brummte Franz. »Du sollst den Reislinger heiraten.«

»Ich kann wohl schlecht um seine Hand anhalten. Abwarten, vielleicht fragt er mich ja, und es könnte sein, daß ich net nein sag'.«

Franz' Augen leuchteten auf. »Das würd' mich freuen, Susanne. Doch nun möcht' ich essen. Ich hab' Hunger.«

»Net nur du, Vater«, meinte Susanne lächelnd. »In wenigen Minuten könnt ihr euch an den Tisch setzen.«

Während sie sich eilends um die Zubereitung des Essens kümmerte, dachte Susanne noch einmal über ihr Gespräch mit Michael nach.

Würd' ich ihn denn gern heiraten? fragte sie sich fast schon zu sachlich. Lieb' ich ihn denn? Aber der Bastian brauchte einen Vater, und es war sicher sinnlos, auf Reinholds Rückkehr zu warten.

*

Am Samstagabend, pünktlich um acht, stand Michael vor der Tür. Susanne war gerade dabei, sich ihr Sonntagsdirndl anzuziehen. Der Bastian lag schon im Bett und schlief. Sie konnte also unbesorgt das Haus verlassen.

Susanne hörte in ihrem Zimmer die Stimme des Vaters, der Michael freundlich bat, einzutreten. Kräftig fuhr sie sich mit der Bürste noch einmal durch das volle, lichtbraune Haar, bevor sie ins Erdgeschoß ging.

Von der Erregung waren ihre Wangen leicht gerötet. Es tat gut, einmal aus dem Haus zu kommen.

Michael schaute auf, als sie in die Stube trat. »Hübsch schaust' aus, bildhübsch«, rief er bewundernd aus.

Ihr Vater nickte beifällig. »Brauchst dich gewiß net zu verstecken«, sagte er anerkennend. »Michael wird von den anderen Männern um dich beneidet werden. Sie gefällt dir doch, Michael, gell?«

Susanne wurde rot, als sie die deutliche Anspielung ihres Vaters hörte. »Vater, bitte«, rief sie. Ihr Ton war schärfer als beabsichtigt. Aber sie mochte nun einmal nicht die Art, wie ihr Vater sie so augenscheinlich dem Michael anpries.

»Wollen wir gehen?« fragte sie Michael lächelnd, nachdem sie ihrem Vater einen warnenden Blick zugeworfen hatte. Noch einmal eine solche Anspielung und sie war ernstlich böse mit ihm.

Doch Franz sagte kein Wort mehr. Er strich sich mit der Hand über das Kinn und schaute den beiden nachdenklich nach, als sie das Haus verließen.

Michael half Susanne galant in sein Auto. Bevor sie losfuhren, drückte er plötzlich ihre Hand. »Ich freu' mich auf heut' abend«, murmelte er. »Ich bin glücklich, dich ausführen zu dürfen.« Es klang sonderbar verkrampft.

»Weißt?« sagte Susanne leichthin. »Es tut mir gut, einmal tanzen zu gehen. Ich war zu lange an das Haus gefesselt. Ich freu' mich. Tanzen möcht' ich, den ganzen Abend tanzen.«

Sie hob in freudiger Erwartung beide Arme. Als sie dabei an das Wagendach stieß, lachte sie laut auf. »Für meine Energie ist dein Wagen viel zu klein, Michael.«

Fröhlich kamen die beiden in der nahegelegenen Stadt an. Michael fuhr zu einer Nachtbar. Der Oberkellner empfing sie und geleitete sie zu einem Tisch in der Nähe der Tanzfläche.

Susanne blickte sich staunend um. »Toll ist das hier. Aber ist das nicht sehr teuer?« flüsterte sie Michael zu.

»Das spielt doch keine Rolle. Eine schöne Frau braucht einen entsprechenden Rahmen. Du warst doch sicher schon öfter in einer Bar?«

»Nein, in einer so exklusiven noch net. Doch es gefällt mir sehr, das muß ich zugeben. Wie gut du doch den Geschmack einer Frau erraten kannst.«

Sie setzten sich. Der Kellner brachte die Weinkarte. Als Susanne die Preise sah, zuckte sie ein wenig zusammen. Ach, was soll's, dachte sie dann, ich geh' ja net alle Tage aus. Und wenn, dann soll es auch ruhig ein Fest werden.

Der Wein half Michael anscheinend ein wenig beim Auftauen. Er trank zu hastig, fand Susanne.

»Wollen wir tanzen?« fragte er plötzlich, nachdem er eine Weile schweigsam neben ihr gesessen und etliche Gläser Wein getrunken hatte.

»Gern.«

Sie glitten über das Parkett.

Susanne lag in seinem Arm wie eine Feder. Aus den Augenwinkeln beobachtete sie, daß ihr viele Männerblicke folgten.

Auch Michael schien es zu bemerken. Er zog sie enger an sich.

Es tat gut, in seinen Armen zu liegen. Susanne fühlte sich geborgen. Sie war einfach zu lange allein gewesen.

Als sie wieder an ihrem Tisch waren, ließ Susanne sich atemlos in ihren Sessel fallen. »War das schön«, sagte sie mit glänzenden Augen. »Ich hätte immer so weiter tanzen mögen.«

Michael setzte sein Glas ab. »Der Abend ist noch nicht zu Ende«, flüsterte er und blickte ihr tief in die Augen.

»Du solltest nicht so viel trinken«, sagte sie sachlich, um wieder Boden unter den Füßen zu spüren. »Wir haben doch den Heimweg vor uns.«

»Dann fahren wir halt mit einem Taxi.« Er setzte schon wieder das Glas an die Lippen.

Susanne zuckte mit den Schultern. Michael hatte ja recht. Warum sollten sie nicht einmal den grauen Alltag vergessen und den Abend genießen? Der Wein, die Atmosphäre der Bar und die Musik ließen sie ein Hochgefühl empfinden.

»Ja, Michael«, flüsterte sie und lehnte sich an seinen Arm. »Wir fahren mit dem Taxi.«

Wieder tanzten sie. Michael hielt das Madl ganz eng an sich gepreßt.

»Dein Herz schlägt ganz schnell«, sagte Susanne plötzlich.

»Es gehört dir.«

»Was gehört mir?« Sie verstand ihn nicht. Träumte sie? Der Wein hatte sie umnebelt.

»Mein Herz. Es gehört dir.«

Susanne blickte ihn sprachlos an.

Michael nahm zärtlich ihre Hand und führte sie von der Tanzfläche. Liebevoll half er ihr in den Sessel. Ihre Hände zwischen den seinen, sagte er: »Ich meine es ernst, Susanne, Liebling. Ich möchte dich heiraten. Willst du meine Frau werden?«

Susanne begann zu zittern. »Michael«, stammelte sie. »Michael, liebst du mich denn?«

»Wie kannst du so etwas nur fragen?« meinte er entrüstet. »Natürlich lieb' ich dich. Ich hab' dich schon immer geliebt. Bitte, sag ja.«

Ja, bin ich denn blind gewesen? dachte Susanne. »Ich hab' nie gewußt, daß du mich liebst«, flüsterte sie dann.

»Du hattest damals ja auch nur Augen für diesen Reinhold.«

Bei dem Namen zuckte Susanne zusammen. Würde sie Reinhold denn nie vergessen? Schließlich hatte Reinhold sie verlassen. Und nun saß Michael vor ihr, gestand ihr seine Liebe und wollte sie heiraten. Warum nur, warum zögerte sie noch?

»Ja, Michael«, sagte sie nach einer Weile ruhig. »Ich möchte deine Frau werden.«

»Juhu«, rief er so laut, daß die anderen Gäste zu ihnen herüberschauten. »Ich bestell' sofort noch eine Flasche Champagner. Das müssen wir feiern.«

Nachdem sie miteinander angestoßen hatten, sagte Michael glücklich: »Liebes, wann wollen wir heiraten? Laß mich nimmer so lange warten. Sagen wir, in vier Wochen?«

»Ist das net ein bisserl zu überstürzt?«

»Ach was, jeder Tag, der mich von dir trennt, ist für mich ein verlorener Tag. Erlaubst du, daß ich morgen mit deinem Vater spreche?«

»Ja, natürlich«, erwiderte Susanne erstaunt. »Aber meine Zusage genügt. Ich bin doch volljährig.«

»Nur der Form halber.«

»Schön. Ich freue mich, daß du die alten Sitten wahrst. Doch«, sie biß sich auf die Lippen, »über eins müssen wir noch sprechen.«

»Und das wäre?« fragte er gespannt.

»Über Bastian, meinen Sohn. Der Bub gehört zu mir. Bist du bereit, ihm ein guter Vater zu sein?«

»Liebes«, flüsterte Michael zärtlich, »ich will dem Buben der beste Vater der Welt sein. Ich mag ihn sehr, das weißt du.«

»Dann ist es gut.« Susanne wurde von einem Glücksgefühl überströmt.

Wieder stießen sie miteinander an. Michaels Küsse waren zärtlich und liebevoll.

Ich hab’ wohl nie gespürt, welch ein guter Mann Michael ist, dachte Susanne reuevoll. Nie hab’ ich ihm einen Blick geschenkt. Wie auch immer, überlegte sie weiter, wir werden heiraten, der Bastian bekommt einen Vater, und ich bin nimmer so allein. Sie gestand sich nicht ein, daß das Wichtigste bei dieser Ehe der neue Vater für Bastian war. Ihr Sohn sollte glücklich sein, sollte endlich die Harmonie einer intakten Familie kennenlernen.

»Woran denkst du?« fragte Michael gespannt.

»Ach, nichts«, entgegnete sie ablenkend. »Wollen wir net heimfahren?«

»Gewiß, wenn du möchtest. Dein Wunsch ist mir Befehl.«

Susanne lachte. »Wenn du das weiterhin so halten willst, dann dürfte unsere Ehe für dich sehr anstrengend werden.«

Arm in Arm verließen die beiden die Bar. Der Kellner hatte zuvor ein Taxi bestellt.

*

Franz Reindl war angenehm überrascht, als Michael ihn am nächsten Tag um die Hand seiner Tochter bat. »Ich freu’ mich, daß du Susanne zu deiner Frau machen willst«, sagte er gerührt. »Mach sie nur so glücklich, wie sie mich immer glücklich gemacht hat.«

Das versprach Michael hoch und heilig.

Susanne beobachtete die beiden mit amüsierten Blicken. Seit wann war ihr Vater denn so rührselig? Franz warf ihr einen anerkennenden Blick zu. Hast' es also doch geschafft? schien er sagen zu wollen. Hast' dir den Großbauern Michael Reislinger gekapert?

Susanne wurde ärgerlich. Es war ja nicht so, wie der Vater dachte. Er liebte sie, und sie liebte ihn. Vielleicht nicht ganz so, wie sie Reinhold geliebt hatte. Doch sofort schob sie den Gedanken an den Burschen beiseite. Sie wollte und mußte Reinhold vergessen. Er hatte sie ja auch vergessen.

Plötzlich horchte sie auf. Was fragte Michael den Vater da?

»Wirst den Hof nach der Hochzeit übergeben?« hörte sie Michael sagen.

Franz Reindl stutzte. »Warum?« fragte er gedehnt. »Susanne kommt doch auf deinen Hof. Gewiß wird sie den Reindl-Hof einmal erben, aber ich bin doch noch jung genug, um den Hof zu behalten. Und eigentlich …«

»Was eigentlich?« fragte Michael merkwürdig gespannt.

»Nun, eigentlich hab' ich gedacht, daß der Bastian eines Tages den Reindl-Hof übernehmen wird. Ihr werdet doch sicher auch Kinder haben. Euer Ältester kann ja dann deinen Hof erben.«

Susanne atmete tief durch. Sie freute sich, daß der Vater an Bastian dachte. Er schien den Buben doch zu lieben, obwohl es manchmal nicht so ausschaute.

»Ja, ja, hast natürlich recht, Reindl-Bauer«, murmelte Michael.

»Geh, Bub, sag Vater zu mir. Bist doch bald der Mann meiner einzigen Tochter und später der Vater meiner Enkel.«

»Danke, Vater.«

»Selbstverständlich«, fuhr Franz fort, »wird Susanne eine angemessene Aussteuer mit in die Ehe bringen. Sie soll net mit leeren Händen zu dir kommen.«

Täuschte Susanne sich, oder atmete Michael insgeheim auf? Aber nun legte er zärtlich den Arm um sie und sah sie mit einem liebevollen Blick an. Seine Verlobte fest an sich pressend, sagte er mit leuchtendem Blick zu Franz: »Es ist dir doch recht, Vater, wenn wir in vier Wochen heiraten? Ich möcht' nimmer so lang warten.«

»Und ob, Bub. Ich bin glücklich darüber. Susanne wird mir fehlen, aber ich werd' ihrem Glück net im Weg stehen.«

»Dann gehen wir gleich zum Pfarrer«, rief Michael. Susanne mit sich ziehend, lief er eilig hinaus. Sie fühlte sich fast von ihm überrumpelt. Aber sie wollte ihn doch heiraten. Warum dann nicht gleich so schnell wie möglich?

Es war soweit! Susanne sah wunderschön in ihrem weißen Spitzenkleid aus. Michael wirkte ausgesprochen elegant in seinem neuen dunklen Anzug. Sie waren wirklich ein schönes Paar.

Bevor sie zur Kirche fuhren, kam Bastian noch in Susannes Zimmer. Sie hatte ihm einen kleinen Anzug schneidern lassen. Der Bub wirkte wie ein kleiner Graf.

»Bastian.« Susanne drückte ihren Sohn an sich. In ihren Augen standen Tränen des Glücks. »Bub, freust du dich denn?«

»Ja, Mami«, sagte er ernst. »Jetzt bekomme ich doch auch einen Vater wie die anderen Kinder. Jetzt sind wir nimmer so allein.«

»Nein, mein Sohn, jetzt sind wir nimmer allein. Und … und du hast den Michael doch gern?« fragte sie zaghaft.

»Er ist immer sehr nett zu mir. Meinst', daß er gern mein Vater wird?«

»Da bin ich sicher, Bastian.«

Fast das ganze Dorf war in der Kirche versammelt. Als Susanne an Michaels Arm unter Orgelbegleitung das Kirchenschiff entlangschritt, ging ein Raunen durch die Menge. Eine so schöne Braut sah man nicht oft hier.

In dieser Nacht schlief Susanne zum erstenmal nicht daheim in ihrer Kammer. Die Altmagd vom Reislinger-Hof hatte das Schlafzimmer für das junge Ehepaar hergerichtet. Viele Blumensträuße waren in ihrem neuen Heim plaziert. So hieß das Gesinde des Hofes die neue Bäuerin willkommen.

Michael war ein überaus zärtlicher und rücksichtsvoller Liebhaber. Susanne war sehr glücklich. Ihre Zukunft lag klar und deutlich vor ihr.

Am nächsten Morgen begann sie die Aufgaben der Bäuerin auf dem Hof ihres Mannes zu übernehmen. Da lag vieles im argen. Susanne wunderte sich. Wie hatte Michael diese Schluderei durchgehen lassen können? Die Vorratskammern waren nicht gefüllt.

Schließlich war es Herbst. Die Ernte war schon längst eingebracht worden.

»Habt ihr denn gar kein Gemüse eingekocht?« fragte Susanne Marie, die Altmagd.

»Wir haben alles auf den Markt gefahren.«

»Warum denn das? Dann müßt ihr ja im Winter einkaufen, wenn alles so teuer ist.«

»Der Bauer hat's ja so gewollt.«

»Nun gut.« Susanne gab sich damit zufrieden. Schließlich war Michael Junggeselle gewesen, und es war wohl zuviel verlangt, daß er sich auch noch um die Wirtschaftsangelegenheiten im Haus kümmern sollte. Gewiß hatte er auf dem Hof genug zu tun.

Doch nach wenigen Tagen stellte Susanne fest, daß auch die Kornkammern merkwürdig leer waren. Am Abend fragte sie Michael danach.

»Ich hab' einiges verkauft«, brummte er.

»Du hast Korn verkauft?« fragte Susanne ziemlich entsetzt. »Aber du mußt doch das Vieh durch den Winter bringen. Und das, was noch da ist, wird sicherlich nicht reichen. Das sieht man doch.«

»Kümmer du dich um die Hauswirtschaft, ich versorge den Hof. Das ist meine Aufgabe, damit hast du nix zu schaffen«, sagte er unfreundlich.

Susanne war verletzt. Sie hatte Michael ja nicht verärgern wollen, aber als Bäuerin mußte sie doch wissen, was auf dem Hof vor sich ging. Und vieles war ihr unverständlich.

Michael hatte sich nach der Eheschließung verändert. Er war nicht mehr der liebevolle, zartfühlende Mann, der er vor der Hochzeit gewesen war. Er war brummig, unfreundlich und verschlossen. Häufig war er in der Stadt, sagte jedoch nie, was er dort zu erledigen hatte.

Fragte Susanne ihn, antwortete er nur kurz: »Leidige Geschäfte. Nix, was dich interessieren könnte.«

Aber alles, was du tust, interessiert mich doch, wollte Susanne entgegnen, doch der Stolz verschloß ihr den Mund.

Auch Bastian fühlte Michaels Veränderung. »Der neue Vater ist aber komisch«, sagte er einmal zu seiner Mutter.

»Warum sagst du immer, der neue Vater und net der Vater?« fragte Susanne sanft.

»Weil er doch mein neuer Vater ist.«

»Aber man sagt das net«, meinte Susanne. »Ein Vater ist ein Vater, da kann man keine Unterschiede machen.«

»Er ist aber doch net mein richtiger Vater.«

»Das stimmt. Aber Michael hat dich lieb wie ein leiblicher Vater.«

Bastian schob seine Unterlippe nach vorn. »Das glaub' ich net.«

»Warum net? Der Michael ist doch sehr freundlich zu dir.«

»Er redet ja gar net mit mir. Und spielen tut er auch net. Er hat ja nie Zeit, weil er nie daheim ist«, meinte Bastian altklug.

Susanne seufzte. Der Bub hatte recht. In den wenigen Wochen seit der Eheschließung hatte Michael sich sehr verändert. Sie bekam ihn fast nie zu Gesicht. Spät in der Nacht kam er heim und schlich sich ins eheliche Schlafzimmer. Und am frühen Morgen war er oft schon verschwunden. Die Verantwortung für die Versorgung des Hofes lag fast ganz auf den Schultern des Gesindes.

Susanne wußte zu wenig Bescheid auf dem Reislinger-Hof. Sie konnte nicht mitreden, und ihr Mann sagte ihr auch nichts.

Er schien mit dem Ablauf der Wirtschaft zufrieden zu sein. Aber ewig konnte es nicht mehr so weitergehen. Der Hof mußte darunter leiden. Es war eine Schande, daß jetzt zu Beginn des Winters die Scheunen und Vorratskammern nicht genügend gefüllt waren. Eine solche Mißwirtschaft war Susanne fremd. Doch ohne Michaels Unterstützung konnte sie nichts ändern. Sie mußte mit ihm reden, es ging nicht anders.

Und diesmal durfte er nicht nach Ausflüchten suchen. Schließlich war er Bauer, und nichts durfte ihm ferner liegen, als seinen Hof zu vernachlässigen.

*

Susanne schob ihre geplante Unterredung immer wieder auf. Michael wurde von Tag zu Tag mürrischer und unleidlicher. Am frühen Morgen hatte der Briefträger einen eingeschriebenen Brief gebracht. Michael hatte ihn entgegengenommen und war damit in die Stube gegangen. Nach einigen Minuten kam er fluchend wieder heraus.

»Ist etwas, Michael? Kann ich dir helfen?« fragte Susanne mit klopfendem Herzen.

»Nix ist«, sagte er unwirsch. »Ich muß in die Stadt.«

»Schon wieder«, entfuhr es Susanne.

Michael sah sie böse an. »Was soll das heißen, schon wieder?« murrte er. »Schließlich bin ich mein eigener Herr und kann tun und lassen, was ich will.«

»Du vergißt, daß du eine Frau, einen Sohn und einen Hof hast«, meinte Susanne leise, aber bestimmt.

»Es ist dein Sohn, net meiner.«

Susanne zuckte zusammen. Also so war das! Plötzlich war Bastian nun ihr Sohn, vor der Ehe hatte Michael ihn angeblich lieb gehabt wie einen eigenen. Was hatte diese Veränderung nur bei ihm hervorgerufen?

Sie wandte sich ab. Michael sollte die Tränen in ihren Augen nicht sehen. Aber er hatte das Haus schon verlassen.

Susanne machte sich an ihre Hausarbeit. Viel lastete auf ihr. Die Abwesenheit des Bauern war deutlich zu spüren. Marie war zu alt, um den gesamten Haushalt zu versorgen. Und die anderen Mägde wurden auf den Feldern oder bei der Viehversorgung gebraucht.

Sie ging in die Stube, um Staub zu wischen. Seufzend fuhr sie mit dem Tuch über die Kredenz. Gedanken wirbelten durch ihren Kopf wie Mahlsteine. Wenn sie nur wüßte, was Michael so verändert hatte. Waren alle seine Liebesschwüre vor der Hochzeit Lügen gewesen? Das konnte doch nicht sein. Und wenn er sie nicht liebte, warum hatte er sie dann geheiratet? Fragen über Fragen und keine Antwort.

Tief in Gedanken hatte Susanne einen Brief, der auf dem Schrank lag, mit dem Staubtuch auf den Boden geworfen. Seufzend hob sie ihn auf. Das war ja ein amtliches Schreiben. Flüchtig überflog sie den Briefkopf. Er war vom Amtsgericht! Sie zog die Stirn in Falten. Das Schreiben war nicht für Sie bestimmt. Sie faltete es zusammen, als ihr die Anschrift auffiel: Michael Reisinger, per Einschreiben. Ihr Herz klopfte zum zerspringen. Was hatte Michael mit dem Gericht zu tun? Er hatte ihr nichts davon erzählt, aber er sagte ihr ja sowieso nie etwas. War es ein Vertrauensbruch, wenn sie das Schreiben lesen würde? Gewiß, es war nicht an sie gerichtet, aber schließlich war sie Michaels Frau! Es war ihre Pflicht, ihm in guten wie in bösen Tagen zur Seite zu stehen. Und dieses Schreiben, das war sicher, bedeutete nichts Gutes.

Unentschlossen ließ sie sich auf einen Stuhl fallen. Sie drehte den Brief immer wieder in ihrer Hand. Vielleicht hatte Michael einmal etwas Unehrenhaftes getan und schämte sich nun, es ihr mitzuteilen. Nein, sie durfte den Brief nicht lesen. Wenn Michael gewollt hätte, daß sie den Inhalt kannte, hätte er ihn ihr gezeigt.

In diesem Moment klopfte jemand an die Tür.

»Herein!« rief Susanne mit leicht bebender Stimme.

Marie steckte ihren Kopf durch die Tür. »Bäuerin, da ist Besuch. Der Herr wollte zum Bauern. Ich hab' gesagt, er ist net da, aber du bist in der Stube. Das war doch recht, gell?«

»Ja, ja, Marie«, sagte Susanne müde. »Bitte ihn doch herein.« Bedeutete dieser Besuch noch mehr Schwierigkeiten?

Doch als der fremde Mann eintrat, blickte Susanne ihn mit gespannter Aufmerksamkeit an. »Grüß' Gott«, sagte sie förmlich.

Er neigte den Kopf. »Grüß' Gott. Mein Name ist Ruppert, Hasso Ruppert. Spreche ich mit Frau Reislinger, der Ehefrau von Michael Reislinger?«

»Ja«, entgegnete Susanne leicht irritiert.

»Herr Reislinger ist nicht im Haus?« wollte der Mann nun wissen.

»Nein.«

»Und Sie sind mit ihm verheiratet?«

»Das hab' ich doch schon gesagt.« Susanne wurde ärgerlich. Was sollte diese Fragerei?

»Frau Reislinger, da ich Ihren Mann nicht angetroffen habe, sehe ich mich gezwungen, mit Ihnen zu sprechen.«

»Bitte.«

»Ich bin Gerichtsvollzieher. Ihr Mann hat seinem Gläubiger immer wieder versichert, daß er bald zahlen werde, doch es ist kein Geld eingetroffen. Auch auf diverse Mahnbescheide hat er nicht reagiert. Ich sehe mich also gezwungen, bei Ihnen zu pfänden.«

»Zu pfänden!« Susanne schrie auf.

»Ja. Es tut mir leid. Wie ich sehe, hat Ihr Mann Sie nicht informiert.«

Susanne hob stolz den Kopf. »Wie hoch ist die Summe, die mein Mann zu zahlen hat?«

Er schaute auf seine Papiere und nannte einen Betrag.

Susanne wurde blaß.

»Das ist das Geld, das ich im Augenblick eintreiben soll. Doch ich nehme an, daß es nicht die gesamten Schulden von Herrn Reislinger sind«, meinte der Gerichtsvollzieher nun.

Susanne überlegte. Die Summe war fast so hoch wie der Betrag, den ihr Vater ihr zur Aussteuer mitgegeben hatte. Sie zögerte, aber nur einen Moment. »Würden Sie bitte einen Augenblick Platz nehmen, Herr Ruppert? Marie kann Ihnen einen Kaffee bringen. Ich werde das Geld holen.«

»Selbstverständlich.«

Als sie das Zimmer verließ, sah Hasso Ruppert ihr versonnen nach. Der Reislinger hat Glück, dachte er. Er ist mit einer wunderbaren Frau verheiratet. Aber wie es ausschaut, hat er das Glück gar nicht verdient.

Susanne stieg wie betäubt die Treppe hinauf. Ihr Sparbuch lag im Schlafzimmer zwischen den vielen Sachen, die sie von daheim mitgebracht hatte. Seufzend holte sie es hervor. Es sollte ein Notgroschen sein. Daß sie es schon so bald brauchen würde, hatte sie nicht geahnt.

Der Gerichtsvollzieher trank gerade seinen Kaffee, als sie wieder in die Stube kam. »Hier«, sagte sie kühl und reichte ihm das Büchlein. »Das dürfte reichen.«

Er blickte hinein. »Danke, Frau Reislinger. Somit ist eine Pfändung nicht notwendig. Meine Pflicht ist vorerst erfüllt.«

Er stand auf und verabschiedete sich. Susanne saß noch lange auf ihrem Platz und starrte ihm gedankenverloren nach. Sie mußte mit Michael sprechen, sofort! Die Sache duldete keinen Aufschub mehr. Wenn er heute abend heimkam, wollte sie gleich mit ihm reden.

*

Bastian langweilte sich. Seit die Mutter verheiratet war, hatte sie noch weniger Zeit für ihn. Sie mußte soviel im Haushalt tun. Und der neue Vater, der war ja doch nie da. War er da, dann sah er den kleinen Bastian gar nicht.

Bastian beschloß, nach dem Mittagessen in den Wald zu gehen. Er wollte sich ein Baumhaus bauen. Ganz allein. Das Handwerkszeug hatte er sich schon aus dem Keller geholt.

Wenn nur die Mutter nichts merkte. Sie würde ihm bestimmt nicht erlauben, mit Hammer und Säge zu werkeln.

Du bist noch viel zu klein dazu, würde sie sagen, mit diesen Sachen verletzt du dich nur.

Nun, er würde es den Erwachsenen schon zeigen. So klein war er gar nicht mehr. Und wenn sein Baumhaus fertig war, würde er vielleicht darin wohnen. Dann würden sie sehen, daß er schon sehr selbständig war. Die Tasche mit dem schweren Werkzeug zog ihn fast auf den Boden hinunter. Doch eigenwillig stampfte er Schritt für Schritt weiter. Früher war er manchmal mit dem Großvater im Wald gewesen. Er wußte, wo es eine wunderbare, versteckte Lichtung gab. Dort konnte er ungestört bauen. Schweratmend kam er dort an. Er ließ die Tasche ins Gras fallen. Die Baumwipfel rund um ihn leuchteten in allen Herbstfarben. Es war noch warm, doch bald würden die Bäume ihre Blätter verlieren, dann wurde es kalt. Bis dahin muß mein Baumhaus fertig sein, dachte Bastian. Ich kann einige Decken mitnehmen und dort schlafen.

Mutig machte sich der kleine Kerl an die Arbeit. Verflixt, das war ja viel schwerer, als er gedacht hatte. Die Säge rutschte immer wieder aus der Kerbe im Holz. Und beim Großvater hatte es so leicht ausgesehen.

Plötzlich hörte Bastian Schritte. War es die Mutter, die ihn suchte? Aber sie konnte doch gar nicht wissen, wo er war.

Ein fremder Mann kam auf die Lichtung. Er stutzte, als er den Buben sah. »Grüß' Gott«, sagte er freundlich. »Wie ich sehe, bist du gerade dabei, den Wald in Stücke zu sägen.«

»Ich baue mir ein Baumhaus«, erwiderte Bastian stolz.

»Ganz allein?« fragte der Fremde erstaunt.

»Ja.« Der Mann brauchte ja nicht zu wissen, daß Bastian schon dabei war, seine Baupläne aufzugeben, weil es ihm zu schwierig wurde.

»Wo soll das Haus denn hin?« fragte der Fremde lächelnd.

»Das … das weiß ich noch net. Ich wollte mir erst den Untergrund zurechtsägen.«

»Nun, zuerst einmal mußt du doch einen Platz für dein Haus haben. Komm, wir schauen uns die Bäume an, und dann nehmen wir den, der am besten dafür geeignet ist.«

»Au fein.« Wenn der Mann ihm half, freute sich Bastian, dann ging es ja viel leichter und schneller. Begeistert begann er, mit seinem neuen Freund die Bäume zu überprüfen.

»Wie heißt du denn?« fragte der Fremde.

»Bastian. Und du?« Der Mann war richtig nett, und Bastian vergaß seine natürliche Zurückhaltung und die Mahnung, die seine Mutter ihm gegeben hatte. Sprich nie mit Fremden! hatte sie gesagt. Aber Bastian war sicher, daß das nicht für diesen Mann galt. Den würde die Mutter auch mögen. Vielleicht konnte er ihn gar zum Abendbrot mit nach Hause nehmen.

»Reinhold heiße ich«, sagte der Fremde jetzt. Doch seine Stimme klang abweisend, als überlege er. »Wie heißt du denn mit Nachnamen, kleiner Bastian?« fragte er dann gespannt.

»Ich bin net klein.« Bastian war empört. Dieser Reinhold sah, daß er ein Baumhaus baute und merkte gar nicht, daß er schon fast erwachsen war. Das dachte der Bub jedenfalls.

»Ich heiße Bastian Reindl. Aber meine Mutter heißt Susanne Reislinger. Sie hat geheiratet. Früher hieß sie auch Reindl.«

Bastian merkte nicht, wie der Mann zusammenzuckte. Nur seine Stimme klang so merkwürdig, fast weinerlich, als er fragte: »Weiß deine Mutter, daß du hier bist?«

»Nein, sie hat jetzt auf dem neuen Hof so viel zu tun. Und der neue Vater ist selten daheim. Da muß sie alles allein machen.«

»Weißt du was?« Reinhold legte den Arm um Bastian. »Wir bauen zusammen ein Baumhaus. Aber deiner Mutter erzählst du nix davon, hörst?«

»Warum denn net?«

»Ach, weißt du, so richtige Männerfreundschaften behält man besser für sich. Die gehen die Frauen gar nix an.«

»Ja, Reinhold«, jauchzte Bastian. Jetzt hatte er endlich einen richtigen Freund, der nur ihm allein gehörte. Und er hatte ein Geheimnis. Bastian fühlte sich mächtig stark.

Mit Begeisterung fing er an, mit Reinhold ein Baumhaus zu bauen. Er schleppte Holz herbei und half Reinhold beim Sägen. Als sie anfangen wollten, die Bretter zusammenzusetzen, merkte Bastian, daß er keine Nägel hatte.

»Au weh«, meinte er bekümmert. »Jetzt können wir nimmer weitermachen.«

»Macht nix«, tröstete Reinhold ihn. »Wir treffen uns morgen wieder hier, und dann bringe ich Nägel mit.«

»Kommst' auch ganz bestimmt?« Angst schwang in Bastians Stimme mit. Er mochte den neuen Freund so sehr und wollte ihn nicht wieder verlieren.

»Großes Ehrenwort«, versprach Reinhold. »Morgen nachmittag bin ich wieder hier. Jetzt mußt du sowieso nach Hause, sonst macht deine Mutter sich Sorgen. Vergiß unser Geheimnis net.«

»Nein.«

Bastian packte seine Gerätschaften zusammen. Reinhold trug die schwere Tasche noch bis zum Waldrand, dann ging er davon.

Bastian schaute ihm traurig nach. Doch dann leuchteten seine Augen wieder auf. Morgen sah er ihn ja wieder. Ach, wenn es doch nur schon morgen wäre.

Auf dem Hof versteckte Bastian sein geliehenes Werkzeug. Dann ging er in die Kuchel.

»Bastian«, rief Susanne. »Wo warst du denn den ganzen Nachmittag? Ich hab' dich schon überall gesucht.«

»Ich hab' gespielt.«

»Aber du weißt doch, daß du net so weit vom Haus entfernt spielen sollst.«

»O Mami, es war ganz toll«, meinte Bastian begeistert. Er dachte wieder an Reinhold, seinen neuen Freund. »Ich hab' einen netten Mann kennengelernt, er heißt …«

Bastian biß sich auf die Lippen. Jetzt hätte er fast das Geheimnis ausgeplaudert, doch Gott sei Dank hörte die Mutter nicht zu. Sie lauschte nach draußen. Kam vielleicht der neue Vater heim? Ja, jetzt hörte er die Haustür schlagen.

»Bastian«, sagte Susanne hastig, »du läßt dir jetzt von der Marie dein Abendbrot geben. Dann wäschst' dich und gehst ins Bett.«

»Ich will aber noch net ins Bett«, rief Bastian entrüstet, doch die Mutter hörte ihn schon nicht mehr. Sie hatte die Küchentür zugeschlagen und ging auf den Gang.

»Grüß' Gott, Michael«, hörte er sie sagen. »Ich muß dringend mit dir sprechen. Bitte, komm in die Stube.«

*

»Was willst' denn von mir?« Michaels Stimme klang müde und resigniert. »Bitte, mach es kurz. Ich möchte essen und dann ins Bett.«

»Ich hatte heut' Besuch«, sagte Susanne kurz, »von einem Herrn Ruppert.«

Michael horchte auf. Doch er schien den Namen nicht zu kennen. »Und was wollte dieser Mann?«

»Dieser Mann ist Gerichtsvollzieher.«

»Was? Und ich hab' doch ausdrücklich …«

»Ja, ich weiß, du hast den Gläubigern versprochen, daß du zahlst, aber es hat ihnen zu lange gedauert, bis du deine Versprechungen wahr gemacht hättest. Herr Ruppert wollte pfänden!«

Michael wich alle Farbe aus dem Gesicht. »Pfänden!« wiederholte er. »Aber …«

Er blickte sich um. Es schien, als wache er aus einem Traum auf.

»Ich hab' die Schuld beglichen«, sagte Susanne ruhig.

Michael sah sie lange an. »Danke, Susanne«, sagte er dann leise. »Das war sehr anständig von dir.«

»Das ist in Ordnung«, wehrte sie ab. »Aber jetzt kommen

erst die Probleme. Das waren ja wohl net die einzigen Schulden. Wie stellst du dir denn die Zukunft vor, Michael? Bitte, antworte mir. Willst du den Hof weiterhin sich selbst überlassen und immer in die Stadt fahren, oder willst du endlich wie ein richtiger Bauer deine Scholle bewirtschaften?«

Michael fuhr sich mit der Hand durch die Haare. Die hilflose Geste drückte seine ganze Verzweiflung aus. »Ich hab' halt gehofft, in der Stadt Geschäfte machen zu können.«

»Aber warum, Michael? Der Reislinger-Hof ist groß. Wenn er vernünftig bewirtschaftet wird, wirft er genug Geld für die Familie ab. Warum willst du dann Geschäfte machen, wie du das nennst? Du bist doch Bauer wie deine Vorfahren und kein Händler.«

»Ja, Susanne, du hast recht«, gab Michael kleinlaut zu. »Ich verspreche dir, ich werd' mich ändern.«

Susanne atmete auf. Also war doch noch nicht alles zu spät. »Ich werde den Vater um Geld bitten. Dann können wir noch einige Schulden bezahlen und das Viehfutter wieder zurückkaufen, was du schon im Spätsommer verkauft hast.«

»Willst du ihm … willst du alles erzählen?« fragte Michael gepreßt.

»Nein, ich werde eine Ausrede gebrauchen. Ich sag', ich benötige das Geld für mich.«

»Nochmals danke, Susanne«, stammelte Michael. Wie ein geprügelter Hund verließ er die Stube. Susanne schaute ihm nachdenklich nach. Wie konnte er sich in den wenigen Wochen, die sie verheiratet waren, so verändern? Vor der Hochzeit, auch noch in der Hochzeitsnacht, war er ein zärtlicher, rücksichtsvoller Mann gewesen. Was hatte nur diese Veränderung bewirkt? Er schien sie gar nicht mehr zu bemerken.

Am nächsten Tag blieb Michael daheim. Schon am frühen Morgen machte er sich auf dem Hof zu schaffen. Die Wintersaat mußte in die Erde. Nur, die Saat mußte gekauft werden. Vom Vorjahr war nichts mehr zurückgeblieben.

Susanne ging zu ihrem Vater und bat ihn um Geld.

Der Alte sah sie mißtrauisch an. »Für was brauchst du Geld?« fragte er. »Gibt dein Mann dir net genug?«

»Bitte, Vater, frag net. Ich versprech' dir, im nächsten Jahr bekommst du es zurück.«

Knurrend gab Franz Reindl seiner Tochter die gewünschte Summe.

Susanne ging sofort zu Michael. Taktvoll und ohne viele Worte drückte sie ihm den Scheck in die Hand. »Das wird dir über die größten Schwierigkeiten hinweg helfen«, sagte sie leise.

Dann ließ sie ihn allein. Sie seufzte. Mit der Hausarbeit und der Kindererziehung hatte sie genug zu tun. Es war zuviel verlangt, wenn sie sich auch noch um den Hof kümmern sollte.

Der Bastian war schon wieder verschwunden.

»Wo kann der Bub nur sein?« fragte sie Marie.

»Er ist gleich nach dem Mittagessen verschwunden, Bäuerin. Aber er wird sicher mit den anderen Kindern im Dorf spielen.«

»Ich bin grad' durchs Dorf gegangen, aber ich hab' den Buben nirgendwo gesehen.«

»Vielleicht hat er ein Versteck«, meinte Marie gütig lächelnd. »Kinder in dem Alter haben auch schon einmal ein Geheimnis vor der Mutter. Hier im Dorf oder zumindest in der Nähe kann ihm nix passieren. Wir sind doch keine Großstadt.«

»Na, ich weiß net«, sagte Susanne zögernd. »Ich wüßte schon gern, wo mein Sohn ist. Am Abend werde ich ihn mir vornehmen. Er muß es mir erzählen, ich hab' sonst keine Ruh'.«

Bastian war wieder in den Wald gegangen. Hoffentlich war Reinhold da. Der kleine Kerl hatte schon richtig Sehnsucht nach seinem neuen Freund. Er war da! Bastian lief ihm jauchzend entgegen. Reinhold hob ihn hoch und schwenkte ihn durch die Luft, bis Bastian fast der Atem ausging. Beide bogen sich vor Lachen.

Doch plötzlich wurde Reinhold ernst. »Hast du deiner Mutter von unserem Zusammentreffen erzählt?« fragte er.

Bastian schluckte. »Nein. Fast hätte ich, aber da kam grad' der neue Vater.«

»Das ist schön. Weißt', du sollst deiner Mutter alles sagen, nur unsere Freundschaft ist halt unser Geheimnis. Es ist doch schön, ein Geheimnis zu haben, oder?«

»Und ob.« Bastian nickte. »Wollen wir denn jetzt weiterbauen?« drängte er seinen Freund.

Doch Reinhold hörte gar nicht zu. »Wie geht es deiner Mutter?« fragte er. Seine Augen waren ganz groß und dunkel.

»Gut. Aber wollen wir jetzt weiterbauen?«

»Gleich, Bastian. Ich verspreche dir, wir richten dein Baumhaus heut' noch ein. Aber nun erzähl mir doch erst einmal, wie es deiner Mutter geht.«

»Warum willst du das denn wissen?« fragte Bastian. »Du kennst sie doch gar net.«

»Hm, vielleicht kenne ich sie ja doch.«

»Du kennst sie?« Bastian war begeistert. »Komm doch heut' abend mit heim. Sie wird sich sicher freuen, und genug zu essen haben wir auch noch für dich«, sagte er großzügig.

Reinhold mußte lächeln. »Das ist lieb, aber ich bin doch gar net hungrig. Heute abend komm' ich noch net, aber vielleicht ein andermal.«

Dann begannen sie mit der Arbeit. Zwischendurch fragte Reinhold immer wieder nach Susanne oder Michael. Bastian gab Antwort. Er war so sehr in die Arbeit vertieft, daß er das Interesse, das Reinhold an seiner Familie hatte, gar nicht bemerkte.

Dann war das Baumhaus fertig! Bastian kletterte glücklich den Stamm hinauf und setzte sich oben hin. Am liebsten hätte er gleich hier geschlafen, aber die Mutter würde schimpfen.

»Kommst' morgen wieder?« fragte er Reinhold.

»Morgen kann ich net, aber nächste Woche bin ich wieder hier.«

»Gut, dann sehen wir uns halt erst nächste Woche.«

Glücklich lief Bastian heim. Er freute sich schon auf die kommende Woche. Hoffentlich war es bald soweit.

*

Auch am nächsten Tag fuhr Michael nicht in die Stadt. Susanne war froh darüber. Vielleicht nahm Michael endlich Vernunft an. Er war äußerst still und in sich gekehrt. Susanne hätte ihn am liebsten gefragt, was ihn bedrückte. Schließlich war sie seine Frau und wollte ihm auch in Krisenzeiten zur Seite stehen. Doch Michaels ablehnendes Wesen hielt sie davon ab.

Am Abend saßen sie gemeinsam in der Stube. Susanne hatte ihren Flickkorb vor sich stehen, Michael schmauchte seine Pfeife. Es war still im Raum, nur das Ticken der alten Wanduhr war zu hören. Michael starrte mit gefurchter Stirn aus dem Fenster in die Finsternis.

»Susanne?« fragte er. »Bist du glücklich?«

Seine Frage kam so überraschend, daß sie zusammenzuckte. »Wie meinst du das?« fragte sie ruhig.

»Nun, ich meine, ob du vielleicht gar bereust, mich geheiratet zu haben?«

Susanne überlegte. »Ich verstehe dich manchmal net, Michael«, sagte sie ehrlich. »Vor unserer Hochzeit warst du ganz anders. Warum hast du dich verändert? Was ist der Grund für dein häufiges Fortbleiben? Warum hast du mir nix von deinen Schulden erzählt? Ich bin deine Frau, wir gehören doch zusammen. Und ich möchte dir auch gern helfen«, fügte sie leise hinzu.

»Ja«, sagte Michael mühsam. Er starrte weiterhin in die Dunkelheit, als gäbe es dort etwas zu sehen, was er auf keinen Fall versäumen durfte. »Es tut mir leid, Susanne. Ich war net ehrlich …«

In diesem Moment schrillte das Telefon. Rasch stand

Michael auf, ohne seinen Satz zu vollenden. Es schien, als befreie ihn das Klingeln des Telefons von einer unangenehmen Pflicht.

»Entschuldige«, murmelte er nur. Dann eilte er hastig hinaus in den Flur.

Susanne wunderte sich. Wer rief so spät am Abend noch an? Vielleicht ihr Vater? Ging es ihm nicht gut? Sorgenvoll räumte sie ihr Nähzeug in den Korb, stand auf und öffnete die Tür.

In diesem Moment sagte Michael gerade: »Ich hab' dir gesagt, du sollst net hier anrufen.« Unterdrückte Wut schwang in seiner Stimme mit.

»Ja, ich komme«, sagte er dann nach einer Weile. »Aber erst übermorgen. Das mußt du verstehen. Nein, ich kann net früher. Bitte, versteh mich doch.« Jetzt wurde seine Stimme ruhiger. »Nein, bitte net.« Er drehte sich um, sah Susanne in der Tür stehen und sagte überlaut: »Ja, Sie sind falsch verbunden. Tut mir leid für Sie, gute Nacht.«

Er legte auf. »Jemand hat die falsche Nummer gewählt«, meinte er mit gequältem Lächeln. »Manche Leut' lernen 's Telefonieren nie.«

Susanne sah ihn starr an. Michael belog sie! Es gab etwas in seinem Leben, was sie nicht wissen durfte. Ihr Herz stockte. Eine andere Frau! Aber wenn er eine andere liebte, warum hatte er dann sie geheiratet?

»Ich geh' zu Bett«, sagte sie müde. Doch sie konnte nicht einschlafen. Immer wieder hörte sie Michael, ihren Mann, wie er sie bewußt anlog. Und gerade, ehe das Telefon klingelte, wollte er ihr etwas gestehen.

»Ich war net ehrlich ...«, hatte er gesagt. Warum war er nicht ehrlich? Was war der Grund für seine Lügen?

Susanne wußte bald selbst nicht mehr, was sie denken sollte. Doch dann gewann die Natur die Oberhand. Sie hatte einen harten, arbeitsreichen Tag hinter sich und war müde. Susanne fiel in einen tiefen, traumlosen Schlaf, aus dem sie erst spät am Morgen aufwachte. Die Sonne schien ihr voll ins

Gesicht, als sie die Augen aufschlug. Das Bett neben ihr war leer.

Jessas, dachte sie, es ist ja schon spät. Wie lange hab' ich denn geschlafen? Dann fielen ihr die Begebenheiten vom vergangenen Abend wieder ein. Die Sorgen lasteten ihr wie eine Zentnerlast auf der Seele. Sie seufzte tief, doch dann stand sie hastig auf. Die Arbeit wartete schließlich nicht auf die junge Frau.

Während des ganzen Tages ließ Michael sich nicht im Haus sehen. Auch zum Mittagessen kam er nicht heim. Fragend sah Susanne die Knechte an.

»Der Bauer ist auf dem Feld geblieben«, berichtete einer. »Er wollte noch die Aussaat überprüfen.«

Susanne atmete auf. Also war Michael nicht in die Stadt gefahren. Es schien ihm ernst zu sein, mit dem Vorhaben, den Hof selbst zu bewirtschaften. Am Abend kam er heim. Susanne gab vor, sehr beschäftigt zu sein. Sie hatte Angst vor dem Alleinsein mit ihrem Mann. Es war, als sei Michael gar nicht da. Gewiß, er war körperlich anwesend, aber seine Gedanken weilten woanders. Susanne hätte so vieles fragen mögen, doch die Angst, belogen zu werden, hielt sie davor zurück. Früh ging sie zu Bett.

Spät in der Nacht wurde sie durch fremde Geräusche geweckt. Schlaftrunken setzte sie sich in ihrem Bett auf.

»Michael«, flüsterte sie. »Hörst' net? Da ist ein Fremder auf dem Hof.«

Keine Antwort. Sie griff mit der Hand in das nebenstehende Bett. Es war leer. Wo konnte ihr Mann nur sein? Susanne stand auf. Wenn ein Fremder auf dem Hof war, so war es ihre Pflicht, nachzuschauen. Ihre Angst unterdrückend, ging sie leise aus der Schlafstube. Sie fröstelte. Der dünne Morgenrock, den sie sich in der Eile übergeworfen hatte, bot nicht viel Schutz vor der Kälte.

Da! Da war es wieder. Ein heller Laut wie eine weibliche Stimme, übertönt von lautem Gerumpel. Wo war Michael?

War er vielleicht derjenige, der den Lärm machte? Susanne überlegte. Sollte sie einfach zurück ins Bett gehen? Nein, sie wollte und mußte wissen, was auf dem Hof geschah. Sie öffnete die Türen zur Küche und zur Wohnstube. Alles war dunkel und still. Das Gerumpel schien aus dem Stall zu kommen.

Susanne ging über den Hof und betrat den Stall. »Hallo«, rief sie. »Ist da jemand?«

Als niemand antwortete, noch einmal: »Bitte, ist dort jemand? Michael!«

Eine der alten Holzdielen knarrte. Susanne zuckte zusammen. Ein unterdrücktes Kichern drang an ihr Ohr. Nun erwachte ihre Wut. Hier wollte sich jemand einen Spaß mit ihr erlauben. Sie raffte den Morgenrock zusammen und stieg die Leiter zum Heuboden hinauf. Vorsichtig, durch das lange Kleidungsstück behindert, erklomm sie Stufe um Stufe. Nun war sie fast oben. Sie bestieg die nächste Sprosse. Als sie den zweiten Fuß nachzog, gab es ein helles, krachendes Geräusch. Die Sprosse war gebrochen! Susanne versuchte, sich festzuklammern, doch ihre Hände fanden keinen Halt. Ein Schrei entfuhr ihr, dann schlug ihr Körper hart auf den Steinen des Stallbodens auf, und um sie herum herrschte tiefste Finsternis …

*

»… Krankenwagen bestellen, sofort!« Das waren die ersten Worte, die an Susannes Ohr drangen.

»Wo … wo bin ich? Was ist passiert?« Ihre Worte klangen wie ein Hauch.

Das gütige Gesicht des alten Dorfarztes beugte sich zu ihr hinunter. »Kindchen, was machst du denn für Sachen?« Sacht nahm er ihre Hand, doch sie konnte die Sorge in seinen Worten nicht überhören. Sie blickte um sich. Sie lag im Stall. Wie war sie nur in den Stall gekommen? Man hatte ihre unbequeme Lage durch einige Decken erleichtert.

»Doktor?« Sie drückte kraftlos die Hand des Arztes. »Was ist geschehen? Warum liege ich hier auf dem Stallboden?« Sie versuchte sich aufzurichten.

Augenblicklich drückte der Doktor sie zurück. »Du mußt so liegenbleiben, bis der Krankenwagen kommt«, beschwor er sie. »Wir müssen erst genau feststellen, was dir fehlt. Du kommst noch heute nacht in die Klinik.«

Susanne drehte vorsichtig ihren Kopf. Neben ihr, auf der anderen Seite des Stalles saß mit Tränen in den Augen die alte Marie.

»Was soll das?« flüsterte Susanne heiser. »Nun sagt mir doch endlich, was geschehen ist.«

»Wir wissen es doch auch nicht. Die Marie hat dich hier im Stall gefunden. Sie hat mich sofort angerufen.« Die Stimme des Arztes klang beruhigend.

»Wo ... wo ist Michael?«

»Er wartet im Hof auf den Krankenwagen.«

»Warum ist er nicht bei mir?«

»Kindchen, er ist wohl zu nervös«, versuchte der Doktor das Fernbleiben Michaels zu erklären. »Er ist hin und her gerannt wie ein Besessener.«

Unruhe schimmerte in Susannes Augen auf. Schwach kehrte die Erinnerung zurück. Sie war doch aus dem Bett gestiegen, weil sie merkwürdige Geräusche gehört hatte. Was war das gewesen? Und dann war sie von der Leiter gefallen.

»Ich bin von der Leiter gefallen«, hörte sie sich leise sagen.

»Ja«, sagte er langsam, »da ist eine Sprosse durchgebrochen.« Er stand auf, betrachtete die Leiter und prüfte die Beschaffenheit des Holzes.

»Eigenartig«, murmelte er. »Die Leiter ist doch noch fast neu, wie konnte da eine Sprosse durchbrechen?«

Er blickte hoch. Ganz oben hingen die beiden Teile der durchbrochenen Fußleiste. Das Geräusch eines Autos ließ ihn sich schnell zu Susanne hinwenden. »Da ist der Krankenwagen ja endlich.«

Der Doktor lief hinaus. Die Lichter des Fahrzeugs bohrten sich durch die Dunkelheit. Türen öffneten sich, zwei Männer sprangen heraus. »Wo ist die Verletzte?«

Rasch wurden die Hintertüren des Wagens geöffnet, und sie hoben eine Krankenbahre heraus.

»Dort liegt sie.« Der Arzt wies auf Susanne. »Aber vorsichtig, meine Herren. Wir wissen über die Verletzungen noch nicht genau Bescheid. Sie muß außerordentlich behutsam transportiert werden.«

Die Sanitäter nickten schweigend. Mit gekonnten Griffen hoben sie Susanne auf die Bahre. Sie verspürte keinerlei Schmerzen. Sie versuchte, den Kopf zu drehen, um Michael sehen zu können. Er stand in einer Ecke des Stalles. Als ihr Blick ihn traf, wandte er den Kopf ab.

»Michael«, sagte Susanne bittend. »Michael.«

Doch er schien es nicht zu hören. Susanne stiegen Tränen in die Augen. Was war nur mit ihrem Mann los? Warum war er so verändert? Sie war krank. Er hätte doch nur an ihrer Seite sein müssen.

Statt Michael fuhr Dr. Brammer mit ins Krankenhaus. Dankbar drückte sie seine Hand. Er fragte nicht nach Michael. Er schien sich eher große Sorgen um Susanne zu machen.

»Doktor, bin ich schwer verletzt?« flüsterte Susanne.

»Ich hab' dir doch schon gesagt, ich weiß es nicht.« Aber aus seiner Stimme klang echte Besorgnis. Dann sah er ihre Tränen.

»Kindchen«, tröstete er sie, »es muß ja nichts Schlimmes sein. Es ist nur meine Pflicht als Arzt, alle erdenklichen Vorsichtsmaßnahmen zu treffen. In ein, zwei Stunden wissen wir Bescheid. Dann sind die Untersuchungen vorbei. Vielleicht fährst du gleich wieder mit mir heim.«

»Hoffentlich, Doktor. Der Bastian braucht mich doch.«

Dann schwiegen die beiden, bis der Wagen im Krankenhaus ankam. Susanne wurde sofort in den Untersuchungsraum getragen. Sie wurde geröntgt.

Als die Ärzte zusammenstanden, um die Aufnahmen zu betrachten, fragte sie angstvoll: »Bin ich verletzt?«

Sofort kam Dr. Brammer zu ihr. »Nein, Kindchen«, sagte er, und seine Stimme klang deutlich erleichtert. »Unsere Befürchtungen waren umsonst. Aus dem Röntgenbild ist nichts zu ersehen. Also ist auch nichts gebrochen. Du hast Glück gehabt.«

»Dann darf ich jetzt aufstehen?«

Der Arzt nickte. »Dagegen ist nichts einzuwenden. Aber vorsichtig und langsam, hörst du?«

»Ja, selbstverständlich, Doktor. Ich bin ja so froh, daß es keine ernsthafte Verletzungen sind.«

Der Arzt reichte ihr väterlich den Arm. Susanne stützte sich darauf und versuchte, den Oberkörper aufzurichten und die Füße aus dem Bett zu heben. Sie strengte sich an, doch …

»Es geht nicht, Doktor. Es geht einfach nicht.« Susanne war verzweifelt.

»Warte, Susanne. Ich rufe rasch den Kollegen.«

Im selben Augenblick kam der Krankenhausarzt wieder in das Untersuchungszimmer. »Na, was macht unsere Patientin?« fragte er freundlich.

»Ich kann net aufstehen, Doktor.«

Sofort stand er neben ihr. Er blickte Dr. Brammer an. »Aber die Röntgenbilder bestätigen doch, daß …«

»… daß nichts gebrochen ist, aber für die Bewegungsunfähigkeit muß es doch andere Gründe geben, verehrter Kollege«, vollendete Dr. Brammer den Satz des Krankenhausarztes.

»Ja. Wir müssen halt weitere Untersuchungen vornehmen. Nun bleiben Sie erst einmal bei uns, Frau Reislinger. Morgen werde ich Sie dem Neurologen vorstellen, dann sehen wir weiter.«

Ein Schatten fiel über Susannes Gesicht. »Und Bastian, mein Sohn?« fragte sie fast lautlos.

»Ich rede mit der Marie«, beruhigte Dr. Brammer sie. »Sie wird den Kleinen für einige Tage versorgen.«

»Für einige Tage«, flüsterte Susanne, »und wenn es länger dauert?« Ihr Blick war ängstlich in die Ferne gerichtet. Sie sah ihren Hausarzt nicht an. »Wenn es länger dauert ...«

»Nun machen Sie sich mal nicht soviele Sorgen, Frau Reislinger«, meinte der Stationsarzt mit berufsmäßiger Zuversicht. »Das ist nicht gut für Ihre Gesundheit. Sie werden jetzt auf Station gefahren, und morgen sieht die Welt schon anders aus. Keine Suppe wird so heiß gegessen, wie sie gekocht wird. Wir werden die Ursache Ihrer Lähmung schon finden, dann behandeln wir das Leiden und schon können Sie wieder nach Hause.«

»Hoffentlich, Herr Doktor. Hoffentlich.«

Dr. Brammer drückte ihre Hand. »Ich komme morgen wieder«, sagte er leise. »Und den Michael bring' ich mit.«

»Net, wenn er net will.«

»Wie du möchtest, Kindchen. Aber ich bin sicher, er will dich unbedingt sehen. Der Schock heut' nacht hat ihn wohl umgeworfen, sonst wär' er ja mit ins Krankenhaus gefahren.«

»Ja.« Susanne war zu erschöpft, um weiter über Michael nachzudenken. Ihre Sorgen um die Zukunft waren zu groß. Sie dachte immer wieder an Bastian. Wenn die Ärzte sich nun täuschten und sie bliebe für immer gelähmt, was dann?

*

Am nächsten Morgen wurde Bastian von der Marie geweckt.

»Wo ist die Mami?« wollte er wissen, als er die Augen aufschlug.

»Deine Mami ist heut' net daheim. Sie muß in der Stadt etwas erledigen«, sagte Marie mit gütiger Stimme. »Komm, zieh dich an. Ich mache dir auch ein leckeres Frühstück. Dann kannst' spielen gehen. Aber nur in der Nähe des Hauses, hörst'?«

Bastian nickte. Er hätte die Marie so gern gefragt, warum die Mami ihn nicht mit in die Stadt genommen hatte, aber Marie wirkte so abwesend, und ihre Augen sahen verweint aus, daß Bastian sich nicht traute, sie noch mit seinen Fragen zu belästigen. Etwas Ungewöhnliches mußte vorgefallen sein, das spürte er. Aber was war es?

Bastian war so ruhig und artig beim Frühstück, daß es selbst der verstörten Marie auffiel. »Was ist denn los, Bub?« fragte sie ihn leise.

Bastian schob seine Unterlippe vor. Nun wußte Marie, daß er traurig war. Sie nahm ihn liebevoll in den Arm. »Aber Bub, du bist doch net allein. Ich bin ja da, und deine Mami wird sicher bald wiederkommen.«

»Kommt Sie wirklich bald wieder?«

Marie war erschüttert über die Angst und Trauer in der Kinderstimme. »Gewiß«, beruhigte sie ihn. Doch auf seine Frage: »Wann?« konnte sie keine Antwort geben.

Mit dem feinen Gespür eines Kindes fühlte Bastian, daß etwas nicht in Ordnung war.

Marie wußte nicht, wie sie ihn trösten sollte. In ihrer Hilflosigkeit meinte sie: »Kannst ja deinen Vater fragen.«

»Ach, der«, meinte Bastian wegwerfend. »Der neue Vater ist ja nie da.«

»So spricht man aber net von seinem Vater«, erklang da eine dunkle Männerstimme aus der Tür.

Bastian fuhr erschreckt herum. Der neue Vater!

»Entschuldige«, brummelte der Bub vor sich hin. Dann stand er hastig vom Stuhl auf und lief aus dem Zimmer.

»Was hast' dem Bastian erzählt?« fragte Michael die Marie in scharfem Ton.

»Nix«, entgegnete sie erschrocken.

»Aber irgend etwas wirst' ihm doch gesagt haben«, sagte Michael ärgerlich. »Der Bastian wird doch gewiß nach seiner Mutter gefragt haben.«

»Ich hab' ihm nur gesagt, daß seine Mami in die Stadt gefahren ist, um Besorgungen zu machen und daß sie bald wiederkommt.«

»Und wenn sie nun net bald zurückkehrt?«

Marie sah den Bauern sorgenvoll an. »Ist sie schwer verletzt? Was sagen denn die Ärzte?«

»Ich weiß es net. Ich hab' noch net im Krankenhaus angerufen.« Er drehte sich um und ging aus der Küche.

Marie sah ihn eine Sekunde lang starr nach, dann lief sie hinter ihm her. »Aber Bauer«, rief sie schwer atmend. »Du mußt doch ins Krankenhaus fahren und nach deiner Frau schauen. Schließlich seid ihr zwei doch verheiratet.«

»So, sind wir das?«

Marie fühlte sich durch diese Frage vor den Kopf gestoßen. Was war nur mit dem Bauern los? Früher war er doch net so herzlos gewesen. Irgend etwas schien ihn in den letzten Monaten verändert zu haben.

Doch auch Michael fühlte, daß er mit seiner respektlosen, dummen Frage, die Marie entsetzt hatte. Er senkte den Kopf. »Ich bitte dich um Entschuldigung, Marie«, sagte er leise. »Das Unglück hat mich so hart getroffen, daß ich gar net weiß, was ich rede.«

Marie sah ihm nur stumm in die Augen.

»Ich fahre in einer Stunde ins Krankenhaus. Willst' mitkommen?«

»Ich kann doch den Buben net allein lassen. Aber bestell der Bäuerin bitte die besten Genesungswünsche. Ich hoffe, sie ist bald wieder da«, erwiderte die Altmagd.

»Das hoffe ich auch«, brummte Michael. Er beschäftigte sich noch eine Weile auf dem Hof, ehe er ins Auto stieg und losfuhr.

Marie sah ihm aus dem Fenster heraus nach. Als das Auto durch das Tor gefahren war, kam Franz, der älteste Knecht des Hofes in die Küche. Schwer ließ er sich auf einen Stuhl fallen und blickte mit trüben Augen vor sich hin.

Marie beobachtete ihn aufmerksam. »Was ist?« fragte sie schließlich, als Franz immer noch schwieg. »Bist doch sonst um diese Tageszeit net in der Kuchel.«

»Ist dir an unserem Bauern nix aufgefallen?« meinte Franz mit dumpfer Stimme.

Marie zog die Augenbrauen zusammen. »Was soll mir denn aufgefallen sein?«

»Er hat sich in den letzten Wochen immer mehr verändert. Ja, ich weiß.« Er winkte ab, als die Marie etwas entgegnen wollte. »Er war schon vorher eigenartig, anders als früher, aber in der letzten Zeit wird es immer schlimmer.«

Die Altmagd schwieg.

»Marie.« Franz blickte sie mit treuen Hundeaugen an. »Du mußt mir helfen. Ich weiß nimmer weiter. Ich hab' eine Entdeckung gemacht und kann es net mehr für mich behalten. Weißt'«, fuhr er fort, »ich hab' mir Gedanken über den Sturz der Bäuerin gemacht. Die Leiter war fast neu. Warum ist an dieser Leiter eine Sprosse durchgebrochen? Ja, wenn's eine alte gewesen wär ...« Er nickte.

»Das kann doch passieren. Vielleicht hatte die Sprosse von Anfang an einen Fehler. In den Fabriken arbeiten sie heut' nimmer so gut wie früher die Handwerker im Dorf.«

»Das hab' ich auch gedacht – oder vielmehr gehofft. Aber dann hab' ich mir diese vermaledeite Leiter genauer angesehen. Das Holz war in Ordnung.«

»Und warum soll die Sprosse nun durchgebrochen sein?« Marie hielt den Atem an. Sie ahnte schon die Antwort.

»Sie ist angesägt worden.«

»Was?«

»Ja, du hast recht gehört. Sie ist angesägt worden. Ich hab' doch noch kleine Spuren von Sägemehl im Stall gefunden.«

Marie ließ sich auf den nächstbesten Stuhl fallen.

»Aber warum soll sie denn jemand angesägt haben?«

»Das weiß ich doch auch net«, rief der Franz verzweifelt. »Aber eins steht fest: Jemand hat sich an dieser Leiter zu schaffen gemacht, und der Grund dafür war nix Gutes.« Plötzlich blickte er die Marie aufmerksam an. »Was hat denn die Bäuerin mitten in der Nacht im Stall zu suchen?«

Marie zuckte mit den Schultern. »Ich weiß es auch net.«

»Nun, wir werden es ja erfahren, wenn sie wieder heimkommt. Aber sag mir doch, was ich machen soll? Wem soll ich etwas von der angesägten Sprosse erzählen? Oder soll ich besser meinen Mund halten?«

»Ich kann dich verstehen«, sagte die Marie langsam. »Aber schweigen? Ich find' das net richtig. Doch warte erst einmal ab, was kommt. Vielleicht gibt es ja eine einleuchtende Erklärung für die Sache. Kannst ja den Bauern fragen.«

»Eben das will und kann ich net«, meinte Franz aufbrausend. »Ich hab' dir doch grad' gesagt, daß er sich so verändert hat, und das net grad' zu seinem Vorteil.«

»Und wenn du mit dem Dr. Brammer redest, dem Hausarzt der Bäuerin?«

»Das käm' mir wie ein Verrat am Bauern vor. Ich hab' ihn doch gern, den Michael. Schließlich diene ich schon lange auf diesem Hof. Ich hab' den Michael schon als kleinen Buben gekannt.«

»Dann weiß ich auch keinen Rat.«

»Wenn ich nur den Grund für die Veränderung des Bauern kennen würde.«

»Er hat Geldprobleme«, sagte die Marie leise.

»Woher weißt' das?« fragte Franz überrascht.

»Hab' so etwas gehört«, murmelte die Altmagd abwesend vor sich hin.

»Woran denkst' jetzt?«

Marie seufzte. »Ich wollte net lauschen, aber manchmal bekommt man doch etwas zu hören, was net für andere Ohren bestimmt ist. Der Gerichtsvollzieher war hier.«

»Der Gerichtsvollzieher? Au weh, dann schaut's ja schon schlimm aus.«

»Die Bäuerin hat die Schuld beglichen.«

»Das ist aber anständig von ihr. Wo sie doch noch gar net so lang verheiratet sind.«

»Nun, sie ist seine Frau«, meinte Marie unwillig. »Ob seit

langer Zeit oder erst seit kurzem, das spielt wohl keine Rolle.«

»Aber wenn der Bauer Schulden hat, warum kümmert er sich dann net um seinen Hof?« fragte der Franz. »Der Reislinger-Hof ist groß genug. Er könnte viel mehr Ertrag abwerfen, wenn der Michael sich intensiver um die Landwirtschaft kümmern würd'.«

»Ob da eine andere Frau im Spiel ist?« fragte Marie leise.

Franz sah sie erstaunt an. »Wie kommst' denn auf so etwas? Er hat doch erst vor ein paar Wochen geheiratet. Und jetzt meinst', er hat eine andere. In so kurzer Zeit? Die Susanne ist doch eine blitzsaubere Frau, da braucht er doch net nach anderen Weibsbildern zu schauen.«

»Hast ja recht, Franz. Vielleicht täusche ich mich. Aber ich hab' so eine Ahnung ...«

*

Michael war zum Krankenhaus gefahren. Auf dem Parkplatz saß er noch lange grübelnd im Auto, bevor er zu Susanne ging. Dann endlich stieg er aus, straffte die Schultern und ging tief aufseufzend in das große Gebäude. Der Pförtner nannte ihm die Station, auf der Susanne lag.

Eine Krankenschwester kam ihm auf dem Flur entgegen.

»Ich möcht'...« Michael mußte sich räuspern, »ich möcht' zu meiner Frau.«

»Wie ist denn Ihr Name?« fragte die Schwester freundlich.

»Reislinger.«

»Oh, grüß' Gott, Herr Reislinger. Wie gut, daß Sie gekommen sind. Unser Stationsarzt möchte Sie gern sprechen.«

Sie geleitete ihn den langen Gang entlang und klopfte an eine der Türen. Nach dem »Herein« öffnete sie und sagte: »Herr Reislinger ist hier, Dr. Friemann. Ich hab' ihn gleich zu Ihnen gebracht.«

»Danke, Schwester.« Der Arzt lächelte freundlich. Dann

stand er auf und trat Michael entgegen. »Grüß' Gott, Herr Reislinger«, sagte er ernst. »Ich habe schon auf Sie gewartet.«

»Wie ... wie geht es meiner Frau?« stammelte Michael. Ihr Zustand schien sehr ernst zu sein, wenn der Doktor ihn dringend sprechen wollte.

»Den Umständen entsprechend«, erwiderte Dr. Friemann knapp.

»Was bedeutet das: den Umständen entsprechend?«

Ohne auf Michaels Frage einzugehen, meinte der Doktor: »Können Sie uns sagen, wie es zu dem Unfall gekommen ist?«

Michael schüttelte den Kopf. »Nein, es ist mir völlig unverständlich, was meine Frau mitten in der Nacht im Stall zu suchen hatte.«

»Ihr Hausarzt, Dr. Brammer, erzählte etwas von einer gebrochenen Leitersprosse.«

»Ja, das ist richtig. Meine Frau stieg auf die Leiter zum Heuboden. Dabei ist die oberste Sprosse gebrochen. Aber was meine Frau dort wollte, weiß ich auch nicht.«

»Hatte Ihre Frau in der letzten Zeit schwere seelische Erschütterungen?« fragte Dr. Friemann unerwartet.

Michael starrte ihn an. »Was soll diese Frage, Herr Doktor? Was haben eventuelle Sorgen mit dem Unfall zu tun?«

»Sie geben also zu, daß Ihre Frau Sorgen hatte?«

»Nix gebe ich zu«, erwiderte Michael heftig. »Meine Frau und ich sind erst seit einigen Wochen verheiratet. Wir sind sehr glücklich.« Doch seine Stimme bebte bei diesen Worten.

Dr. Friemann blickte ihn mit hochgezogenen Augenbrauen an. »Warum sind Sie dann nicht mit Ihrer Frau zusammen ins Krankenhaus gefahren?«

»Ich ... ich war einfach zu erschüttert.« Michael ließ den Kopf hängen. Doch dann bemühte er sich um Haltung. »Bitte, Herr Doktor«, sagte er etwas zu laut. »Ich möchte jetzt endlich wissen, wie es meiner Frau geht.«

»Ihre Frau hat eine Lähmung.«

»Eine Lähmung? Von dem Unfall?« Michael blickte den Arzt bestürzt an.

»Tja, das wissen wir eben nicht so genau. Der Unfall ist der Auslöser gewesen, aber trotz aller Untersuchungen, die wir gemacht haben, können wir keine inneren Verletzungen, Brüche, Prellungen oder Blutergüsse feststellen. Die Lähmung muß eine psychische Ursache haben. Wir werden Ihre Frau noch heute auf die Neurologie verlegen. Vielleicht gelingt es den Kollegen, den Grund der Lähmung festzustellen.«

»Aber was könnte denn der Grund sein?«

»Die Lähmung könnte psychosomatisch bedingt sein. Das heißt, es gibt keine körperliche Ursache, sondern eine seelische.«

»Deshalb haben Sie mich gefragt, ob meine Frau Kummer hatte.«

»Genau. Wir haben natürlich auch Ihre Frau schon selbst gefragt, aber sie wirkt sehr verschlossen.«

»Sie macht sich bestimmt Sorgen um ihren Sohn.«

»Ja, sie möchte heim, aber wir können sie doch jetzt noch nicht entlassen.«

»Sie wird doch geheilt werden, Doktor?« fragte Michael mit angstvoll geweiteten Augen.

»Das hoffen wir. Unser Neurologe ist eine Kapazität auf seinem Gebiet. Ich hoffe, daß er Ihrer Frau helfen kann.«

»Sie hoffen«, sagte Michael leise. »Das heißt, Sie wissen es nicht?«

»Nein. Solange wir die Ursache einer Krankheit nicht erkennen, können wir auch nicht behandeln. Die Diagnosestellung ist häufig das Schwierigste.«

»Danke für die Auskünfte, Herr Doktor Friemann. Kann ich jetzt zu meiner Frau gehen.«

»Ja, gehen Sie. Aber beunruhigen Sie sie nicht. Sagen Sie ihr, es gäbe daheim keine Probleme. Ihr Bub würde gut versorgt.«

»Das wird er auch, Doktor. Darauf können Sie sich verlassen.«

»Dann ist es gut. Das wird Frau Reislinger bestimmt beruhigen. Und sie wird viel Ruhe und Kraft benötigen, um die Folgen des Unfalls zu besiegen.«

Michael stolperte hinaus. Das Gespräch mit dem Arzt hatte ihn stark beunruhigt. Und jetzt sollte er Susanne unter die Augen treten!

Klein und schmal lag sie im Bett, als er das Krankenzimmer betrat.

Beim Öffnen der Tür wandte sie sich um. »Michael«, rief sie überrascht.

Er trat an ihr Bett. Zögernd nahm er ihre Hand. »Susanne, Liebes«, meinte er verlegen. »Was machst du denn für Sachen?«

»Ja.« Sie seufzte. »Ich versteh' auch net, wie alles so kommen konnte. Gestern war ich noch ganz gesund und heute ...« Tränen stiegen ihr in die Augen.

»Du bist bald wieder gesund«, sagte Michael hastig.

Sie wandte ihm rasch den Kopf zu. »Hat der Arzt das gesagt?« fragte sie gespannt.

»So ähnlich«, wich Michael aus. »Aber nun sag mir doch erst einmal, wie du dich fühlst.«

Sie blickte ihn an wie einen Fremden. Eine eigenartige Frage in ihrer Situation. Wußte Michael nichts anderes zu sagen?

»Nun, wie soll ich mich fühlen? Besonders gut natürlich nicht. Ich hab' keine Schmerzen, aber ich kann meine Beine nicht bewegen. Ich hab' es immer wieder versucht, aber sie gehorchen mir einfach net.«

Zart streichelte er über ihre Hand.

»Die Ärzte haben mich gefragt, wie es zu dem Unfall gekommen sei«, sagte sie plötzlich.

Michael blickte jedoch zum Fenster hinaus, ohne etwas zu erwidern.

»Interessiert dich das denn gar net, Michael?«

»Was?«

»Du hörst mir ja net zu«, meinte Susanne enttäuscht.

»Doch, entschuldige. Ich war gerade mit den Gedanken woanders.«

»Das hab' ich gemerkt«, sagte sie bitter. Sie blickte ihn von der Seite an. »Ich hab' in der letzten Nacht Geräusche im Stall oder vielmehr vom Heuboden gehört. Erst hab' ich net gewußt, wo die Stimmen und das Lachen herkam, aber dann war ich sicher, daß es vom Heuboden kam. Ich wollte dich wekken, aber du warst nicht im Bett.«

Michael schwieg.

»Wo warst du in dieser Nacht?« fragte Susanne eindringlich. »Warst du vielleicht auf dem Heuboden?«

»Ich! Wie kommst du denn darauf?« rief er heftig.

»Nun, so abwegig ist das ja net. Wo warst du dann, wenn nicht auf dem Heuboden?«

»Ich konnte net schlafen«, sagte er gepreßt. »Da bin ich halt aufgestanden und spazierengegangen.«

»Mitten in der Nacht?« fragte sie ungläubig.

»Ich hab' doch gesagt, ich konnte net schlafen.«

»Vielleicht, weil du auch ein Geräusch gehört hast.«

»Ach was«, brummte er. »Das hast du dir doch nur eingebildet.«

»Bisher war ich noch nie der Meinung, daß ich eine Frau bin, die sich alles einbildet«, sagte sie spitz.

Er blickte sie schuldbewußt an und drückte zart ihre Hand. »Entschuldige, Susanne. Ich hab's net so gemeint. Aber die Sorge um dich hat mich etwas nervös gemacht.«

»Ja, Michael. Dann wollen wir nicht mehr von dem Unfall sprechen.«

Er atmete auf.

»Ja, laß uns die ganze Sache vergessen.«

»Aber die Folgen können wir leider nicht so leicht vergessen«, sagte sie bitter. »Vielleicht muß ich mein Leben lang im Rollstuhl sitzen.«

»Bestimmt nicht, Susanne. Dr. Friemann meint, der Neurologe, der dich in Zukunft behandeln wird, sei eine Kapazität. Er wird dir gewiß helfen.«

Susanne seufzte. Dann fragte sie nach Bastian. Bei dem Gedanken an ihren Sohn leuchteten ihre Augen einen Moment lang auf, dann verdunkelten sie sich wieder. Bastian ohne seine Mutter. Der Bub war gewiß unglücklich.

»Es geht ihm gut«, erwiderte Michael. »Die Marie kümmert sich um ihn. Sie verwöhnt ihn nach Strich und Faden. Ach ja, fast hätt' ich es vergessen: Ich soll dir die besten Genesungswünsche von ihr bestellen. Und von den anderen Leuten natürlich auch.«

»Sag ihnen, ich freu' mich und bin ihnen dankbar. Wenn ich wieder daheim bin, bekommen sie einen Extralohn. Wenn ich wieder daheim bin … Oh, wann wird das sein?« Tränen quollen aus ihren Augenwinkeln.

»Susanne, du darfst net verzagen«, sagte Michael tröstend. »Es wird gewiß net lang dauern.« Ihre Tränen machten ihn verlegen. »Ich werde jetzt gehen, du wirst sicher müd' sein. Morgen bin ich wieder da.«

»Auf Wiedersehen, Michael. Und danke für deinen Besuch.«

Heftig drückte er noch einmal ihre Hand. Dann verließ er fluchtartig das Zimmer. Draußen atmete er tief durch.

Susanne starrte ihm nach. Warum hatte er nicht über den Unfall sprechen wollen. Fühlte er sich schuldig? Aber warum? Warum war er so rasch gegangen? All diese Fragen hämmerten in Susannes Kopf. Dieser Michael war nicht mehr der Mann, den sie vor einigen Wochen geheiratet hatte. Nein, er war ein gänzlich anderer geworden. Wenn sie nur die Ursache kennen würde. Seufzend ließ sie sich zurück in die Kissen fallen. Die Zukunft lag düster vor ihr. Sie machte sich mehr Sorgen um ihren Gesundheitszustand, als sie Michael eingestehen wollte. Was wäre, wenn sie nie wieder laufen könnte?

*

Bastian fühlte sich einsam ohne seine Mutter. Man hatte ihm gesagt, sie hätte zuviel gearbeitet und sei nun zur Erholung in einen Kurort gefahren.

Das verstand er nicht. Wenn sie wegfuhr, warum nahm sie ihn nicht mit. Sie waren doch immer zusammen gewesen und nun ließ sie ihn allein. Abends, nachdem Marie mit ihm das Nachtgebet gesprochen hatte, weinte er oft.

Eines Abends tat ihm das Herz besonders weh. Er preßte sein Gesicht in das Kissen, damit niemand sein Schluchzen hörte. Da öffnete sich leise die Tür. Marie setzte sich auf die Seite von seinem Bett und nahm ihn fest in den Arm. »Aber, Bub«, sagte sie zärtlich. »Bist' denn so traurig?«

»Die Mami hat mich net mehr lieb«, schluchzte Bastian.

»Aber natürlich hat deine Mami dich lieb. Sehr lieb sogar.«

»Warum ist sie dann allein fortgefahren? Warum hat sie mich net mitgenommen? Ich wär' auch ganz brav gewesen.«

Marie schaukelte Bastian – wie ein Baby. Sie blickte zum Fenster in die schwarze Nacht hinaus. »Ich glaub', du hast recht, Bub«, sagte sie plötzlich leise. »Es war net richtig von deiner Mami, dich hier zu lassen. Was sagst dazu, wenn wir sie zusammen besuchen.«

»Au ja.« Bastians kleines Gesicht strahlte. »Morgen?«

»Nun, morgen vielleicht noch nicht. Aber am Sonntag.«

»O danke, Marie, ich freu' mich ja so. Wie viele Tage sind es denn noch bis zum Sonntag?«

»Denk einmal nach«, meinte sie gütig lächelnd. »Heute ist Dienstag, dann ist morgen …«

»Mittwoch.« Er hob die Finger und zählte die Tage. »Noch fünf Tage.« Er seufzte. »Das ist aber lang.«

»So lang ist es nun auch wieder nicht. Du wirst sehen, die Zeit ist ganz schnell um.«

Bastian sah sie bittend an. »Wir fahren doch ganz bestimmt?« fragte er ängstlich. »Du versprichst es mir doch?«

»Großes Ehrenwort.«

Bastian lachte, als sie die Redewendung der Buben gebrauchte. Er drückte sich an sie. »Ich hab' dich lieb, Marie«, sagte er leise. »Fast so lieb wie die Mami.«

»So, nun wird aber geschlafen«, meinte die Altmagd resolut, um ihre Rührung zu überbrücken. »Und du darfst nimmer weinen, hörst du?«

»Nein, jetzt weine ich ganz bestimmt net mehr. Noch fünf Tage«, sang er vor sich hin. »Noch fünf Tage, dann seh' ich meine Mami.«

Liebevoll deckte Marie ihn zu, dann ging sie auf Zehenspitzen aus dem Zimmer. Bastian war eingeschlafen.

In der Küche ließ die Altmagd sich seufzend auf einen Stuhl fallen.

Franz kam herein. Marie blickte ihm freudig entgegen. Es war gut, mal mit jemandem zu sprechen. Die Sorgen ließen ihr einfach keine Ruhe. »Setz dich, Franz«, sagte sie und deutete dabei auf einen Stuhl. »Magst' einen Kirschlikör.«

»Gern.«

Marie holte die Flasche aus der Stube.

»Darfst' denn einfach den Schnaps vom Bauern ausschenken?« fragte Franz. »Meinst', der sagt nix, wenn er daheim ist und sein Schrank ist leer. «

»Wenn er daheim ist«, meinte Marie bedeutungsvoll.

»Ja, hast recht.« Franz seufzte. »Er ist ja nie daheim. Wie geht's der Bäuerin? Weißt' was Neues?«

»Das Herz dreht sich einem im Leibe um, wenn man die Susanne erlebt. Ich war vor einer Woche bei ihr und hab' ihr ins Gewissen gered'. Der Bub sehnt sich so nach ihr.«

»Warum darf er sie denn net sehen?« fragte Franz neugierig. »Erlauben die Ärzte das net?«

»Doch, aber sie will es net. Seine eigene Mutter will den Buben net sehen. Das macht mir ja grad' solche Sorgen. Er soll mich net im Rollstuhl sehen, sagte sie. Aber das ist doch dumm. Warum darf ich dem Kleinen net erzählen, was geschehen ist. Man soll vor den Kindern nix geheimhalten. Das ist net gut. Sie finden es ja doch eines Tages heraus, und dann vertrauen sie den Großen net mehr, wenn sie einmal gelogen haben.«

»Bist ja eine richtige Pädagogin«, meinte der Franz anerkennend. »Weißt so gut über Kinder Bescheid. Und dabei hast' nie eigene gehabt. Warum eigentlich net?«

»Ach geh.« Marie winkte verlegen ab. »Was willst denn mit einem Kind, wennst keinen Mann hast.«

»Du hättest doch gewiß in deiner Jugend heiraten können. Du hast doch sicher Verehrer genug gehabt. Bist ja jetzt noch ein anschauenswertes Frauenzimmer.«

Marie kicherte. Der Franz mit seinen Komplimenten. Aber er war ein anständiger Kerl, das konnte man nicht anders sagen.

»Der Bub hat heut' abend geweint«, sagte sie ablenkend. »Ich hab' ihn getröstet und ihm gesagt, daß wir am Sonntag zu seiner Mutter fahren.«

»Aber ... aber wenn sie doch net will«, meinte der Franz erstaunt.

»Sie wird schon froh sein, wenn sie ihren Buben sieht. Es ist net gut, sich gar zu sehr in seinen Kummer zu vergraben und dann die anderen zu vergessen.«

»Nun, vergessen wird sie ihn schon net haben.«

»Das natürlich net. Aber es ist wichtig für ihn, daß er seine Muttter wiedersieht. Auch wenn sie im Rollstuhl sitzt. Er sehnt sich so nach ihr.«

Franz griff nach ihrer Hand.

»Wirst es schon richtig machen, Marie. Bist ein mutiges Weibsbild.«

Beide saßen am Tisch und tranken ihren Kirschlikör. Marie überließ dem Franz willig ihre Hand. Alles ist viel einfacher zu ertragen, wenn man zu zweit ist, dachte sie. Das Alleinsein ist net gut für den Menschen.

»Warum gibt es denn keine Heilung für die Bäuerin?« fragte Franz plötzlich.

Marie blickte ihn erschrocken an. »Wie kommst' denn darauf? Selbstverständlich wird sie geheilt werden, es dauert halt nur länger.«

»Dann ist es ja gut. Was machen die Ärzte denn jetzt mit ihr?«

»Sie ist in einer sehr schönen Klinik. Der Arzt sagt, die Ursache für ihre Lähmung sei psychosomatisch.«

»Was ist denn das, züchodingsbums?«

»Das heißt, die Krankheit ist seelisch bedingt.«

»So einen Schmarren hab' ich ja noch nie gehört«, rief Franz aus. »Die Bäuerin hatte einen schweren Unfall, und nun soll net das die Ursache sein, sondern etwas Seelisches. Du, die Ärzte müssen sich irren.«

»Nein, sie bestreiten ja net, daß der Unfall die eigentliche Ursache war. Er hat die Lähmungen aber ausgelöst. Es ist ja nix gebrochen, und die Bäuerin müßte schon längst wieder aufstehen können. Und weil sie das net kann, sagen sie, es sei etwas Seelisches. Du, Franz«, fuhr sie plötzlich nachdenklich fort, »ich möcht' dir auch noch danken.«

»Danken? Warum?« fragte er verblüfft.

»Weil du nix von der angesägten Leiter erzählt hast. Weißt', es hat mir keine Ruhe gelassen, da hab' ich mit der Bäuerin darüber gesprochen. Sie wurde ganz blaß, als ich es ihr sagte, doch dann hat sie mir befohlen, kein Wort darüber zu verlieren. Und dir sollt' ich dasselbe sagen.«

»Na ja, wenn selbst die Bäuerin es so will«, meinte Franz zögernd. »Aber ich find's net richtig.«

»Darüber muß die Susanne entscheiden«, sagte Marie bestimmt. »So.« Sie seufzte und stand auf. »Jetzt haben wir genug geplaudert. Ich hab' noch eine Menge zu tun. Die Bäuerin fehlt an allen Ecken und Kanten. Ich komm' mit der Arbeit oft net nach.«

»Ich mag solche fleißigen Frauenzimmer wie dich«, erwiderte Franz lächelnd. »Schad', daß wir beide schon so alt sind.«

Die Marie sah ihn scharf an, erwiderte jedoch nichts.

Die Tage bis zum Sonntag schienen endlos. Doch dann war es endlich soweit. Schon ganz früh zog Bastian sich an. Er ging zum Gesindetrakt des Hofes, um die Marie zu wecken. Es war noch stockdunkel und eiskalt.

Frierend zog er die Joppe enger um sich. Daß die Marie noch schlafen konnte, wo sie doch heute zu seiner Mutter fuhren. Er klopfte an ihre Stubentür.

»Wer ist da?« fragte eine verschlafene Stimme.

»Ich«, rief Bastian und drückte gleichzeitig die Türklinke nieder.

»Bastian?« sagte Marie überrascht.

»Wir wollen doch heut' zur Mami fahren.«

»Bub, es ist erst vier Uhr in der Früh'. Jetzt geht doch noch gar kein Bus.« Dann sah sie die Tränen in seinen Augen und meinte mütterlich: »Komm noch ein bisserl in mein Bett, Bub. Es ist doch draußen so arg kalt.«

Bastian kuschelte sich an sie. »Aber wir fahren doch ganz bestimmt heut'?« fragte er mißtrauisch.

»Aber gewiß doch, Bub. Ich hab's dir ja versprochen. In einer Stunde stehen wir auf. Dann mach' ich uns Frühstück und mit dem ersten Bus fahren wir.«

Zufrieden drückte Bastian sich an sie. Marie war die Einzige, die er noch hatte. Er verstand nicht, warum die Mutter ihn nicht bei sich haben wollte. Heute sollte er sie endlich wiedersehen. Er hatte ja solche Sehnsucht. Immer dachte er an seine Mami. Manchmal kam ihm auch der Mann in den Sinn, den er im Wald getroffen hatte, der Reinhold. Aber Bastian war schon verschiedene Male im Wald gewesen, doch sein Freund war nie da. Und jetzt, wo es so kalt war, hatte Marie ihm verboten, so weit vom Hof zu gehen. Er mußte drinnen spielen.

Alle lassen mich allein, dachte er. Die Mami und der neue Freund. Dann war er auch schon wieder eingeschlafen.

Marie weckte ihn nach einer Stunde. Damit er nicht fror, legte sie eine Decke um ihn.

»Ich bin doch kein Baby mehr, daß du mich so einwickeln mußt«, maulte Bastian, doch als sie durch das dunkle, kalte Haus gingen, zog er selbst die Decke noch enger.

»Jetzt setzt du dich an den Tisch«, bestimmte Marie. »Ich mach' Feuer, dann koch' ich dir sofort eine Tasse Kakao.«

Bastian gehorchte. Nach dem Frühstück gingen sie zur Bushaltestelle.

»Wir sind viel zu früh«, murmelte Marie, als sie dort schutzlos in der Kälte standen.

Bastian trampelte mit den Füßen. »Ach, der Bus kommt schon gleich«, meinte er.

Marie blickte ihn an. Wie der Bub sich freute, und wie aufgeregt er war, weil er heute endlich seine Mutter wiedersah. Beim Gedanken an ihre Eigenmächtigkeit fröstelte Marie gleich noch mehr. Hoffentlich verzieh ihr die Bäuerin, daß sie gegen ihren Willen den Buben mitbrachte. Doch als sie auf den Jungen niedersah und sein Glück wahrnahm, entschied sie für sich, richtig gehandelt zu haben.

Am späten Vormittag erreichten sie den Kurort. Bastian hüpfte an Maries Hand auf und ab, doch als sie vor der Klinik standen, wurde er ruhiger.

»In einem solch großen Haus lebt meine Mami jetzt?« fragte er ungläubig.

»Sie wird bald wieder daheim bei uns sein«, beruhigte Marie ihn. Doch auf seine Frage »Wann« wußte sie keine Antwort.

Sie gingen zur Stationsschwester.

»Würden Sie Frau Reislinger bitte mitteilen, daß Besuch für sie hier ist?« bat Marie freundlich.

»Gern«, erwiderte die Schwester, dann blickte sie Bastian an.

»Bist du der Sohn von Frau Reislinger?« fragte sie liebevoll.

Bastian nickte gewichtig. Dann fragte er ungeduldig: »Darf ich jetzt zu meiner Mami?«

»Gleich. Ich muß nur Bescheid sagen, daß Besuch für sie da ist. Das verstehen Sie doch?« fragte die Schwester Marie. »Schließlich ist ihr ja der Besuch des Buben nicht bekannt.«

Marie fühlte ihr Herz heftig klopfen. »Bitte, Schwester«, sagte sie leise. Und zu Bastian gewandt, meinte sie: »Wir gehen dort drüben in den Raum. Da gibt es Spielzeug, das hab' ich bei meinem letzten Besuch gesehen.«

»Ich werde Frau Reislinger zu Ihnen bringen.«

Marie konnte nur nicken. Angst und Sorge standen in ihren Augen, doch Bastian war viel zu aufgeregt, um so etwas zu bemerken.

Mit steifem Rücken saß Marie auf dem unbequemen Stuhl im Besucherzimmer. Bastian hatte sich niedergekniet und begann, mit den umherliegenden Bauklötzen zu spielen. Dann öffnete sich die Tür. Ein Rollstuhl wurde hereingeschoben.

Bastian blickte auf. Als er die Frau im Rollstuhl erkannte, schrie er laut auf: »Mami!«

Er lief zu ihr hin und Susanne schloß ihre Arme um ihn. »Bastian«, flüsterte sie immer wieder. »Bastian, Bub, ach mein Kleiner.«

Bei ihren Worten glitt ein Leuchten über Maries Gesicht. Sie hob ihren Blick und sah Susanne gerade an. Hab' ich recht gehandelt, fragte sie mit ihren Augen. Susanne nickte unmerklich. Dann schob sie ihren Stuhl selbst zu Marie hin.

Bastian ging an ihrer Seite. »Warum sitzt du in so einem komischen Stuhl?« fragte er neugierig. »Und warum drehst du mit den Händen die Räder? Du kannst doch aufstehen und laufen.«

Susanne zog ihn auf ihren Schoß und drückte ihr Gesicht in sein Haar. »Das kann ich eben net«, flüsterte sie.

»Du meinst …« Bastian blickte sie mit großen Augen an. »Du meinst, du mußt immer in diesem Stuhl sitzen?«

»Nun, immer wohl net«, mischte sich Marie nun ein. »Nur so lange, bis deine Mami wieder gesund ist.«

Bastian schob seine Unterlippe vor. Als sie die vertraute Bewegung sah, traten Susanne Tränen in die Augen.

Er überlegte. »Bleibst du so lange hier, bis du wieder gesund bist?« fragte er endlich.

»Ich weiß es noch net, Bub.«

»Die Marie gibt mir keine Antwort, wenn ich sie frage, wann du heimkommst«, klagte Bastian. »Wann kommst du denn endlich heim, Mami?«

Als Marie sah, wie traurig diese Frage Susanne machte, gebot sie Bastian, ein wenig in den Park zu gehen und dort zu spielen.

»Ich mag aber net. Ich will bei meiner Mami bleiben.«

»Geh Bub«, meinte Marie nochmal. »Sei artig. Die Mami und ich wollen etwas besprechen.«

»Warum darf ich denn net dabeisein?« schmollte Bastian.

»Weil es langweilig für dich ist. Schau, dort drüben ist ein Spielplatz, den kann ich von hier aus sehen. In einer halben Stunde hol' ich dich von dort ab.«

Die Fäuste tief in die Taschen seiner Joppe vergraben, ging Bastian hinaus.

Susanne sah ihm traurig nach. »Das arme, liebe, kleine Kerlchen«, flüsterte sie erstickt.

»Susanne, Bäuerin«, begann Marie zögernd, »es war doch recht, daß ich ihn mitgebracht hab'?«

»Ich bin zu egoistisch gewesen.« Susanne seufzte. »Er hätt' schon längst einmal bei mir sein sollen. Er war doch gewiß sehr traurig.«

»Das war er«, bestätigte Marie. Dann fragte sie: »Was sagen die Ärzte? Wann kannst du heimkommen?«

Susanne zuckte mit den Schultern. »Es ist immer dasselbe«, meinte sie mit müder Stimme. »Ich werde wohl nimmer gesund. Ich muß jetzt lernen, mit dem Rollstuhl umzugehen. Ich mein', richtig umgehen, so, daß ich daheim leben kann.«

»O nein.« Marie schlug sich mit der Hand vor den Mund.

»O doch«, erwiderte Susanne bitter. Dann fragte sie abrupt: »Ist der Michael daheim?«

»Heut' net«, sagte Marie ausweichend.

Susanne blickte sie aufmerksam an. »Du meinst«, sagte sie langsam, »er war die ganze Woche net daheim. Du willst mich nur schonen. Aber ich weiß es doch schon längst. Er muß eine andere haben. Und jetzt hat er ja auch ein Recht dazu. Was soll er mit einer gelähmten Frau?«

»Bäuerin«, schrie die Marie auf. »So darfst' net reden. Du versündigst dich.«

»Am letzten Samstag war er hier«, erzählte Susanne schleppend. »Du hättest ihn sehen müssen. Er sah aus wie das schlechte Gewissen in Person.« Sie schaute mit leeren Augen aus dem Fenster. Als sie ihren Sohn mit hängenden Schultern durch den Park gehen sah, kam wieder Leben in ihre Augen. »Aber ich muß stark sein«, sagte sie wie zu sich selbst. »Ich bin ja net nur für mich verantwortlich. Ich hab' das eh schon viel zu lang' verdrängt.« Sie sah Marie an.

»Ich bin dir dankbar, daß du den Bastian – auch gegen meinen Willen – mitgebracht hast. Komm, wir wollen zu ihm gehen.«

Als Marie den Rollstuhl schieben wollte, winkte Susanne ab. »Das kann ich selbst. Ich kann auch allein in den Park fahren. Sie haben einen großen Fahrstuhl hier. Ja, ich bin ein freier Mensch.« Sie lächelte, doch die Verzweiflung in ihren Augen war deutlich sichtbar.

Es wurde ein schöner Tag, trotz allem. Bastian war so glücklich, wieder bei seiner Mutter sein zu dürfen, daß er mit der Anpassungsfähigkeit eines Kindes ihre Behinderung gar nicht so stark wahrnahm. Doch als sie gehen mußten, konnte er die Tränen nicht zurückhalten.

»Ich bin bald daheim«, versprach Susanne ihm. Auch sie hatte Mühe, ihre Trauer zu verbergen, doch sie wußte, sie mußte stark sein, um des Buben willen.

»Bis bald, Mami«, sagte Bastian und schluckte. Susanne sah

aus dem Fenster, als Marie mit Bastian an der Hand aus dem Haus ging. Er blickte nach oben, sah sie und winkte.

Susanne winkte zurück. »Mein kleiner Bub«, flüsterte sie vor sich. »Ich hab' dich ja so lieb.«

*

Daheim dachte Bastian immer wieder an seine Mutter. Wenn er ihr nur helfen könnte. Und er hatte auch niemanden, mit dem er sprechen konnte. Sehnsüchtig dachte er manchmal an seinen neuen Freund, den er nun schon so lang' nicht mehr gesehen hatte. Draußen lag inzwischen hoher Schnee. Marie hatte ihm strengstens verboten in den Wald zu gehen. Doch als sie eines Tages mit Kuchenbacken beschäftigt war, schlich sich Bastian davon.

Sein Baumhaus stand. Vorsichtig angelte er sich an den eiskalten, knackenden Zweigen hoch. Stolz saß er oben und schaute hinunter, aber niemand war zu sehen. Traurig ging er wieder heim. Marie hatte ihn Gott sei Dank nicht vermißt. Auf dem Hof stand Michael. Obwohl er nie direkt böse zu dem Jungen war, hatte Bastian es sich zur Gewohnheit gemacht, ihm aus dem Weg zu gehen.

»Wo warst du denn?« fragte Michael.

»Ich … ich war im Dorf, um mit den anderen Kindern zu spielen.«

»Ich denk', die Marie hat dir verboten, den Hof zu verlassen.«

»Ich war so allein.«

»So … allein warst du.« Doch dann schien Michaels Interesse erloschen zu sein. »Geh in die Kuchel zu Marie«, sagte er noch barsch, ehe er sich wieder seiner Arbeit zuwandte.

Bastian schlich sich davon. Niemand hatte ihn so richtig lieb. Die Mami war nicht da und der neue Vater auch nur selten. Nur Marie mochte ihn, doch sie hatte immer sehr viel zu tun und viel zu wenig Zeit für ihn. Sehnsüchtig dachte er an den neuen Freund. Er beschloß, am nächsten Tag wieder in den Wald zu gehen. Die Fragen nach der Heimkehr der Mutter hatte er aufgegeben. Die Erwachsenen wußten eh keine Antwort, und Marie schaute immer so traurig drein, wenn er diese Frage stellte. Manchmal glaubte er, die Mutter würde nie mehr heimkommen. Bei diesem Gedanken tat ihm sein kleines Herz furchtbar weh. Vielleicht konnte der neue Freund ihm ja helfen. Er war so lieb, doch er hatte wahrscheinlich auch keine Zeit – wie alle Erwachsenen.

Von nun an ging Bastian täglich in den Wald. Marie sagte er, er würde mit den Kindern aus dem Dorf spielen. Weil Marie wußte, daß Bastian einsam war, ließ sie ihn gewähren. Der Bub hatte so wenig vom Leben: keine Eltern, keine Geschwister, dann sollte er wenigstens Spielkameraden haben. Obwohl sie sich häufig Sorgen machte, wenn er einige Stunden vom Hof weg war, gestand sie sich seufzend ein, daß sie dem Jungen doch etwas Freiheit lassen müsse.

Bastian saß wieder einmal in seinem Baumhaus und grübelte vor sich hin, da hörte er ein Knacken. Mit zusammengekniffenen Augen spähte er hinunter. Da war er, Reinhold, sein neuer Freund.

»Reinhold«, rief Bastian ganz aufgeregt, »hier bin ich. Wart, ich komm' sofort hinunter.«

Hastig ließ Bastian sich an dem Baum hinuntergleiten. Er warf sich Reinhold in die Arme, drückte ihn ganz fest an sich. Und Reinhold hielt ihn fest, fast glaubte Bastian, Tränen in seinen Augenwinkeln aufblitzen zu sehen. Aber das konnte doch nicht sein. Große Männer weinten doch nicht, oder?

»Ich hab' jeden Tag auf dich gewartet, Reinhold«, berichtete Bastian ganz aufgeregt.

»Ein paarmal war ich auch noch hier, nachdem wir uns das letzte Mal getroffen haben, aber dann mußte ich eine große Reise unternehmen und hatte keine Zeit mehr.«

Bastian ließ den Kopf hängen. »Wie alle Erwachsenen«, sagte er leise.

»Wie meinst du das?«

»Ich mein'«, Bastian schluckte, »niemand hat Zeit für mich.«

»Auch deine Mami nicht?« fragte Reinhold lächelnd.

»Meine Mami ist net daheim.«

»Net daheim.« Forschend sah der große Mann ihn an. »Wieso ist sie net daheim?«

»Sie ist in einer Klinik.«

»Was?« rief Reinhold erschrocken. »Ja, ist sie denn krank?«

»Sie hat einen Unfall gehabt«, meinte Bastian wichtig. »Und jetzt sitzt sie im Rollstuhl.«

»Im Rollstuhl!« Reinhold ließ sich auf den nächsten Baumstumpf sinken. Er griff sich mit der Hand an die Stirn, als könne er die Neuigkeit nicht fassen. »Im Rollstuhl«, wiederholte er tonlos.

»Vielleicht kommt sie ja bald heim«, berichtete Bastian weiter, doch Reinhold schien gar nicht zuzuhören.

»Bastian«, sagte er plötzlich und ergriff mit beiden Händen fest die Schultern des Jungen. »Bastian, weißt du, in welcher Klinik deine Mami ist?«

Bastian überlegte. »Wir waren da, die Marie und ich. Aber wie dieses große Haus heißt, hab' ich vergessen. Ich kann ja die Marie fragen.«

»Ja, tu das. Aber erzähl ihr nix von mir.«

»Bist du denn morgen wieder hier?«

»Ja, ganz bestimmt.«

Zum Abschied drückte Reinhold den kleinen Bastian noch einmal ganz fest an sich. Warum ist er net mein Vater, dachte Bastian sehnsüchtig. Ich hab' ihn viel lieber als den neuen Vater.

Marie war zornig, als er endlich heimkam. Sie hatte sich solche Sorgen um den Kleinen gemacht. »Jetzt gehst' nimmer vom Hof weg«, schimpfte sie. »Schließlich könnt' dir ja etwas passieren.«

Bastian fühlte, wie die Tränen in seinen Augen aufstiegen.

Marie schimpfte also auch mit ihm. Er schluckte, sie sollte nicht sehen, daß er dem Weinen nahe war.

Am nächsten Tag schlich er mit betrübter Miene über den Hof.

Marie seufzte laut auf, als sie ihn durch das Küchenfenster beobachtete. Bastian tat ihr leid. Er war so einsam auf dem großen Hof, und sie war zu alt für ihn. Er brauchte eine junge Mutter und Kameraden, mit denen er spielen konnte. Vielleicht war sie gestern ein wenig hart zu ihm gewesen. Doch das lag nur an ihrer Sorge um ihn. Sie beschloß hinauszugehen und ihm vorzuschlagen, doch mit ins Dorf zum Einkaufen zu kommen. So hatte der Bub wenigstens ein wenig Ablenkung.

Sie brachte gerade noch die Wäsche in die Bügelkammer, dann zog sie sich ihren Mantel an und ging hinaus. Von Bastian war nirgendwo etwas zu sehen. Vielleicht war er im Stall.

»Bastian!« rief sie. Und immer wieder, lauter werdend: »Bastian!«

Doch er antwortete nicht. Also war der Bub doch wieder fortgelaufen. Na, vielleicht war er bei seinem Opa. Den mochte er zwar nicht besonders, aber er hatte ja sonst niemanden. Sie machte sich auf den Weg zum Einkaufen. Sie wollte im Dorf nach Bastian Ausschau halten.

Der Bub war nirgends zu sehen. Sie fragte einige Kinder, die auf dem Dorfanger spielten, nach Bastian, doch keiner hatte ihn gesehen. Dann ging sie sorgenvoll heim.

Aber auch auf dem Hof war der Bub nicht. Marie suchte alles ab. Ohne Erfolg. Nun begann sie, sich ernsthaft Sorgen zu machen. Schweren Herzens rief sie seinen Großvater an.

Franz Reindl war sehr erstaunt über den Anruf. »Hab' den Buben seit einigen Wochen nimmer gesehen«, brummte er. Doch als er die Sorge in Maries Stimme hörte, beschloß er, sofort auf den Reislinger-Hof zu kommen.

»Ist der Michael wieder einmal net daheim?« fragte er, als er endlich eintraf.

»Nein«, antwortete die Marie kurz. »Er will heut' abend wiederkommen.«

Franz Reindl blickte über den Hof. »Manchmal denk' ich, es war falsch, meiner Susanne diese Ehe einzureden. Aber«, schwerfällig stand er von seinem Stuhl auf, »jetzt ist es wohl zu spät für solche Erwägungen.«

»Wir müssen den Bastian suchen«, drängte Marie. »Ich mach' mir solche Sorgen.«

»Hast recht.« Franz Reindl überlegte. »Wo geht er denn gewöhnlich zum Spielen hin?«

»Meistens ist er auf dem Hof«, erwiderte Marie. »Manchmal geht er allerdings auch ins Dorf zu den anderen Kindern, aber die hab' ich schon gefragt. Dort ist er nicht.«

»Wir werden das gesamte Gesinde zusammenrufen und den Hof und die Umgebung absuchen lassen«, bestimmte Bastians Großvater.

Marie tat, wie ihr geheißen. Sie rief alle Mägde und Knechte zusammen. Jeder ließ sofort seine Arbeit liegen und machte sich an die Suche. Franz Reindl überwachte die Suchaktion.

Marie war zu aufgeregt. Sie war nicht fähig, an der Suche teilzunehmen. Doch plötzlich schoß ihr ein Gedanke durch den Kopf. »Reindl-Bauer«, rief sie ganz aufgeregt. »Mir fällt grad' etwas ein. Der Bub hat mich gestern gefragt, in welcher Klinik seine Mutter liegt.«

»Hast du es ihm gesagt?« fragte Franz gespannt.

»Ja.« Sie blickte zu ihm auf. Ihre Lippen zitterten. »Meinst' gar, daß der Bub zu ihr gefahren ist?«

»Möglich wär's.« Der Alte überlegte. »Der Bastian ist ein aufgeweckter Bub.«

»Aber er hat doch gar kein Geld.«

»Nun, vielleicht gab es keine Kontrolle in der Bahn oder im Bus.«

Marie rang ihre Hände. »Was machen wir bloß?« jammerte sie.

»Wir müssen Susanne anrufen.«

»Susanne anrufen? Warum?«

»Wir müssen sie fragen, ob der Bastian vielleicht bei ihr ist. Zumindest soll sie uns sofort benachrichtigen, wenn er kommt.«

»Wir regen sie doch nur auf und dann sagt sie vielleicht, ich hätt' besser auf den Buben aufpassen müssen. Und sie hätte ja auch recht. Oje, oje, hätt' ich den Bastian nur net aus den Augen gelassen.«

Franz Reindl legte begütigend die Hand auf Maries Arm. »Du hast gut für den Buben gesorgt«, tröstete er sie. »Das wissen wir alle. Die Geschichte hätt' auch passieren können, wenn seine Mutter daheim gewesen wär'. Man kann den Jungen net jede Sekunde im Auge behalten. Nur hätte er keinen Grund zum Fortlaufen gehabt, wenn Susanne dagewesen wär«, fügte er nachdenklich hinzu.

Franz ging zum Telefon und hob den Hörer ab.

Marie starrte ihn an, wie ein Kaninchen die Schlange. »Kann ich bitte Frau Reislinger sprechen«, hörte sie ihn sagen. »Ich bin ihr Vater. Ja, es ist dringend.«

Minuten vergingen. Dann sprach der Reindl-Bauer wieder ins Telefon: »Susanne, hier ist dein Vater. Wie geht es dir? Was los ist, willst du wissen?« Er räusperte sich. »Nun reg' dich bitte net auf. Der Bastian ist verschwunden. – Nein, nein, noch net lang. Ist er vielleicht bei dir? – Natürlich net! Warum natürlich net? Hätt' doch sein können.« Seine Stimme klang verärgert.

Der Reindl-Bauer hat noch nie eine besonders rücksichtsvolle Art gehabt, dachte Marie zusammenhanglos.

»Ja, ja«, hörte sie ihn weitersprechen. »Wir rufen dich sofort an, wenn wir etwas Genaues wissen. Der Bub wird sicher zurückkommen. Sorg dich net. – Ja, ja, wir rufen auf jeden Fall heut' abend noch einmal an. – Der Michael? Ich weiß net, wo der Michael ist. Bestimmt wird auch er heut' noch kommen. Ich werd' ihm Bescheid geben, du kannst dann mit ihm sprechen. Also, noch einmal, sorg dich net.«

Das ist leicht gesagt, dachte Marie. Wie sollte Susanne sich keine Sorgen machen, doch sie erwähnte nichts von ihren Gedanken dem Reindl-Bauer gegenüber.

Es wurde Abend, doch Bastian war nicht zurückgekommen. Inzwischen war Michael da. Auch er beteiligte sich an der Suche.

*

Susanne war ganz aufgelöst nach dem Telefongespräch mit ihrem Vater. Der Bastian war verschwunden. Wo konnte er nur sein? Alle suchten ihn. Und sie? Sie saß hier hilflos wie eine Gefangene.

»Lieber Gott, gib, daß sie ihn finden«, betete sie heiß und innig. Die Krankenschwester bemerkte ihre Aufregung und bot ihr ein Beruhigungsmittel an, doch Susanne lehnte ab.

»Wenn ich schon net so über meinen Körper verfügen kann, wie ich möcht'«, sagte sie bitter, »dann soll wenigstens mein Geist vollkommen klar sein.«

Sie fuhr mit dem Rollstuhl auf ihr Zimmer zurück. Doch dort hielt sie es nicht lange aus. Sie war sich in ihrem Leben noch nie so hilflos wie heute vorgekommen. Ihr Bastian, ihr kleiner Bub, war fort. Fortgelaufen! Warum denn nur? Hatten sie ihn nicht gut behandelt? War Michael vielleicht böse zu ihm gewesen. Doch sie schlug sich diesen Gedanken aus dem Kopf. Michael mochte den Jungen sicher nicht so, wie er bei der Werbung um sie behauptet hatte, aber er hatte ihn gewiß nicht unrecht behandelt. Im Gegenteil, er nahm ja nie Notiz von dem Buben. Aber der Kleine mußte doch einen Grund für sein Fortlaufen gehabt haben. Doch eigentlich war das jetzt egal. Susanne schob die Gedanken über den Grund des Buben, wegzulaufen, beiseite. Wichtig war nur, daß man ihn fand. Schließlich war Winter. Es lag Schnee. Der Junge konnte nicht während der Nacht draußen bleiben. Aber war er überhaupt draußen? Er konnte auch mit einem Fremden gegangen sein. Susanne hatte ihn immer wieder gewarnt, mit keinem Unbekannten zu sprechen. Aber Bastian war allein, ohne Mutter. Marie war mit der Erziehung sicherlich überlastet. So konnte es gut sein, daß er sich aus seiner Einsamkeit heraus einem Fremden anvertraut hatte.

Sie stützte den Kopf in beide Hände, zerraufte sich die Haare. Wenn sie doch nur etwas tun könnte, wenigstens bei der Suche helfen. Aber nein, sie war hier in der Klinik, an ihren Rollstuhl gefesselt. Sie fuhr mit dem Stuhl den langen Stationsgang hinunter. Vor dem Fenster blieb sie stehen und starrte hinaus. Das Grübeln macht mich noch verrückt, dachte sie. Und dann betete sie so inbrünstig wie noch nie in ihrem Leben.

Das Klingeln des Telefons im Schwesternzimmer riß Susanne aus ihrem Gebet. Vielleicht war es eine Nachricht von daheim. War ihr Gebet erhört worden.

Hatte man den Bastian endlich gefunden?

Nervös und hektisch versuchte sie, den Rollstuhl umzudrehen. Sie mußte sofort zum Telefon. Es ging nicht, der Stuhl ließ sich so schwer handhaben wie nie zuvor.

»Verflixt«, stieß sie zwischen den Zähnen hervor. Sie mühte sich mit aller Kraft, den Stuhl zu wenden. Ein Rad blieb vor dem Türrahmen hängen. Sie beugte sich zur Seite und stieß noch einmal mit aller Kraft an das Rad. Der Rollstuhl begann zu schwanken. Susanne versuchte, das Gleichgewicht wiederherzustellen, doch es war zu spät. Der Rollstuhl fiel auf die Seite. Susanne stürzte.

Halb betäubt lag sie auf der Seite, der Rollstuhl auf ihr. Das oben liegende Rad drehte sich noch langsam. Susanne brach in trockenes Schluchzen aus. Jetzt ist alles aus, dachte sie.

Eine Schwester kam aus einem der Patientenzimmer auf den Gang. Sie sah Susanne hilflos daliegen und eilte sofort zu ihr. »Frau Reislinger«, rief sie und nahm vorsichtig den Stuhl hoch. »Bitte, bleiben Sie ruhig liegen. Ich hole den Arzt.« Sie lief davon.

Susanne legte ihren Kopf auf die Arme. »Ach«, flüsterte sie vor sich hin, »warum werde ich so gestraft, lieber Gott? Ich hab' doch nix verbrochen.«

Der Arzt kam mit zwei Pflegern. Behutsam wurde Susanne aufgehoben und auf die Tragbahre gelegt. In ihrem Zimmer begann der Doktor sofort, sie zu untersuchen.

»Haben Sie Schmerzen, Frau Reislinger?« fragte er besorgt.

Susanne nickte mit zusammengebissenen Zähnen. Sie versuchte, dem Arzt mit der Hand zu zeigen, an welcher Stelle des Beines die Schmerzen am größten waren. Doch die Länge ihres Armes reichte dazu nicht aus.

Susanne zog die Beine an. »Am Schienbein«, flüsterte sie. Dann kam ein fragender Ausdruck in ihr Gesicht.

Auch dem Arzt blieb die Sprache weg.

»Ich hab' sie bewegt«, keuchte Susanne. »Ich hab' meine Beine bewegt.« Vorsichtig streckte sie die Beine wieder. Etwas ungläubig starrte sie auf ihre Gliedmaßen.

»Doktor.« Sie schrie es fast. »Ich kann mich wieder bewegen.«

»Ja«, sagte der Arzt. »Ja, bitte versuchen Sie es noch einmal. Aber langsam und vorsichtig.«

Wieder zog Susanne ihre Beine an, streckte sie.

»Haben Sie Schmerzen?« fragte der Doktor.

»Ja«, gestand Susanne. »Es tut ganz schön weh.«

»Das ist ein gutes Zeichen. Die Muskeln sind durch das lange Liegen schwach geworden. Versuchen Sie doch einmal, sich aufzusetzen und die Beine aus dem Bett zu heben.«

Es ging! Susannes Gesicht rötete sich von der Anstrengung, zugleich kam ein Freudenschimmer in ihre Augen. Langsam ließ sie sich vom Bettrand hinuntergleiten. Als sie stand, mußte sie sich am Arzt festhalten, so sehr schmerzten die Beine. Doch Susanne biß die Zähne aufeinander.

Als der Arzt sie anwies, sich wieder hinzulegen, schüttelte sie den Kopf. »Ich hab' lang genug gelegen, jetzt will ich laufen, immer nur laufen und wenn's noch so wehtut.«

Doch der Doktor drückte sie auf das Bett zurück. »Frau Reislinger«, sagte er ernst. »Sie dürfen sich nicht überanstrengen. Es hat sich nun herausgestellt, daß unsere Diagnose richtig war. Ihre Lähmung war durch den Schock verursacht. Es lagen keine körperlichen Verletzungen vor. Und der erneute Schock durch den Sturz vor wenigen Minuten hat die Lähmung aufgehoben. Aber trotz allem müssen Sie Ihre Beine erst nach und nach belasten. Sie dürfen nicht verlangen, daß auf einmal alles wieder so geht wie vor ihrem Unfall. Die Muskeln haben sich zurückgebildet. Nun müssen sie erst nach und nach wieder voll funktionsfähig werden. Ein paar Tage Bewegungstherapie, dann können sie wieder nach Hause. Vollständig gesund.«

Susanne brach in Schluchzen aus.

»Aber, aber«, beruhigte der Arzt sie. »Es ist doch alles gutgegangen. Das ist doch kein Grund zum Weinen.«

»Ich wäre auch glücklich, wenn nicht …« Ein neuer Tränenstrom folgte. Dann riß Susanne sich zusammen. »Herr Doktor«, sagte sie mit fester Stimme. »Ich muß heim. Wie ist mir egal. Mein kleiner Sohn ist verschwunden. Ich mache mir solche Sorgen um ihn.«

Der Arzt dachte nach. »Ich kann Sie verstehen, Frau Reislinger«, meinte er schließlich. »Aber Ihre Beine dürfen Sie im Moment auf keinen Fall belasten. Ich werde veranlassen, daß Sie mit einem Krankenwagen im Rollstuhl heimgefahren werden. Diese seelische Erschütterung ist gewiß nicht gut für Ihre Gesundheit, aber ich denke, das Warten und die Ungewißheit sind am schlimmsten. Und das ist daheim leichter zu ertragen als in der Klinik. Haben Sie zu Hause jemanden, der Ihnen helfen kann? Sie müssen mir versprechen, im Rollstuhl zu bleiben und nicht zu versuchen, allein zu laufen.«

»Ja, ich hab' eine Hilfe daheim«, sagte Susanne atemlos. »Und ich verspreche Ihnen alles. Bitte, bringen Sie mich so schnell wie möglich heim.«

»Gut. Während ich mich um den Wagen kümmere, rufen

Sie noch einmal daheim an. Vielleicht ist Ihr Sohn ja schon wieder da.«

Susanne schwang sich behend in den Rollstuhl. Rasch fuhr sie ins Stationszimmer zum Telefon. Doch Bastian war noch nicht gefunden. Sorgenvoll legte sie auf. Wenn nur der Wagen bald käme.

Die Fahrt kam Susanne endlos vor. Jeder Kilometer zog sich. Schneller, hätte sie dem Fahrer zurufen mögen, bitte, fahr doch schneller. Aber sie schwieg.

Dann endlich war es soweit. Sie hielten vor der Tür des Reislinger-Hofes. Susanne hätte schreien mögen, als sie auf den Krankenwagenfahrer warten mußte, damit er ihr in den Stuhl half. Doch sie hatte dem Arzt versprochen, nicht allein zu laufen. Und aus dem Auto konnte sie nicht allein in ihren Rollstuhl.

Die Haustür öffnete sich.

Michael stand dort. »Susanne«, rief er überrascht. »Was machst du denn daheim?«

»Ist der Bastian da?«

Seine Stirn umwölkte sich. »Nein. Bis jetzt noch nicht«, mußte er gestehen.

»Habt ihr alles abgesucht?«

»Wir sind noch dabei, Susanne«, hörte sie die beruhigende Stimme ihres Vaters. »Wir werden ihn gewiß finden.«

»Aber … aber, es wird schon dunkel.«

Darauf wußte niemand etwas zu erwidern. Susanne, Michael und Franz Reindl saßen zusammen in der Stube. Alle horchten auf, sobald ein Geräusch zu hören war. Marie hatte einen starken Kaffee gekocht. Gelegentlich kam einer der suchenden Knechte ins Haus. Auf die bange Frage: »Habt ihr ihn gefunden?«, konnten sie nur mit einem traurigen Kopfschütteln antworten.

*

Bastian hatte sich gelangweilt. Niemand war da mit dem er spielen konnte. Und die Marie hatte ihm verboten, den Hof zu verlassen, um mit den Kindern im Dorf zu spielen. Er blickte zum Küchenfenster hinüber. Dort stand Marie und beobachtete ihn. Er schob wieder einmal die Unterlippe weit vor. Dann beschloß er, einen Schneemann zu bauen. Er fing an, doch es war viel anstrengender, als er sich das vorgestellt hatte. Immer wieder schaute er zum Fenster hinüber. Jetzt war Maries Gesicht verschwunden.

Jetzt sieht sie mich grad' net, dachte Bastian. Ich werd' rasch in den Wald gehen. Vielleicht ist der Reinhold da, er kann mitkommen und mir beim Bau des Schneemannes helfen, wie damals beim Baumhaus. Wenn ich mich beeile, merkt die Marie net, daß ich überhaupt fort war.

Er rannte zu seinem Baumhaus, aber Reinhold war nicht da. Bastian beschloß, ein Weilchen zu warten. Er träumte vor sich hin. Wie schön wäre es, wenn die Mami bald wiederkäme. Und dann müßte noch der Reinhold mit auf den Hof ziehen. Ihn hatte Bastian lieb, sehr lieb sogar. Viel mehr als den neuen Vater. Doch der war ja sowieso fast nie daheim. Und wenn Reinhold da wär', hätten sie doch immer einen Mann auf dem Hof. Er hatte gehört, was die Mägde und Knechte abends schwatzten. »Ein Bauer gehört auf den Hof«, hatten sie gesagt. »Was der Michael macht, na ja …« Wenn sie ihn hatten kommen sehen, wurden sie sofort still. Und wenn nun der Reinhold auf den Reislinger-Hof käme, dann wäre doch ein Mann da. Dann konnte der Michael für immer in der Stadt bleiben. Er war ja doch viel lieber dort.

Bei dem vielen Denken wurde Bastians Kopf immer schwerer. Fast wäre er eingeschlafen, doch ein Knacken im Unterholz ließ ihn aufhorchen. Konnte das Reinhold sein? Nein, es war nicht Reinhold. Das Wild mußte die Geräusche verursacht haben. Bastian beschloß, heimzugehen. Heute kam der Reinhold bestimmt net mehr. Traurig stieg er von seinem Hochsitz hinab. Er fror. Es war ja auch kalt. Bevor er aus dem

Wald hinaustrat, dachte er an Marie. Oh, sie würde wieder schimpfen. Er war ja viel länger fortgeblieben, als er eigentlich vorgehabt hatte.

Bastian traten die Tränen in die Augen. Doch dann hob er trotzig den Kopf. Er würde sich nicht wieder ausschimpfen lassen. Schließlich war er ja kein Baby mehr.

Langsam stapfte er durch den Wald. Plötzlich hatte er eine Idee. Wenn er nun zu seiner Mami in die Klinik gehen würde. Sie kam ja nicht heim, weil sie in diesem Stuhl saß. Aber er würde ihr sagen, daß sie ruhig heimkommen solle. Er würde den Stuhl schon immer schieben. Dann konnte die Marie auch nicht mit ihm schimpfen.

Bastian seufzte. Die Stadt war weit, und er hatte kein Fahrgeld. Nun gut, dann würde er eben laufen. Er kannte noch die Richtung, in die der Bus damals gefahren war. Entschlossen ging er auf diese Straße. Schritt vor Schritt setzte er. Nach einigen Minuten Laufen starrte er immer wieder in die Ferne. Tauchte die Stadt denn immer noch nicht auf?

Bastian war müde. Da vorn lag ein Bauernhof an der Straße. Dort wollte er ein wenig ausruhen. Vielleicht gaben ihm die Leute ja auch etwas zu essen, denn das Knurren seines Magens war nicht mehr zu überhören.

Er klopfte an die Tür des Hauses. Ein uralter Mann öffnete. Er blickte Bastian ganz erstaunt an.

»Darf ich mich einen Moment ausruhen?« fragte Bastian höflich.

»Komm herein«, meinte der Alte freundlich. Er führte den Buben in die Küche. Als er Bastians hungrigen Blick über die Teller und Schüsseln auf dem Tisch schweifen sah, sagte er herzlich: »Ich bin grad' beim Abendbrot, magst' etwas mit mir essen?«

Bastian nickte heftig. Schweigend ließen sich die beiden die Mahlzeit schmecken.

Dann zündete der alte Bauer sein Pfeifchen an und fragte: »Wo willst' denn hin, Bub? Es ist doch schon fast dunkel.«

»Ich will zu meiner Mutter«, sagte Bastian. »Sie wartet auf mich.«

»Kennst' denn den Weg?«

»Ja«, meine Bastian tapfer. Er wollte dem Mann nicht sagen, daß er sich fürchtete, in die Dunkelheit zu gehen. Ob es noch weit war bis zur Stadt?

Gerade wollte Bastian den Bauern danach fragen, da sah er, daß der alte Mann eingeschlafen war. Nun, er mußte weiter. Schweren Herzens stand er von seinem Stuhl auf und lief weiter durch die Nacht.

Endlos dehnte sich das dunkle Band der Straße vor Bastian. An den Seiten lagen hohe Schneewehen. Die Straße selbst war frei. Räumfahrzeuge hatten den Schnee auf die Seite geschoben.

Bastian wurde müder und müder. Kam denn die Stadt immer noch nicht in Sicht? Autos preschten an dem Buben vorbei und bespritzten ihn mit Schlamm.

Ein Weilchen ausruhen, dachte Bastian, ich muß mich ein Weilchen ausruhen. Aber wo? Er konnte sich doch nicht in den Schnee legen. Bastian taumelte vor Müdigkeit. Ein Auto kam von hinten und erfaßte mit seinen Scheinwerfern die kleine, schwankende Gestalt. Bremsen quietschten. Die Fahrzeugtür wurde aufgerissen, ein Mann stieg aus und kam auf den Buben zu. Bastian sah ihm mit weitaufgerissenen Augen entgegen. Ob der Mann mit ihm schimpfen würde, weil er mitten auf der Straße gelaufen war.

Dann hörte er einen Schrei: »Bastian, Bub! Was machst du denn hier mitten in der Nacht?«

Es war sein Freund!

»Oh, Reinhold«, schluchzte Bastian. »Ich wollte zu meiner Mami, aber der Weg ist so weit.« Er warf sich dem Mann in die Arme. Wie gut, wie tröstlich war es, nicht mehr allein zu sein.

»Aber Bub«, sagte Reinhold zärtlich. »Bis in die Stadt sind es über vierzig Kilometer. So weit hättest du doch gar nicht laufen können.« Er wiegte ihn wie ein kleines Kind, doch

Bastian tat die Fürsorge gut. Er hatte sich so einsam und verloren auf der dunklen, kalten Landstraße gefühlt. Nun war alles gut. Reinhold war da. Er würde ihn zu seiner Mami bringen.

Sanft hob Reinhold ihn auf und setzte ihn ins Auto. »Nun erzähl mir einmal, warum du von daheim fortwolltest?«

Und Bastian erzählte. Er erzählte von seiner Einsamkeit, seinen Wünschen und all seinen Problemen. Er spürte Reinholds Hand auf seinem Kopf und fühlte sich wohl. »Und deshalb möchte ich«, schloß er seinen Bericht, »daß du auf den Reislinger-Hof kommst mit meiner Mami. Der neue Vater kann dann für immer in der Stadt bleiben. Kommst du?«

»Das kann ich net allein entscheiden«, sagte Reinhold ruhig.

Bastian merkte nicht, daß die Stimme seines Freundes zitterte.

Reinhold mußte sich räuspern. »Aber jetzt fahren wir erst einmal heim. Alle auf dem Hof werden sich große Sorgen um dich machen.«

»Ja.« Zufrieden lehnte sich Bastian in die Polster des Autos zurück. Nun würde alles gut werden. Der Reinhold kam mit heim, und er hatte nicht gesagt, daß er nicht bei ihnen bleiben wollte. Bestimmt blieb er da. Dann konnten sie auch die Mami holen. Mit diesen Gedanken schlief der Bub beruhigt ein.

Reinhold fuhr mit sorgenzerfurchter Stirn durch die Nacht auf den Reislinger-Hof zu.

Völlig verzweifelt saßen Susanne, ihr Vater und Marie in der Stube. Die Suche ging weiter. Doch Bastian wurde nicht gefunden. Michael hatte sich nach Susannes Heimkehr hinausgeschlichen. Doch Susanne beachtete seinen Fortgang nicht. Ihre Gedanken drehten sich nur um ihren Buben. Als eine Stunde später der Wagen vom Hof rollte, zuckte sie gelassen mit den Schultern. Michael hatte sich also wieder davongestohlen wie schon so oft, doch der jungen Frau war es völlig egal.

Die Lichter waren angezündet, Susanne starrte mit brennenden Augen auf das nacht-dunkle Fenster. »Bastian muß mit jemandem mitgegangen sein«, murmelte sie verzweifelt.

*

»Sonst hatten sie ihn doch gewiß schon gefunden. Er ist doch noch viel zu klein, um so weit fortzulaufen.«

Franz Reindl hatte die Polizei eingeschaltet. Die Suchaktion lief auf vollen Touren, jedoch ohne Ergebnis.

Susanne wurde immer unruhiger. »Warten, warten.« Sie stöhnte. »Wenn nur dieses verdammte Warten nicht wär'. Wenn ich doch nur etwas tun könnte.«

Die Lichter eines Autos, das auf den Hof fuhr, ließen sie aufblicken. Doch dann senkte sie den Kopf. »Der Michael kommt wohl zurück«, sagte sie leise. »Warum wohl?«

Ihr Vater sah sie fragend an. »Er ist schließlich dein Mann und Bastians Stiefvater. Vielleicht hat er versucht, ihn zu finden.«

Susanne zuckte mit den Schultern, sagte jedoch nichts. Plötzlich blickte sie auf und horchte. »Da sind Stimmen«, sagte sie. Dann wurde sie ganz aufgeregt. »Bastian! Mein Bub!« Sie wollte aufstehen und ihm entgegenlaufen – die Worte des Arztes waren vergessen –, doch die Beine versagten ihr den Dienst. Am ganzen Körper zitternd, blieb sie in ihrem Rollstuhl sitzen und beobachtete, wie ihr Vater die Tür öffnete und Bastian hereinstürzte. Er lief auf sie zu und warf sich in ihre Arme.

»Mami, Mami«, rief er. »Wie schön, daß du da bist. Ich wollte zu dir in die Klinik, aber der Weg war so weit.«

»Bastian, Bub! Mein Kind«, stammelte Susanne immer wieder. Sie drückte ihn an sich, als wolle sie ihn nie mehr loslassen. Erst nach Minuten bemerkte sie die hohe Gestalt, die im Hintergrund stand.

»Reinhold«, sagte sie leise. »Du hier?«

»Ich hab' den Buben auf der Landstraße gefunden, todmüde und halb erfroren. Da hab' ich ihn heimgebracht.«

Bastian beobachtete die beiden verblüfft. »Du kennst meine Mami, Reinhold?« fragte er. Als der junge Mann nickte, sagte Bastian stolz zu Susanne: »Reinhold ist mein neuer Freund, weißt du? Ich hab' ihn sehr gern. Er darf doch bei uns bleiben? Ich hab' ihn darum gebeten, bitte Mami, sag ja.«

Franz Reindl räusperte sich im Hintergrund. »Ich bringe den Buben jetzt zur Marie in die Kuchel. Sie soll ihm etwas Warmes zu essen geben und ihn ins Bett schicken. Und dann muß ich überall Bescheid geben, daß der Junge wieder daheim ist.«

»Danke, Vater.«

Susanne und Reinhold blieben allein in der Stube zurück.

»Setz dich, Reinhold«, sagte die junge Frau ruhig. »Ich danke dir. Dir verdanke ich das Leben meines Buben.« Sie erschauerte.

»Wenn ich daran denk: Mein Bastian ganz allein auf der dunklen Landstraße. Wie leicht hätte ihm etwas zustoßen können.«

»Es ist unser Bub, Susanne«, sagte Reinhold leise.

Sie blickte ihn mit großen Augen an. »Ja, unser Bub«, flüsterte sie dann.

»Warum hast du mir damals net gesagt, daß du ein Kind von mir erwartest?« fragte Reinhold. »Ich wär' doch nimmer fortgegangen.« Dann brach es verzweifelt aus ihm hervor: »Ich hab' dich doch so geliebt. Warum bist du net mit mir gekommen? Welches Recht hattest du, mir mein Kind vorzuenthalten?«

»So, du hast mich geliebt«, meinte Susanne bitter. »Aber andere Frauen auch.«

»Wie meinst du das?« Reinhold sah sie verständnislos an.

»Ach, du weißt schon, diese Marianne.«

»Die Marianne?«

»Ja, ich hab' doch mit eigenen Augen gesehen, wie sie aus deinem Zimmer kam. Der Vater hat's mir gezeigt. Spät am Abend.«

»Jetzt geht mir ein Licht auf«, rief Reinhold. »Ja, die Marianne war auf meinem Zimmer, das stimmt. Aber da ist doch nix Unrechtes dabei.«

»Nix Unrechtes«, sagte Susanne verächtlich. »Wenn ein junges Madl am späten Abend aus dem Zimmer eines Junggesellen kommt? Du hättest ihr Lächeln sehen sollen. Die Liebe und das Glück haben ihr geradezu aus den Augen geleuchtet.«

»Ich hatte der Marianne ein Geschenk versprochen.«

»Da siehst du es. Ich hatte doch recht.«

»Net das, was du denkst«, meinte Reinhold ruhig. »Die Marianne hatte etwa die gleiche Figur wie du. Sie sollte mit mir in die Stadt fahren, um ein Brautkleid anzuprobieren. Ein Brautkleid für dich. Ich wollte es dir schenken. Und für ihre Mühe sollte das Madl ein kleines Präsent von mir bekommen. Heut' weiß ich, daß ich mit dir in die Stadt hätte fahren sollen. Eine Braut will sich ihr Hochzeitskleid sicher selbst aussuchen. Aber dann warst du plötzlich so anders, so kühl zu mir. Ohne Grund, wie ich dachte. Ich wußte net, was ich tun sollte. Schließlich war ich ja nur euer Knecht. Du wolltest net mehr mit mir mitkommen. Was hätte ich dir auch bieten können, arm wie ich war. Ich glaubte, du hörst auf deinen Vater und heiratest einen Mann mit einem großen Hof. Da bin ich dann allein gegangen und hab' versucht, mir die Lieb' zu dir aus dem Herzen zu reißen. Es ist mir nie gelungen. Immer hab' ich an dich denken müssen. Tag und Nacht. Es hat mich wieder in deine Nähe gezogen. Und so hab' ich den Bastian getroffen. Schon bald war mir klar, daß er mein eigener Sohn ist. Ich muß gestehen, ich war zornig auf dich, daß du mir den Buben vorenthalten und einen anderen Mann zu seinem Vater gemacht hast, einen Mann, der den Buben net liebte.« Reinhold ließ den Kopf sinken und blickte auf seine Hände.

»Das ist nun die ganze Geschichte«, schloß er. Er blickte auf, sah Susanne an und bemerkte die Tränen, die ihr in den Augen standen.

»Susanne«, rief er. »Geliebte Susanne, ist es vielleicht noch net zu spät? Liebst du mich denn noch?«

»Und wie. Aber … aber«, sie ließ den Kopf hängen, »ich bin nimmer frei. Ich bin verheiratet.«

»Du kannst dich doch scheiden lassen.«

»Eine Scheidung? Ich weiß net. So etwas hat es in unserer Familie noch nie gegeben.«

»Liebes, die Zeiten haben sich geändert. Heute ist eine Scheidung etwas ganz Alltägliches.«

»Und … und Michael?«

»Liebst du ihn?«

»N… nein.«

»Liebt er dich?« wollte Reinhold nun wissen.

»Ich glaub' net.«

»Na, siehst du. Da ist doch alles kinderleicht.«

»Ich weiß net. Eine Scheidung …«

Die Tür wurde geöffnet. Franz Reindl trat ein. Verlegen sah er von einem zum anderen. Dann räusperte er sich. »Susanne«, murmelte er. »Ich muß dir etwas mitteilen. Etwas Trauriges.«

»Bastian!« schrie Susanne auf. »Ist etwas mit Bastian net in Ordnung? Ist er vielleicht gar verletzt.«

»Nein, dem Buben geht es gut. Die Marie bringt ihn grad' zu Bett. Er kommt gleich, um dir ›gute Nacht‹ zu wünschen. Nein, es ist etwas anderes. Die Polizei hat eben angerufen. Michael ist mit dem Wagen verunglückt.«

»Ist er tot?« flüsterte Susanne mit weitaufgerissenen Augen.

Franz nickte nur. Er war völlig erschüttert. »Aber er war net allein, eine Frau war bei ihm.«

Susanne starrte vor sich hin. Plötzlich begann sie wie im Fieberwahn zu zittern.

»Schnell«, rief Reinhold. »Das war zuviel für sie. Wir müssen den Arzt rufen.«

Dr. Brammer kam. Er gab Susanne eine Beruhigungsspritze. »So, Kindchen«, sagte er liebevoll, »jetzt wirst du schlafen. Und morgen schaut die Welt schon ganz anders aus.«

»Doktor«, flüsterte Susanne. »Ich kann wieder gehen. Ich bin wieder gesund. Durch den Schreck heut' hat sich die Lähmung gelöst. In ein paar Wochen kann ich mich wieder ganz ohne Hilfe bewegen. Ich hab's noch niemanden von der Familie gesagt. Ich hab' auch selbst nimmer daran gedacht. Meine Gedanken drehten sich nur um Bastian. Werden Sie es den anderen sagen?«

»Das werde ich, Kindchen«, sagte der Arzt väterlich. »Sie werden glücklich sein. Doch nun mußt du schlafen. Heut' ist zu viel auf dich eingestürmt. Du brauchst Zeit, um alles seelisch verarbeiten zu können.«

Susanne schloß die Augen. »Nun wird doch alles gut«, flüsterte sie im Halbschlaf. Und dann, zusammenhanglos: »Armer Michael, er hat mich nie geliebt. Warum nur hat er mich dann geheiratet?« Doch die Beruhigungsspritze tat ihre Wirkung. Schnell war Susanne eingeschlafen.

Der Doktor berichtete den anderen die wunderbare Nachricht Susannes. Erschüttert hörten sie zu. Es gab also doch so etwas wie eine ausgleichende Gerechtigkeit.

*

Am nächsten Morgen fand Marie beim Saubermachen einen Brief auf dem Schreibtisch des Bauern. Er war an Susanne gerichtet. Sie brachte ihn erst zu Franz Reindl. Er nahm ihn ihr aus der Hand.

»Ich muß erst mit dem Doktor sprechen, bevor ich ihn meiner Tochter gebe«, brummte er. Er drehte das Schreiben in seiner Hand hin und her und starrte noch darauf nieder, als Reinhold eintrat. Er hatte die Nacht im Dorfgasthaus verbracht. Auf dem Reindl-Hof hatte er nicht schlafen wollen. Er konnte Franz Reindl nicht verzeihen, daß er Susanne so gegen ihn beeinflußt hatte.

»Guten Morgen«, sagte er und grüßte kurz den Reindl-Bauern. Dann sah er den Brief und sah ihn fragend an.

»Ein Brief von Michael«, murmelte Franz Reindl. Er fühlte sich unbehaglich in Reinholds Gegenwart.

»Du mußt ihn Susanne geben«, meinte Reinhold.

»Ich will erst den Arzt fragen.«

»Überleg es dir aber net anders«, warnte Reinhold. »Du hast damals in Susannes und mein Leben eingegriffen. Wozu das geführt hat, weißt du ja.«

»Ja.« Franz legte den Brief fort, als verbrenne er sich die Finger daran. Er überlegte. Dann sah er den Burschen an. »Reinhold«, sagte er mühsam. »Ich habe damals nicht richtig gehandelt. Ich wollte halt, daß meine Tochter keinen armen Knecht zum Mann nimmt. Ich wollte ihr Glück, aber …« Man merkte deutlich, wie schwer es ihm fiel, mit Reinhold darüber zu sprechen. »Könnt ihr mir verzeihen? Du und Susanne?«

»Ich verzeihe dir«, sagte Reinhold zurückhaltend. »Susanne mußt du schon selbst fragen.«

Der Arzt kam. Franz Reindl gab ihm den Brief für seine Tochter. »Er ist von Michael.«

Der Doktor nickte. »Ich werde ihn ihr geben«, sagte er ruhig. »Susanne ist stark genug, die Wahrheit zu ertragen.« Langsam stieg er die Treppe zum Schlafzimmer hinauf.

Susanne war gerade aufgewacht. Aus müden Augen sah sie den Doktor an.

»Ich habe einen Brief für dich, Kindchen. Von Michael.«

Zögernd nahm sie ihn entgegen. Dann riß sie ihn entschlossen auf. Beim Lesen wurde sie blaß. Dann reichte sie das Schreiben dem Arzt. Er las schweigend.

Liebe Susanne,

es hat lange gedauert, bis ich mich zu diesem Entschluß durchgerungen habe. Ich werde Dich verlassen. Für immer. Sicher wirst Du mir niemals verzeihen, was ich Dir angetan habe. Ich habe Dich ohne Liebe geheiratet, bin niemals ein richtiger Mann für Dich gewesen und Deinem Sohn kein guter Vater, wie es Dein Wunsch war. Der Grund: Ich liebe schon lange eine andere. Ich habe versucht, ihr das Leben zu bieten,

521

das sie wollte. Doch dazu reichten meine Mittel nicht. Als der Hof hoch verschuldet war, sah ich keinen anderen Ausweg, als eine reiche Bauerntochter zu heiraten. Während meiner Werbung und in der Hochzeitsnacht bist Du mir dann so ans Herz gewachsen, daß ich die andere Frau fast vergaß. Doch dann gewann sie wieder Gewalt über mich. Ich habe mich gegen diese Liebe gesträubt, aber du mußt verstehen, ich konnte nicht anders. Ich konnte nicht anders! Verstehst Du mich, Susanne? Es war nicht meine Schuld.

Als ich merkte, daß ich über Dein Erbe nicht frei verfügen konnte, wußte ich nicht, was ich tun sollte. Meine Geliebte hatte einen Plan. Sie hat die Leitersprosse angesägt. Du solltest fallen und … Oh, mein Gott. Und ich habe dabei ruhig zugesehen!

Ich kann ohne diese Frau nicht leben. Deshalb gehe ich mit ihr heute abend fort. Ich weiß noch nicht wohin. Vielleicht sogar ins Ausland. Mit einer Scheidung bin ich einverstanden. Ich werde bei einem Anwalt Weisung hinterlassen.

Susanne, als Du heute abend in das Zimmer kamst, schrien mir Deine Sorge und Deine Behinderung meine Schuld geradezu ins Gesicht.

Leb wohl, Susanne. Du kannst mir nicht verzeihen, ich weiß. Aber auch ich kann mir nicht verzeihen. Leb wohl. Michael.

Der Arzt blickte Susanne schweigend an. Nach einigen Minuten sagte er leise: »Er war ein schwacher Mensch.«

Susanne nickte. »Ich hab's geahnt«, flüsterte sie. »Die Marie hat mir in der Klinik erzählt, daß die Leitersprosse angesägt worden war, doch ich hab' es für mich behalten. Ich wollte nicht, daß eine Untersuchung stattfindet. Michael war schließlich mein Mann. Vielleicht, wenn er gewußt hätte, daß ich bald wieder laufen kann, vielleicht wäre er dann nicht gefahren. Dann würde er noch leben.«

»Er wäre auf jeden Fall gefahren«, meinte der Arzt sachlich.

»Diese Frau hat ihn mit Macht in ihren unglücklichen Bann gezogen. Doch jetzt solltest du das alles vergessen, Kindchen. Heute bringe ich dich persönlich in die Klinik zurück. In wenigen Wochen bist du gesund daheim.«

Susanne nickte schwach. Sie legte den Kopf auf die Kissen zurück.

Plötzlich hörte sie eine energische Kinderstimme: »Ich will zu meiner Mami. Ich weiß, daß sie da drin ist. Und ich will zu ihr.«

Sie sah ihn vor sich, ihren kleinen Buben, deutlich sah sie seine vorgeschobene Unterlippe vor sich. Laut rief sie: »Komm, Bastian, ich warte schon auf dich.« Und als die Tür aufging und der Bub sich in ihre Arme warf, huschte ein kleines glückliches Lächeln über ihr Gesicht.

»Mein Bastian«, flüsterte sie. »Mein Bub.«

»Für ihn mußt du wieder ganz gesund werden, Kindchen«, hörte sie die gütige Stimme des alten Hausarztes. »Und zwar so schnell wie möglich.«

Susanne blickte an Bastians Kopf vorbei und nickte dem Doktor zu.

*

Susanne war wieder auf dem Reindl-Hof. Sie konnte laufen wie früher. Die Lähmung hatte keinerlei Spuren hinterlassen. Der Reislinger-Hof war versteigert worden. Der Erlös hatte gerade zur Deckung von Michaels Schulden gereicht. Das Gesinde hatte sich einen anderen Dienst gesucht, nur Marie und der alte Franz waren auf den Reindl-Hof gekommen.

Der Reindl-Bauer hatte gemeint: »Ich kann doch meinen Namensvetter nicht in die Welt hinausjagen. Schließlich heißen wir beide nach dem heiligen Franziskus. Das verpflichtet.«

Am Abend nach Susannes Heimkehr kam Reinhold auf den Hof.

Als Bastian ihn sah, lief er auf ihn zu. »Wo warst du denn die ganze Zeit?« fragte er vorwurfsvoll. »Du darfst mich nie mehr allein lassen, das hast du versprochen.«

»So, hab' ich das?« sagte Reinhold lächelnd. Sein Blick traf Susanne.

»Magst' net in die Stube kommen?« fragte sie verlegen.

»Wollen wir net ein bisserl spazierengehen«, entgegnete er. »Der Winter war lang genug, da haben wir im Haus gesessen. Und außerdem lädt das Wetter ja regelrecht zu einem Spaziergang ein.«

»Ja, wart'. Ich werfe mir nur grad' eine Jacke über.«

»Ich helfe der Marie beim Zubereiten des Abendbrots«, sagte Bastian wichtig. »Wenn ihr heimkommt, werdet ihr Hunger haben.«

Lächelnd fuhr Reinhold dem Buben über den dichten Schopf. Dann stieg er mit Susanne den Berg hinauf. Schweigend gingen die beiden eine Weile nebeneinander her.

»Kannst du mir verzeihen?« fragte Susanne plötzlich.

»Dir verzeihen?« Reinholds Stimme klang erstaunt.

»Ich hätte dir damals vertrauen müssen und net auf den Vater hören sollen«, meinte sie beschämt.

»Die Schuld trifft auch mich. Ich hätte net einfach so fortgehen sollen. Ich hätte dich fragen müssen, warum du plötzlich so abweisend warst. Ich hätte dir auch mehr vertrauen müssen.«

Susanne seufzte.

»Aber es ist doch noch net zu spät«, sagte Reinhold zärtlich. »Wir können doch noch einmal neu anfangen.« Er nahm sie in seine Arme. »Susanne«, sagte er drängend. »Ich liebe dich, ich liebe dich mehr als mein Leben. Willst du meine Frau werden?«

»Ja«, flüsterte sie erstickt. »Ja, das will ich.« Er drückte sie heftig an sich und bedeckte ihr Gesicht mit zärtlichen Küssen.

Dann gingen sie weiter in den milden Frühlingsabend hinein.

»Woran denkst du?« fragte Reinhold, als Susanne lange Zeit schwieg.

»An Michael.« Sie seufzte. »Er hat diese Frau geliebt. Er muß sehr unglücklich gewesen sein.«

»Was ihn an diese Frau gebunden hat, war keine Liebe, das war Hörigkeit. Der Michael war ein schwacher, haltloser Mensch, sonst hätte sie ihn net so beherrschen können, daß er wider seiner Natur gehandelt hat.«

»Du meinst ... du meinst die Leiter.«

»Ja. Denn das war ein Mordversuch. Michael allein wäre nie auf einen solchen Gedanken gekommen, doch auch ihn trifft Schuld. Er hätte sich dieser Frau widersetzen müssen. Aber er konnte nicht, er war zu schwach.«

»Armer Michael.« Susanne seufzte wieder.

Reinhold blickte sie mißtrauisch an. »Hast du ihn denn geliebt?« fragte er eifersüchtig.

Susanne lächelte. »Geliebt?« überlegte sie. »Ein bisserl schon. Er war ja mein Mann. Ich werd' ihn nie vergessen.«

Als sie Reinholds zerfurchte Stirn sah, lachte sie hell auf. Sie zog sein Gesicht zu sich herab, küßte ihn zärtlich und sagte dann ruhig: »Das ist Vergangenheit, Reinhold. Was jetzt zählt, ist nur die Zukunft. Die Zukunft aber sind Bastian und du, wenn nicht noch jemand hinzukommt.«

»Wer denn?« Reinhold konnte seine Eifersucht nicht unterdrücken.

»Ach, du geliebter Dummkopf«, rief Susanne lachend. »Meinst' net, daß es möglich wäre, daß unser Bub ein Geschwisterchen bekommt?«

Jetzt strahlte Reinhold. »Ich bin wirklich ein Dummkopf«, gestand er. »Ich versprech' dir, ich werd' nie mehr eifersüchtig sein.«

»Dazu hast du auch keinen Grund. Doch jetzt laß uns heimgehen. Unser Bub wartet gewiß. Ich muß ihm doch seinen Vater vorstellen.«

Hand in Hand gingen die beiden auf den Reindl-Hof zurück.

Bastian lief ihnen entgegen. »Wirst du jetzt mein neuer Vater?« fragte er Reinhold.

»Nicht dein neuer Vater, Bastian«, sagte Susanne glücklich. »Reinhold ist dein Vater, dein richtiger Vater.«

»Der, auf den wir gewartet haben, bevor Michael mein neuer Vater wurde.«

»Ja.«

»Juchhu!« rief Bastian fröhlich. »Mein Vater ist endlich heimgekommen.«

Und Arm in Arm gingen die drei ins Haus zum Abendbrot. Endlich war das Glück auf dem Reindl-Hof eingekehrt.